通州区
崇川区
南通市
海门区
崇明区
长
江
常熟市
太仓市
昆山市
宝山区
嘉定区
苏州工业园区
青浦区
淀山湖
上 海 市
嘉善县
秀洲区
嘉兴市
南湖区
阳澄湖
澄湖
金鸡湖
独墅湖
尚湖
昆承湖
傀儡湖
商鞅潭
白莲湖
镬底潭
黄泥兜
九里湖
同里湖
南星湖
石头潭
白蚬湖
长白荡
元荡
三白荡
汾湖
盛泽荡
鸳鸯湖
白茆塘
七浦塘
杨林塘
浏河
娄江
吴淞江
青阳港
张家港
图例
地级政府驻地
县级政府驻地
省级界
地级市界
县级界
湖泊、河流
运河
（图内界线仅供参考，不作划界依据）
（苏州市水域数据现势性截至2020年）

图书在版编目（CIP）数据

吴风水韵长 ： 苏州水文化地图 / 《苏州水文化地图》编委会编. -- 苏州 ： 古吴轩出版社, 2024. 7. -- ISBN 978-7-5546-2404-3

Ⅰ. K928.4

中国国家版本馆CIP数据核字第2024HB4808号

策　　划：黄锡明　陈习庆
责任编辑：胡敏韬
封面设计：李　璇
责任校对：顾　熙
责任照排：吴　静

书　　名：吴风水韵长——苏州水文化地图
编　　者：《苏州水文化地图》编委会
出版发行：苏州新闻出版集团
　　　　　古吴轩出版社
　　　　　地址：苏州市八达街118号苏州新闻大厦30F
　　　　　电话：0512-65233679　　　邮编：215123
出 版 人：王乐飞
印　　刷：苏州市越洋印刷有限公司
开　　本：700mm×1000mm　1/16
印　　张：41.75
字　　数：480千字
版　　次：2024年7月第1版
印　　次：2024年7月第1次印刷
书　　号：ISBN 978-7-5546-2404-3
定　　价：98.00元

《苏州水文化地图》
编委会

前　言

水文化，是人类在与水相依共存的历史长河中所孕育出的丰富物质和精神财富。在中国，先贤们很早就开始探索“水”之于万物的关系。《易经》有云：“天生一，一生水，水生万物。”郑玄的《易经注》则说：“天一生水，地六成之。”《管子・水地》指出，各地水性不一，民风因此相异。因而，“圣人之化世也，其解在水”。解读了水，就能解读当地的民风；解决了水的问题，就可以解决好教化问题。可见，水之于中华优秀传统文化有着重要作用，水为中华传统文化提供了无限的智慧和审美的范式。

苏州，因水而生、因水而兴、因水而美、因水而名。姑苏古城水陆并行、河街相邻，市镇村落依水而建、依水而居。作为“江南腹心”，苏州通江达海，枕湖带河。区域内湖泊、水道分布稠密，河网水系发达，作为全省湖泊最多的设区市，素有“水乡泽国”之称。太湖秀美而物产丰盈，江南运河苏州段勾连长江，吴淞江由西向东，穿过江南运河，在上海汇入黄浦江，连通东海。太湖为心，运河脉动，将星罗棋布的湖泊河荡和纵横交错的水巷河道连成一片，“绿浪东西南北水，红栏三百九十桥”，黄金水道的运河水系、江南水乡的古镇水系、“三横四直”的城内水系及肌理相通的园林水系，交相辉映，融汇合璧，形成了苏州独有的水城格局和水文化积淀。

“人人尽说江南好，游人只合江南老。”江南的好、苏州的好，不光在外表，更在于以水为文脉长期形成的生活方式和精神内涵。江南烟水孕育了稻作文明，先民们较早地在这方土地上开展种植生产，兴修农田水利，地区内相对人口稳定，开创了“苏湖熟，天下足”的富庶与繁华。苏州自古崇文重教、人才辈出，古代是“状元之乡”，现在是“院士之城”。优美的自然环境和厚重的历史底蕴涵养出如水般知性儒雅的文化气质和精致优雅的生活方式，古镇、园林、民居等物化符号，以及苏工苏作、戏曲、饮食、书画等非遗样态，既具备思想上的深度，又拥有形式上的美感，在今天依然浸润滋养着社会主义精神文明建设，使水文化的美学价值与日常生活紧密结合，流转在街头巷尾、公共空间中，让苏州成为人人向往的“理想栖居地”。

2023年全国两会期间，习近平总书记在参加江苏代表团审议时指出：“上有天堂下有苏杭，苏杭都是在经济发展上走在前列的城市。文化很发达的地方，经济照样走在前面。可以研究一下这里面的人文经济学。”应该说，在苏州城的历史变迁中，通江达海的水文化基因始终滋润着苏州的风物与人情。“夜市卖菱藕，春船载绮罗”，是古代苏州极具美感的鲜活的生活场景；“清芬拟入芝兰室，博雅如游书画船”，水岸旁星星点点的船只是商业繁荣的象征，更是江南文人诗兴人生的一部分……这些场景都是当下人文经济学最好的注脚。

何以苏州？鱼米之乡、园林之城、百业之邦、丝绸之府、百馆之都、状元之府。何以苏州？纵横交错的河道穿城而过，映衬着古朴的石桥和精致的亭台楼阁，构成一幅幅动人的水墨画卷。春来江水绿如蓝，夏至荷花香满路，秋时月光洒金波，冬日暖阳照古渡。舟行水上，可见倒影摇曳，听桨声水响，感受江南水乡的悠然与诗意。何以苏州？是这刚柔并济、流淌不息的水文化，成就了这座城市的灵秀与隽永，让苏州成为人们心中的梦里水乡。

让我们循着古今地图，走进苏州水文化。

目　录

第二篇　烟水太湖

第三篇　江天一色

第四篇　运济天下

第五篇　满城活水

第六篇 江南水乡

第七篇　千秋治水

第八篇　舟楫交通

第九篇　水生万物

第十篇　水韵悠长

知识链接

第一篇

众水所都

忆旧游，旧游安在哉?

旧游之人半白首，旧游之地多苍苔。

江南旧游凡几处，就中最忆吴江隈。

长洲苑绿柳万树，齐云楼春酒一杯。

阊门晓严旗鼓出，皋桥夕闹船舫回。

修蛾慢脸灯下醉，急管繁弦头上催。

六七年前狂烂熳，三千里外思徘徊。

李娟张态一春梦，周五殷三归夜台。

虎丘月色为谁好，娃宫花枝应自开。

赖得刘郎解吟咏，江山气色合归来。

［唐］白居易《忆旧游·寄刘苏州》

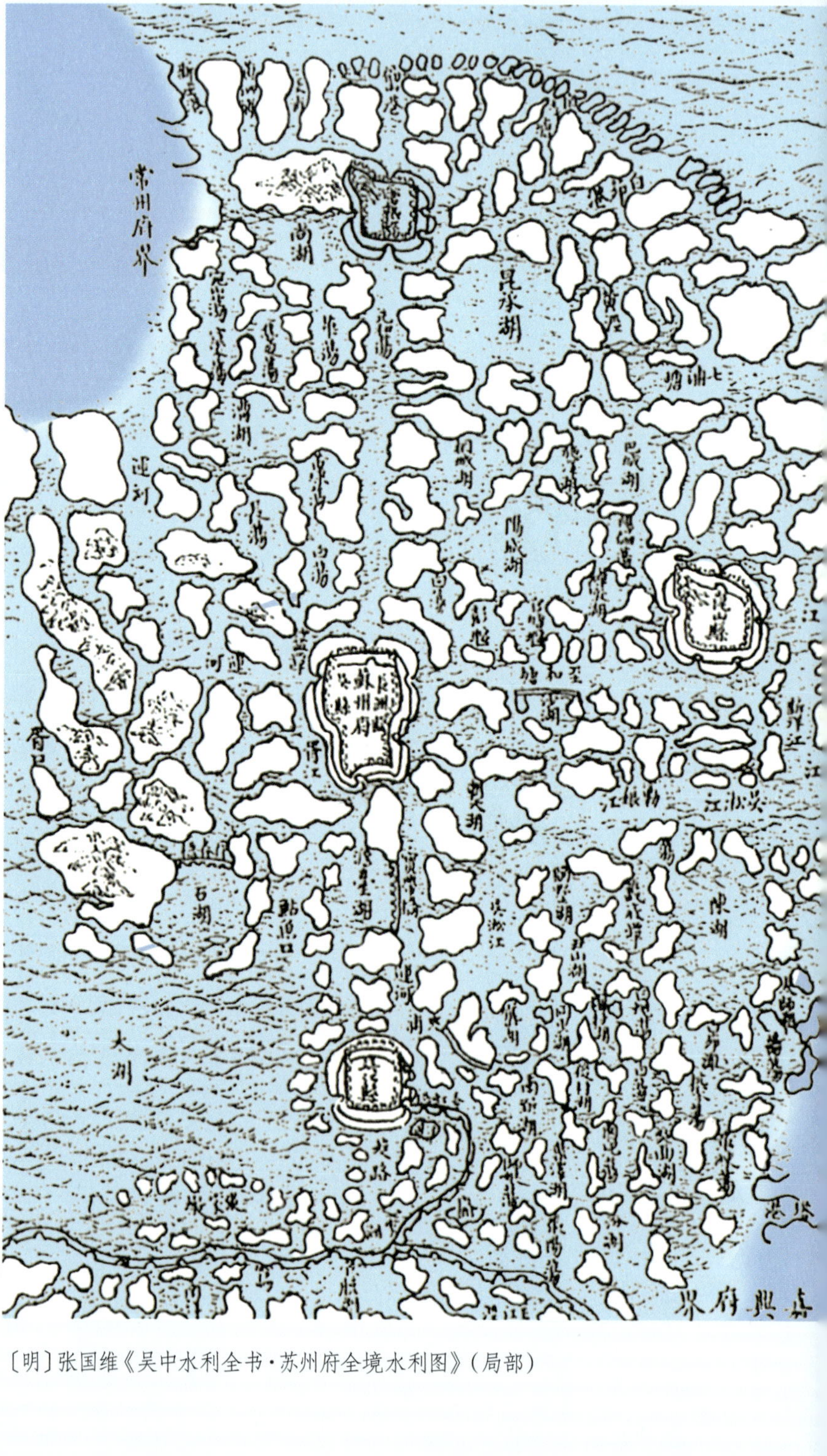

〔明〕张国维《吴中水利全书·苏州府全境水利图》(局部)

大海
大海
七鸦港
七浦塘
吴淞江
吴淞江
松江府界

白居易在苏州担任刺史的时日很短。可在他离开苏州后，心里念想的却还是苏州：他曾经倾力治水的七里山塘，河畔的柳树，阊门外的晨曦，皋桥头的夕阳，虎丘山上的月色，齐云楼头的美酒与佳人。“江南忆，其次忆吴宫。”阊门胜景，终究是白居易亲手规划、开通水路、造福百姓最好的图解。

苏州地处太湖东岸，长江尾闾。这里有万年之前旧石器时代人类活动的遗迹，也有“三江既入，震泽底定”的上古时期治水的记载与传说。正是历代苏州人对以太湖为源、江海为尾的自然环境的适应和改造，使河湖水系成为苏州经济繁荣和文化灿烂的基础。

第一节　沧海桑田

苏州位于长江三角洲中部、江苏省东南部，东傍上海，南接浙江，西抱太湖，北依长江，总面积8657.32平方千米。全市地势低平，境内河流纵横，湖泊众多。目前，苏州共有河道24640多条、湖泊401个，太湖水面大部分在苏州境内。2020年全市河湖水域面积3123.52平方千米，河湖水面率36.1%。

一、江南腹心，千年古城

“上有天堂，下有苏杭”，苏州已有2500多年的建城史。朱偰在《苏州的名胜古迹》中指出：“苏州是江苏省最古老的城市。她的历史之悠久，在长江流域而论，只有四川的成都，浙江的绍兴，可以和她相比。远在南京、扬州、杭州建立以前，苏州已经是一个东南文化、政治和经济的中心了。”

据史料记载，苏州城的建立，始于吴王阖闾（前514—前496年在位）。公元前12世纪，泰伯、仲雍南奔，在梅里定居，建勾吴。春秋时，吴王寿梦于公元前585年称王；其子诸樊时期，开始南徙苏州。到吴王阖闾时期，任用

沧浪亭五百名贤祠伍子胥像

知识链接　伍子胥“相土尝水，象天法地”建造阖闾城

阖闾城，也就是现在的苏州古城。公元前514年，伍子胥奉吴王阖闾之命，建造了阖闾大城。伍子胥是春秋末期吴国大夫，著名的军事家、政治家。原是楚国人，受楚国迫害，逃到吴国，深受吴王阖闾重用。一次，君臣商量富国强兵之策，伍子胥提出兴建大城驻兵屯粮的计策，阖闾应允。伍子胥广邀国中识天文、懂地理的饱学之士一起到了现在苏州的相城阳澄湖一带“相土尝水，象天法地”。所谓“相土尝水”便是了解土质和水情，“象天法地”指的是观天象和看风水。最终选好了建城的城址。方志记载，这一座阖闾城，有陆城门八座，“象天之八风”；又造了八个水城门，“法地之八卦”。城外有护城壕，城墙用泥土夯实，整座城坚固无比。伍子胥还命人在西城门外挖了一条大河，直通太湖；开凿了运粮的百尺渎，通向长江。

伍子胥，修筑阖闾城。史料记载，阖闾城周长四十七里二百一十步二尺，城外郭有六十八里六十步。在2500多年前，我国江南地区已经有这样大气魄的城市规划，十分了不起。

周元王三年（前473），越王勾践灭吴，苏州地区归属越国；又过了140年，楚威王大破越国，苏州地区归属楚国。到了战国末年，楚考烈王封相国春申君黄歇于吴，常住此地。司马迁南游，到了春申君故城时不禁称叹道："吾适楚，观春申君故城，宫室盛矣哉！"

秦始皇统一六国后，立郡县制，始建吴县，属会稽郡，郡治、县治均设于吴国故都（今苏州城址）。2022年9月，为配合苏州五卅路子城片区启动金城新村地块改造建设，苏州市考古研究所对该地块进行了考古调查、勘探，并发现了厚重的东周至唐宋时期的文物遗存堆积，后将该地块命名为金城新村遗址。金城新村遗址考古是苏州地域文明探源和城市考古的重大突破之一，从地层、器物类型、铭文信息和科技测年等多个方面，证实了当今苏州子城区域至少在春秋战国之际已有较为丰富的人类活动，为确定秦汉会稽郡治等提供了确切的考古证据。

汉代设吴郡，郡治就在苏州。延及三国两晋南北朝，到南陈时期，在此设吴州。

隋开皇九年（589）灭南陈，改吴州为苏州，领吴、昆山、常熟及今浙江省的长兴、吴兴等5县。从此，苏州之名传续至今。

北宋政和三年（1113），升苏州为平江府。元朝时，改平江府为平江路。元至正十六年（1356），张士诚改称隆平府，不久复称平江路。明洪武二年（1369）称苏州府。清代沿用苏州府为名。民国元年（1912）撤苏州府，设吴县。民国十七年，建苏州市，民国十九年撤销，复称吴县。

中华人民共和国成立后，设苏南行署区，行政行署驻苏州市，辖苏州市和苏州专区。其间几经行政变化。1983年初，江阴、无锡2县划归无锡市。苏州实行市管县体制，下辖1市（常熟）、5县（沙洲、太仓、昆山、吴县、吴江）和平江、沧浪、金阊、郊区4个区。之后，5个县先后撤县建市，其中沙洲县更名为张家港市。

1992年和1994年先后从吴县及郊区划出部分乡镇，设立苏州高新区和苏州工业园区。1993年被国务院批准为“较大的市”。2012年10月，撤销沧浪区、平江区、金阊区，以原沧浪区、平江区、金阊区行政区域设立姑苏区，撤销县级吴江市，设立苏州市吴江区。2023年末，全市共有10个县级市（区），51个镇、46个街道，1328个居委会、938个村委会。

知识链接　何处是江南

“江南”概念的演变是一个复杂而多元的过程，它随着历史的发展、地理的变迁以及文化的交流而不断发生变化。

“江南”一词最早见于春秋时期，时指楚国郢都（今江陵）对岸的东南地段，范围极小。战国时期，楚在长江南岸拓地日广，江南的范围亦随之向东南扩展，延及今武昌以南及湘江流域。秦汉时期，江南主要指长江中游以南的地区，即今湖北南部和湖南全部，南达南岭一线。同时，人们也常用“江东”“江左”等名词来指代长江下游的苏浙地区。

另外，“江南”还有行政地理的演变过程。最早以“江南”作为行政区划名称的是王莽改夷道县（今湖北宜都市）为江南县，但这一改制昙花一现，江南县旋改旋废。唐太宗贞观元年（627），设置江南道作为监察地区，范围最广，囊括今长江以南，南岭以北，西起四川、贵州，东至海滨的近半个中国。开元二十一年（733），江南道一分为三，即江南东道、江南西道、黔中道。其中江南东道包括今苏南、上海、浙江、福建以及部分皖南和赣东北地区。

宋朝的时候，改道为路，设有江南东、西路。江南东路辖一府（江宁）、七州（宣、徽、江、池、饶、信、太平）、二军（南康、广德），大致包括今南京、皖南、赣东北部分地区；西路则大约相当于今江西全省。

清顺治二年（1645），将明朝的南直隶改为江南省，辖区包括今江苏、上海、安徽三省市。后因江南省辖地过于辽阔，分拆成江南左、右两个布政司，后分别改江南左布政司与右布政司为江苏布政司与安徽布政司，加上原来江南西路之简称“江西省”早已固化，从此，江南从大政区地名中消失了。

如今，学界习惯将太湖平原一带江苏所辖的苏州府、松江府、常州府、润州府（镇江）、应天府（江宁），以及浙江境内的杭州府、嘉兴府、湖州府，加上从苏州府划出的太仓州，作为传统概念上江南的核心区，将其称为“八府一州”。

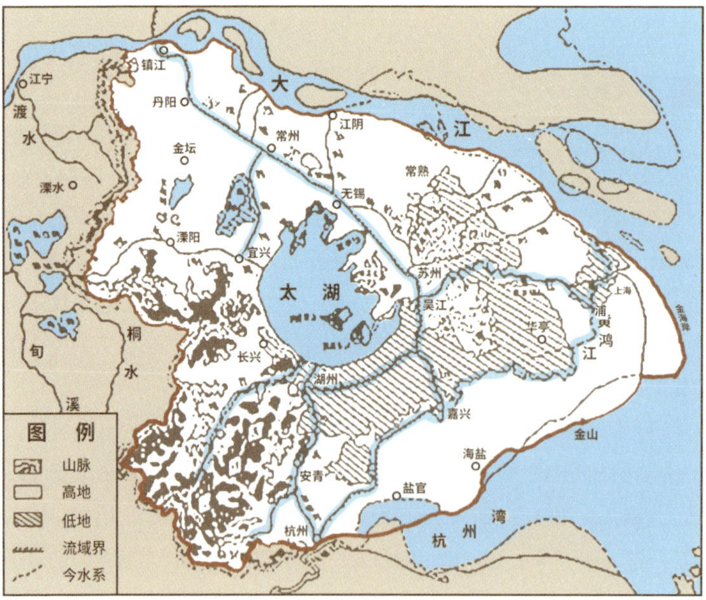

古代太湖流域地势示意图

太湖像苏州的一颗心脏，穿城而过的大运河则像是动脉，将江河湖海之水源源不断地输送到苏州的街巷镇村。而苏州至今还保留着许多有关伍子胥等吴地先贤的名胜古迹和故事传说。

苏州城形成早、规模大、变迁小，古城区至今仍坐落在原址上，为国内外所罕见。明清时期这里是国内最发达的城市，是经济文化的中心。这正是依托了其在太湖平原上的特殊区位，才有了“苏州最江南”的说法，也长期以来在江南的自然环境和人文历史中占据着极为重要的地位。

二、亿万年沧海变桑田

苏州的地质历史几经沧海桑田，海陆变迁。现在所处的长江三角洲东南太湖流域，中生代以后经历了燕山期、喜马拉雅期等多次构造变动。总体构造格局主要由北东向断陷和隆起组成。主要构造单元有荡口-白茆断褶凹陷、湖州-苏州断褶隆起和南浔-角直断褶凹陷等。

距今4.2亿年的早古生代志留纪中期，到距今3.8亿年的晚古生代泥盆纪，苏州一带上升为陆地，沉积一系列以石英砂岩、砂页岩为主的陆相地层，其中包含中华棘鱼、无锡亚鳞木等生物化石。此地层岩石质密坚硬，是构成穹窿山、阳山、西洞庭山等苏州现今山地的主要岩石。

距今3亿多年的晚古生代石炭纪，地壳变动带来海陆交替演变，最后苏州一带又为大范围海水所浸淹，沉积了包含松卷螺、纺锤虫、珊瑚等大量海相化石的厚层石灰岩。此期地层西山东部一带有典型分布，是形成“瘦、皱、漏、透”的太湖石和林屋洞喀斯特地貌的基础。

距今2.6亿年的晚古生代二叠纪，地壳升降运动较强烈，苏州境内时而为浅海、滨海，时而为陆地，沉积了一套含有煤系的以砂页岩、灰岩、泥岩为主的地层，其中含有海相的寿昌菊石、苏州戟贝和陆相的大

太仓出土的鲸鱼骨

羽羊齿等化石。本地层主要出露在凤凰山、蒸山、玉屏山、砚瓦山一带。

距今2.5亿年的中生代三叠纪，苏州一带地壳下沉，海水入侵，沉积了含有蛇菊石、王氏克氏蛤、左纺锤蜓等海相化石的泥灰岩、灰岩。此时的地壳运动使酸性岩浆侵入，形成了吴中区城隍山石英斑岩体，在岩浆侵入时与石灰石围岩接触部位形成矿床，如有名的东渚小茅山和光福迂里多金属矿床。

经过距今1.8亿年以来中生代侏罗纪至白垩纪早期的燕山期造山运动，苏州已有的地层产生了多期次、多形式的褶皱和断裂，构成了灵岩山、天平山、天池山、金山、狮子山等地著名的苏州花岗岩体。

距今1亿年左右的白垩纪晚期，强烈的造山运动趋于平静，岩浆活动也变得微弱。在一些地壳长期下沉的断陷盆地中，沉积了一套河湖相的紫红色、砖红色砂岩和砾岩。这些地层绝大部分为后来的沉积物所覆盖。此时的苏州基本结束了大规模海洋环境的历史，这里山峦起伏，有群峰挺秀，也有低深的谷地，开始了长达亿年的陆地地质历程。苏州现代地貌的雏形由此而奠定。

距今0.7亿年的新生代第三纪，地壳运动以升降为主，在沉降盆地中，形成了一系列沉积。如常熟白茆-莫城、昆山蓬朗-吴中角直、吴江七都-盛泽等区域沉积了内陆湖泊相的红色砂岩、砂砾岩，园区斜塘-胜浦断陷盆地沉积了湖盆相或三角洲相棕红色含砾粗砂岩和杂色粉砂岩、泥岩、砂砾岩。

距今300万—200万年前，地质历史进入了人类诞生的第四纪。地壳运动表现为大范围的缓慢升降。早期的山间凹地中沉积了由砾石、钙质黏土、黏土等组成的尚未完全胶结的松散地层，含剑齿虎、窄齿熊、獾等动物化石。第四纪中晚期，苏州境内又经历了三次规模不大的海侵和海退。海侵时和海退时，分别形成海相与陆相沉积层，并含有相应的海相与陆相生物化石。

苏州境内第四纪的松散沉积地层，受西高东低地势控制，西薄东厚，一般为150—170米，东部厚处可达200多米。第四纪形成的尚未胶结成岩的松散黏土、砂土层，奠定了现代长江三角洲和太湖平原的物质基础，构成了苏州现代地貌的基本轮廓。在三山岛旧石器时代古人类文化遗址考古发现的1万余件旧石器，说明在距今约1万年的全新世，在这片丘陵起伏、平原广阔的土地上，已经出现了人类的活动，苏州人类历史的新纪元由此而揭开。

苏州地处长江三角洲。长江三角洲，原先只是一个自然地理区域的概念，现在也用在经济等领域。从自然地理的角度看，长江三角洲是指以长江为主体，加上南侧的钱塘江，以及两者之间的太湖等水体一起，在沿海由泥沙冲积而成的平原地带，涉及苏、沪、浙三省市。长江三角洲的顶点在长江干流的镇江—扬州仪征附近，北以通扬运河为界，南至钱塘江、杭州湾北岸，西至苏、浙、皖省界山地和浙江天目山东麓地带，面积约5万平方千米。

长江三角洲的核心是太湖平原地区，这里在新石器时代就基本形成了以太湖为中心的沉积平原。上承苕溪等苏、浙、皖山区来水，下泄江海地区，构成了太湖水系，形成了太湖流域。

以太湖为中心的太湖流域，面积共36900平方千米，包含了江苏的苏南地区、浙江的杭嘉湖地区以及上海的大部分地区。太湖流域河网密布，湖泊众多，全区水域比例近20%，面积在0.5平方千米以上的湖泊有189个，平原地区河道密度达3.2千米每平方千米，为典型的“江南水网”。

注入太湖的河流中，发源于浙西天目山的东苕溪、西苕溪在湖州、长兴一带入湖，发源于宜（兴）溧（阳）山地的荆溪百渎在宜兴一带入湖。而苏州大市所在的太湖北部、东部一带岸线则是太湖水流排泄口的主要分布区。

整个太湖水系中，主要排水河道的泄水口，如望虞河的沙墩口、胥江—娄江—浏河一线的胥口、吴淞江的瓜泾口以及太浦河的太浦口，都是在环太湖苏州岸线范围之内。其中吴淞江（在上海境内称“苏州河”）和太浦河都归流于黄浦江，太湖水系洪水期80%以上的径流经黄浦江下泄，黄浦江因而也成为现今长江入海前的最后一条大支流。

三、山温水暖的气候环境

从纬度位置看，这里在北纬30°附近，为亚热带的北部区域，四季分明，夏热冬冷，但冬季最冷月的平均气温又在0℃以上；从海陆位置看，这里地处我国东部沿海，深受海洋气流的影响，气候湿润，季风明显，雨热同期。这样的气候适宜茶树和亚热带水果的生长，也为水稻等农作物提供了十分优越的气候条件。太湖水系的河流湖泊所携带的泥沙沉积出了广阔的平原，为农耕发展提供了深厚的土壤基础，也是形成江南鱼米之乡的重要条件。如此优越的自然条件，人们通过千百年的开垦耕作，使太湖平原成为国内最重要的农业生产基地，也是传统的粮食供应基地。

太湖周边和湖泊内部分布着为数不少的低缓山地，其中居太湖泄水下游方向的东岸一带，是苏州西郊山丘的主要分布区，海拔高度一般在100—300米。在这些低山丘陵中，又以穹窿山最高，其主峰笠帽峰海拔为341.7米。除此之外，其他比较著名的还有阳山箭阙峰

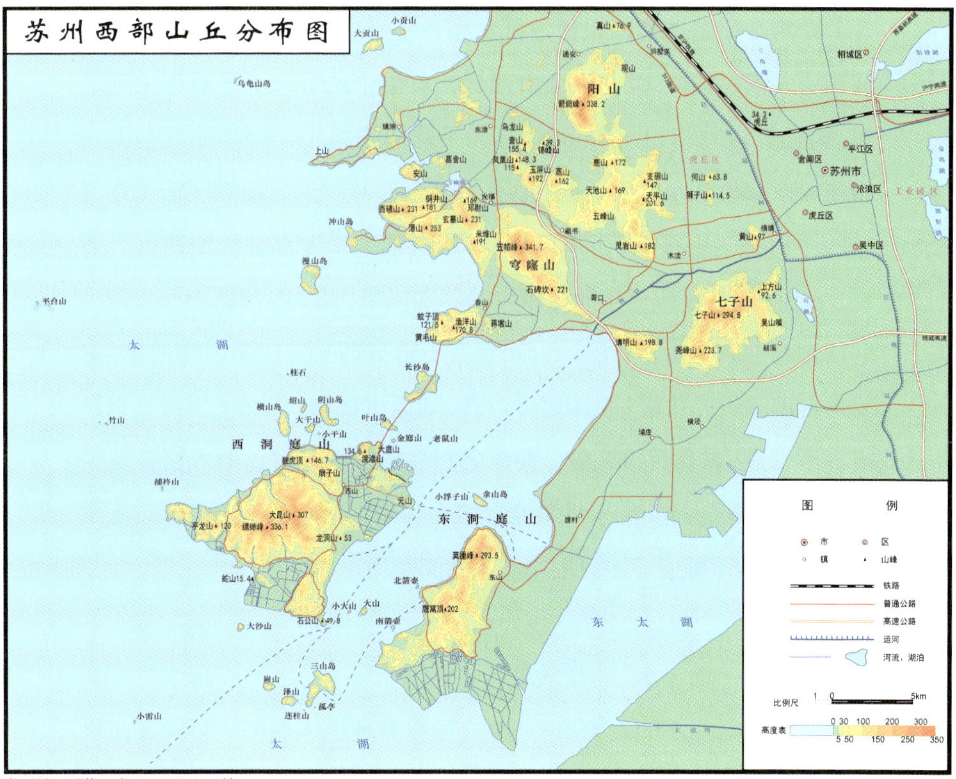

审图号：图苏E审（2024）076号

苏州西部山丘分布图（朱剑刚绘制）

（338.2米）、洞庭西山缥缈峰（336.6米）、七子山（294.8米）、东山莫厘峰（293.5米）、虞山（263米）、潭山（253米）、天平山（201.6米）、灵岩山（182米）、渔洋山（171米）等。

太湖东部的岛山还见证了太湖泄水环境的变化，诸如东太湖大缺口的淤塞和东洞庭山与湖外陆地的相连，东太湖一带吴淞江源头区域的水体变迁等过程。至于20世纪六七十年代的人工围垦所至冲山等区域也成为与湖外陆地相连的半岛，这是近几十年间人们适应和改造水乡环境的并不鲜见的实例。

太湖平原是以第四系松散沉积物为主组成的沉积平原，平原上水网稠密、湖荡星罗，而若干低山残丘相对集中地分布于平原和太湖之间，山丘仅占总面积的2.65%。苏州平均海拔仅3—5米，尤以与太湖相连的东部湖荡水网区，是在原有太湖东部及以东的湖滩区域发育而成的冲积—湖积平原，海拔则更低，最低洼的平原部分地面高程大多在2米左右，是长江三角洲区域内湖荡水网最密集的区域。

太湖平原外缘，有距今6000年左右形成的长江南岸冈身地带，主要是古滨海贝壳沙堤，总体地势较高，地面组成物质较粗，为高亢平原或高沙平原，常称为“高乡”，而与之相邻形成明显对比的水网区域则常称为“低乡”。因此，苏州的地形结构，四周稍高，中间偏低，汇流成河，凝聚成湖，形成了沙洲平原和滨湖湖积平原。

四、“人·地·水”和谐共处

生活在陆地上的人们离不开水，而水乡地区人们的生存状态在很大程度上取决于人与水的关系。深处水乡泽国的苏州，“人·地·水”的关系是对社会发展起着重要作用的人与环境关系的核心。

苏州位于天目山脉向东北延伸的末端，山地比例很小。与这些低山丘陵相间分布的是太湖、阳澄湖等湖泊所在的凹陷地区。经长江、太湖等水系所携带的泥沙的沉积，形成了大范围平原低地，这是苏州最主要的陆地地貌形态。

长江、钱塘江及相邻沿海地区水体中含有较多泥沙，泥沙不断沉积的地方最后会成为陆地，并具备了发育肥沃土壤的深厚母质；但也有泥沙不断被流水冲蚀的地方，陆地也会被淘去根基。加上地壳的升降运动和全球海面在冰期、间冰期的升降变化，海洋与陆地的位置关系往往会发生变化。

苏州的陆地与河湖水体之间，也是这种动态关系的结果。沧海桑田，曾经的水域变成了陆地，曾经的陆地也可能变成水体。可以说，现在的海陆差异、地势高低，只是漫长地质历史上的一个瞬间，人们需要的是珍惜当下的环境。

与全国不少地方一样，苏州所在的长江三角洲地区也有不少关于陆沉的民间传说，这在很大程度上反映了人类社会对沧海桑田的记忆。

在苏州范围内的一些地名，如常熟的昆承湖和莫城，苏州东部的阳澄

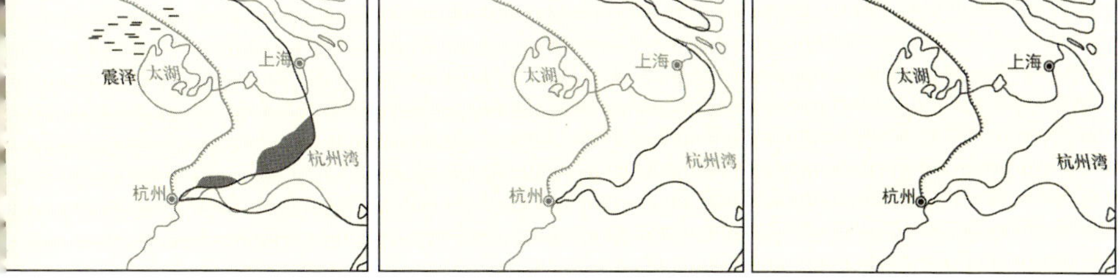

公元前15世纪、公元10世纪和现代长江三角洲地区变迁示意图（朱剑刚绘制）

湖、澄湖等，都与陆沉为湖的陆沉传说有着某种关联。再如，虽然传说中太湖、澄湖等湖泊中“水位低且水清时可见湖底古村”的现象没有人见过，但考古发掘的证据却表明这些地方的确曾是人类活动的广袤陆地。

知识链接 淹没在水下的市井

长期以来，苏州一直流传着“太湖遇旱水浅时看到湖底有古村庄古街道”的民间传说。20世纪70年代起，伴随着土地围垦等活动的开展，在环绕苏州西南到东北的多个湖泊中，发现了水下古村、古街道、古河道、古井泉和古人类先民的生产工具和生活用具，以及动物遗骸和化石等。据不完整记录，苏州地区发现古村落等遗物遗迹的主要湖泊有太湖、澄湖、独墅湖、金鸡湖、黄天荡和淀山湖等湖荡，其中又以太湖、澄湖和独墅湖为多。太湖湖底及周边地区水下共发现100多处马家浜—良渚文化遗址，距今都在7000—4000年前。另外，还发现了中古时期的古村落、古河道、古街道、古井泉等遗址以及7000多年前的古稻谷等。

澄湖，1974年围湖造田时，发现湖底存有古井坑千余口，出土和征集到自新石器时代迄宋代各个时期的文物1200多件，为研究长江下游的古代文化提供了大量完整的文物。独墅湖自1974年至2003年间，先后多次围垦、取土、清淤时，于湖底发现古井、古街道、古村落、古河道遗址。其中古井多达600余口。这些遗址的时间跨度，从5500多年前的崧泽文化时期一直延续到北宋时期。金鸡湖2003年下半年在抽干湖水清淤时，于湖底发现一条古河道，长3.6千米，宽约150米。黄天荡1974年围垦时，于湖底发现古井。淀山湖是苏州昆山与上海青浦之间的交界湖，湖下发现一个几千年前的古村落，收集到100多种石器和动物化石以及古代先民生产、生活用具等。

苏州民间有“水没三洋县，浮起无锡城”和“沉脱先州县，兴起苏州城”之说。文献记载，“吴县三十一都，地皆陷入太湖”（《吴门表隐》卷七）。到底为什么会使得这些古代人类活动聚居的村庄沉入湖底呢？大致有“地面因震而沉陷”“洪水泛滥成灾”“台风淫雨为害”“地壳运动沉降”等说法。究竟是哪一种呢？相信伴随着湖底考古活动的进行，这些谜团会慢慢被揭开。

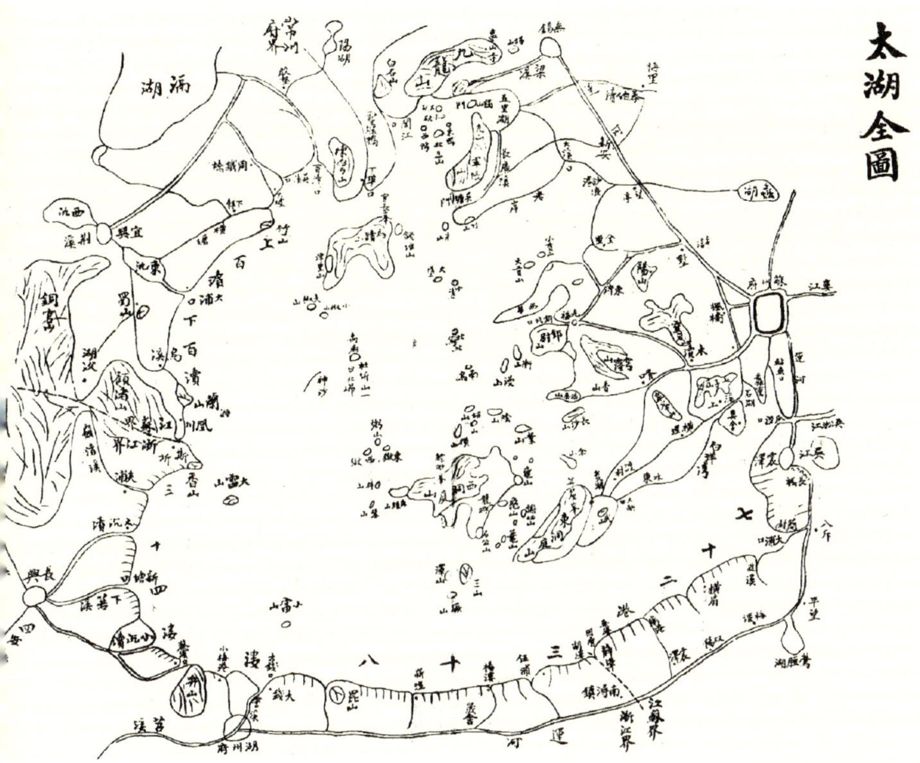

〔民国〕《吴县志·太湖全图》

第二节　水系和分区

一、从太湖到长江

自然水系通常是指以海拔高低、地势急缓、河湖分布以及流量流向等地貌、水文等自然要素为基础形成的水系。对苏州而言，因悠久的人类开发历史和历代的水利治理，区域内几乎不存在纯自然的水系，每条河流、每个湖泊都受到人为活动的影响，但顺应自然大势而形成的水系都可以看成自然水系。

苏州的水系发育于太湖东部出水口，是太湖水流的主要泄水区。全市河湖水系以太湖为源头，形成由苏州西郊山地以及行洪、沙积压力巨大的低地所组成的上源滨湖地带，太湖下泄之水经过水乡平原的水网区域的过渡地带，以及经黄浦江入长江，或直接汇入长江的沿江地带。因此，苏州水系总体呈现以太湖为源头、以低洼平原的湖荡区为腹地，最后穿过沿江高亢地带向长江泄水的总体格局。在自然与人文条件的综合作用下，表现出滨湖一带、湖荡水网区和沿江一带等不同的水系特征。

(一) 太湖：苏州水系的源头

苏州濒临太湖的区域是苏州水系的上源地带。滨太湖一带以太湖为主体，包括太湖沿岸的区域，东面大致以江南运河、頔塘为界，与中部水网区相邻。早在史前时期，这里就是长江流域古文化的主要发源地，其中三山岛的旧石器时代遗址成为南方旧石器文明的主要代表，又是太湖流域古地理环境的见证。

苏州低山丘陵的主要分布区，扼太湖东岸水际线。这些山丘确定了太湖东岸岸线的位置和形状，使之成为太湖湖岸最为弯曲的地方，同时又是苏州古城与太湖之间的御水屏障。

在湖岸的山丘处，形成突出于湖岸的半岛岬角，自北向南主要有镇湖马山、镇湖西马山（西华半岛）、光福西碛山、渔洋山、东洞庭山等；在山谷处，形成多泥沙沉积的湖湾，湖湾顶端则大多有河港，成为太湖的泄水口，如望亭沙墩口、光福铜坑口、胥江源地胥口，以及东太湖瓜泾口和历史上著名的鲇鱼口等。

这一带还有一批被湖水淹没的岛山，聚集成为太湖中以西洞庭山为主岛的岛群区。西洞庭山周边有漫山、阴山、横山、长沙岛、叶山岛，以及东、西洞庭山之南的三山岛，贡湖中的大贡山、小贡山等，还有东洞庭山、武山以及冲山等因泥沙沉积而与湖外陆地相连的岛山，它们就是历史上著名的“太湖七十二峰”的主体。山地使之成为苏州相对最高的区域，也是水系密度最小的区域，主要河流具有明显的人工河属性，如西北部的浒光运河，中部的胥江、木光运河等。

泥沙型太湖岸，包括吴江太湖沿岸分布的一系列泄水溇港，旧有“七十二港”之称，其中较大的如大浦口等；也包括历史上太湖东部湖滩区，这里因泥沙沉积而产生了重大的地貌变化，原先作为太湖主要泄水区域的东太湖白洋湾已基本消失，成为陆地。太湖泄水口鲇鱼口和瓜泾口虽得以存续，但泄水功能受到影响，如瓜泾口的设计泄水量只是太浦河口的十分之一，古时数十里宽的吴淞江在其上源瓜泾港的宽度仅为60米左右。

从历史上看，东洞庭山与湖外陆地之间的太湖水体是太湖水通过东部湖体泄水的主要通道，七子山西南分支尧峰山山名及山上免水院古迹传说是这一水文环境的写照。现在的七子山南侧已全部是泥沙淤积而成的陆地。

尧峰山与免水院

尧峰山，为苏州横山山脉最西濒临太湖的山峰，海拔223.7米，仅次于横山山脉主峰七子山的294.4米，为横山山脉第二高峰。据地方志记载，尧峰山得名，因尧帝时代洪水滔滔，唯此山不被淹没，所以又有别名“免水山”“免水顶”。但是也有史料记载，尧峰山的山名是吴越王钱镠第六子钱元璙所定。

山上的免水院历史可追溯至唐末。免水院，寓意为免除水患之虞，体现了吴地人民在长期与水斗争中寻求和谐共处的一种美好愿景。尧峰山在明清之际是文人雅士隐居和雅集之所，清初著名诗人汪琬隐居此山，以“汪尧峰”著称于世。

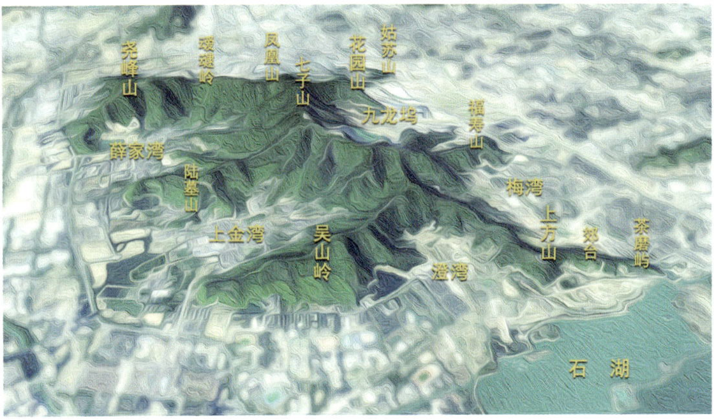

七子山山形示意图（朱剑刚绘制）

原先湖中岛屿东洞庭山与岛外陆地间有大缺口相隔，陆上交通须由渡村摆渡才得沟通。《太湖备考・集文一》载“大缺口者，北湖入南湖之咽喉也”，“缺口之宽只五十六丈”。

在今天，大缺口仅留遗迹，现东洞庭山东侧依旧是太湖泥沙沉积最主要的区域，其东南沉积区最远的节点东茭嘴离吴江太湖岸线仅有3千米左右，行洪控沙需要人工干预。

滨湖一带向来是苏州水陆矛盾最为集中的区域，史上洪、旱灾害较为突出，是苏州仅有的既有洪水压力又有旱灾威胁的地区。少雨的年份，山丘地带往往出现旱象，山岭地带的林果植被会受缺水的影响；多雨的年份，太湖水位上涨，这里成为承受太湖洪水压力最大的地方。沿湖低洼之处，有赖太湖大堤的护卫。

东太湖瓜泾口和瓜泾口水利枢纽(朱剑刚摄)

(二)湖荡水网:苏州水乡的腹地

湖荡水网区位于太湖滨湖和沿江地带之间,与滨湖一带以江南运河、頔塘为界,与沿江地带主要以盐铁塘为界,东南面与浙江北部的水系相通,在东面汇入上海黄浦江水系入长江。

知识链接 不在苏州的苏州塘和苏州河

苏州塘,也称苏嘉运河,是大运河在嘉兴境内的一段重要河段,是大运河从嘉兴王江泾到市区环城河杉青闸的河段。全长27千米,其中浙江、江苏两省交界段长9.1千米,王江泾到嘉兴市区环城河段长17.9千米。苏州塘的开凿年代没有确切记载。据《嘉兴水利志》记载,该段运河最早开凿于汉武帝时(前140—前87),又有《资治通鉴》等史料记载其在隋大业六年(610)冬整治拓宽。苏州塘是古代水利工程的重要组成部分,在灌溉农田、防洪排涝等方面都发挥了重要作用。

苏州河,位于黄浦江以北,属于长江水系,全长约125千米。它源于太湖,经吴淞江、娄江等河流流入黄浦江。苏州河流经吴江、昆山、青浦、嘉定等地，最终在上海市区与黄浦江汇合。苏州河，作为流经上海市区的主要河流之一，实际上是吴淞江进入上海市区段的俗称。苏州河在上海的发展历史中扮演着至关重要的角色。它是上海最早的水上交通要道之一，为上海的城市形成和发展提供了必要的交通条件。它不仅是一条自然水道，更是一条经济命脉。在古代，它是太湖流域主要的对外运输通道；进入近代后，随着上海开埠和租界的设立，苏州河两岸逐渐发展成为工业和商业的集中区域。许多工厂、仓库和码头沿河而建，促进了上海的经济繁荣。

所以，大家知道了吗？苏州塘和苏州河，并不在苏州哦。

密集交错的河湖水网（朱剑刚绘制）

相比上游滨湖区的低山丘陵和下游沿江地区长江沙堤较高的地势而言，水网区是苏州地面最低的区域，众多低洼处积水而成的湖泊星罗棋布，用于排水、运输又具有围堰功能的塘浦纵横其间，圩内的河道如蛛网般密布。水网区的河湖水体对水系流量，特别是区域内涝有着重要的调控作用，汛期可以容纳来不及排走的余水，常年具有灌溉和行船的便利。

这里是苏州水乡的腹地，也是狭义上的“江南水乡”最典型的地区。根据区内所处位置的不同，以娄江和太浦河两者为界，进一步分为阳澄、淀泖和浦南3个亚区。

人类的居住、耕作等活动常常受到水的制约，对水乡泽国的湖沼地区而言，地势相对较高的地方往往是旧时人类活动的重要据点。位于阳澄和淀泖之间的分界线——娄江一带，是苏州两大沉降区之间地势相对较高之地，自古人类活动比较集中。从新石器时代遗址的分布来看，这里集中了绰墩、草鞋山以及张陵山等著名遗址。其中，“墩”是水乡地名中较为特别的一类实例，多为水乡泽国之地的土墩墓葬标识，也是人类主要活动区，如金鸡湖东侧的琼姬墩等。

（三）长江：苏州自然水系的尾闾

沿江一带位于盐铁塘北侧，南邻水网区，北临长江，在自然地理环境和历史文化传承方面，都有较为明显的江海烙印。这里受长江泥沙沉积的直接影响，湖泊稀少，河流以垂直于长江的通江引排河道为主。它们一方面承担陆内来水泄入长江，另一方面承担区域内缺水时的引江任务，主要有十一圩港、望虞河、常浒河、白茆塘、七浦塘、杨林塘、浏河等。另有若干大致平行于长江的河道，主要起到沟通水上交通的作用，较长的如盐铁塘、张家港等。

按水系的水文特性，沿江区可以进一步划分，主要是长江古沙堤的虞西区、张家港北部因长江泥沙最新堆积而成的新沙区，以及常熟至太仓一线承接阳澄湖荡水网区入江河道的沿江地带的高冈片。

沿江一带的地理位置，其自然环境和人文活动都受到了不小的影

湖荡水网深处的周庄古镇（朱剑刚摄）

响，具有长江自然与文化的明显烙印。土壤砂性较重，地势以高亢的沿江岗地为特征，习惯被称为“高乡”，历史上的典型农作物为棉花，现在主要是蔬菜和花卉。明代时，沿江就有官方主导棉花种植，形成了以棉纺织业著称一时的沙溪等古镇。

链接知识 海门第一桥

海门第一桥，俗称“周泾桥”，位于太仓市太平南路与新华东路交界东园南侧致和塘上。南北走向，三孔拱桥，分节并列砌置，主体以青石为主，千斤石为花岗石，龙门石为武康石。桥心锁口石刻“海门第一”，两端雕饰圭角，其下有乳钉。长系石雕花卉，栏板精雕缠枝牡丹、双狮舞球。据桥拱券莲额上“至顺元年十一月吉日鼎建”和“时次至顺庚午仲冬”题记，可知此桥建于元代至顺元年（1330）。2006年，其与皋桥、州桥、井亭桥、金鸡桥等5座元代古桥被列为全国重点文物保护单位。

太仓周泾桥：海门第一桥（倪浩文摄）

二、水利分区

以水乡为环境背景的苏州，对水的利用把控从来都是最重视的。“人·地·水”的关系，在人们对陆地和水之间的关系的适应把控之下，逐渐发展而和谐。中华人民共和国成立以后，水利建设取得了前所未有的成果，以水害防治为根本，结合灌溉、供水、养殖和航运等要求，充分发挥水资源的作用，进行流域规划，形成苏州水利分区方案，分区界线主要为望虞河、太浦河、娄江以及江南运河，分为滨湖区、阳澄区、淀泖区、浦南区、虞西区和新沙区。

（一）滨湖区

滨湖区位于江南运河以西至太湖边，包括湖区几个半岛，控制排灌面积668平方千米，涉及苏州市区和吴江区。该区濒临太湖，湖积平原洼地与丘陵山区相对集中，洪、旱灾害较为突出，河流湖泊较少，河网水系很不发达。主要河流有浒光运河、胥江、木光河、苏东河和纵贯南北的大运河。

太湖水除太浦河口、望虞河沙墩口是全局最重要的泄水通道外，还通过铜坑口、胥口、大缺口和鲇鱼口四路下泄。光福铜坑口一路经浒光河东流至运河，由运河东岸诸口散入阳澄区。胥口一路由胥江至横塘后一部分经运河入澹台湖进淀泖区，一部分出枣市桥汇入苏州外城河，后辗转汇入吴淞江。

大缺口一路经苏东河东流至越溪，分为两股：一股经小鲇鱼口入东太湖梢，各支流分散汇入瓜泾港东泄；一股北上胥江，鲇鱼口一路经西塘河后东流入澹台湖，过宝带桥后入运河，主流东行经独墅湖汇入澄湖，部分水量沿着运河南下。

（二）阳澄区

阳澄区地处望虞河和江南运河以东、娄江以北，东濒长江，控制排灌面积2537.4平方千米，涉及苏州吴中、相城和工业园区和昆山、太仓、常熟市。主要河流有白茆塘、七浦塘、杨林塘、浏河、常浒河、徐六

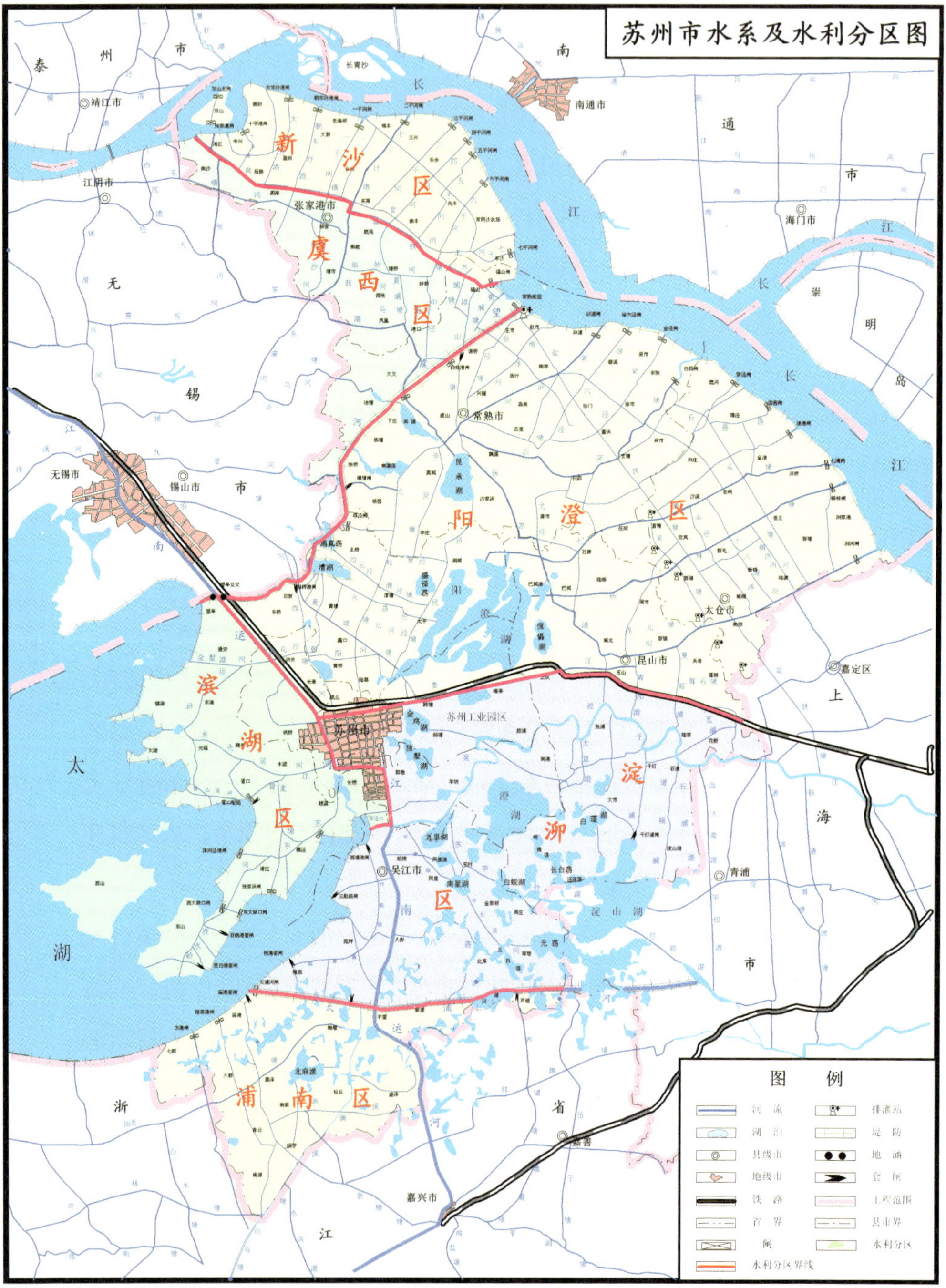

审图号：图苏E审（2024）076号

苏州市水系及水利分区图（2017年）

泾、金泾、海洋泾、钱泾、荡茜泾、浪港等十数条直通长江的河道，此外还有平行于长江的盐铁塘、张家港，垂直于长江并对接常浒河的元和塘等，起到水运和水量调节的作用；有阳澄湖、昆承湖、巴城湖、傀儡湖等千亩以上湖泊15个，总称阳澄湖群。常浒河、白茆塘、七浦塘、杨林塘、浏河为区域五大引排河道，80%的水量由这五大河道排入长江。

遇长江出现洪峰，或河口沿线有风暴潮等高水位时，下游沿江区水系水位壅高，会面临排水不畅，甚至江潮倒灌的压力，在本地汛期时就会出现内涝。区域内水系完整，历代都有大规模的重点治理，因而形成较为成熟的塘浦体系。中华人民共和国成立后，经过多次大规模整治，水系网状结构较为完善，基本做到遇长江洪峰能挡，遇区域内涝能排，遇缺水旱象能灌。

本区西部为低洼的湖泊平原地区，东部为沿长江高亢平原，地形东高西低，以盐铁塘为界分成阳澄圩区和滨江平原两大片。湖荡地区泥沙沉积物多为质地黏重的淤泥，这为水稻种植灌溉耕作提供了上佳的水利环境，有利于水稻土的形成，加之圩田历史悠久，灌溉便利，成就了著名的鱼米之乡。沿江地区则是滨江平原，土壤砂性明显，透水性好，宜种植棉花和蔬菜。

(三) 淀泖区

淀泖区位居太湖下游，娄江以南，太浦河以北，控制灌排面积1500平方千米，涉及吴中区、相城区、工业园区、吴江区及昆山市。区内湖荡河网稠密，历史上是太湖泄水的主要通道，当太湖洪水之冲，水系较复杂。主要河流有吴淞江、急水港等，以及与区域泄水方向相垂直的江南运河，有澄湖、淀山湖、元荡、汾湖、白蚬湖、白莲荡、三白荡等千亩以上湖泊41个，总称淀泖湖群。

东太湖出水主要通过瓜泾港、三船路、军用线港、戗港等通湖诸港分别东泄，流入运河，再由运河东岸的支河分别进入河荡湖泊，有的汇入吴淞江。瓜泾口为吴淞江源头，太湖水由此经瓜泾港入运河后，汇合松陵镇南北诸桥港之水和运河南下之水，经分水墩东流后正式称吴淞江。吴淞江沿途旁纳南北两岸诸浦水流，东流至上海市境内注入黄浦江。

本区地处苏州境内地壳沉降量最大的地带，尤以吴江-千灯沉降带最为明显。地面沉降，地势低洼，曾是与太湖连成一片、界线不明的泽国地带，至唐宋时期吴江塘路建成，始与太湖相分隔。太湖最早的泄水河道主要在这一区域，大禹治水时代的"三江"之水都源于此区域，后来除南泄钱塘的东江因海塘工程影响而淤废，吴淞江的河道以及娄江之名一直沿用至今。正常年份，太湖东泄之水可以顺着这些河流、湖泊，向东经黄浦江水系排入江海；在洪涝年份，本区更是成为太湖洪水宣泄的主要通道，历史上为著名的洪水走廊，多易发生水患。

（四）浦南区

浦南区位于太浦河以南，控制排灌面积553.13平方千米，属吴江区范围，也是太湖流域杭嘉湖平原区，水系与杭嘉湖平原脉络相连，成为承受客水过境、地势偏低的水网圩区。主要河流有江南运河、頔塘、烂溪、乌桥港和严墓塘等，千亩以上的湖泊有麻漾、长漾、金鱼漾、雪落漾、草荡、莺脰湖等26个。这里的震泽、盛泽等地名、水名，也暗示着它们曾经是一片沼泽之地。

此区域居杭嘉湖平原北缘，为"吴头越尾"之地。1958年太浦河开挖之前，与淀泖区并无明显分界，水系相连，受东南方向杭州湾北岸区域排水不畅的制约，本区径流经由頔塘、烂溪两大干流，再由太浦河向东，由黄浦江水系排入江海。太浦河一期工程完成后，始有"浦南"之称。

(五) 虞西区

虞西区地处盐铁塘以南、望虞河以西，在常熟市和张家港市辖区范围内，控制排灌面积516.8平方千米，为太湖流域澄锡虞片的一部分。这里原为太湖流域北部长江沿岸沙堤堆积区，地势较高，因上游无锡江阴方向来水有限，河道密度小。通过开挖和整治纵向的望虞河、张家港、十一圩港、福山港等通江骨干河道和横向的东横河、盐铁塘、锡北运河等主要调节河道，构成引江通湖的框架水系。

(六) 新沙区

新沙区地处盐铁塘以北，属张家港北部沿江范围。西、北、东三面滨江，排灌直通长江，集水面积447.53平方千米。通过河流有张家港、太字圩港、朝东圩港、七圩港（一干河）、十一圩港（二干河）、西界港（三干河）、四干河等20余条，还有南横套河和盐铁塘2条调节河道。目前，各通江河港均建闸控制，基本能满足挡潮和引、排水需要。本区是苏州境内因长江泥沙堆积，涨沙成陆的最新水利区域。张家港市原称“沙洲”，是苏州最年轻的县级行政区，于1962年由常熟和江阴两县各分划一块地方合并而成。这里是长江泥沙的快速堆积区，相当于原长江江堤外的河漫滩区域，成陆年代晚，地势不高，依圩堤围护，靠涨沙围垦而来，区内河网主要起到保证本地排灌的作用，其中比较著名的有常阴沙等。

第三节　以水为名

苏州是文化之都，更是水之都。水浸润了人们日常的方方面面，因此苏州人对水格外熟悉，更是把身边纵横密布的河道湖泊分成了几十种不同的类别。清代魏源在《东南七郡水利略叙》中说：

> 三江导尾水之去，江所不能遽泄者，则亚而为浦，为港，为渠，为渎，为洪、泾、浜、溇，凡千有奇。

根据形态的不同，划分出长条形水道和片块状水面两大类，前者统称河道，后者泛指湖泊。港、泾、浜、浦、溇属于河道，荡、漾、潭、漊、湾多归湖泊。两个大类里又可以分出多个小类。

河道根据通达性划分，浜、兜、溇、漕是一种，它们多数是只有一端外通的河汊，百姓称之为“死浜兜”“没煞浜”；港、浦、泾、渎等是两头均与其他水道相连的，俗称“活河港”。根据长短宽窄划分，浜、漕短而窄，潭、兜短而宽，泾、港长而窄，塘、浦长而宽。湖泊根据深浅来说，荡、漊是浅的，潭是深的。若依水面开口而言，三面被陆地包围的叫湾，四面皆围的称荡、漾、潭。根据功能分，港、塘、浜是交通类水道：港、塘用于行船，浜、兜用来停船；泾、浦、溇是生产生活类水道：浦用来行水，泾用作分水、农田灌溉，溇则是圩田中蓄水用的宽沟池沼。

以上根据水系的共性大致归了类，然而有些水道还有独特的个性：涧特指山区溪流，浦特指通江达海的感潮河道，塘特指人工修筑的运河，等等。这些丰富多彩的水地名是苏州水文化的重要组成部分，承载着水城苏州千百年的历史沧桑，诉说着风云激荡的传说故事。

一、泾

通名“泾”多数是河道地名，也用于沿河分布的同名聚落。绝大多数“泾”地名分布在苏南浙北的太湖平原以及宁绍平原一带，它是个吴方言词。

“泾”简单的理解就是水径，与“径”组成一对同源词。陆上的小路称“径”,水路沟渠就叫“泾”。早期的“泾”通常是人工开挖而成的直河。“泾”“径”本身就有“笔直”的含义。《集韵》解释说:“泾涏,直流也。”《释名·释水》则说:“水直波曰泾。泾,径也,言如道径也。”

“泾”地名出现较早,吴越争霸时就有记载。姑苏盘门内城壕叫锦帆泾,相传吴王夫差曾携西施泛舟其上。木渎馆娃宫下有采香泾,据记载是夫差为西施采香特意开挖的水道。古书中“泾”常写作“径”“迳”。唐刘禹锡《馆娃宫》诗:“唯余采香径,一带绕山斜。”宋范成大《吴郡志·古迹》:“采香迳,在香山之傍小溪也。吴王种香于香山,使美人泛舟于溪以采香。今自灵岩山望之,一水直如矢,故俗又名箭泾。”宋代时“泾”“迳”两字开始分化,河道名开始用“泾”字,但仍兼用“迳”。例如,《宋会要辑稿·食货十八》:

> 南擅澉浦、华亭、青龙、江湾牙客之利,北兼顾迳、双浜、王家桥、南大场、三槎浦、沙泾、沙头、掘港、萧迳、新塘、薛港、陶港沿海之税,每月南货商税动以万计。

汉唐时代,江南农业生产秉持“大圩制”。学者认为大圩时代“泾”是圩内水系,即相当于现代起排灌作用的渠道。朱长文在《吴郡图经续记·治水》中解释道:

> 观昔人之智亦勤矣,故以塘行水,以泾均水,以塍御水,以埭储水,遇淫潦可泄以去,逢旱岁可引以灌,故吴人遂其生焉。

当时,“泾”是次于“塘”的二级河道,作用是圩内“均水”。该时期“泾”继承了战国时期“人工开掘直河”的主要特点,只是“泾”作用从行船变为均水。

两宋时期“大圩制”崩坏,塘浦系统演变分化成以小圩为主的泾浜系统,泾浜频繁出现在记载中,产生了大量“泾”地名,泾也从原本圩内河道逐渐变为圩外水道。范成大《吴郡志·水利上》记载：

> 为民者，因利其浦之阔，攘其旁以为田，又利其行舟、安舟之便，决其堤以为泾。今昆山诸浦之间，有半里或一里、二里而为小泾，命之为某家泾、某家浜者，皆破古堤而为之也。

小圩的分化刺激了新水道的形成，农民为行船泊舟方便私开私掘河道，这类新增的水道当时都称为泾、浜。泾、浜在短时间内大规模新增，命名是个问题。因此批量命名法被广泛应用，哪家开挖的河道就称为某家泾。有时甚至连这种批量生成的名字也没有，只采用数字编号法，以数字、次序为名，如双泾、四泾、五泾之类。或者干脆以形态、方位、新旧等笼统称呼之，因此横泾、西泾/东泾、前泾/后泾、新泾、长泾、旱泾的同名现象就非常突出，仅原吴县境内以“横泾”为名的自然村落就有19个。

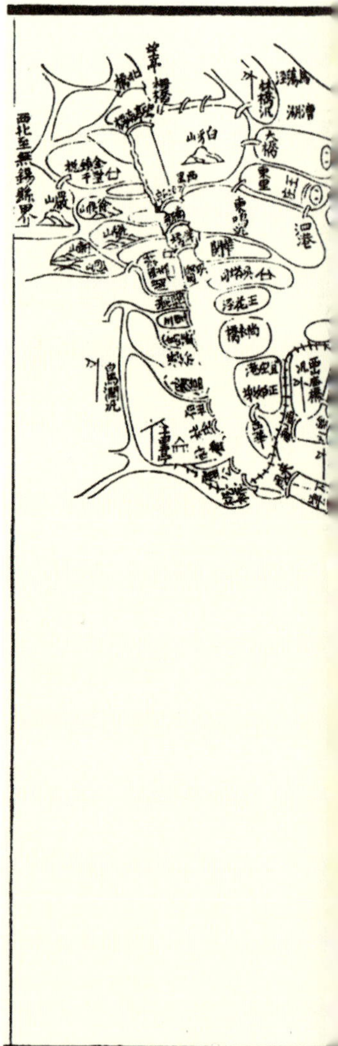

到了明清时代，吴地的“泾”成为人工开挖小河沟的代名词。特点是体量小，数量多。原本径直的含义弱化，“泾”变成小河的泛称。不过因为人工开掘河道仍较平直，不像未经整治的“溇”那么不规则。段玉裁《说文解字注》也认为：“今苏州嘉兴沟渎曰某泾某泾，亦谓其

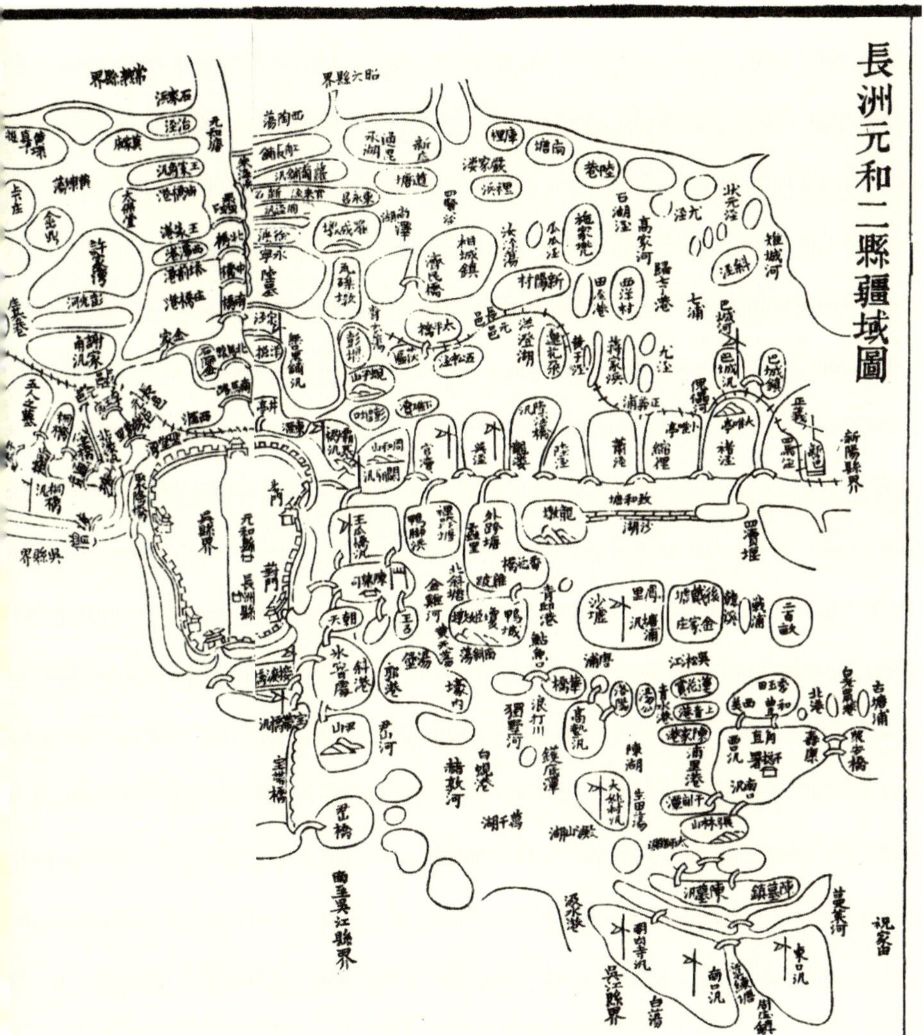

〔清〕乾隆《苏州府志·长洲元和二县疆域图》

可径通。”

到当代，“泾”字村名、河名仍然遍布，但口语中已经不单说，仅用于河泾、栅泾、界泾等固定场合。

知识链接

“五龙捧珠”的五漊泾村

在今天阳澄湖畔的相城区元和街道，有一个村子叫作众泾村，村上有老街，跟着村名也被称为众泾老街。这个众泾村，原本是个市集，但曾几何时市集的功能已退化。现如今，观光者来到这里，能看到村里的门牌、店面上有“五浍泾”的标名。

事实上，“浍”这个字应该是“漊”，“五浍泾”的原名应该是“五漊泾”。

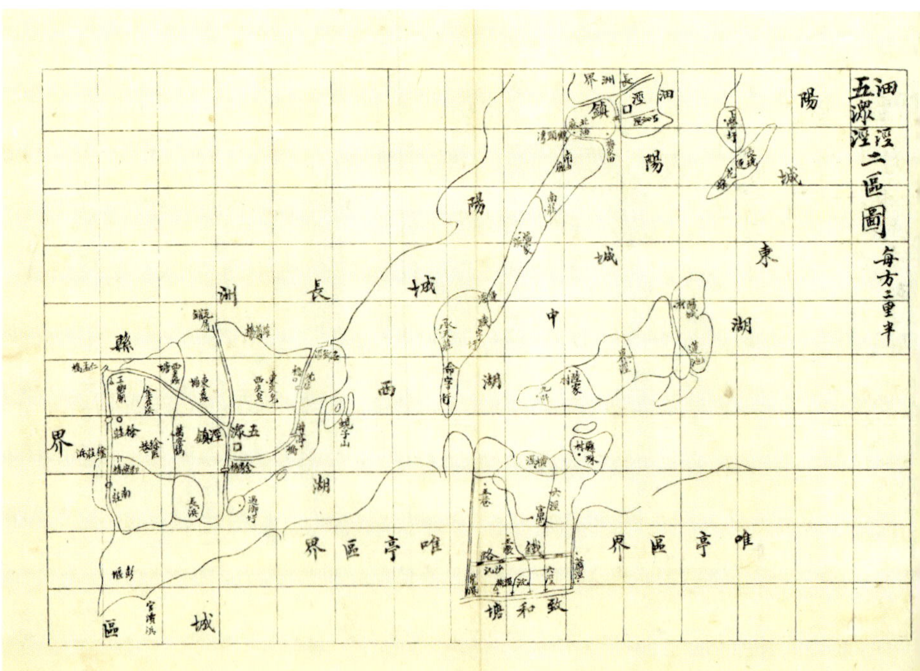

〔民国〕《吴县志·洇泾、五漊泾二区图》

这个“潨”字，字典上倒是有的，它有两个读音。读为“zòng”时，作“崖岸，水边高地”讲；读为“cōng”时，它有三个意思：一是水流汇合的地方，二是急流，三是水声。而当地人是照着“cōng”来念这个音的，前面再加上“五”，“五潨泾”的意思也就一目了然了，即为“5条河流汇合的地方”。

这里的5条河流，是指穿过市集的蠡塘河南、北两路水道，再加上内塘河、白兔泾和柴米港，一共五条河道在此汇集，最后一起汇入阳澄湖。过去这一带由于河湖纵横，人们陆行不便，基本上是以水为路，五潨泾之所以能成为人流量大的市集，无疑是由这里优越的水路优势所决定的。

在江南，人们习惯把河道称为水龙，因此早期的“五潨泾”，也曾被称为“五龙泾”。因5条小泾汇集于此，通往阳澄湖的水口处也就叫作潨泾口。早先水口处河道宽阔，河道中间还有一小片沙洲，当地人称其为“五龙捧珠”。这个意境非常美，延伸开来说，江南水乡的土地也正是被这里丰盈的水体噙在口中滋养起来的。

二、浜

“浜”是环太湖地区的特色通名，指只有一端与外河相通的停船用河汊。它密集地分布在长江以南、钱塘江以北、太湖以东、上海冈身以西地区，苏州、嘉兴、上海三地“浜”地名数量占到全国的93%。统计数据与人们的传统印象一致：“浜”是太湖平原地区的吴语地名。

太湖以东是“浜”地名最主要的分布区。浜，吴语音同“绷pã^{44}”，普通话读音“bāng”即根据吴语读音确定。在《现代汉语词典》里“浜”释义为“小河”，这大概是源自吴语“河浜”的泛称。

太湖平原河道密布，以前人们生活生产都离不开这些水道。因此水网地区对各种类型、不同功能的水道有一套分类细致的称呼。苏南浙北地区“浜”是水系的末端。明代李翊的《俗呼小录》解释“绝潢断港谓之浜”，清钱思元《吴门补乘》也说“断港谓之浜”。因此，明清

链接知识 苏州的牛角浜

牛角浜，位于苏州城区中部，具体位于玄妙观北面，旧学前南侧。它东起土圣巷，西至东角门。关于牛角浜的名称由来，一种说法是，河浜形似牛角。另一种说法是，相传旧时河浜边有牛姓女子纺织于此，故名牛姑浜，后讹传名牛角浜。清顺治十三年（1656），由玄妙观道士施道渊将原有的河浜填塞，后逐渐形成小巷，巷名沿用浜名，即为牛角浜。牛角浜内曾有多位文化名人居住，如弹词演员黄异庵、评话演员范玉山及其女儿范雪君、画家柳君然等。

至今苏州一带“浜”的词义没有大的变动。

在江南农村，人们逐水而居。村民出行靠船，因此河道就必须延伸到村内，这段河道当地就称为“浜”。浜的一头连通主要河道，俗称“外浜”；村内一头往往不通，俗称“里浜”；浜尽头处称为“浜梢”，是比较开阔的兜状水面，吴语叫“浜兜”，常常成为村民转船、歇船（船只转向与停泊）的场所。如果和陆上道路系统做个类比，那么“浜”就是通往新村、小区的支路，一头连接大路干道，一头通到每幢居民楼，居民楼前的停车场就是“浜兜”。如果不与外河相连，一直延伸到了尽处，称为“断头浜”，又叫“死浜”。

宋朝韵书《广韵》对于“浜”的解释是“安船沟”，《集韵》同样也认为“沟纳舟者曰浜”，这些韵书都是从浜的功能来阐释的。除了交通功能外，“浜”在生产、生活方面也有着重要作用。通往村落的“浜”是农民生活用水的主要来源之一，淘米洗菜、洗衣刷盆都离不开它，通往农田中的“浜”除承担农产品的运输，还有灌溉功能。因此，太湖地区农村居民的衣食住行都离不开小小的“浜”，地名、村名中有成千上万的“浜”也就不足为怪了。

三、港

“港”在普通话里最常用义项是码头、港口，但在南方地区它却是河道的通称。“河道”义的通名“港”主要分布在长江中游南北两岸的水网地带、赣北以及下游的江苏等地，苏州是“港”通名集中分布地之一，早在唐代杜荀鹤诗中就有“古宫闲地少，水港小桥多”的描写。

“河道”义“港”的历史非常悠久。东汉许慎《说文解字》说“港，水派也”，宋代《集韵》云“水分流也”，清代《康熙字典》则更为细致地解释为“水中行舟道”。目前“港”的“河流、河道”义仅保留在部分南方方言里，语言学家研究后认为“河道”义“港”地名的分布区实际反映了古代吴语的分布范围。苏州吴语如今依然将河道说成“港”，例如，两头都通的河俗称“活河港”，河道的两端称为“港门”，河道入湖口叫作“收港”，河滩称为“港滩”，等等。船只可以通航的河道，在苏州及以南的农村一般直呼“港”“河港”，传统不说“河”。地名里通名为“港”的河道在太湖地区很常见，仅苏州城南就有面杖港、仙人塘港、九曲港、大龙港、新郭港等多条水道。

河口地方交通地理位置重要，经济区位优势明显，人流汇聚容易形成码头、市镇，原本仅表示“河口”义的“港口”逐渐变成“码头、商埠”的代名词，“河道”本义反而被世人遗忘。比如江苏的张家港市，俗称港城，很多人都以为城市因港口而得名。其实，张家港是当地一条重要的内河，贯穿了整个县域，因此20世纪80年代人们把沙洲县改名为张家港市。有趣的是，真正的长江港口，标准地名是“张家港港”。前一个“港”指河道，末一个“港”才是普通话里的港口。目前张家港市域范围内，还有天生港、老套港、太字圩港、朝东圩港等通名称“港”的河道。

由于“港”的“河道”义受到普通话词义的冲击，如今苏州城区以及周边常熟、昆山等地口语里已经改说通语词“河”，留存在地名中的“港”时常因人们不理解而改写成方言同音字“江”。苏州城南的大龙港，《苏州市志》写成大龙江；昆山的支浦港、南塘港，《昆山县志》写作支浦江、南塘江；甚至西山石公村上的断头小河石公港，河长责任牌上也写成了石公江；等等。

四、溇

在苏南浙北的平原圩田地区，“溇”是个很有地域特色的地名。它常用于农村野沟小浜和自然村落的通名，例如苏州有黄泥溇、百脚溇、田鸡溇等地名。溇地名主要有两类：一类是小型水道名，一类是自然村名。这两类名称存在关联性，通常先有河道名，之后在河边产生的居民点往往因水道而得名。如今由于通语词的影响和替换，城镇方言里“溇”正在快速消失，苏州地名里也常写成语义不显豁的“娄”或同音字“楼”。

绍兴一带的溇与太湖地区略有不同，它相当于杭嘉湖地区的浜，指河道的末梢支汊。湖州南太湖地区的溇又是另一种情况，它们俗称溇港、溇泾，是横塘与太湖间密集分布的南北向勾连水道，属于圩田向太湖引排水的沟渠，素有“三十六溇”的说法。太湖溇港已经打包成为第八批全国重点文物保护单位，也是世界灌溉工程遗产。

溇在苏州东部的阳澄淀泖湖区通常指圩田里的通水沟，它是古代农田排灌系统的重要组成。清代,青浦人孙峻在他的《筑圩图说》书中为我们详细描画了圩田溇沼系统的形态和功能。旧时江南地区的溇沼系统由圩田最低处的积水洼地,以及一条连通水洼和圩外河道的溇沟两部分组成。在地名里,水洼常称溇子、夹溇、大溇;通水沟直接称溇,也叫溇浜。常熟东南部、昆山、青浦、嘉善等地众多乡土小地名里的“溇”大多属于以上两种类型。

五、荡

“荡”是长江下游平原水网区对小型浅水湖的方言称呼。全国的“荡”主要集中在江苏境内,太湖、里下河平原都有较多分布,长江之北以淮安、盐城、泰州三地为主,长江以南主要在苏州地区。以吴江地区为例,《苏州山水志》记载了吴江境内面积100亩以上湖荡251个,其中称“荡”的湖泊有175个,占总数的七成。可见“荡”是苏州地区最主要的湖泊通名。

称“荡”的湖泊一般不深,所以湖面常有水生植物。根据主要植物的差异,有草荡、芦荡、荷花荡、茭白荡、菱荡等不同名称,其中最出名的当数苏州城外的两处荷花荡了。正德《姑苏志》记载了上方山下的荷花荡,“荷花荡西湖水深,上有兰若当高岑”,描画了石湖一带的山水风光。乾隆《元和县志》则记有葑门外“六月荷花荡,轻桡泛兰塘”,道出了苏州旧有六月廿四游荷花荡的传统。如果水面空无一物,整个一片白水,苏南方言俗称白荡,目前苏州浒墅关、陆慕和工业园区都有叫作白荡的湖泊。

湖泊称“荡”是吴地一带的特色。荡在古文里有“大、广远”义,试想湖荡大片水面,水天一色,远岸影影绰绰甚至一眼望不到头,的确是大而广的。南宋戴侗的《六书故》又为我们提供了另一种解释思路，他说“水盛满荡漾也”，认为“荡”之名来源于水面的波动。确实，只要微风徐来，湖面就会泛起层层涟漪；只要风稍大些，兴起的水波不断冲击着岸滩，发出哗哗声响。“荡”从水波貌得名也说得通。慢慢地，吴地的“荡”从浅水湖发展为一般小型湖泊的泛称，成为吴地湖泊状水体的通称。比较有名的是苏州工业园区的黄天荡，它现在的走向是从苏州葑门外荷花荡往东出独墅湖。

链接知识　赤脚荷花荡

300余年前，苏州城门外二里许，有一片夏色秀丽的荷花荡，每年农历六月廿四荷花盛开的时候，人们成群结队前往纳凉观荷，或邀约亲友、恋人轻舟摇逛荷花荡，或“画船箫鼓、酒食弹唱”为荷花祝寿。这就是我国最早记载的“观荷节”，亦称“荷花生日”，至今仍被全国荷花爱好者所沿用。据《清嘉录》“荷花荡”一文记载，那天，游人尽兴在风荷之中，乐而忘返，常在傍晚遇上雷雨，一个个被淋得像落汤鸡似的，打赤脚跑回城里，十分狼狈、可笑，所以有“赤脚荷花荡”的说法。这也表明老苏州人民借“荷花生日”来表达对荷花的爱慕之情，也可见苏州莲藕栽培的悠久历史。

六、漾

“漾”是浙北杭嘉湖地区小型湖泊的方言称呼。苏州吴江区地处吴根越脚，是“荡”“漾”两种湖泊方言名称交错混用的地区。吴江有称“漾”的湖荡45个，占到总数的接近两成，是第二大湖泊通名。

吴地方言里“漾”通常指宽水面。不仅湖泊能称“漾”，河道展宽处、交汇处形成的宽阔水域也叫“漾”，苏州称为“阔漾”，吴江叫“漾花”。“漾”在地名里有时也写“洋”，钱万里桥北河道十字交叉形成的水域叫十字洋，虎丘山西北山塘河展宽处叫白洋湾、下水洋，这类“洋”是比湖泊更小的水域。“漾”和“荡”同是湖泊类水体的通称，泛指小型水体，也能与“荡”互相替换。在实际地名里，同一湖泊有“荡”“漾”两个名称的也并不罕见。例如，平望、坛丘交界处的水家漾又名周家荡，八坼翁泾漾又名山荡、蛇荡，盛泽庄西漾又名春杵荡，平望小西漾又称南琶荡等。异名或是由新旧名称、原名俗称交织等多种因素造成。

“漾”的得名或与“荡”相似，可能来源于“水广大之貌”（潢漾）或水面“摇荡”的样子（泛漾）。明代，地名“漾”就已在苏州南部流行开来。明末《吴中水利全书》里记载了车坊漾、白漾、范清漾、小荡漾四个“漾”地名。车坊漾即今镬底潭；范清漾在甪直南部与锦溪交界处，今称万千湖。

七、渰

“渰”是古代吴地的湖泊通名，通常指被水浸没、被水面覆盖的地方。它通常用于泛指浅水湖泊，有时也指湖湾。

宋代郏侨《水利书》里“湖瀼陂渰”并列，表明“渰”是一种湖泊。文章列举了尹山渰、赭墩渰、金泾渰等湖名，如今这些湖泊通名都变成了常见的“湖”，改称尹山湖、赭墩湖、金鸡湖。

“白渰”旧时吴语指小湖泊，如今则常说“白荡”“白漾（白洋）”。“渰”目前仅保留在少数地名里，比如，苏州西部有光福渰，今写成上崦、下崦；东渚彭山南侧还遗留有彭山渰，嘉靖《吴邑志》作彭山崦。由于这两处湖泊都在山下，俗写时常把“氵”换成“山”，也就是说“崦”其实是“渰”的地名俗字。

“淹”有时也写成“渰”“堰”。《吴中水利全书》录有金泾渰、彭渰两个地名，康熙《长洲县志》作金泾堰，乾隆《元和县志》作彭堰。“渰”是“淹”的换声符字，而“堰”是“淹”在方言中的同声韵字。

八、湾

吴语地名里“湾”的义项颇多，既可以指水湾，也能指山湾，浙西长兴一带还能泛指普通村落。作为水湾，也分3种情况。一种是河道转弯处形成的宽水面，如苏州觅渡桥北侧的赤门湾，山塘白姆桥北的薛家湾。一种是湖泊伸入陆地而形成的三面包围状水域，即常见的湖湾，如菱湖湾、白塔湾、可盘湾、白洋湾等。还有一种是小型湖泊的泛称，苏州城北的白洋湾，吴江盛泽的南里湾、大龙湾，桃源的郭树湾等都属此类。

湾，本义是“水曲”，即水岸弯折处，宋代《广韵》《集韵》皆有记载。由于折弯处水面会增大，湾自然地带有“宽水面”的含义。在常熟辛庄等地，河道展宽处方言就称“湾”，相当于苏州的“阔漾”，这是“湾”发展出“湖泊”义的前提条件。除此之外，湾还能引申出“浜”义。河岸缺口处有时会形成内凹的短汊，类似短而宽大的浜兜，相城一带称之为“湾笃头”。这类河汊如果挖长一些，就会演变成浜。在东桥、望亭一带，当地把通向聚落的“浜”称作“湾里”，如周家湾里、后头湾里、吴湾里等，它们实际就是“湾笃头”伸长演变而成的。

除了上述介绍的一些通名外，还有“塘”“圩”“埧”等由堤坝转喻而来的水系名称。这里面“塘”最常见，也是使用较多的一个通名。“塘”最初指河堤，例如山塘、娄门塘等都是早期修筑的塘路，太湖地区俗称“塘岸”。吴地百姓将筑有塘岸的人工运河称为“塘河”，也简称为“塘”，至此“塘”才开始有“河道”的义项。如今，常说的葑门塘、昆山塘、元和塘等，都是城门外沟通市镇的人工运河通道。“圩”“埧”本指圩岸，由圩岸围起的湖泊水面也能同样称呼。黄埭春申湖本名裴家圩，吴江莘塔有漳水圩，周庄有白家埧，它们都是比较罕见的湖泊通名。

知识链接　有趣的吴江涉水地名

苏州市吴江区河道纵横交错，湖荡星罗棋布，50亩以上的湖泊有320个，水面面积占全域总面积1238平方千米的四分之一以上，素有“百湖之城”的美誉。

吴江的湖泊名称五花八门，有湖、荡、漾、潭、兜、斗、头、滩、口、圩、扇、坑、湾、塘、港、湟、池等近20种，叫得最多的要数荡、漾。而这些地名，可以分成很多有趣的类别。如以数量命名，有双珠荡、三白荡、三角荡、四方荡、八宝荡、九里湖、百花漾、六百亩荡等；以方位命名，有东下沙荡、西下沙荡、东白漾、西白漾、东菇荡、南参荡、西凌荡、北白荡、北麻漾、里荡、外南西漾、桥北荡、门前荡、后荡等；以形状命名，有长漾、长畸荡、石头潭、牛头湖、莲荡、乌龟漾、莺脰湖等——一看便非常形象。

除此以外，还有借用所在地名称，如同里湖因紧挨同里古镇而得名。同里湖的独特之处，就是湖中有个罗星洲。在罗星洲听雨是古代文人最向往的一种享受。柳亚子先生曾写过《罗星洲题壁》一诗：“一蒲团地现楼台，秋水蒹葭足溯洄。猛忆船山诗句好，白莲都为美人开。”再如三庙址漾因漾周围有三座庙而得名。南麻漾名称源自古刹南麻寺。凤仙荡，又名凤仙庵荡，是因为当地曾经有座凤仙庵，荡因庵而名凤仙荡。另外，还有以人物、物产等命名的涉水地名。小小的地名文化中，藏着大大的学问。

一位外国旅行家700多年前的苏州观感

苏州，是太湖流域的核心地区，具三江五湖之利，是江南腹心。作为吴文化与江南文化的中心地，苏州，在唐大历年间升为江南唯一雄州。“江南诸州，苏最为大；兵数不少，税额至多。”（白居易《苏州刺史谢上表》）以至于元代时意大利人马可·波罗在中国长达17年的旅行中，将苏州视作最重要的一站。这段经历被详细记载在他的著作《马可·波罗行纪》（下称《行纪》）中。

马可·波罗于元至元八年（1271）随父亲和叔叔从意大利出发，沿着丝绸之路来到中国，并停留了很长时间。他们的主要目的是与元朝皇帝忽必烈建立联系，并沿途考察各地的风土人情和商贸活动。马可·波罗对苏州的第一印象极为深刻，他形容苏州城“漂亮得惊人”。人们总是将苏州与马可·波罗的家乡威尼斯相比，称为“东方威尼斯”。

其实，威尼斯虽然也是一座著名的水城，但与苏州相比却存在着显著的差异。威尼斯位于意大利东北部亚德里亚海沿岸，由118个岛屿组成，占地面积较小。而苏州则地处长三角核心地区，拥有广阔的水域面积和发达的水系网络。此外，威尼斯的城市布局以岛屿和运河为主，形成了独特的城市景观；而苏州则采用了“水陆并行”的双棋盘城建规划，使得城市发展与水系紧密相连。在经济发展方面，威尼斯主要依赖于海上贸易；而苏州则以农业、手工业和商业为主，同时借助发达的水系网络促进了商贸活动的繁荣。在生活方式上，威尼斯的居民生活在岛屿和运河之间，依赖船只进行日常出行和货物运输；而苏州的居民则更多地与水亲密接触，形成了独特的水上生活方式。但是苏州“东方威尼斯”之名名扬天下。

马可·波罗像

在《行纪》中，马可·波罗称苏州为“地城”，物产丰饶。当时的苏州有“苏湖熟，天下足”和“上有天堂，下有苏杭”之美誉，为全国经济重心之所在。

他描述苏州城占地甚广，人口稠密，生齿繁多，且以工商业为生。马可·波罗特别提到苏州的丝织业非常发达，产丝甚饶，以织金锦及其他织物闻名。这些丝绸不仅在中国国内销售，还大量出口到国外。同时，苏州城内工商业繁荣，商贾云集，工艺十分兴盛，有各种技艺的工匠和艺人。

关于城市风貌，马可·波罗描述了苏州水网密布和桥梁众多的特点。他提到苏州城有桥六千，皆用石建，桥甚高，其下可行船，甚至两船可以并行。这一描述虽然有些夸张，但确实反映了苏州的水乡特色。他还提到苏州城有护城河环绕，城内外交通便利，船只和桥梁是居民日常出行的重要工具。在《行纪》中，马可·波罗还提到苏州城内文士、医师甚众，这反映了苏州作为文化名城的地位。因为马可·波罗对苏州的描述，苏州城在欧洲被广泛关注，欧洲人对东方的神秘和富饶有了更深入的了解。读他的《行纪》，我们可以从一个外国友人的视角更好地感受“上有天堂，下有苏杭”这句家喻户晓的城市形象宣传标语的深层次含义。

苏州水城旧影

第二篇

烟水太湖

水天向晚碧沉沉，树影霞光重叠深。

浸月冷波千顷练，苞霜新橘万株金。

幸无案牍何妨醉，纵有笙歌不废吟。

十只画船何处宿，洞庭山脚太湖心。

［唐］白居易《宿湖中》

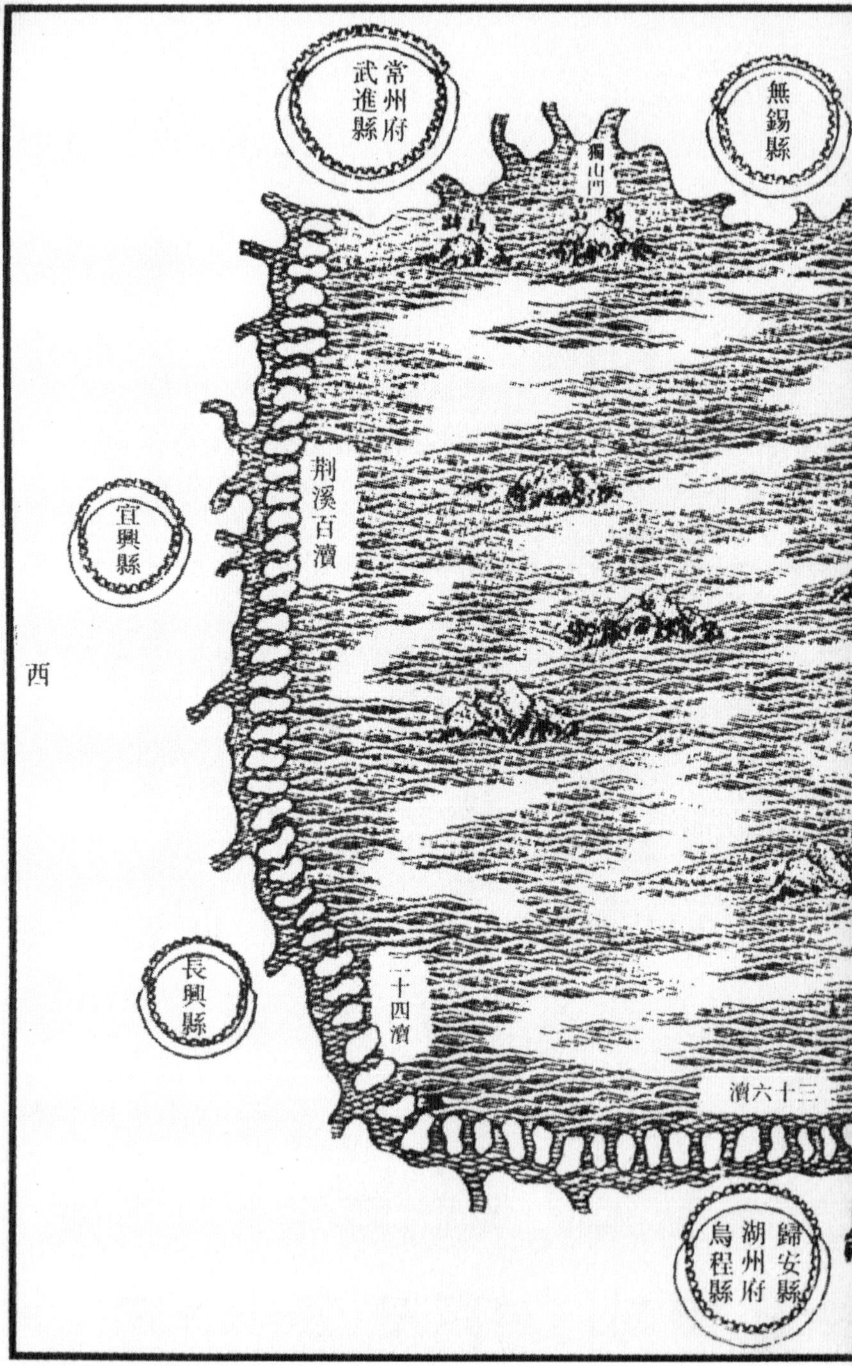

〔明〕张国维《吴中水利全书·太湖全图》

太湖全圖

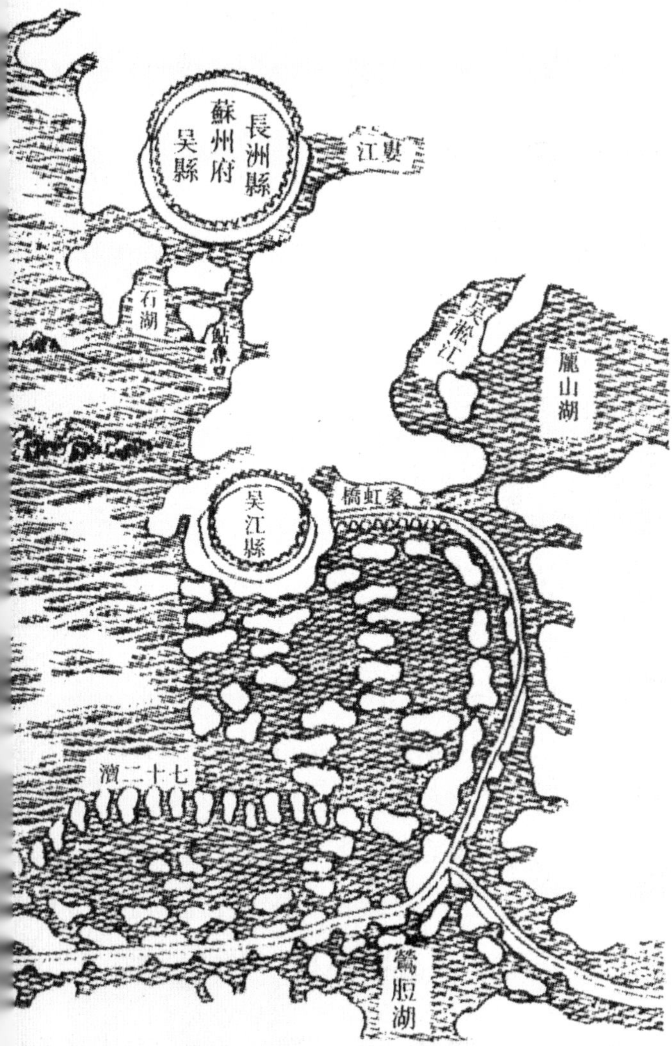

太湖美，美就美在太湖水。唐代中期，白居易至苏州任刺史之时，苏州已成为经济发达、市井繁荣的一方雄州。虽有公务案牍之繁，但江南好，好在有太湖，好在苏州刺史例能诗，在千顷月练、万株霜橘的太湖波心，白居易找到了理想的安顿处。

太湖，古称震泽、具区，又名笠泽、五湖，形成历史悠久，湖面面积2338.1平方千米（据《太湖志》），现为我国第三大淡水湖。太湖湖体位于苏浙交界处，其南岸及西南为浙江湖州市区及长兴县，北部为江苏无锡市区，西北与西部为无锡下辖宜兴市，无锡市区与宜兴之间有常州市的窄幅太湖岸线条带，东部为苏州市。苏州范围内接太湖岸线者，自北而南依次为相城区、高新区、吴中区和吴江区。太湖流域涉及江苏、浙江、上海三省市，太湖水面全部归属江苏，其中三分之二属于苏州市。

太湖上游水源主要出自湖西苏浙交界处的山区，以湖西南湖州的苕溪和湖西宜兴的荆溪（南溪）为主，呈树枝状的集水水系；下游则为黄浦江和通江达湖的港浦构成的扇状排水水系。

太湖的体积和形状等自然要素一直处在变化之中，这与太湖所处长江三角洲腹地总体属泥沙堆积区有关。而对湖区本身而言，泥沙的蚀积情况具有明显的分区差异。总体上，太湖西岸、南岸邻近上游水源的区域，因受风力作用等影响，自北向南再折向东，而后进入东太湖，存在一个流速相对较大的湖流，因此西南部湖体泥沙不易淤积，湖岸整齐，为相对稳定区；而太湖北部、东部，湖岸曲折，影响湖流流速，

20世纪太湖水系图（选自2018年版《太湖志》）

尤其东太湖部分区域，湖底浅，水生植物滞水作用明显，又与东部湖荡水网地区存在互补的往返水流，更易使泥沙产生堆积，成为湖岸变化最为明显的地区。此前百十年间，苏州东洞庭山、冲山以及无锡马迹山等原先的湖中岛屿，都因泥沙的自然堆积加上人为的围垦而发生连陆现象，成为半岛。

东太湖的泥沙堆积形成的湖区面貌改观最为明显。东太湖西侧是东洞庭山，俗称东山。据宋范成大《吴郡志》记载，北宋时，东山与陆地之间水面辽阔，宽达三十余里，由胥口入太湖则是水光接天，洞庭东、西山相峙银涛中，景物胜绝。

清乾隆十五年（1750），金友理撰著的《太湖备考》中所用《太湖全图》，东山仍是湖岛屿，但其中文字载：

> 大缺口在武山、大村（今渡村）之间，北太湖水泄入南太湖必由此口而出，乃湖水咽喉要道。往时口阔二三百丈，水流通畅，后被居民种植菱芦，泥污滩涨，水口渐狭，仅存五十余丈。

清《吴县志》载，道光十年（1830），请疏雕鹗河奏章称："黄洋湾（今横泾附近）大缺口一带，河道久已淤塞，极应认真挑办。"显然，此时的东山已经和湖外陆地基本连成一体。

东太湖东侧主要是吴江地域。旧时太湖东岸为"一片白水"，与现在的水网区并无明显的水陆分界。至秦汉时苏州与嘉兴之间修筑运河，唐宋时期在太湖之东修筑吴江塘路，太湖之东才有相对明确的边界。这里是太湖周边地势最为低洼的区域，河道纵横，湖泊星罗，历来为太湖洪水下泄入海之通道，素有"洪水走廊"的称号，古代太湖主要入海水道中的"三江"皆源于此。泥沙的沉积，加之人为的围垦种植，加速了东太湖不断淤积消亡，近百年来，东太湖的面积已缩小了一半。

中华人民共和国成立后的前40年，吴江西岸向东太湖湖面伸展达9000米之多，平均每年伸展200余米。通过1978年与1984年的卫星照片对比，可以清楚地看出东太湖面积已经明显缩小。2008年，为彻底改善太湖水生态环境及水质，营造优良人居和投资环境，东太湖综合整治工程全面启动，通过退渔还湖、退垦还湖、生态清淤、路堤结合、堤岸修复、行洪供水等综合工程，相继建成东太湖生态园等一批城市生态公园，重现东太湖一湖清水。

链接知识　歌曲《太湖美》的创作灵感

“太湖美呀太湖美，美就美在太湖水。水上有白帆哪，啊，水下有红菱哪，啊，水边芦苇青，水底鱼虾肥……”

歌曲《太湖美》创作于1978年，由任红举作词，龙飞（原名龚茂）作曲，原南京军区前线歌舞团独唱演员李慧兰首唱。此曲不仅是一首江南地区妇孺皆知的代表曲目，也是深受广大人民群众喜爱的经典之作。大家知道吗？《太湖美》的创作灵感来自苏州。

据词作者任红举回忆，他和曲作者龙飞当时是南京军区前线歌舞团的专职创作员，因长期工作在南京，常有机会去太湖游览或随团演出，对太湖有着很深的感情，多年来，两人一直想合作创作一首赞美太湖的歌曲。1978年夏，任红举和龙飞为赶写一曲评弹，特意来到驻吴县光福镇某部队体验生活。面对吴县太湖的美景，任红举有感而发，即兴创作出《太湖美》的歌词，写完之后便拿给曲作者龙飞看。龙飞被《太湖美》的歌词所吸引，产生了强烈的共鸣，便迅速为这首歌词谱写了带有浓郁江南风格的旋律，

20世纪60年代的太湖东山（任镇北摄）

并建议采用苏州方言演唱，以达到良好的效果。

1980年，《太湖美》获得《歌曲》月刊优秀作品奖，并获得国务院文化部优秀歌曲奖。在1997年春晚歌舞晚会上，苏州籍歌唱家程桂兰演唱吴语版《太湖美》，响彻大江南北。

太湖湖盆是一个碟形洼地，平均水深2.06米，最大水深位于湖心偏西处，仅深2.6米。这个特征与太湖的成因有着极大的关系。

在距今1万多年前，现在的太湖地区是一片广袤的陆地，有森林、草原和各种动物。现太湖三山岛旧石器时代人类活动的遗迹，足以证明当时的三山是广阔的平原。随着暖湿环境出现，降水量增加，洪水泛滥，积水成湖，太湖及周边地区的洼地普遍积水，形成当今长江三角洲的湖泊群。

现苏州境内太湖及其周边的三山岛遗址，以及草鞋山遗址和新近发现的塘北遗址等，都见证了太湖地区早期的人类活动。

太湖三山岛，素有“小蓬莱”之称，位于苏州市西南约50千米处的太湖中，面积仅约1.6平方千米。20世纪80年代，在三山岛一古溶洞前的湖滩沙砾石层中，发现了一处面积约500平方米的旧石器时代遗址，出土石制品5000多件。从出土石器工具分析，三山岛先民以渔猎为主、采集经济为辅。渔猎经济中又以渔业为主、狩猎为辅。三山岛旧石器文化是目前所见苏州最早的原始文化，这里的先民是苏州最早的居民。三山岛哺乳动物化石和旧石器的发现，第一次揭示了太湖地区1万多年前旧石器时代的面貌，无论是对说明长江流域文明进程，还是对还原长江三角洲和太湖的形成过程，都有着重要的意义。而太湖流域的新石器文化，则分属马家浜文化（距今6700—5200年）和良渚文化（距今5300—4300年）等文化序列。

链接知识　“最后鬣狗”昭示三山岛起源

苏州市吴文化博物馆保留着大量1万多年前三山岛哺乳动物化石。其中有一块齿骨化石，质地洁白、坚硬，到现在还很锋利，被称为“最后鬣狗”。

这种鬣狗是在第四纪晚期，也就是在旧石器时代晚期左右，因为环境变化或某种原因走向灭绝了。“最后鬣狗”的存在，昭示着1万多年前的太湖地区可能已经退海成陆，水域面积较小，多样的动物群生活在疏林草原中。

三山岛出土鬣狗齿骨化石

从历史上看，太湖流域以“鱼米之乡”“丝绸之府”著称，自古就有“苏湖熟，天下足”和“赋出于天下，江南居什九”的说法。近代以来是我国民族工业发源地、对外开放的门户和经济最为发达的地区之一。中华人民共和国成立后，尤其是改革开放以后，经济社会迅猛发展，流域内大中小城市星罗棋布，工业门类齐全，高新技术产业集聚，第三产业发展迅速，在我国国民经济中占有举足轻重的地位。

第一节　太湖成因

一、震泽底定：太湖成因诸说

太湖三万六千顷，烟波缥缈，浩浩汤汤，作为中国的五大淡水湖之一，蜚声中外。但说起太湖的地质成因，至今仍是个谜，为此地理学家们曾提供多种解读，主要有潟湖成因说、构造成因说、“构造沉陷-海陆交替-堰塞淡化湖”成因说、风暴流成因说、陨石撞击成因说、气象成因说等，众说纷纭。

其中潟湖成因说认为，太湖地区经过古生代以来三次大的地质构造运动，形成凹陷盆地。而在武木冰期后期气温增高阶段（距今16500—13000年），海平面逐渐上升，造成新的海浸，使太湖地区成为一个大海湾。又经过长江、钱塘江三角洲的泥沙沉积，逐渐使海湾变成潟湖。最后砂坝的合龙，使潟湖演变为内陆湖泊。

构造成因说认为，太湖地区受海浸规模较小，不可能有海湾存在。更新世末期已是陆地。而上新世或更新世开始直到现在的新构造运动，才是形成目前山川河湖的直接原因。在新构造运动影响下，太湖平原处于缓慢下沉区，其西部的茅山山地与山字形构造区则处于缓

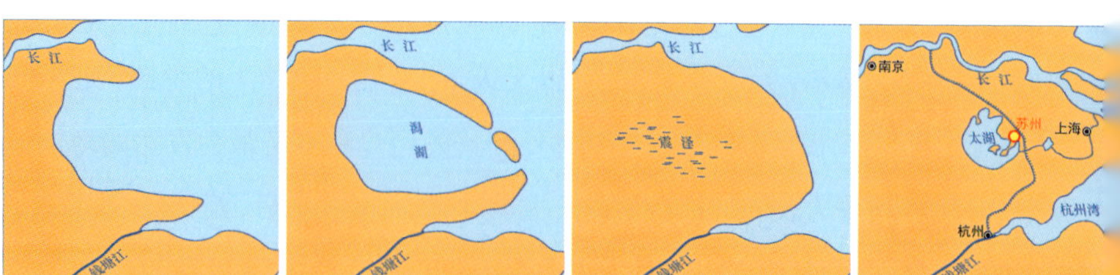

太湖成因潟湖说和低地积水说示意图（朱剑刚绘制）

慢上升区，因而导致原北流长江的荆溪水系改道东注到平原低洼处，汇积于太湖盆地中的几个小洼地中，形成数个小湖泊，即《史记》中所称的“五湖”（游湖、贡湖、胥湖、莫湖、菱湖）。在新构造运动的继续影响下，太湖断陷盆地继续作西高东低的倾斜式下沉，湖区面积随之扩大，“五湖”成为东北岸的五个水湾，逐渐形成今日的太湖。而“构造沉陷–海陆交替–堰塞淡化湖”成因说则是在结合地质构造变动及海陆变迁两方面情况的基础上给出的太湖形成推断。

风暴流成因说认为，较小的东太湖可能原是其东部古潟湖洼地的一部分，后由西太湖强劲环流所携大量泥沙造成的湾口砂坝将其分隔，成为太湖水体的一部分。又由于受湖泊吞吐流泥沙大量淤积，东太湖日益淤浅，逐步沼泽化。而地域广阔的西太湖地区，在6000—4000年前分布着许多小湖沼浅洼地群。后因碟形洼地积水增多，水域连片扩大，风暴流涡动机制加强，通过多次风暴事件过程，迅速扩大水域，在较短时期内形成西太湖。后来西太湖向东扩展，越过东、西洞庭山，吞并东太湖洼地，始形成太湖统一的湖盆。

陨石撞击成因说突出了天文现象在太湖地质构成上的主要作用，认为太湖是太空中的陨星与地球撞击而形成的一个陨击坑。而气象成因说则强调太湖形成的气象因素，认为数千年前太湖地区曾持续有长时段的大暴雨，最多时年降水量甚至达到60亿吨，这些积水无处可退，也蒸发不完，于是就在低洼处形成了太湖。

近年来，随着大量地质钻孔资料的积累以及有关古文化遗址发掘研究，又有低地积水成湖成因说。

以上诸说体现了太湖的形成是自然界多种因素在漫长的地质年代持续发生、综合作用的结果。

2013年由邹逸麟、张修桂主编的《中国历史自然地理》(科学出版社),对太湖的成因即做了概括性的综合论述:

> 根据太湖地区地层剖面、地貌形态、考古遗址和历史资料,并结合相关学者的研究成果综合分析,太湖及其附近地区自晚更新世末期以来,由于内外营力共同作用的结果,经历着一个由沟谷切割的滨海平原景观,演变为碟形洼地的潟湖地貌形态,其后由于出入口通道的变化,潟湖演变为太湖,并经历面积大小的伸缩演变过程。

尽管对于太湖的形成,仍有待于广大科学工作者更为深入细致的研究,但毫无疑问,整体外观看上去形似人类心脏的太湖,是大自然馈赠给斯土斯民的一份珍贵礼物,不愧为名副其实的"江南之心"。

二、东南具区:太湖水域世代变迁

太湖流域水网密布,"一河二溪三江五湖"的水系特征造就了"窗外闻橹声,门前连市井"的特色水乡,同样也造就了"以船为车,以楫为马,往若飘风"的特色生活。"一河",即江南运河,北起镇江,南抵杭州,纵贯江南平原中心地域;"二溪",即太湖水系的上流和源头,在西北方向是荆溪,西南方向是苕溪;"三江",即介于长江与钱塘江之间、位于太湖东面的入海河流;"五湖",即以太湖为核心的湖泊群。

太湖自形成时起,历经了岁月漫漫的水域变迁。

据地理学家研究,距今3885—3585年时,气候再度变得温暖湿润,太湖地区年平均气温比目前高1—2℃,年降水比目前多200—300毫米。当时太湖流域所形成的丰富地表径流,大量汇集于沉降中的碟形洼地中部,由于遭受东部冈身的阻遏和上升海面的顶托,又由于南部原本可以大量倾泻碟形洼地洪水入海的太湖海湾也已被钱塘江沙嘴彻底封堵，这诸多内外营力长期共同作用，终于导致碟形洼地中部低浅的湖盆积水壅溢而演变为太湖。

古人将随后的太湖扩张期与传说中的大禹治水联系在了一起。北宋郏亶在《水利书》中说："昔禹之时，震泽为患，东有堽阜，以隔截其流，禹乃凿断堽阜，流为三江，东入于海，而震泽始定。"

其实，《尚书·禹贡》中所说的"三江既入，震泽底定"，说明古人很早就懂得要将浅碟形易溢出的太湖水引入长江、引入东海，才能从根本上保证太湖之水造福一方。

链接知识 康熙帝的疑问：太湖究竟有多大

清代浦庄人钱思元在《吴门补乘》里记载了康熙三十八年（1699）康熙帝巡游太湖东山时，面对一望无际的太湖水，他曾询问随从守备牛斗："太湖究竟有多大？"牛斗答复道："周回八百五里。"一向勤政好学的康熙帝就此产生了疑惑："那为什么我看到《具区志》上说太湖只有五百里呢？"牛斗解释道："那是因为积年风浪冲坍堤岸，湖面扩大了，所以现在是八百里。"根据现代测量，太湖湖岸线周长393.2千米。

他们利用原始地势开凿三江导太湖水入海，一方面减轻太湖的洪涝威胁；另一方面当时正是海平面上升时期，海水直逼冈身东侧，每遇天文大潮或特大潮汛时，汹涌的海水又沿此三江通道涌入太湖地区，形成东太湖湖床上牡蛎壳的残留，并沿通道两侧侵入地势低下的洼地，导致局部地区潟湖的再度形成，出现新的牡蛎堆积。

距今3000年前，碟缘高地竹冈东部新形成的横泾冈，进一步封堵太湖水体的外排，尤其是进入春秋时期的吴王阖闾时代，吴国为讨伐楚国，开凿荆溪上游的胥溪运河，西通长江，东连太湖。

由于水位和地势关系，洪水期长江自今芜湖漫流经胥溪运河，又东至宜兴后直接灌注太湖，加以春秋战国时期气候温暖湿润、雨水较多，太湖面积继续扩大，其周边地势较为低洼的地区也相应积水成湖，如常熟东南的昆承湖，常州、江阴、无锡间的芙蓉湖，以及太湖西部的长荡湖、滆湖等。

但这时扩展中的太湖，由于三江的客观存在，正常情况下太湖洪水仍可通过三江，顺畅泄入大海。因此在有史记载的初期，太湖湖面仅局限在碟形洼地的中心部位，面积远较今日为小。《越绝书》所说“太湖周三万六千顷”，约合现在的1680平方千米，即历史早期太湖的面积，仅为今太湖的五分之三。东太湖和太湖东北岬湾诸湖荡，在当时大多仍属陆地。

从2000多年前开始，由于太湖地区持续沉降，平浅的太湖水面继续扩大，又由于长江和杭州湾边滩的加积，促使碟缘高地高程增高，以及冈身以东地区快速成陆，导致三江在缩窄中不断淤塞，太湖排水不畅，积水加剧，太湖以及东太湖地区，水域因之显著扩大。此时段太湖扩展的最重要标志是湖区东北五个岬湾湖面的形成。

太湖在先秦汉魏时代，即有五湖之称谓，一般认为即指湖区东北的五个岬湾。魏晋南朝时，由于太湖水面拓宽，水体入侵五个岬湾地区，湾内水面随之扩大并纳入太湖，从而奠定了今日太湖的基本形态。

随着隋代江南运河的开凿，特别是唐元和五年（810）苏州至平望数十里长“吴江塘路”的兴筑，塘路以东、冈身以西的东太湖地区成为一个对水体极其敏感的低洼平原地域。

唐宋时期，东江、娄江先后湮废，太湖仅靠延长、束狭、淤塞中的松江泄水，导致太湖水面再度扩展。又由于松江之水不能径趋于海，太湖下泄之水大量溢入南北两翼的原东江、娄江流域低地，从而促使东太湖地区湖群大量涌现，北宋郏侨即谓：“震泽之大，才三万六千余顷，而平江五县积水几四万顷。”东太湖湖群总面积甚至超过太湖。

而北宋单锷《吴中水利书》记载，西太湖和太湖东南部在北宋年间湖面又有所扩展，因此淹没了此前滨湖地带上的前人聚居点。另据浅平的湖底推测，太湖东北五个岬湾的水面这一时段也当有数里的扩展。

北宋时期，太湖的扩展、东太湖大量湖群的涌现，除了与地体下沉，三江淤废、淤塞有关，海平面上升也是一个关键因素。

自宋代大规模整治三江开始，经历元、明、清三代的持续改造，太

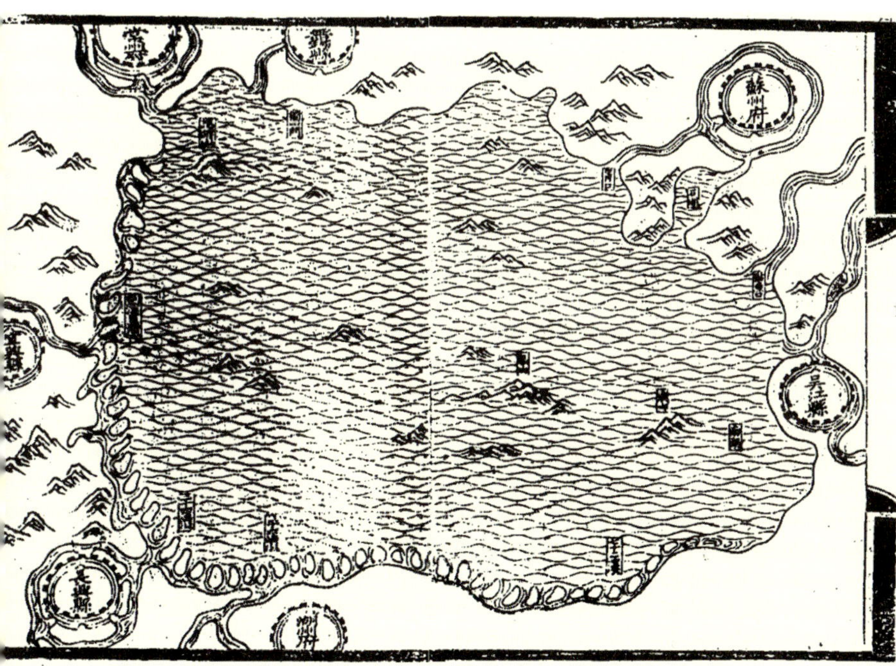

〔清〕翁澍《具区志·具区图》

湖地区的排水系统基本理顺，太湖地区因洪水泛滥形成新湖的现象基本解除。但随之而来的是湖区开发、围湖造田速度的加快，导致湖泊面积不断缩小，大湖分解为小湖，甚而至于消亡。

此一时期，太湖水面出现了此消彼长的情况，但总体来看仍呈缩小态势。太湖水域缩小主要表现在马迹山、东山两个湖岬的发育，导致清乾隆年间尚处于湖中的马迹山、东山两岛，在清后期与陆地相连，成为半岛。

东山陆连岛形成前后，吴江西侧的太湖湾岸线以每年200米的速度萎缩，湾内水域迅速演化为陆地和沼泽，乾隆年间尚存的白洋湾、菱湖等水面，也因此相继消失或瓦解。局部的水面扩大主要是由于水浪长期冲刷造成的湖岸边坍田现象，像镇湖一带消失了的“三洋洲”、吴中消失了的“三十一都”，均由曾经的陆地变为湖域。

三、湖山相依：湖中峰岭与岛渚

中国是一个多山的国度，包括山地、丘陵和高原在内的山区面积占到了全国总面积的近70%。在中国人的意识里，“山”作为自然形态和“河”一起建构了基本的国族认同，大好河山、山河壮丽、表里山河等等，不一而足。在现实生活中，山既是各种不可或缺的自然资源的出产地，也是人们作息起居的栖息地。

太湖的山，历来以“湖中山”和“滨湖山”分列。太湖自然形态的美，既在湖，也在山，湖山相依，犹如佳偶，湖抱山为岛，山环湖为滨，湖光山色，气象万千。

到了明代中期，被唐伯虎称为“山中宰相”的王鏊，写了一篇《七十二峰记》，就将太湖诸山名一一列举了出来，此后清《百城烟水》

遂有“七十二山”条，称太湖西北有山十四以马迹山为大，往东有山四十一以西山为大，再往东有山十七以东山为大，合为七十二。

清代东山吴巷人吴庄却说：“太湖中七十二山之名，不知始于何时，缘道书有七十二福地之语，强为指目以合其数，其实不止于七十二也。”清代吴县人金友理曾跑遍太湖的山山水水，每一地都经实地探

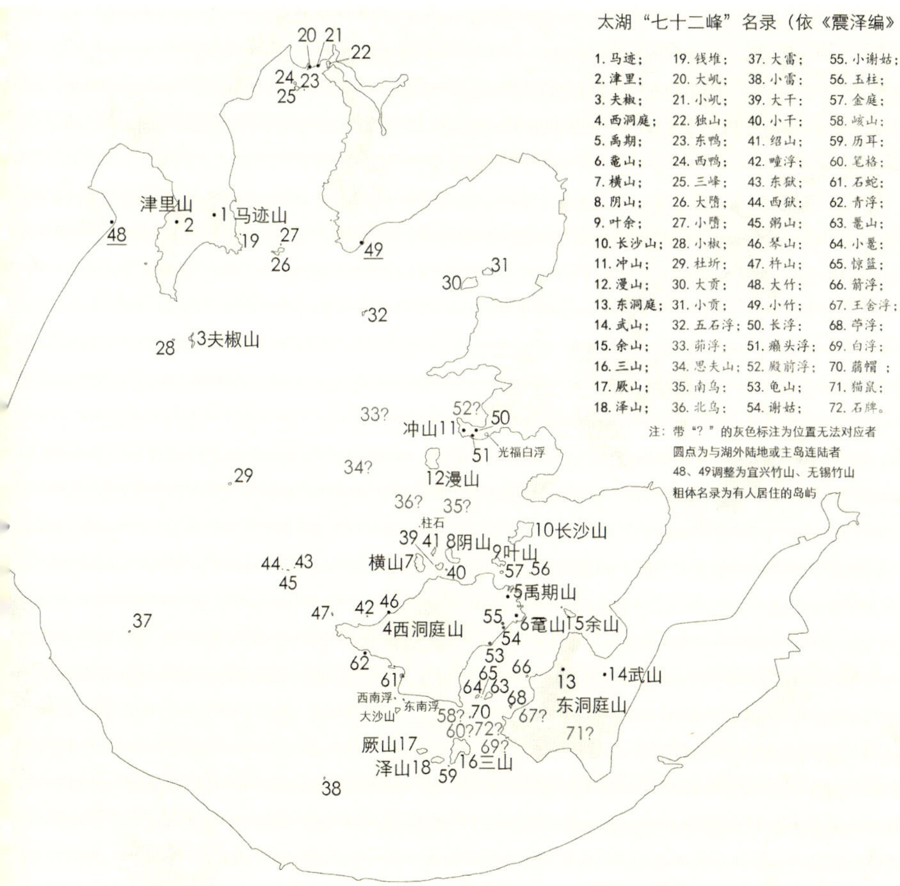

太湖七十二峰示意图（朱剑刚绘制）

〔清〕《古今图书集成·方舆汇编·洞庭两山图》

访，最终编纂成《太湖备考》这部古代中国关于太湖的集大成之著。他也深有感触地说："七十二山之名著于天下，其实可以名山者数不及半。若并洲渚矶浮而目之曰山，则又不止七十二。"

太湖中的七十二山，首推洞庭东山和洞庭西山。在历史上，洞庭两山又和今无锡境内的马迹山合称太湖"三山"，对应着中国早先社会传说中的海上仙境"蓬莱三山"。太湖中的洞庭东、西两山，自古以来推称为天下名胜，湖山林木之美，人文风物之萃，奇胜甲冠三吴。

洞庭东山，距苏州城区40千米，古人又称胥母山、莫厘峰。洞庭东山本为孤悬湖中的岛屿，至19世纪中叶，由于太湖淤积，砂坝发育，逐渐连接湖岸而成为半岛。自古以来，洞庭东山即以山水清嘉闻名，宋人汤仲友有《过东洞庭山》诗曰：

寒色满空山，翛然一径闲。
鸟啼黄叶外，人度翠峰间。
古殿藏云气，唐碑带藓斑。
未穷幽绝处，兴尽忽思还。

洞庭西山耸峙湖中，在洞庭东山以西，相距约有4千米。因四面包水，古人称为包山。相传大禹曾至此地治水，故又称禹迹山。山上有林屋洞，亦称林屋山。洞庭西山是中国内湖第一大岛，面积98平方千米，其东西长约15千米，南北长约11千米，湖岸线逶迤曲折，长达50千米。本岛周围有大小岛屿24座，错落有致，构成了独特的湖岛风光。

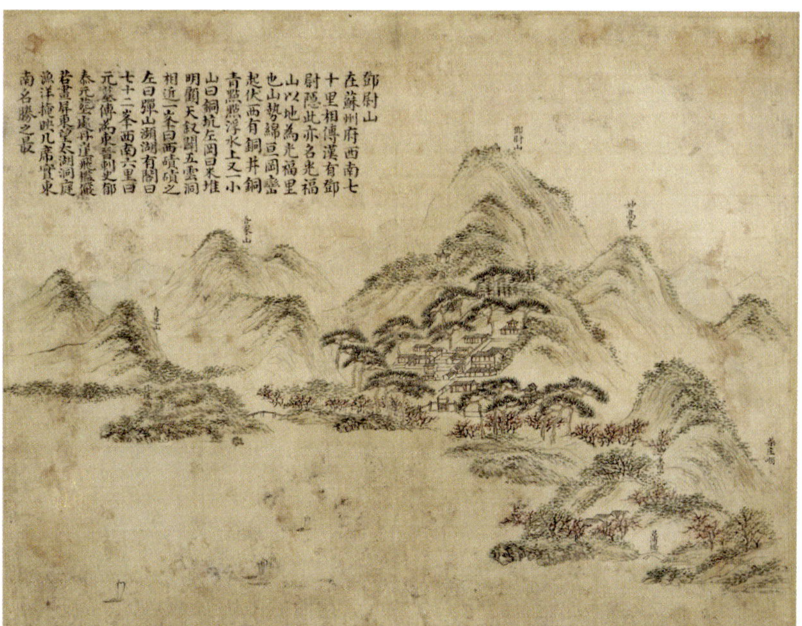

〔清〕钱维城《乾隆南巡驻跸图·邓尉山》

岛上峰峦叠嶂，山回路转，坞谷通幽，怪石嶙峋，鸟语花香，景色迷人，历来被视作避世隐居的桃花源。

关于洞庭两山，明清时期即有“东富西贵”之说。明人袁宏道在《东洞庭》中就对东、西两山做过比较：“诸草木果品皆同，独东山民俗饶裕耳。”

太湖北侧自西向东的苏州西南滨湖诸山，也不乏名胜，像玄墓山、邓尉山、米堆山、石嵝、石壁、渔洋山、香山、穹窿山、灵岩山、尧峰山、上方山等。人们每每于此登临，在山顶平台处远眺太湖，湖波粼粼，气象万千，得山水佳趣。

四、前湾后埠：内湾与湖嘴

太湖的东侧，曲岸回沙的三个水湾，被分别命名为贡湖、游湖与胥湖。其中游湖一带，又有四组伸突入湖的半岛和若干小岛，将沿岸水面再划分为四个大小不等的水湾，湖岸线长达67千米，成为太湖岸线最为曲折多姿的部分。这里的山水组合以幽曲见胜，在传统植物景观上又有独到之处，自成一种清幽的格局。太湖的众多内湾与湖嘴，不仅成为当地人们栖居、停靠、出行的理想地点，也造就了太湖秀美绮丽的沿湖景观。

洞庭西山在山体形成过程中，谷底堆积较厚的冲积物，形成谷底宽平、向外微斜的谷地；谷底与两侧山坡有明显角度转折，与后面山坡逐渐过渡，整个沟谷形态被称为山坞；而山体受流水侵蚀形成一系列沟谷，后山体基底下沉，沟谷沉陷成为湖湾。域内存有金铎湾、渡渚湾、南湾、东湾、西湾、后埠湾、前湾、元山湾、可盘湾、沉思湾、龟山湾、张家湾、明月湾、消夏湾、西湖湾、夏家湾、衙里湾、白塔湾、角湾、慈湾等20余个湾。

其中明月湾位于金庭镇南部湖滨处，东邻陈毛山、王家山，北靠潜龙岭、石牌山，西侧傍南湾山延伸至庙山嘴，东南有微微凸起之东山岭。明月湾，相传春秋时因吴王曾携西施于此赏月而得名。清同治《苏州府志》卷三十五载：“明月湾在洞庭西山，吴王玩月处。”

《明月湾修治街埠碑记》载：

> 明月湾里居潜龙岭下，而岭之形势雄峻于东，南北以次就坦，而独缺其西。临湖以望，山抱水湾，波光摇漾若明月然，此明月湾所由称也。

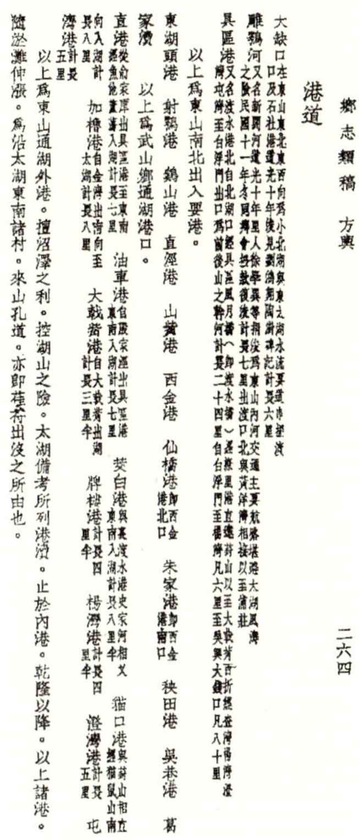
鄉志類稿　方輿　二六四

港道

大缺口　雕鶚河　吳區港

以上爲東山南北出入要港。

東湖頭港　射鶚港　鷄山港　直涇港　山黄港　西金港　仙橋港　朱家港　秧田港　吳巷港　葛家瀆

以上爲武山鄉通湖港口。

直港　油車港　茭白港　猫口港　加櫓港　大戟港　牌樓港　楊灣港　澄灣港

以上爲東山通湖外港。擅沼澤之利。控湖山之險。太湖備考所列港瀆。止於內港。乾隆以降。以上諸港。隨淤雖伸漲。爲沿太湖東南諸村。來山孔道。亦即萑苻出沒之所由也。

〔民国〕《乡志类稿》记载的东洞庭山港道

明月湾山似环形靠椅，村庄掩映坞中，清幽美丽，隔湖以望，可见东山镇三山岛等地。村口港湾呈“7”字形，为泊船与村民淘洗处。一棵千年古樟傲立于村口港湾旁，为明月湾古村标志性物体。入村街道由砂条铺就，南北、东西贯通，状若棋盘。村落内存古民宅、古祠堂、古寺庙10余幢。其中有4处为苏州市文物保护单位，8处为苏州市控制保护建筑。

消夏湾，位于金庭镇南部，是西山最大的湖湾，亦称九里湾，又名众安里。三面环山，面临太湖，背倚缥缈峰，是自然水景和古吴遗迹集聚之地。湖湾介于梭山、龙头山之间，因春秋时吴王在此避暑消夏而得名。湾外有6座小岛散落于辽阔的湖面，构成了层次丰富的山水景观。

湾内有瓦山，上有水平王庙、霖泉、西施井等古迹。湾东南之南湾山，为吴王避暑行宫所在。湾内旧时遍植荷花，有“十里荷香”之称。这里曾渔船云集，渔歌相竞，浑然如画，即西山古时八大胜景之一的“消夏渔歌”。

自古以来，湾内遍植莲藕、芡实、莼菜、茭白、红菱等，并饲养各种鱼类。这里水草丰茂，芦苇丛生，又吸引着众多的水禽，动植物景观十分丰富。古时每到农历六月廿四日，举行传统的瓦山庙会，夜间举行“水上漂”彩灯盛会，将纸扎花灯放在荷叶上，随水漂动，蔚为大观。湾内的东蔡、西蔡、秦家堡等古村，历史悠久，古迹很多。消夏湾虽经多次筑堤围垦，景观面貌已有很大变化，但“消夏湾”之名仍广为沿用。历代文人如白居易、范成大等也留下了许多描写消夏湾的诗文。

槎湾，位于苏州市吴中区东山镇西南部，又称查湾。湾内有村，村后有山，有玉笋峰，山上多杨梅林，山下则多植性喜温暖湿润的枇杷林，为照种白沙枇杷和大红袍杨梅的发源地。湾北有藏船坞，全长3000余米，为深坞，相传因南宋杨虎于此操练水军、藏船于坞而得名。

明清之际诗人吴伟业曾游历东山，作有《查湾西望》：

屡折才成望，山窗插石根。
湿云低染径，老树半侵门。
渔直看疑岸，沙横欲抱村。
湖光犹在眼，灯火动黄昏。

清嘉庆二十三年（1818）、二十五年，龚自珍曾两次游历至此，并有诗作，其晚年曾有“今日闲愁为洞庭，茶花凝想吐芳馨。山人生死无消息，梦断查湾一角青”的诗句。

知识链接　夫椒山古战场在哪里

公元前494年，吴越两国精兵在太湖夫椒地区爆发了一场战争，这是我国春秋时期最大规模的一次水战。战争的结果是越国为吴国所败，越军溃逃，越王勾践被吴王夫差围困在今浙江省绍兴市的会稽山上，最后勾践不得不向吴国求和，称臣于吴。这便是我国历史上著名的“夫椒之战”。此战，是春秋后期吴越争霸的第一高潮，使勾吴国的声威走向了鼎盛。

史书中对夫椒之战的记载很简略，没有描述详细的战况。《左传·哀公元年》：“吴王夫差败越于夫椒，报槜李也。遂入越。”《史记·吴太伯世家》：“王夫差元年，以大夫伯嚭为太宰。习战射，常以报越为志。二年，吴王悉精兵以伐越，败之夫椒。”《史记·越王勾践世家》：“遂兴师。吴王闻之，悉发精兵击越，败之夫椒。”

那夫椒之战究竟发生在哪里呢？历史上的说法也各异。普遍认为在

吴越夫椒之战纪念碑石

太湖西山。《水经》记载:“太湖有包山(即西山),春秋谓之夫椒。”《舆地志》亦载:“包山即夫椒山。”《具区志》“包山”条载:“包山,一名洞庭山,居太湖之东,周围八十余里。”

另有说法,认为是在无锡马迹山。《马迹山志》记载:“夫椒山,马迹之从山也,相距不远,皆马迹之脉,故总谓之‘夫椒’。”指夫椒山为马迹山南的南太湖中的两座小山。明蔡新编《太湖志》时,曾赋《咏马迹》诗,里面有“胜负曾交两国锋”之句。蔡新为明成化年间中宪大夫,洞庭西山人。

当然,还有一些模糊的说法,如“夫椒山在吴郡吴县西南”“夫椒山在无锡太湖中”“夫椒山在洞庭山西北”……

有学者认为,夫椒山之战,是一次大规模的战役,吴越两国均有主力水军参战,又有精锐陆军配合。战争场面之大,不可能仅仅局限在一两个小岛上。因此,具体位置不可考,也就似乎有了可以解释的理由。当然,随着中华文明探源工程以及太湖流域考古项目的推进,或许在不久的将来,这个谜团会被解开。(参见叶万忠《苏州之谜》,古吴轩出版社2006年版)

五、流惠三吴:水口与溇港

太湖河港纵横,河口众多。至清末,环太湖进出河道314条。至1992年时因淤塞和人工改造,仍有220条,其中56条在当时的吴县,均为出水港。由于太湖湖盆西南高东北低,140余条出口河道多集中在太湖东部和北部。

据朱偰《苏州的名胜古迹》记载:“太湖大致分为七个出口:(1)从大浦口出黄浦江;(2)从瓜泾口出吴淞江,再入黄浦江;(3)从鲇鱼口经越来溪到苏州;(4)从胥口经胥塘到苏州,再经苏州分由至和塘(娄江)出浏河,由阳城(澄)湖出七浦塘,由元和塘出白茆塘,而总归于长江;(5)从龙潭港经浒墅关入运河;(6)从沙墩港经望亭入长江;(7)从梁溪经无锡入运河,分入长江。苏州适当它的两大出口(鲇鱼口、胥口)汇合的地方,又当运河之冲,所以水运便利,交通发达。”

太湖苏州地区历史上主要的出水口有沙墩口、铜坑口、胥口、大缺口、鲇鱼口、瓜泾口等。太湖水系呈由西向东泄泻之势，年出湖径流量75亿立方米，总蓄水量为44.28亿立方米。东太湖出水量占总出水量的67%左右。20世纪50年代，东太湖出水以宝带桥和瓜泾口为主；至60年代，主要出水口已变为太浦河。由这些水口汩汩流淌的太湖水在奔江入海的同时也滋养着广袤的姑苏大地。

沙墩口，位于望亭，是历史上太湖往东重要的出水口，由此流出的沙墩港是由西往东通往今日的漕湖、常熟方向的主干河道。沙墩口附近早期有十分独特的潮汐涨落巨差现象，被称为“潮汐池”。

沙墩口在当代太湖水利建设中仍发挥着重要作用。兴修于20世纪90年代初的望虞河工程，将沙墩港并入望虞河，穿越大运河和沪宁铁路，由常昭漕河经漕湖、鹅真荡等绕常熟虞山至耿泾口入长江，全长60.8千米，形成了一条北通长江、南连太湖、沟通大运河的主干水利河道，而其中被称为“水立交”的望虞河立交工程科学管控水情，让运河水和太湖水正常时上、下各行其道，太湖水涨时直泄长江，使运河免受其困，太湖水少时引江济太，有效保障太湖水域的生态平衡和水文安全。

铜坑口，位于吴中区光福镇铜坑山旁，因铜坑山而得名，该处自然村落铜坑村村名也由此而来。铜坑口历来是光福出入太湖的主要水口，太湖水由铜坑港流入西崦湖。

胥口，位于胥口镇，因有胥山而得名。太湖水经胥口过木渎，到横塘与京杭大运河汇合，后沿苏州城区枣市街在泰让桥与外城河汇合，称胥江，长16.6千米。胥江是太湖东面主要出水河道之一，也是过去苏州城至洞庭西山的主要水路运道。

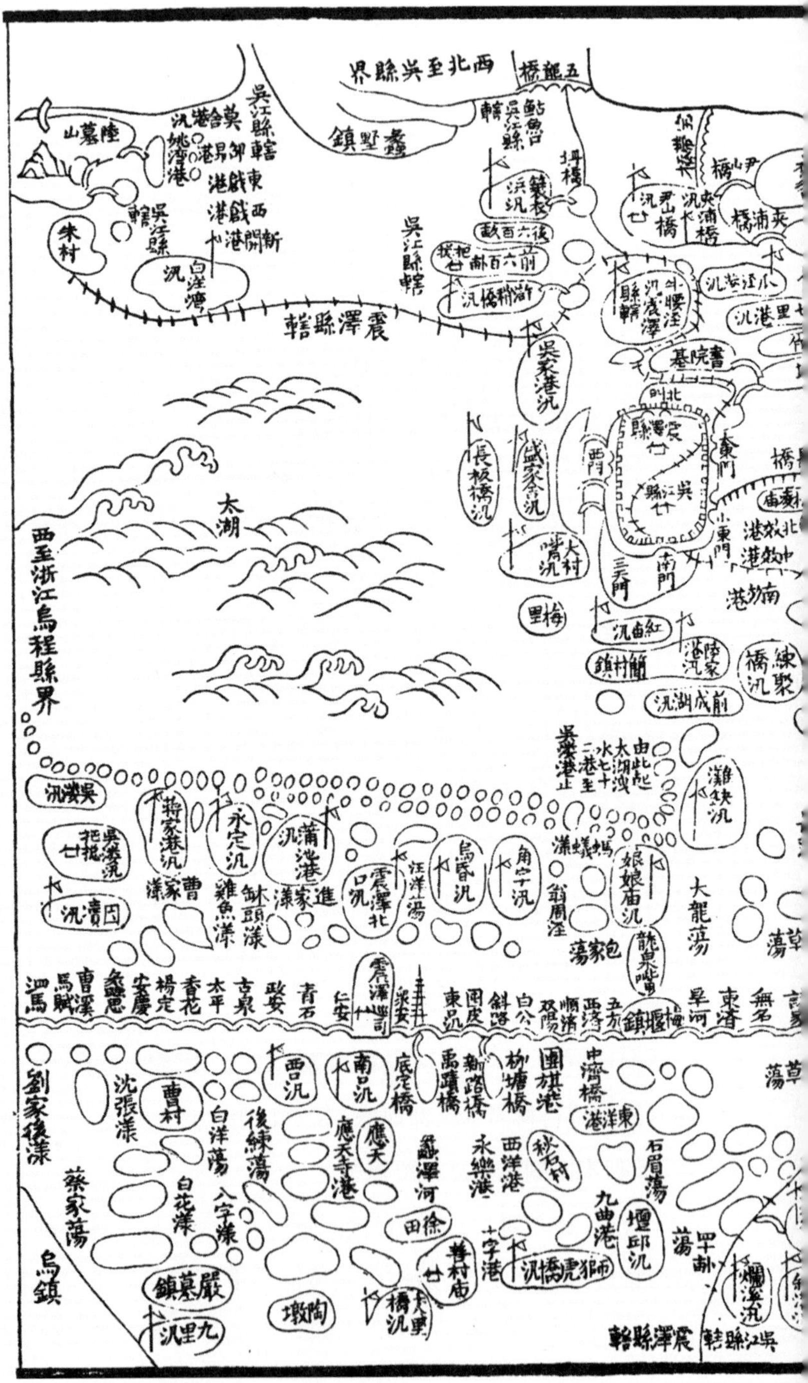

〔清〕乾隆《苏州府志·吴江震泽二县疆域图》

吳江震澤二縣疆域圖

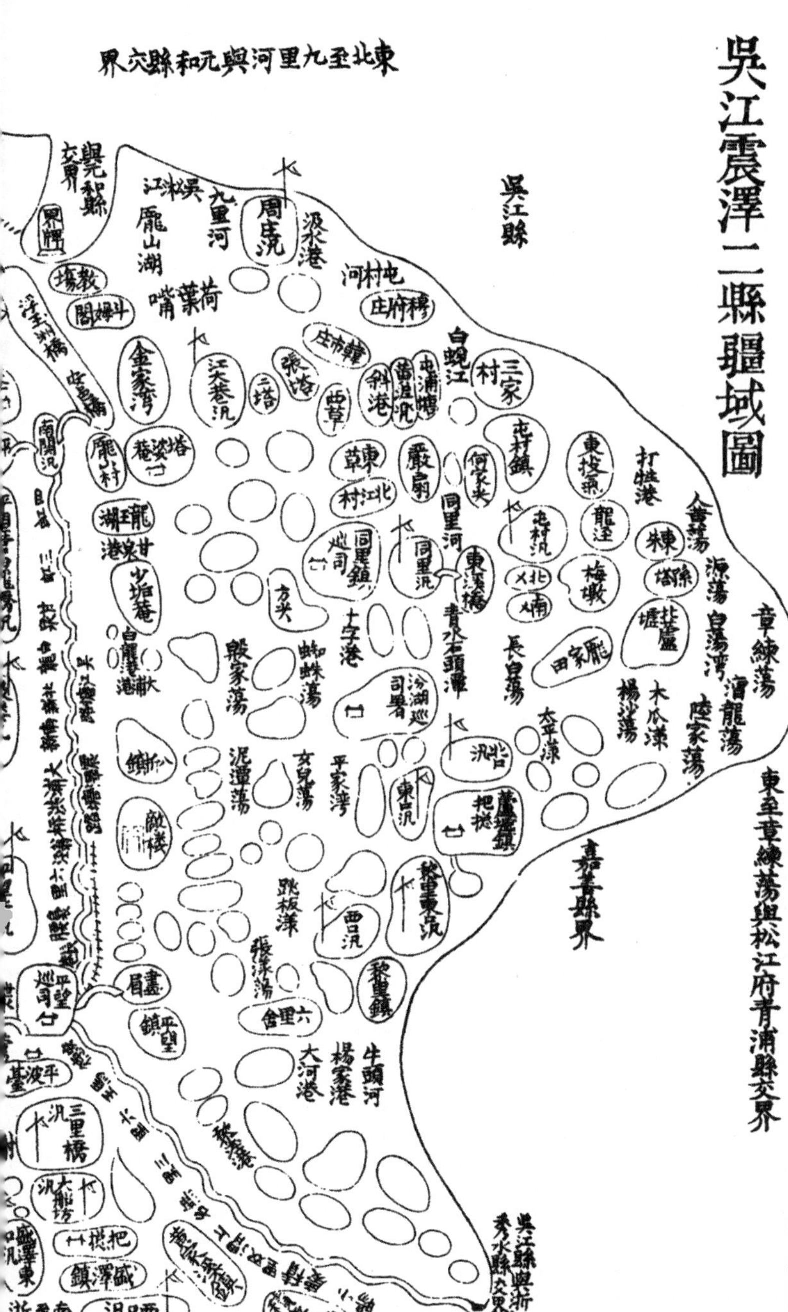
東北至九里河與元和縣交界
吳江縣
吳元和縣交界
九里河
荷葉嘴
三家村
同里鎮
同里河
屯村鎮
章練蕩
東至章練蕩與松江府青浦縣交界
嘉善縣界
蘆墟鎮
黎里鎮
平望
牛頭河
楊家港
大河港
吳江縣與浙江秀水縣交界
盛澤鎮
南至浙

大缺口，原位于西泾山与渡村之间，水面宽阔，当时的东山尚是太湖中的岛屿，隔此与渡村相望。渡村，清钱思元《吴门补乘》载：

在太湖东岸，对武山大缺口，民居三千余家，为西南一大村落。

大缺港形成后，进出东山均在此摆渡。后大缺口逐渐淤积成陆，《太湖备考》载：

雍正初，太湖大缺口内忽涨一洲，广百余亩，茭芦丛生……名曰金家洲。

清乾隆十四年（1749）六月，东洞庭山士民《大缺口水利条陈》称：

大缺口在武山、大村之间，北太湖水泄入南太湖必由此口而出，乃湖水咽喉要道。往时口阔二三百丈，水行通畅……后被居民种植茭芦，泥淤滩涨，水口渐狭，仅存五十余丈。

据《太湖备考续编》载，大缺口长1244丈，宽6丈。

之后大缺口持续淤浅，水生植物繁生及人工围湖造田，加速两地之间的连接，成为不足百米宽的港道，往来靠船只摆渡，故两地皆称摆渡口。1956年木东公路筑成后，有了公路大桥，渡口的作用也消失。

鲇鱼口，位于吴中区长桥东南与吴江区接壤处，原为东太湖内湾处，因此也称东湖或东太湖梢。太湖水经鲇鱼口流入苏州城南，在盘门汇入外城河。《太湖备考》载：

鲇鱼口南受太湖水，北流汇为鳖塘，又北过五龙桥，入吴县盘门运河，其鳖塘之东折者，至分水墩为古塘口，入元和县澹台湖，过宝带桥，与运河合。内有面杖港，相附同行，亦东入古塘。

瓜泾口，位于松陵街道，为太湖、京杭运河交汇处，亦是吴淞江的起点，在松陵以北3千米处，西自太湖进口东流出瓜泾桥（即今夹浦桥）入运河，全长2千米，河面宽约40米，河底宽约20米。瓜泾港水文站建于1922年,其水文资料曾长期作为太湖下游地区防汛抗旱和基建工程的重要依据。

在吴江太湖沿岸,有众多的溇港接纳太湖水,供人员货物往来出入。有太湖十八港、吴江十八港、震泽十八港、三十六溇、震泽七十二溇港等合称。

清顾祖禹《读史方舆纪要》载:

> 湖中有一十八港,皆枢纽湖心,朝夕吞吐,利害最大。其西之田,日蚀于湖者,谓之坍湖;其东之沙,日涨于湖者,谓之新涨。

明嘉靖四十三年(1564)《吴江水考》载有"吴江十八港"及"震泽七十二溇港"名,沿东太湖的溇港分布于松陵、菀坪、横扇、庙港、七都诸乡镇,其中吴江十八港是指北起瓜泾港、南至大浦港间的18条直通太湖河道。震泽七十二溇港,是指北起大浦港、西南至胡溇的72条直通太湖河道。清康熙年间围垦太湖,原有溇港或向太湖延伸,或不再直通太湖。至清末,虽然溇港之名仍在,但溇港数量已大为减少。菀坪以西、太浦河以南是入湖河道,其余已为泄水河道。1977年至1983年,建造太湖大堤,大部分溇港被封堵成联圩内河道,直通太湖的溇港尚存20条,其中15条建闸控制。三十六溇,是指位于吴江与湖州之间的太湖南岸地区,以七都吴溇为界,东港西溇。

第二节　湖上人家

唐代皴信陵有一首《移居洞庭》诗曰:

> 重林将叠嶂,此处可逃秦。

水隔人间世，花开洞里春。

荷锄分地利，纵酒乐天真。

万事更何有，吾今已外身。

写的是早期人们移居到太湖时所感受到的世外桃源般的湖居生活。湖上人家，是太湖明珠上一道独特的风景线。他们以水为伴，以船为家，生活在这片波光粼粼的湖面上，与世无争，过着简单而又宁静的生活。

一、水村聚落

太湖地区的开发，受到了东晋至两宋中原氏族多次南迁至此的很大影响。南渡氏族一起带来的还有中原的文化，与太湖原住民文化相融合，形成了太湖独具特色的水村聚落。在西山金庭镇，昔时人们用“七村八巷九里十三湾”来总括这里的主要人居，并成为一句当地流传甚广的俗语。

在这些村落中，明月湾、东村、角里、东蔡、植里、后埠、堂里于2012年至2016年先后被评为中国传统村落。在2020年2月江苏省公布的第一批107个传统村落中，苏州全市有25个，其中金庭有8个，占全市总数的32%，分别为明月湾、东村、植里、角里、东蔡、堂里、后埠和西蔡。又有“两蔡三场、四头五堡、七村八巷、九里十三湾”之说。

知识链接 **西山七村八巷九里十三湾**

七村为东村、涵村、劳村、马村、鹿村、金村和圻村，八巷为仇巷、煦巷、梧巷、金巷、蔡巷、杨巷、徐巷和陈巷，九里指植里、堂里、疃里、衙里、角里、绮里、慈里、湾里和崦里，十三湾则指可盘湾、明月湾、南湾、消夏湾、居山湾、岭东湾、辛湾、前湾、沉思湾、白塔湾、张家湾、东湾和西湾。

明月湾村口水系（朱剑刚摄）

清光绪二十六年（1900），西山人刘荣远写过一首《林屋村歌》，洋洋洒洒，淋漓尽致地描摹了当时洞庭西山恬静秀美的村居生活，诗写成后，曾一度失传，后由旸坞老医师王云培从村妪手中寻得，才使《林屋村歌》重又流传，在西山文人耆老中广为传抄。而且较真的读者还发现，尽管刘荣远几乎将西山村落列举殆尽，但仍然漏掉了一个樟坞，西山的村庄写不完，遂成趣谈。

梧巷，位于金庭镇石公村，因南宋初年凤福清至此出任角头巡检司巡检，后繁衍成族，子孙居于此，取"凤栖梧桐"之意而名。凤氏世为北方望族，原籍陕西凤翔，迁山始祖为凤福清。凤福清在宋徽宗朝为汴京马步军副统制，后因抗金兵败而被贬到西山任角头巡检司巡检，卒葬于石公山侧。西山凤氏至今仍居梧巷为主。

黄家堡，位于吴中区金庭镇石公村，背靠馒头山，南接张巷村，西傍消夏湾，紧邻消夏湾内河，北靠仇巷太平桥头。因宋代黄氏黄鸰（1355—1418）一支迁于此定居得名。黄家堡原名“杭家独”，相传古时此村仅有一户杭姓，故名。黄氏原籍福建邵武，宋朝时因仕居汴梁，南渡及迁山始祖为黄明善。黄氏九世孙黄鸰致仕归祖父老家秉常里，但旧宅狭隘，析居于仇巷之南村落，久而子孙繁衍聚居成村。至2014年底，黄氏仍为黄家堡主要姓氏，村民以种植茶叶、橘子、枇杷、杨梅为主，尤以乌梅种杨梅为特色，享誉洞庭山。刘荣远《林屋村歌》中即有“黄家堡下橘初香”的诗句。

洞庭东山上湾村，南宋中期形成村庄，最早定居的为中原南迁的朱氏和居氏。清道光五年（1825）上湾沈珗所撰《陆家宗祠碑记》载：

> 吴洞庭陆氏先扬土沛国，赐姓朱。自先祖朱希公从宋南渡大军南下，卜居于洞庭东山，五传至伯纯公……朱之易姓为陆自此始矣，前后绵延六百余年载，近山称为望族。

明初兵卒屯垦水东之西滩，随之中原大批移民南渡，始成“横山之南，九庄十八舍”。该区域早先村落中名“庄”的有浦庄、马庄、溆庄、路步庄等，名“舍”的有陆舍、石舍、柳舍、舍上、吴舍、马舍等。

二、舟居生活

《太湖备考·杂记》称：

> 太湖渔船……最大者曰黑船，名六桅船。不能傍岸，不能入港，橹不能撑摇，专候暴风行船，故其祷神有“大树连根起，小树着天飞”之语。当夫白浪滔天、奔涛如驶之时，商民船只不

> 敢行，而罛船则乘风牵网，纵浪自如。如风恬浪静，行舟利涉，罛船则贴伏不能动。

又称：

> 其船形身长八丈四五尺，面梁阔一丈五六尺，落舱深丈许。中三大桅：五丈高者一，四丈五尺者二；提头桅一，三丈许；梢桅二，各一丈许。

罛船在其他地方是没有的。行船时，迎风张帆，结队网鱼，疾如奔马。远远望去，仿佛满湖蝴蝶，迎水翔舞，是太湖上独有的壮观景象。朱彝尊的这组诗与袁启旭《太湖渔船歌》、吴庄《六桅渔船竹枝词》生动地反映了太湖渔民的生活风貌。

知识链接

〔清〕朱彝尊《太湖罛船竹枝词》一组

村外村连滩外滩，舟居翻比陆居安。
平江鱼艇瓜皮小，谁信罛船万斛宽。

具区万顷汇三州，点点青螺水上浮。
到得石尤风四面，罛船打鼓发中流。

棹郎野饭饱青菰，自唱吴歈入太湖。
但得罛船为赘婿，千金不羡陆家姑。

太湖历来渔产丰富，勤劳勇敢的太湖渔民长期在太湖的大风大浪中从事天然捕捞，繁衍生息，形成了独特的风土人情。太湖渔民世居于此，一般以作业性质散居全湖各地，在渔民中亦称“邦”，均由渔具渔法所决定，带有旧式氏族部落的痕迹。

清代吴庄的《六桅渔船竹枝词》中有“十叶相传渔世业，渔人相传有九代、十代者”的记载。蒋姓是大船渔民中大姓，占大中船渔民总户数的38.7%；而金姓渔民在太湖捕鱼已有约三十代。

太湖渔民，通常根据船只大小分为罛船与网船两大类人群。罛船有5—7根桅杆，载重量大，渔民长年生活于太湖中央，以捕鱼为业，自成社会，很少上岸。网船则指4根桅杆以下的中小型船只，它们游弋于太湖流域内的河湖塘沟之中谋生，跟岸民交往较多。

罛船渔民多为三代以上的太湖土著，在经济水平以及文化程度上，一般要优于网船渔民，所以也就有了朱彝尊“但得罛船为赘婿，千金不羡陆家姑”的说法。

罛船的渔帮中还曾经存在过“船学”的特殊现象，即请岸上的先生来船上长期居住教学，这样的“船学”教育甚至一直延续到了中华人民共和国成立后。

知识链接 **船学**

船学是中华人民共和国成立前大渔船上教授渔民子弟文化知识的主要形式。明代已有船学，前后经历了数百年，直到中华人民共和国成立后才退出教育的历史舞台。

由于大船捕鱼多，收入高，生活富裕后，必然要考虑子弟的读书问题，于是在这群渔船中出现了按照私塾形式办的流动船学。太湖船学初办的时间，尚未找到确切的记载。在明代孙子度的《戈船诗》中有“尝读眉山诗，雅羡鱼蛮子；亦有童子师，书声到水市；人生戈老船，头白何足耻”句，说明在明代大渔船上已有船学了。

船学是在渔船上办的流动寄宿学馆。师生的吃住由学童家长轮流分担，称“供学”。聘请一位不晕船、适应水上生活的老师上船教书。牵头人将自己的渔船作“头船”供学，学童就集中在这里读书。一所船学一般收16名左右学童，最多不超过20名。（参见陈俊才《七桅船上的渔家船学》，《苏州史志资料选辑》2010年辑）

太湖里历来是大船捉小鱼（银鱼），小船捉大鱼，故捕捞银鱼以大中型渔船居多。为首的大渔船又称“七扇子”，总长约25米，载重吨位60吨，船上设七道桅，拖力大，抗浪强，六级顺风时速可达20千米。

这种国内淡水捕捞中最大的渔船，全太湖有100余艘，最具特色。它有两个来历：一种船尾椭圆形的，相传由南宋“岳家军”战船演变而来；另一种船尾呈长方形，以五桅居多，称为“北洋船”，传说由海洋渔船演变而来。

每条大渔船配有6—7个渔民，分为老大、看风、挡橹、下肩舱、半粒头、女工等6个工种。“老大”即舵手，一船之长；“看风”则在下网捕捞时看管航向和网张，昼夜值班；“挡橹”是摇舢板的，多由中年渔民担任；“下肩舱”是排网的渔捞手，青年粗壮工；“半粒头”相当于学徒工，做些辅助工作；“女工”则负责全船伙食，以及渔业辅助劳动。

太湖渔港村位于光福南蟠螭山与冲山间的湖湾，为渔民上岸集中定居的村落，是原农业部和太湖渔管会、光福镇共同投资建设的内河湖泊最大的渔港，20世纪80年代中期建成。渔港内桅杆林立，开捕之日，众渔船纷纷起航出港，湖面上千帆竞发，蔚为壮观，是太湖一道独特的风景线。迄今尚有数十艘已近绝唱的七帆大渔船，为旅游业服务。村内有人工渔港，呈东北—西南走向，两端与浩瀚的太湖相连，港内渔船成百，桅樯林立。

三、太湖风物

太湖素为鱼米之乡，物产丰饶。考古发掘证明，早在6000年前，太湖地区就已种植水稻。“喜看稻菽千重浪”，西洞庭山的“玄阳稻浪”，历史上曾是著名景观。

橘、梅、茶、竹，是太湖地区历史悠久的四大植物名产。远在西汉初期，光福山区就开始植梅，后来形成“香雪梅花三十里”，漫山遍野的梅花，“香雪”如海。西洞庭山的“鸡笼梅雪”也是古代的赏梅胜地。南宋范成大《吴郡志》记载，在唐代，洞庭东山的柑橘以及洞庭西山的水月茶就已列为朝廷贡品。洞庭东、西山以及光福、马山、梅梁湖东岸等地还是由亚热带果品组成的花果山。

知识链接 **“洞庭红”的故事**

“浸月冷波千顷练，苞霜新橘万株金。”白居易诗中的“新橘”指的就是洞庭东、西山的特产橘子“洞庭红”。

凌濛初的《初刻拍案惊奇》里有一则《转运汉遇巧洞庭红，波斯胡指破鼍龙壳》的故事：明朝吴地书生文若虚想要经商，但苦于缺少本钱，邻居张大赠了他一两银子。恰逢柑橘上市，文若虚在街头见到“满街上筐篮内盛着卖的：红如喷火，巨若悬星。皮未皱，尚有余酸；霜未降，不可多得”。这便是洞庭东、西山所产之“洞庭红”。文若虚用一两银子买下了百余斤橘子，本打算漂洋过海途中用来解渴。后来文若虚来到一个海岛，“洞庭红”被一抢而空，以此赚得上千两纹银，从此时来运转，成为当地一富。

传说白居易在苏州担任刺史时，常常要来洞庭东、西山，亲自挑选每一颗上贡进京的橘子。所以有诗句云：“洞庭贡橘拣宜精，太守勤王请自行。珠颗形容随日长，琼浆气味得霜成。”

除了橘、梅以外，洞庭东、西山的杨梅、东白沙枇杷、银杏和十里荷香，光福西碛山的桂花，横山的石榴，三山的枣，都是著名的果品，既是一年四季源源不断的物产，同时又构成了四季花果飘香、丰富多彩的传统植物景观。

〔明〕沈周《卧游图册》中的枇杷

太湖古树名木众多，具有很高的观赏价值，又具有很高的历史价值和科学研究价值。曾有统计，太湖地区共有千年以上的桧柏、罗汉松、樟树、银杏、紫藤、黄杨、柞木等17株，五百龄以上的59株，百龄以上的399株（不包括百龄以上的杨梅等果树）。光福景区司徒庙的四株古柏，“清、奇、古、怪”，姿态奇特，传为东汉初期司徒邓禹手植，已有近2000年的树龄，被称为“世上一绝”；光福官山岭的木荷，也是名贵稀有的树种。洞庭西山西蔡村一株干径1.2米的白皮松和一株三百龄的多色山茶，堪称“吴中双绝”；阴山岛的一株香樟，覆盖面积达一亩；罗汉寺有一株干径0.8米的古紫藤与两株六百龄香樟攀缘蟠绕，形成“藤樟交柯”的奇观。洞庭东山灵源寺的一株一千三百龄的罗汉松，高20余米；北望村有一株干径2.5米的银杏被誉为“太湖第一大树”。木渎天平山有百余株古枫香，树龄都近500年，深秋霜林尽染，自成一景。

湖边还有以富有野趣的芦苇为主的水生植物14种，其中莼菜是太湖的名产。早在春秋时，范蠡在此撰写了我国最早的《养鱼经》，可见那时的人工养殖业已相当发达。现在太湖的鱼、虾、蟹等水产有156种，以银鱼、白鱼、白虾最负盛名，被称为“太湖三白”。隋大业年间，吴郡就曾贡太湖白鱼鱼苗，至东都（洛阳）宫苑内海中，以草把还蓄水边，十余日即生小鱼，至唐时东都犹有白鱼。

明钟名臣校订《新刻农圃四书・养鱼经》中引《避暑录》载：“太湖之白鱼冠天下，梅后十五日入时，白鱼最盛，谓之时里白。”每年洄游季节，北太湖一带还曾经有十分壮观的“白鱼阵”渔汛。近年来，随着太湖禁渔政策的实施，野外捕捞作业已告休停，原先的野外养殖已改为人工塘面养殖。

说起太湖的渔业，还有堪称奇迹的事。《席家湖村志》记载：

> 民国二年（1913）6月30日《申报》载：“本月二十日晨，湖水忽发黄色，溷浊异常，少顷即汹涌澎湃，从浙江一面冲来。忽然潮水涨落、滔滔滚滚，历三小时之久，并随潮冲到黄鱼数十尾，裙带鱼甚多，及有各种海鱼多种，沿湖渔人多捕获者，真奇事也。”
>
> 民国二十五年（1936）7月，渔民孙永高在庙港簖里捉到大青鱼一条，重39公斤，当时鱼行不肯收，孙自己到街上去卖，因鱼太大只得开爿切段零售。
>
> 1950年农历五月，时年14岁的孙兴大在杨湾港西茭嘴簖里捉到大白鱼一条，计13.5公斤。白鱼横阔竖大，放在船舱里

好似一块平基。

除此以外，《席家湖村志》里还记载了渔民们“一网83只野鸭”“一海斗85公斤黑鱼”“一次抄虾78公斤”“190公斤鳊鱼连窝端”“一网捉到10只大灰鹅”等趣事。这既是湖上人家生产生活的鲜明表现，同时也是太湖丰富的物产和渔业资源的鲜活画像。

四、洞庭商帆

太湖苏州地区的行商活动，由来已久。南宋范成大《四时田园杂兴》有诗云：“蝴蝶双双入菜花，日长无客到田家。鸡飞过篱犬吠窦，知有行商来买茶。”可见到宋代，即便是生活在乡间僻壤的村民，由于有行商前来收购所产，也不必担心农产品销路。被誉为中国十大商

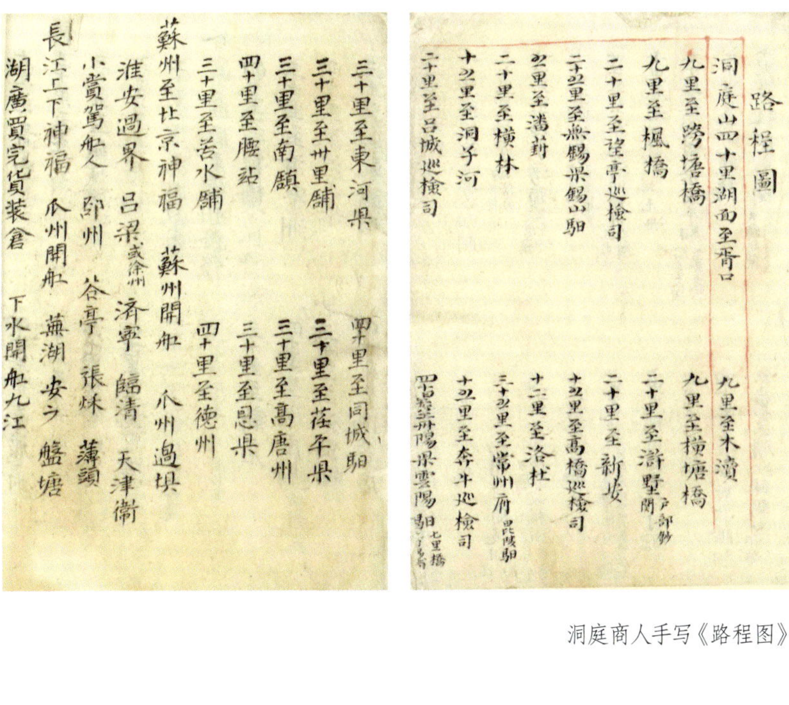

路程圖
洞庭山四十里湖面至胥口
九里至胯塘橋
九里至楓橋
二十里至望亭巡檢司
二十五里至無錫縣錫山驛
廿里至潘葑
二十里至横林
十五里至洞子河
二十里至呂城巡檢司
九里至木瀆
九里至横塘橋
二十里至滸墅 戶部鈔關
二十里至新安
十五里至高橋巡檢司
十二里至洛社
三十五里至常州府 毘陵驛
十五里至奔牛巡檢司
四十里至丹陽縣雲陽驛 七里橋

三十里至東河県
三十里至卅里舖
三十里至南顧
四十里至□站
三十里至苦水舖
蘇州至北京神福
淮安過界
小賞駕船人
長江上下神福
湖廣買完貨裝倉
四十里至同城驛
三十里至茌平県
三十里至高唐州
三十里至恩県
四十里至德州
蘇州開船 瓜州過壩
呂梁 或徐州 濟寧 臨清 天津衛
邳州 谷亭 張秋 蒲頭
瓜州開船 蕪湖 安慶 盤塘
下水開船九江

洞庭商人手写《路程图》

帮之一的吴地洞庭商帮初步形成于明嘉靖、万历年间。明末冯梦龙在《醒世恒言》中写道:“两山之人,善于货殖。八方四路,去为商贾,所以江湖上有个口号,叫作‘钻天洞庭’。”因此当时有“钻天洞庭遍地徽”的谚语。

洞庭商人的活动范围相当广泛,“行贾遍郡国、滇南、西蜀,靡远不到”,经商范围除太湖流域、通商口岸上海等工商发展的核心地区外,还包括长江以北的广大北方地区、长江流域中上游广阔腹地,甚至海外也有洞庭商人活动的踪迹。

他们经商的特色之一是从经营本地特色产品开始的。洞庭东、西山,地处太湖之中,土特产资源极为丰富,所谓:

> 在春则有碧螺新茶之利,在夏则有枇杷、杨梅之利,在秋则有水蜜桃、白露酥之利,在冬则有橙、橘、栗、柿之利。其他如鱼、虾、蟹、蚌、菱、芡、莲、藕、莼、茭等类,不可胜数。

丰富的土特产品为洞庭人经商提供了得天独厚的条件。至明代中叶,洞庭商人经营商品由经营本地土特产转为经营吴地所产棉纱、布匹、丝绸等特色产品,并把长江流域湖广等地所产木材、粮食等特色商品输入吴地以供所需。洞庭富商翁少山、席端樊兄弟就是以经营棉纱、青靛等致巨富的代表,其经营方式亦由辗转贩运,发展至坐贾或转手买卖。

后来,太湖洞庭两山由于后世人丁繁衍,带来人多地少的矛盾,于是,洞庭人决心走出去、甘冒江湖风险逐什一之利。例如三面靠山的洞庭东山上湾村,历史上主要以栽种花果为主,明清时年轻人多“出山”经商者,清末民初时在上海从业金融之人较多。

五、太湖湖防

太湖一带曾经流传过一句话："拔不完田里的稗草，捉不完太湖里的强盗。"由此可见，太湖的湖匪十分猖獗。《太湖备考》中有"湖防论说"：

> 吴多山少田，半为太湖。……然绝无峪垌蓊菁可以窜贼，山险不足患也。所患者惟太湖耳。……贼舟凌风驾涛，齐噪竟近，难于控御。且洞庭两山，富饶之名虚播天下，贼素染指，备之不可不豫。

太湖湖面辽阔，号称三万六千顷的湖水，横跨苏州、常州、湖州三大郡。太平年间，鱼肥蟹美，是锦绣鱼米乡。可是到了战乱或者年岁收成不好的时候，贫困人家无以为生，胆量大些的，就相互煽动，落草为寇。因为水域四通八达，匪船"皆可往来登岸"，而湖边连片的芦苇，易于藏身，匪盗之患延绵不绝，太湖很早就成为湖匪出没之所。北宋元祐八年（1093），湖州长兴县的吕山巡检司迁到西山角头村就是为了打击湖匪之用。

南宋乾道七年（1171）朱俊民有《角头巡检司序》记载：

> 甪头山，据太湖。湖之广三万六千顷，周五百里，径二三百里。唐白乐天诗云："十只画船何处宿，洞庭山脚太湖心。"盖太湖山若洞庭者七十二，甪头山又据其心，乃山之胜境。汉四皓甪里先生家焉。甪山之名始此。山回百余里，谷邃川广，盗徒剽掠，往往有之，民遭患者数。元祐八年，有司请罢吕山巡检，徙甪头，与马迹、香兰事例，同立酬奖。经百八十余载，两山之民咸受其惠。营寨兵级固壮，善于水势，长于勇敢，虽有盗徒无所施其暴。噫！朝廷之置寨者为民御盗患也，人民之获安生者赖

> 朝廷之有营寨也。甪头自创建，迨今几数百载，四境寂然，不复聆剽掠。若然，则寨之有益于民，岂浅浅哉？寨级柯瑫等具始末，求序且刻石焉。乾道七年中秋后三日，福州进士朱俊民撰。

宋代兵制除禁军、厢军外，又有士兵领以巡检，在城为司，在乡为寨。翻阅典籍，巡检司始于五代。宋代时，巡检司开始职官化，出现了巡检司机构。元代因宋金遗制，设巡检司，主要为州县所属捕盗官。当时，西山岛为太湖岛屿，不与陆地相连，因为气候宜人、土地富庶，百姓生活十分殷实，变成了湖匪抢掠的重要地方。这也就是元祐八年（1093）原设在湖州吕山的巡检司迁移到此的原因，以保护当地百姓。《吴县志》记载，甪头巡检司有士兵144名，营房数十间，管辖东、西两山。

明代沿用其例，但巡检司开始有了行政权力。顾炎武《日知录》中

〔明〕仇英《清明上河图》中的巡检司

说:“巡检,即古之游徼也。”它的主要职责是维护社会治安,包括盘诘往来奸细、缉私等。明代巡检司的巡检为从九品官,官位卑微,但在州县行政框架中,尤其从基层治安角度看,巡检司则是一个重要机构,它多驻扎于市镇、关口及较为偏僻的地方。

《明太祖实录》(卷一三〇)中记载,朱元璋说:“朕设巡检于关津,扼要道,察奸伪,期在士民乐业,商旅无艰。”明成化十八年(1482),巡抚都御史奏准在东山渡水桥设立东山巡检司,管辖山岛及附近岛屿。

明嘉靖时,倭寇常骚扰。西山除加强角头巡检司之外,又增设大胜、元山等寨,以耆民为寨长,选练乡勇,抵御倭寇。倭灭后撤寨。清代,角头巡检司的兵员在180人以上,可见太湖治安形势较为严峻。

在苏州,民间流传着“××巡检司,吃粮不管事”的谚语。在古代,巡检司是个小吏,也不被人重视。但是在清代光绪年间角头巡检司暴式昭,却是这一带为官清廉的佼佼者。

暴式昭,字方子,河南滑县人。清光绪间,到西山角头当巡检司。他到任后,严令禁赌、禁嫖、禁鸦片;遍访当地贫苦百姓予以抚恤,深受百姓爱戴。后因反映民意忤上蒙冤被撤职。暴式昭罢官后,因没有路费回家,被困在西山角头寨。天降大雪,暴式昭没有米下锅,也没有柴烧水。百姓佩服他的廉洁品格,感谢他的平日恩惠,全岛七八千户自发捐米捐柴,冒雪送到他租住的居所,一时传为佳话。

清光绪十七年(1891),在西山做了五年角头巡检司的暴式昭携眷返回河南老家,西山百姓四五百人至角里码头跪送,哭声不断。他所乘船“仅载图书数十卷、太湖石三方、质券一束而已”。离开西山,暴式昭只带走了西山人民的深情厚谊,正可谓“两袖清风朝天去,不带江南

《林屋山民送米图》

一寸锦”。后俞樾、吴大澂、秦敏树、郑文焯、冯友兰、朱光潜、徐悲鸿等50余位大家曾合璧而留存《林屋山民送米图》赞颂他的功绩。

太湖湖匪，一直到1951年初才被基本肃清。至今，位于西山岛慈里牛场山西南的角头山，还保留着角头寨遗址，即角头巡检司衙署遗址。

清乾隆二十四年（1759）所立的一块“宪禁碑”更是记录了当时太湖之滨一段与湖匪抗争的过往。

据江南船拳江苏省级代表性传承人、吴中区江南船拳研究会会长吴文祖介绍，宪禁碑高115厘米，宽50厘米，厚20厘米。铭文字迹秀美，竖书10列，约400字。原来坐北朝南，面谭子浜，竖于吴中区越溪街道木林社区的村庙前。

这块青石碑，记录了当时吴县的崔姓县令，为杜绝匪患特地颁发的一道禁令。这位崔县令，在地方治理上屡有建树，曾获朝廷“加三级

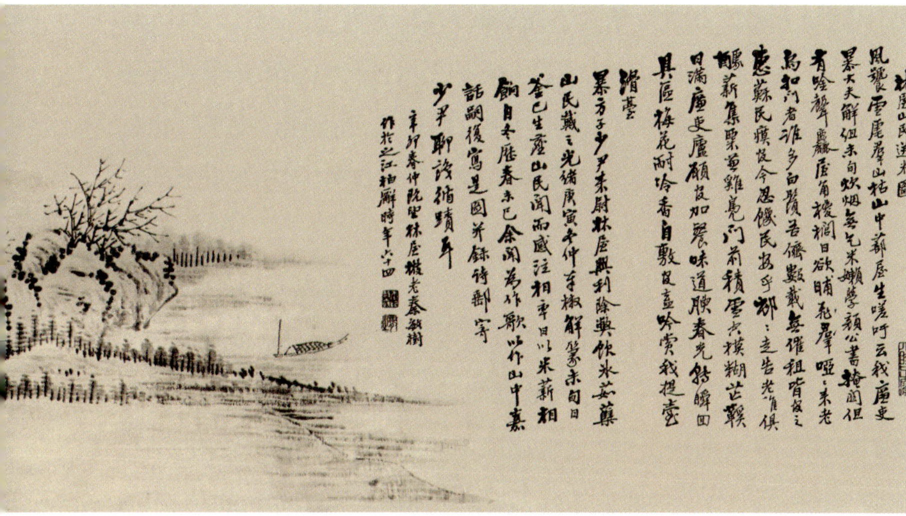

知识链接 **西山乾隆宪禁碑碑文**

苏州府吴县正堂加三级纪录五次崔为流匪贻殃环叩禁逐事。据四都一、二、三图里人呈，称地近湖滨，野旷人稀，匪类易潜，窃扰频仍，更有流匪结党，散处界内，乞丐为名，强讨硬索，若遇婚丧，腌臜□索，大肆无状，乡郡儒农莫不痛畏。偷窃贻殆，无恶不作，驱之钉根，一方人害，更遭地匪纵放牛羊鸡鸭猪畜，侵食稻苗，伤残麦菽，坟冢树木，斧斤伐之，稻穗麦菽，桑叶蔬果，顷筐窃之，荡中芦荻，屡遭砍窃，纠党黎民，负嵎之势，莫之敢撄，经蒙各宪叠禁在案，未能尽息，俯念国课，攸关民食相依，身等陈情，环叩各宪恩准，严禁在案乞丐赌匪，为此示谕，唊汛总地保人等知悉，凡遇流匪恶丐，恃强硬索，暴窃纵放，伤残稻菽，许即指名禀究；如有地棍容留窝顿，暴殄天物，为害地方，察出定行提究。仰见禁逐，靖良足富，保民赤子，衔恩未衣，万代勒石永禁。大清乾隆岁……廿四年三月榖旦，阖里谨立。

纪录五次”嘉奖。崔县令认为,“宪叠禁在案,未能尽息,俯念国课,攸关民食相依”,必须加大整治力度。为了克服清代常规司法审判程序“逐级审转复核制”程序复杂、耗时漫长的缺点,特颁布“宪禁”,也就是如今所称的“禁令”,这种禁令赋予地方管理权利,对于查办流匪之类案件,突出一个“快”字。

清代,木林村因临近太湖,故设有营汛,驻兵虽仅有5人上下,但由于配备巡船,还和周边营汛保持着紧密联络,故有很强的机动性和战斗力。这样的禁令和措施,有效提高了办案力度和效率,无疑对匪徒们形成了强大的威慑力。面对湖匪的威胁,苏州百姓并没有屈服,他们与这些为非作歹的匪徒进行了长期不懈的抗争。吴县正堂颁布的禁令,得到了村民们的积极响应。他们选择了吉日良辰,以全体村民的名义,共同勒石永禁,以进一步教化民众,警示后来之人。

第三节　太湖之治

古语云“上善若水”,太湖的丰富水资源给本区域及周边居民带来了莫大的福利。然而如何治理好太湖水、利用好太湖水呢?千百年来人们通过在实践中不断摸索,逐渐形成了对太湖治水的规律性认知。

太湖流域的治水活动具有“善取河湖之利、善用治水方略、精进治水之工”的特点。流域内历朝历代的治水活动,多是利用河湖本身的自然发展之势,以其利服务人们生活、农业手工业等的生产以及其他需要,比如人们开凿河道、“刳木为舟”,发展水运交通,最终形成密集河网;又如太湖地区地势低洼、水源丰沛,人们就修筑戽斗等农田水利工程,发展塘浦圩田系统,最终促进农业繁荣发展。

隋唐五代是太湖流域水利发展的重要时期。隋统一全国，贯通了5000余里南北运河，对当时及以后的经济社会发展发挥了重要作用。唐代重视发展农业和水利，在历代水利建设的基础上通过不断治理，初步奠定了流域水利工程框架。

唐代安史之乱后，全国经济重心由中原逐步南移。至唐末，"赋出于天下，江南居什九"，太湖地区成为全国富庶之地。五代时，太湖地区基本为吴越所治。吴越设都水营田使统一负责治水与治田，并重视工程管理。其时太湖地区的塘浦圩田迅速发展并不断完善。吴越治数十年，太湖地区仅发生过4次水灾、1次旱灾，是历史上水旱灾害最少的时期。

唐及吴越时期重视水利管理，建立了较好的工程管理和养护制度。唐代制定并颁布了《水部式》，是我国现存最早的系统的水利法典。《江南通志》记载，唐于天祐元年（904）创建撩浅军，共计1万余人。吴越设撩浅军专事疏治养护工作。撩浅军由都水营田使直接指挥。元朝时，较为重视太湖流域农业和水利建设，并设置了都水监庸田司于平江路，专主其事。明清时期，朝廷颁发利民政策，推动了水利和农业发展；其间540余年，不断疏浚太湖下游地区沿江、沿海港浦和培固海塘，农田水利也有发展，黄浦江逐渐发展成现在规模。

链接知识 **撩浅军**

后梁贞明元年（915），吴越王钱镠为治理太湖，在太湖流域建立"撩浅军"，也称"撩清军"。撩浅军为军伍编制的专业队伍，归属朝廷直接管辖，专职负责疏浚塘浦、罱泥肥田、修堤防堰闸、种树修桥、养护航路等多种工作，并发明创造了圩田法，旱时开闸引水入田，涝时关闸避免遭受河水泛滥之灾，使太湖水系的淡水资源和蓄水排涝功能发挥到了极致。钱镠在太湖流域共配置了4支撩浅军，总人数达七八千人之多。一路称为“开江营”，分布在无锡、常熟、昆山地区，主要承担东北36条河道的疏浚和浦闸的护理工作；一路分布在吴淞江地区，着重于吴淞江及其南北支流的罱泥撩浅工作；一路分布在苏州东南急水港、淀泖、小官浦地区，着重于开浚东南水系入海通河；又一路分布在杭州西湖和运河地区，着重于清淤、除草、浚泉及运河航道的维护等事务。这种创制在吴越时得以长期执行并巩固下来，为后世所称道。

一、上下游及湖堤治理

周敬王二十五年（前495），吴王夫差为伐越，命伍子胥于太湖东南开凿胥浦，自长泖接界泾向东，尽纳惠高、彭巷、处士、沥渎诸水，东分驱塘、拙达泾二水出。太湖东部、南部时为卑下洳湿之地和墩岛。吴迁都于今苏州，治国必先开发农业，需围田垦殖。

《越绝书·吴地传》中有“大疁”“鹿陂”“胥卑虚”“胥主疁”为成片农田之名，“疁”“虚”为四周高、中间低之意。筑堤围田也似开始于此。

楚考烈王十五年（前248），楚相春申君黄歇治水松江，导流入海，后人因其姓黄曰黄浦，亦曰春申浦。

吴兴以东的塘岸，始称荻塘，筑于东晋永和年间，由殷康主持。荻塘西起吴兴城，东抵平望镇。东晋时，太湖南缘的湖岸已基本形成，荻塘两旁堤岸夹河，既能阻遏湖水泛滥，有利于堤外围田与灌溉，又利于水陆交通，并能对苕溪来水起“急流缓受”的作用。

至唐代，基本完成太湖东南缘湖堤的建设。开元十一年（723），乌程令严谋达疏浚荻塘，以出南面诸山来水。贞元八年（792），苏州刺史于頔对荻塘进行全面整治，进一步发展了荻塘的防洪、灌溉、排水、水陆交通的功能，民颂其德，改称頔塘。唐时，东江、娄江已经淤湮。两江何时湮废史无记载。在古代，吴淞江正源在今吴江区城南太湖口。北宋郏侨曾言："吴淞古江故道，深广可敌千浦。"旧志载唐时河口宽20里。五代吴越时，吴淞江宽广且泄水通畅。吴淞江以北的积潦，可北出长江，并可引江流溉冈身；同时，又常疏浚常熟二十四浦，以替娄江下段泄水之用。太湖东南由青龙港（今小官浦）等分泄吴淞江部分洪水入海。史载，吴越宝正二年（927），浚柘湖及新泾塘，由小官浦入海。由于平时经常撩浅养护，所以，入海河港基本通畅。

平望八景之"頔塘跃马"

北宋时期，吴淞江逐渐萎缩，其时出湖口仅有9里。吴江塘路的建成及下游河湖淤涨，加剧垦殖和圈圩河湖滩地，加快了其萎缩进程，壅噎不利。宝元元年（1038），两浙转运副使叶清臣裁直吴淞江介于昆山、华亭之间的盘龙汇。原长40里，裁直后减为10里，"道直流速，其患遂弭"。

庆历八年（1048），吴江垂虹桥建成，吴江塘路全线贯通。长堤与长桥建成后，壅阻湖水下泄，吴淞江出口缩窄，吴淞江及运河以东地区的淤塞开始加剧。至和二年(1055),主簿邱与权上书始陈五利,力请兴修至和塘。因在至和年间,以年号为名,就有了"至和塘"的称谓。至和塘初建深5尺,广60尺,建桥52座。沈括《梦溪笔谈》记载,采用以蘧蒢、刍藁为墙,漉水中淤泥的办法筑塘堤。这是水中筑堤的创新举措。

嘉祐六年(1061),两浙转运使李复圭、昆山知县韩正彦通过两次裁弯取直,使吴淞江宣泄不畅的情况有了改善。

链接知识　吴江永禁占水碑

明末,吴江东太湖浪打穿原为一片沼泽地,出现了成片芦荡草埂,纵横数十里。清康熙年间有人垦殖,有的已成稻田,有的种植芦茭,只是当时围垦者极少。康熙五十二年(1713),又有势豪禁止农民罱泥撩草,以图湖滩浮涨地加速淤积。吴江知县徐祖望在县衙前立永禁占水碑,禁垦草埂(今菀坪一带)。这次立碑,开创了太湖流域首次立碑禁垦湖田的先例。

《吴江水考》载:

> 崇宁二年,宗正丞徐确提举常平言:吴淞江下流潮泥湮塞,水溢为患,请自封家渡古江开淘至大通浦,直彻河口七十四里。以常平缗钱米十八万三千余,充调夫之费。

此为吴淞江海口开挖最早记载,其中封家渡古江即今黄渡东封家浜一带。大观三年(1109),两浙监使请开淘吴淞江,复置十二闸,于大观四年开工,亦为吴淞江下游最早置闸记载。浚筑至和塘。"昆山至和塘,自县治以西,达于娄门,凡七十里,通连湖荡,皆积水泥涂,无陆地可行,甚为民患。"又于政和六年(1116)制定"管干圩岸、围岸官法",苏州府兴复圩田2000余顷。宣和七年(1125),诏卢宗原濬水开河(胥溪河),河既浚深,过水必多,为太湖受水之灾源。

太湖地区东北诸浦疏导工程,宋代共进行了15次。清同治《苏州府志》载:

> 景祐二年，范仲淹守乡郡，亲至江浒，督浚白茆、福山、黄泗、浒浦、奚浦及茜泾、下张、七丫，疏导诸邑之水，使东南入淞江、东北入扬子江，并建闸御潮。

《宋史·河渠志》载，北宋政和六年（1116），诏令委任户曹赵霖在平江三十六浦“讲究利害，导归江海，依旧置闸”，此役兴后，当地甚受其扰，于是在次年诏令罢役。

清同治《苏州府志》载：

> 隆兴二年，诏知平江府沈度开昆山、常熟十浦：常熟许浦、白茆浦、崔浦、黄泗浦；昆山茜泾浦、下张浦、七丫浦、川沙浦、杨林浦、掘浦。

至元代，吴淞江上下游及海口段淤积很快。大德元年（1297），吴淞江岁久淤塞，豪民利之，封土为田，水道淤塞，由是浸淫泛溢，败诸郡禾稼，朝廷命行省疏导之，发卒数万人，平章彻里董其役，凡四月毕工。

泰定元年（1324）重浚吴淞江，至正元年（1341）又掘捞吴淞江泥沙，又在吴淞江东部海口段浚松江府门外漕渠及张泾、风波塘、南俞塘、北俞塘、盐铁塘、官绍塘、盘龙塘、蒲汇塘、六磊塘、石薄塘等20处河道。

《三吴水利录》记述，至正元年（1341）时，吴淞江赵屯浦以下70余里“地势涂涨，日渐高平”，水势“转趋东北，迤逦流入昆山塘等处，由太仓刘家港（现浏河）等一、二处港浦入海”。其时吴淞江海口段东南潮滩淤涨并逐渐往外延伸，河槽缩窄，迫使水势趋北，由刘家港、白茆港等浦出海。

原青龙镇港位于吴淞江上，沪渎海口，其依赖连江通海的优越地理位置，为当时南北商品交流、内外海上贸易的重要港口，唐代中期至两宋之间为东南重镇，曾盛极一时。青龙镇曾经“船商云集，阛市繁华，梵宇壮丽，风光秀美”。南宋至元代，海岸线东移加快，海口与青龙镇距离日远，加之吴淞江湮郁不畅，江流渐弱，海舶越来越难以溯流而上，元代虽多次疏浚，但屡浚屡淤，渐丧失港口之利。元后青龙镇日渐萧条，终致衰落。

南宋乾道年间，东南入海港浦已大多湮断，淀山湖成为苏、湖、秀三州之水汇集之所。明姚文灏《浙西水利书》记载，元初为防盗船通行，将吴江长桥“筑塞五十余丈，沿塘三十六座桥洞，……多被钉断，亦有筑实为坝者。所以不流、不活、不疾、不驶、不能涤去淤塞，以致淀山湖东小曹、大沥等处，潮沙壅积数十里之广，被权势占据为田”。

为疏通淀山湖至吴淞江泄水通道，元代曾多次疏浚。元世祖至元年间，开淀山湖，修治湖泖沟港，浚太湖、淀山湖沟港，工毕按宋例设军屯守。大德年间，大开吴淞江海口段，浚太湖、淀山湖等。泰定年间，浚吴淞江黄浦口之新洋港段，浚吴淞旧江大盈浦、乌泥泾，置赵浦、潘家浜、乌泥泾闸等。乌泥泾与黄浦相通，其时已开始疏导黄浦水系，黄浦渐大已见端倪。

元时，太湖下游东北港浦也曾组织浚治。《江南通志》载：

> 至元二十四年，水灾，宣慰使朱清喻上户开浚，自娄江导水入海。

元末张士诚据吴时，组织人疏浚刘家港、白茆港。元时漕运以海运为主，刘家港逐渐成为太湖地区“千艘所聚”的港口。

元末前后，吴江塘路以西淤积成陆，吴淞江湖口从长桥北移至瓜泾口，宽仅80米。综合明《吴江水考》、清凌介禧《东南水利略》等，明中叶前，吴江有三大圩区用于通泄湖水，其中以吴家港经长桥达吴淞江一路最为宽广，为吴中十八港中第一大港，到明末十八港已严重淤塞，太湖去水唯瓜泾（港）为速。元代时吴淞江时浚时淤，至元末明初淤塞更为严重。15世纪初吴淞江中游青阳港以上段宽六七百米，下游及海口段严重淤塞。下游泄水不畅，水灾时发，亦不断治理。如《明史・河渠志》就记载：明永乐元年，户部尚书夏原吉奉命治水苏淞，浚治下界浦、顾浦，导吴淞江水经浏河入海。

永乐十年（1412）工程方告完工，后人谓“掣淞入浏”。百姓为铭记夏原吉治水功绩，将下界浦改名“夏驾浦”。

“掣淞入浏”后，刘家港成为一条排水和通航大河，明代近300年水势通畅。夏原吉同时又浚范家浜。《明史・河渠志》载：

> 原吉言：“……松江大黄浦乃通吴淞要道，令下游遏塞难浚，旁有范家浜至南跄浦，口径达海，宜浚深阔，上接大黄浦以达泖湖之水。”

范家浜开浚，扩大了淀山湖及西南部来水向东出海通道，自然冲刷逐步形成一条代替吴淞江的出海大浦——黄浦江。到明中叶，黄浦江逐渐取代吴淞江成为太湖下游重要的泄水通道。

继夏原吉后，又多次将吴淞江作为黄浦江支流进行浚治。《明史・河渠志》载：

> 隆庆三年……巡抚都御史海瑞疏吴淞江下流上海淤地万四千丈有奇。江面旧三十丈，增开十五丈，自黄渡至宋家桥长八十里。

至此黄浦江下游旧江（虬江）渐淤，吴淞江于今外白渡桥附近入黄浦江。

明代对吴淞江南北河道也常浚治。《明史・河渠志》载：

（弘治七年七月）命侍郎徐贯与都御史何鉴经理浙西水利……浚吴江长桥，导太湖散入淀山、阳城、昆承等湖泖；复开吴淞江并大石、赵屯等浦，泄淀山湖水，由吴淞江以达于海……

（隆庆四年）巡抚都御史海瑞言："吴淞役垂竣，惟东西二坝未开。父老皆言昆山夏驾口、吴江长桥、长洲宝带桥、吴县胥口及凡可通流下吴淞者，逐一挑毕，方可开坝。"

太湖入湖溇港共有150余条，古称苕溪七十二（其中小梅港至胡溇38条、长兴上周港至官渎港34条）、荆溪百渎。湖溇浚治始于吴越钱氏，明朝也多次浚治。《江南通志》及沿湖地方县志等记载：洪武二十八年（1395），乌程主簿疏浚36条，并设溇渎管理制度；成化十年（1474）至嘉靖四十三年（1564）的90年间疏浚南岸溇港8次；弘治四年（1491）、六年、七年、九年、十一年、十四年连续疏浚西岸溇港。

清朝对吴淞江及其支流仍作浚治，但已无新开江之役。《江苏水利全书》载：康熙十年（1671），巡抚玛祜开浚吴淞江（赤汇口至黄浦，全长11800余丈，深15尺）。其后康熙十二年，又于吴淞江入黄浦口建闸。

自顺治九年（1652）至光绪三十二年（1906），浚治下游通江港浦近60次，主要疏浚浏河、盐铁塘、白茆、七浦、福山塘、浒浦、直塘、茜泾、沙溪、七鸦浦、三丈浦等港浦，并新建或修缮河口闸。清代河港疏浚上百次。

据同治《宜兴县志》所载，康熙十年（1671）至同治八年（1869），太湖溇港疏浚8次，除大钱、小梅两港因通舟楫未建闸外，其余均建小闸。另外，民国八年（1919）至民国二十四年期间，曾5次对吴淞江下游河段进行局部浚治及裁弯取直。

二、水利灌溉

春秋战国的吴越时期，当地人民已初步掌握了挖河、筑堤障水和垦殖洼地的技术。《越绝书·吴地传》载：

> 吴王故祠江汉于棠浦东。江南为方墙，以利朝夕水。

方墙为简易石堰，其可控制潮水进退。皋伯通在县东北二十五里，又筑“皋塘”，修凿两岸堤路夹河的水道，既可外挡湖水、中通舟楫，又可用来排灌，以宜垦殖。汉时太湖西南的农业区域，已开始逐步从高地向沿湖低地拓展。

孙权据江东，任命陆逊为海昌（现海宁）屯田都尉，在太湖东南开始屯垦。

〔清〕王凤生《浙西水利备考·太湖全图》

孙吴黄武五年（226），“陆逊以所在少谷，表令诸将增广农亩”，军士直接参与营田垦殖。晋左思《吴都赋》有“屯营栉比，廨署棋布”“畛畷无数，膏腴兼倍”的描述。孙吴大规模屯田，促进了太湖地区农田水利和漕运的发展。到南朝宋时，据沈约《宋书》所载，江南已成为“地广野丰，民勤本业，一岁或稔，则数郡忘饥”的富饶之地。

太湖东部地区，六朝时属吴郡。南梁大同六年（540），将晋时的海虞县分置出常熟县。清《常昭合志稿》载：

> 高乡濒江有二十四浦通潮汐，资灌溉，而旱无忧；低乡田皆筑圩，足以御水，而涝亦不为患，以故岁常熟，而县以名焉。

由此反映常熟一带的沿江河浦及塘浦圩田，在南朝末期已初步形成。唐太和中，重开常熟盐铁塘，西起杨舍镇，经常熟、太仓，在黄渡入吴淞江，全长190里。北宋郏亶《苏州水利六失六得》中载，唐时在此高低分片处挖塘浦广置堰门、斗门，既可遏高片之水东侵，又可以堰水灌溉高田，起高低分片治理的作用。

唐代兴建的这些河道，既可漕运，起引水、输水、排水、灌水的作用，也是塘浦圩田的骨干河道，为太湖东部地区塘浦圩田系统的形成创造了条件。唐代太湖西南、西部地区的灌溉工程发展较快。明《吴江水考》载：“孝丰之坝三十七，安吉之坝三十六，武康（现德清）之坝七十二，德清之堰九。”这些堰坝，皆“潴而后泄于太湖者”，既能灌溉，又能滞洪。唐贞元十二年（796）崔翰为浙西观察巡官，在苏州实掌军田，据韩愈为崔翰所撰墓志铭记载，此举“凿浍沟，斩茭茅，为陆田千二百顷，水田五百顷，连岁大穰，军食以饶”。

两宋时期，由于生产关系调整和河湖洼地垦殖，里殖之风盛行，并随着江南运河整治和沿海滩地淤长，太湖下游地区河湖逐渐淤塞，排水困难,故多次大力疏浚。其时由于钱塘江口潮道北移,海塘坍塌,屡毁屡建。为拒潮灾,东南沿海通海港浦除几处尚存,其余全部捺断,苏、湖、秀三州之水转趋淀山湖由吴淞江入海。

宋代太湖流域的农田水利得到了长足的发展。熙宁二年(1069)《农田水利约束》的颁布激发了农民建设农田水利的积极性。据范文澜《中国通史》统计,熙宁三年至九年两浙路(太湖地区大部分属两浙路所辖)兴修水利共达1980多处,灌田104000多顷。清徐松《宋会要辑稿》记载,淳熙二年(1175),两浙西路修浚陂塘沟洫共2100余所,可见规模之大。随着水利设施的完善,粮食亩产也有大幅度提高。

宋时农田水利除上文所述进行太湖下游地区河道浚治、海塘建设外,还对太湖上游入江河道、入湖溇港和高片溪河、陂塘等进行整治。如庆历二年(1042),吴江县修荻塘,通湖州90里;宣和二年(1120)两浙提举赵霖修平江、常州一江四浦五十八渎。北宋时,流域内围湖垦殖开始兴起。宣和元年赵霖尝奉诏围垦常熟县的常湖(现尚湖)与秀州(现嘉兴)的华亭泖。

北宋后期,争垦、乱垦之风盛行。随着宋室南渡,北方人口“云集二浙,百倍常时”,强宗豪族及部分百姓大肆围垦,并屡禁不止。政和六年(1116),仅平江府一地就新修圩田20多万亩。

南宋卫泾《后乐集》载:

> 隆兴、乾道之后,强宗大族,相继迭出,广包强占,无岁无之,陂湖之利日朘月削,已亡几何,而所在围田则偏满矣。以臣耳目所接,三十年间,昔之曰江、曰湖、曰草荡者,今皆田也。

《宋史》记载,淳熙十年(1183),浙西“请每围(田)立石以识之,共一千四百八十九所”。大肆围裹洼地、河滩、湖荡,造成湖泊减小或消失，洪水蓄滞容量减少，并造成河道阻塞，水旱灾害频发。河道缩窄以吴淞江最为明显，唐代时其太湖河口段阔达20里，而北宋只阔9里，最狭处2里。塘浦也多堙塞，《宋会要辑稿·食货》载隆兴二年（1164）八月六日臣僚言："大江之南海滨有三十六浦泄浙西陂湖之水入于海，浙西因无水患。近岁浦港淤塞甚多，且有力之家围田支阏。"

元代较为重视农田水利。大德二年（1298），立浙西都水庸田使于平江路，专修筑围岸，疏浚河道。据载，在平江路置闸堰凡78所。元代对修筑圩岸亦较重视，至大元年（1308），江浙行省规定圩岸分等标准，以便督导修筑。

据《江苏水利全书》统计，明代兴修太湖地区水利工程大小千余次，其中主要为圩区浚河、筑堤、建闸。对湖西高片洼地治理也颇重视。明正统七年（1442），吴中大水，巡抚周忱增修低圩岸塍；景泰六年（1455），巡抚都御史邹来学等浚简渎，引河水灌溉；成化十一年（1475），毕亨、吴瑞责成常熟县令兴筑尚湖西北赵段圩田围，堤长数里；万历三十六年（1608），巡抚周孔教修圩岸，并定浚筑成规，以地面高低规定圩岸体式，分为五等。

清代较重视圩区建设，圩外水系则重视通江通海干河疏导而疏于圩外支河治理。至清中后期，太湖下游地区圩子一般为三五百亩，小则几十亩，谓"鱼鳞圩"，防洪能力较低。围堤工程一般由农民自行修建整治，并视情况建圩口闸，较大规模工程或大水大灾后，官府则拨款或补助经费修复。如光绪九年（1883），长洲（现吴中）修尚泽堤，建胥江菱湖石堤1668丈，用银1万余两；宣统三年（1911），江苏大雨，圩堤溃决，清政府拨银4万两，以工代赈培修圩堤。

至20世纪30年代，太湖地区出现了机电排灌。上海、无锡、江宁等地工厂年制造戽水机近千台，其部分用于太湖地区。农民采用固定式机埠或流动式机船进行灌溉，至抗日战争全面爆发前夕，仅苏南几县就拥有流动式机船3000余艘。太湖地区的电力灌溉始于民国十三年（1924）。其时武进县蒋湾桥人士组成“利民农事合作社”，利用戚墅堰发电厂（原振华电厂）电力，灌田2000亩。电力排灌兴办之初皆近电厂，利用电厂余电，且电灌设备都由电厂提供。由于受农民欢迎，机电排灌逐步发展。至中华人民共和国成立时，江苏全省（包括今上海原属江苏各县）约有机电排灌动力6.2万马力，排灌面积227.3万亩，其中大部分在太湖地区。

知识链接

庞山湖灌溉实验场

吴江庞北村有一座瞭望楼，名为“庞山湖农场瞭望楼”，是苏州市文物保护单位。庞山湖，原是吴江一个著名的湖泊。乾隆《吴江县志》载，此湖在吴江城区以东三里，源出太湖，西从甘泉桥，经京杭大运河而注于此，即为吴淞江东汇之处，滨湖有庞山村，因名。以前，庞山湖为吴淞江起始处，自七里港以南、甘泉桥以北，凡西来之水越大运河而东流者无不入此湖。庞山湖面积颇大，南北二十里，东西五六里，北半湖之水俱入吴淞江，南半湖之水，则从同里之东，分注于淀山湖等湖，该湖为

庞山湖农场瞭望楼

泄太湖下流之水的最要之处。在清乾隆年间,此湖被占,“以致水口日隘,将成平陆”。

民国二十二(1933)至二十五年,围垦庞山湖,成立“模范灌溉庞山实验场”,俗称庞山湖农场。农场分3个耕作区,共有耕地8700余亩,其中300亩为试验田,其余均雇工包种。出于维护农场安全的需要,在建场初始便建造了一座瞭望楼。现此楼为单间三层。

三、水运治理

三国孙吴时期为解决太湖流域与都城建业的交通问题,孙权在赤乌八年(245)派陈勋率屯田兵士等三万人,开凿句容中道,称破岗渎。其起于句容,向东穿过山岗,到达今丹阳延陵镇西,再与江南运河相接。并于运道上修建了14座埭(即堰),分级节制水流,形成梯级航道。南梁时,废破岗渎,另凿上容渎。

北宋司马光《资治通鉴·隋纪》载,隋炀帝大业六年(610)“敕开江南河,自京口(现镇江)至余杭(现杭州)八百余里,广十余丈,使可通龙舟”。

江南运河经隋炀帝全线拓浚,“皆阔十丈,夹岗各连山,盖当时所积之土”。运河经过拓宽疏浚,进一步沟通了太湖水系,对流域水利建设和经济发展起到了重要作用。唐代为了漕运的便利与安全,继续整治江南运河。运河京口至望亭段及今嘉兴至杭州段地势高亢,水易流失,常水源不足,需开辟水源以济漕运。为蓄水并保运河航深,需在运河上建堰埭。

唐至德年间,筑望亭堰,北宋淳化元年(990)诏废。清同治《苏州府志》载:唐元和五年(810),苏州刺史王仲舒修筑松江下潮塘堤,还在运河两岸立堰,以防河水分泄,如无锡梁溪堰、常州孟渎水门等。

建宝带桥；“时松陵镇南、北、西俱水，抵郡（现苏州）无陆路，至是始通”。路段塘路及宝带桥的建成，初步沟通了苏州至松陵镇的驿道，既避风涛又便牵挽，水陆两利。

唐元和二年（807），观察使韩皋、苏州刺史李素开常熟塘，也称元和塘，南包苏州齐门，北抵常熟南门与护城河相接，长90里。北宋时期朝廷经济更依赖于江南，太湖流域大量的农产品及手工制品通过河网及江南运河运至京师和北方其他区域。宋时运河整治主要采用清淤拓浚、设置堰插、修建塘岸、蓄水济运等措施。整治时兼顾农田水利，百姓益之。明张国维《吴中水利全书》载：“浙右之有漕渠，非止通馈运资国信往来而已，苏、秀、常、润田之高低者实赖之。”

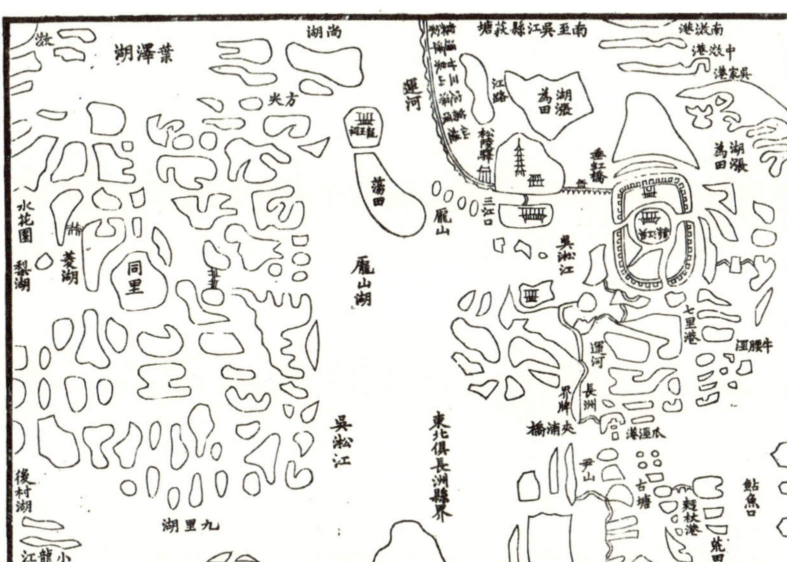

〔清〕黄象曦《吴江水考增辑·吴江水利全图》（松陵附近运河段）

《元史・成宗本纪》载，大德三年（1299），“置浙西平江河渠闸堰，凡七十八所”。《江南通志》载，至正七年（1347），吴江州达鲁花赤那海大修，“垒石原砌高一丈，广丈四尺，长一千八十丈，为环洞一百三十有六”。

明初建都南京，为便于京都漕运，重修胥溪运河，此外太湖地区的漕粮物资除经胥溪外亦可经运河出长江运至都城。迁都北京后，运河转为漕运干道。江南运河中段位于现无锡、苏州境内，水源充沛，但塘岸易受风浪冲击。《明史・河渠志》载，明永乐九年（1411）修“长洲至嘉兴石土塘桥路七十余里，泄水洞百三十一处”。《明史》列国维本传载：崇祯十年（1637），张国维“建苏州九里石塘及平望内外塘、长洲至和等塘”。《浙江通志》载，正统七年（1442），巡抚侍郎周忱“相度便宜，修筑塘岸一万三千二百七十二丈四尺，桥七十二座，水陆并行，便于漕饷”。

清代较重视对江南运河整治，后期由于黄河屡决，漕运受阻，道光五年（1825）后将大部分漕粮改为海运，江南运河的整治才逐渐废弛。清代整治江南运河近60次，重点在北段，主要进行捞浅以维持航深；中段主要对沿岸土塘、石塘进行修缮、改建；南段重点是整治河道、塘岸并浚湖、建闸以济漕运。

四、当代综合生态治理

环太湖大堤是太湖防洪挡水的屏障，更是苏城安全的生命线。该工程全长334.36千米，其中大堤217千米。苏州段从苏浙交界的薛埠港口起，至望亭沙墩港口，全长145千米，从1992年1月开工，到2002年10月完工，历时10年，总投资2.8亿元。该大堤的竣工，不仅保障了苏城及周边1.6万平方千米地区的安全，而且成为苏州环太湖交通、旅游、生态保护的综合工程。

2020年11月，苏州市作出高标准建设“太湖生态岛”的重大决策。2021年8月1日，《苏州市太湖生态岛条例》正式施行。太湖生态岛建设范围涵盖吴中区金庭镇区域范围内的西山岛等27个太湖岛屿和水域，常住人口约4万人，每年吸引游客近400万人。岛内规划建设慢行交通系统，组织优化公共交通；加快公共停车场和新能源交通基础设施规划建设，逐步推行限制燃油机动车进岛、游客免费驳载等交通管理服务措施。2023年，为有效应对可能出现的极端旱情，满足居民生产生活需要、保障林区消防安全，苏州市组织实施了金庭镇（太湖生态岛）、光福镇和东山镇引水上山工程，共计建成引水泵站56座、管道103千米、蓄水池237座，关联茶果林灌溉面积6.4万亩，新增引水量约5.3万吨/日，解决了“水在山下流，人在山上愁”的用水难问题。

随着太湖生态岛建设的全面展开，太湖必将成为江南文化更彰显、生态效益更突出的绿色发展高地。

知识链接　**全国第一部生态补偿地方立法**

2014年4月28日，江苏省苏州市第十五届人大常委会第十三次会议制定《苏州市生态补偿条例》（以下简称《条例》）；2014年5月28日，江苏省第十二届人民代表大会常委会第十次会议批准。《条例》将在生态补偿机制的法律化、规范化、制度化建设方面起到示范、引领、推动作用，作为全国第一部生态补偿地方立法，该《条例》填补了国内生态补偿立法方面的空白。《条例》于2014年10月1日起正式施行。

《条例》共24条，对适用范围、补偿原则、政府职责等内容进行了规定，还明确了资金使用的监管、监督。《条例》明确规定，生态补偿是指主要通过财政转移支付方式，对因承担生态环境保护责任使经济发展受到一定限制的区域内的有关组织和个人给予补偿的活动。对于生态补偿范围，《条例》列举了水稻田、生态公益林、重要湿地、集中式饮用水水源保护区、风景名胜区5种区域。同时，本着财力的增加逐步推进、成熟一个补偿一个的原则，《条例》还规定，市、县级市（区）政府可以确定其他区域作为新的补偿范围。补偿对象为镇政府、街道办事处和县级市（区）政府其他派出机构、村（居）民委员会、集体经济组织成员、县级市（区）政府批准可以获得生态补偿的其他组织。《条例》同时明确，村（居）民委员会应当将生态补偿资金使用情况向全体村（居）民公示。

此外，《条例》将积极推行体现生态价值和代际补偿的资源有偿使用制度，全面构建区域生态补偿机制。并且还对多元化补偿机制做出了规定，为建立多元化生态补偿机制和鼓励社会力量参与生态补偿活动预留了空间。

一块太湖石的传奇故事

名列中国四大名石之首的太湖石，是太湖在漫长岁月中给予人们的馈赠。这种历来用于古典园林中的石料，以白石为多，少有青黑石、黄石；或单独摆设，或叠为假山；石面起伏跌宕，纡回峭折，阴阳相衬；石体玲珑多孔，宛转相通；色泽深沉静雅，布局自然；形状各异，姿态万千，充分体现“瘦、漏、透、皱”之美。

太湖石原产于太湖边，属石灰岩。由于长年受水浪冲击和含有二氧化碳的湖水溶蚀，石体产生了许多窝孔、穿孔、道孔，形状奇特嶙峋，自古受到造园家的青睐。采石人携带工具潜水取石，用大绳捆绑，吊上大船，运往造园之处。具有很高的观赏价值。

明代文震亨在《长物志》中说：“太湖石在水中者为贵，岁久被波涛冲击，皆成空石，面面玲珑。”太湖石的开采由来已久，唐代吴融有《太湖石歌》，以诗句描述了水石的成因和采取方法：“洞庭山下湖波碧，波中万古生幽石。铁索千寻取得来，奇形怪状谁能识。”

太湖石，曾经以洞庭西山消夏湾者为极品，元山和三山岛等处也曾为太湖石的重要出产地。明代戏剧家李渔在《闲情偶寄》中说：“言山石之美者，俱在透、漏、瘦三字。此通于彼，彼通于此，若有道路可行，所谓透也；石上有眼，四面玲珑所谓漏也；壁立当空，孤峙无倚，所谓瘦也。然透、瘦二字在在宜然，漏则不应太甚。若处处有眼，则似窑内烧成之瓦器，有尺寸限在其中，一隙不容偶闭者矣。塞极而通，偶然一见，始与石性相符。”

中国很早就有赏玉、赏石的文化传统，且因为“玉，石之美者也”，向来有玉石同源的看法。远在距今6000年之前的崧泽文化时期和距今4700年的良渚文化时期，先人们的赏玉活动就已经达到很高的程度。尽管那时还没有金属切削工具，只能用解玉沙、竹竿、鲨鱼牙齿等，旷日持久地雕琢，但不少史前遗址中出土的玉琮、玉钺、玉璜、玉坠饰，以透闪石精心打磨而成，都已非常精美。它们作为祭祀天神和祖宗的礼器，无论是造型还是纹饰，都不乏艺术性。有文字记载的赏石活动，则可以上溯至春秋时期。

隋唐时期，是赏石文化得以发展的时期，许多文人墨客热衷于赏玩天然奇石，除了用于造园，又将“小而奇巧者”作为案头清供，并以诗文记之，从而使天然奇石的欣赏具有浓厚的人文色彩，太湖石就在这一时期开始受到士人们的青睐。那时的士人开始以石为隽友，这样的一个人格化的对象自然是可以登堂入室的理想同伴。

至宋代，搜求奇石以供赏玩逐渐成为当时士人的一种时尚。米芾、苏轼、司马光、欧阳修、王安石、苏舜钦等众多知名人士，也都成为收藏、品评、欣赏奇石的积极参与者。其中北宋大书法家米芾痴迷于赏石，时有举止疯癫拜石之举，被人称为石痴；而北宋一代文坛领袖苏轼对各种奇石兴致也很高，尤其是对所谓“怪石”感兴趣，写下了《怪石供》《后怪石供》《雪浪石》《双石并序》《咏怪石》《壶中九华》等大量以石为主题的精彩诗文，其中对卵石的品鉴以及蕴含其间的以怪为美、以丑为美的赏石观念对后世影响都很大。宋代还出现了不少赏石专著，像杜绾的《云林石谱》、范成大的《太湖石志》、常懋的《宣和石谱》、渔阳公的

《渔阳石谱》等。

北宋末年，宋徽宗在开封营建艮岳，采办“花石纲”，则使得这一本属审美雅好的行为成为朝代兴亡的殷鉴。

太湖石与以苏州园林为代表的中国古典园林结下了不解之缘。以留园的冠云峰、原苏州织造署（今为苏州第十中学）的瑞云峰和上海城隍庙豫园的玉玲珑合称太湖石的三大名石，最为人所称道。而清代留园的前主人刘恕，祖居洞庭东山尚锦村，更是在园中遍置十二峰石，作为对桑梓湖山的寄托。在今天的艺圃博雅堂，有一副当代人所撰的楹联就点出了太湖石之于太湖的象征性意义，“博雅腾声数杰，烟波浩淼，浴鹤晴晖，三万顷湖裁一角；艺圃蜚誉全吴，霁雨空蒙，乳鱼

瑞云峰（朱剑刚摄）

朝爽，七十二峰剪片山”。

城市园林里有了太湖石，就等同于将太湖三万六千顷、七十二峰请到了街巷间的家中。而叠积奇石，与花木亭榭相映成景，是构筑园林的基本方法，自北宋起，奇石成为园林艺术的核心元素之一。明文震亨《长物志》中就说：“石令人古，水令人远。园林水石，最不可无。要须回环峭拔，安插得宜。一峰则太华千寻，一勺则江湖万里。又须修竹老木，怪藤丑树，交覆角立，苍崖碧涧，奔泉汛流，如入深岩绝壑之中，乃为名区胜地。”

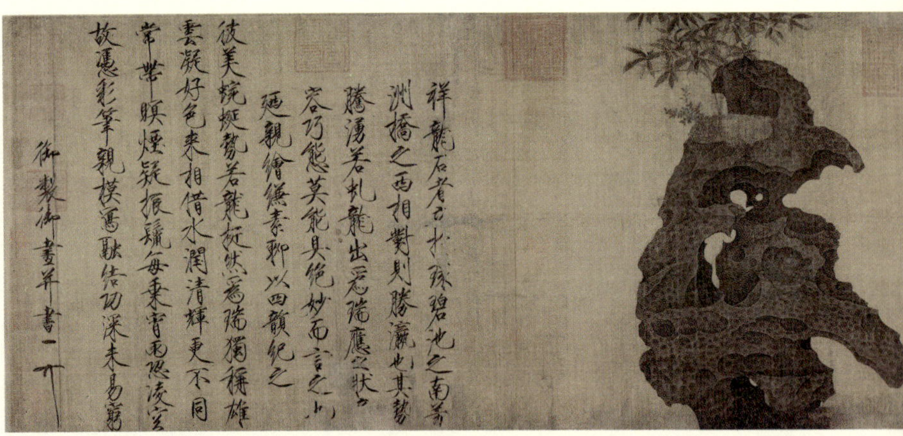

〔北宋〕赵佶（宋徽宗）绘太湖石（《祥龙石图》绢本）

第三篇

江天一色

江上往来人，但爱鲈鱼美。
君看一叶舟，出没风波里。

［宋］范仲淹《江上渔者》

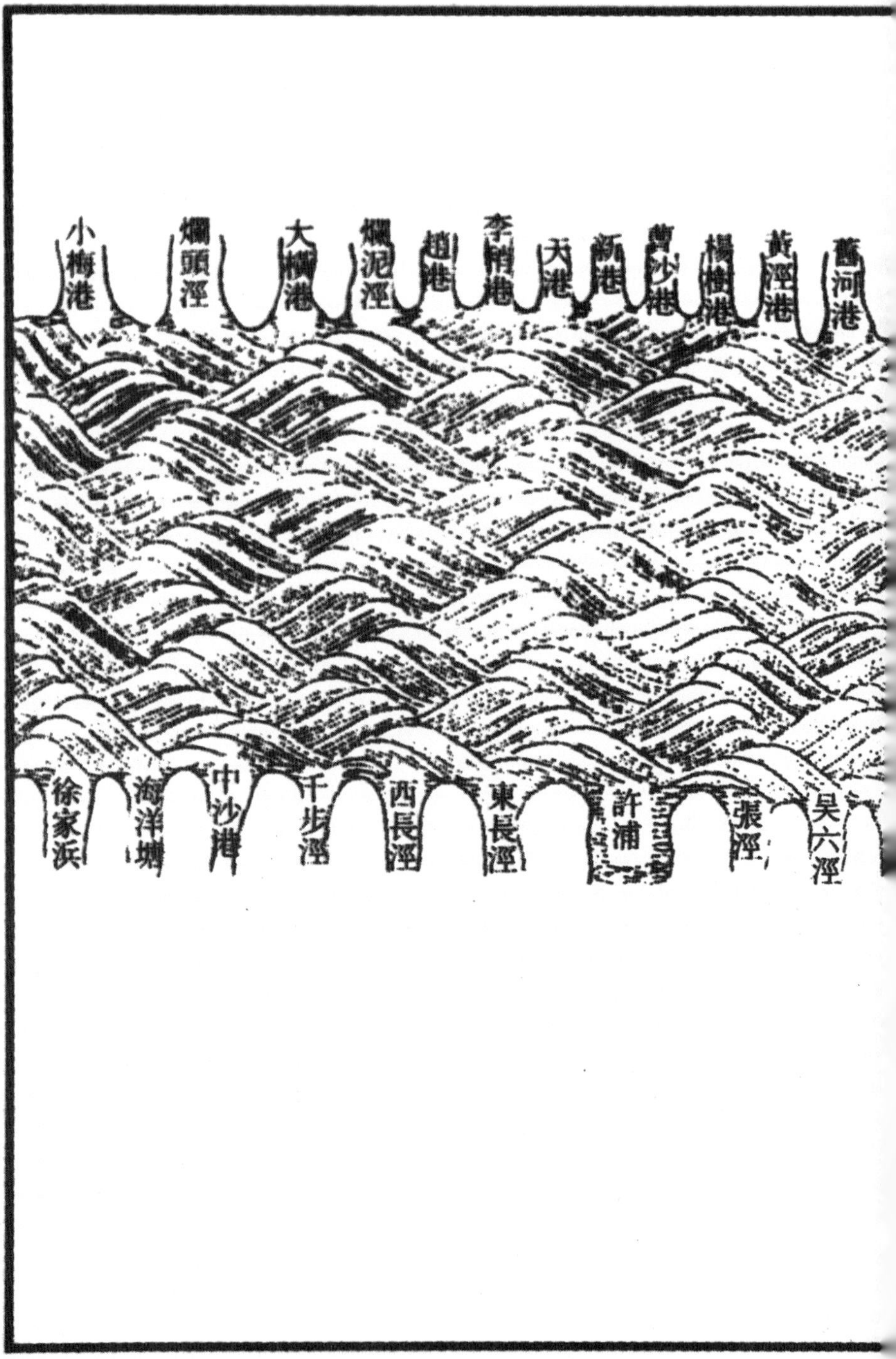

〔明〕张国维《吴中水利全书·沿江纳潮泄水港浦图》

沿江納潮泄水港浦圖

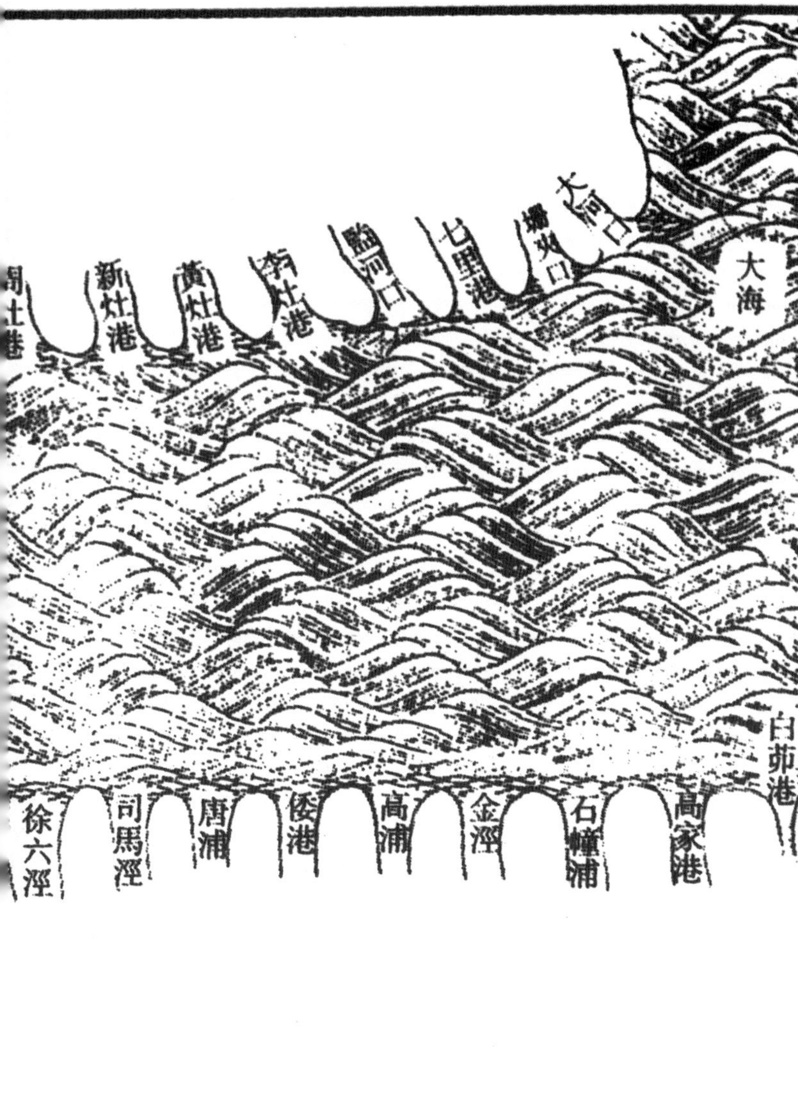

東

长江入海，江水与海水互相激荡。历代写长江口的佳作层出不穷。苏州处于长江尾闾，长江水流到了苏州，苏州就成了江南腹心。有人把江南称作是“中华民族灵魂的乡关”，说的是一种生活方式和精神追求。明清之际，苏意、苏样一度领全国风尚。繁华如斯，因为有水浸润。太湖为心，长江运河为脉，枕湖襟江的苏州，借着“三横四直”的满城活水，便有了“人间天堂”的美誉。

“大江东去，江天水月竞繁华。”长江，哺育荆楚大地，催生富庶江南，为中华文明的生生不息提供了不竭的源头活水。其实，江南，不只是乡关。长江水带来的，是生生不息的中华文脉和文明。位于苏州园区阳澄湖畔的草鞋山遗址，作为良渚文化的重要组成部分，是江南史前文明的标尺，被称为“世界稻作文化的原乡”，它的存在，向世人证明以江南稻作文化为典型的长江流域的文明与黄河流域的粟作文化为典型的黄河流域的文明共济共融，共同孕育出了中华文明的曙光。江流到此，苏州便是中华文明起源的重要地区之一；江流到此，苏州更是中华文明多元一体生动格局的例证。

第一节　史话长江

长江苏州段地处长江入海口的江海交汇之处，自西向东流经张家港、常熟、太仓3个县级市，长江岸线总长158千米（主江岸线142.2千米、洲岛岸线15.8千米），其中张家港段77千米、常熟段45

千米、太仓段36千米，主江岸线占江苏省的17.2%。古有苏州北境三十六浦，今有望虞河、元和塘、白茆塘、七浦塘、娄江、浏河等42条主要通江支流将长江与苏州太湖、阳澄湖、大运河、吴淞江等众多湖荡河网连接起来，滋养了枕河人家的生生不息，见证了江南文脉的延绵不断，江河湖海在苏州水乡聚落和地域文化中留下了重要烙印。隋唐以来大运河的开凿、海上丝绸之路的开通，以及相对稳定的社会环境、条件优越的自然环境、江河海运共济的独特优势，极大推动了苏

审图号：图苏E审（2024）076号

苏州沿江三市地图（2020年）

州地区商贸经济的繁荣发展，造就了唐代“当今国用，多出江南，江南诸州，苏为最大”、宋代“苏湖熟，天下足”、明代“天下财货莫不聚于苏州”的繁盛与富饶，为苏州的文化孕育与发展奠定了得天独厚的自然地理基础。

一、历史变迁

历史上，在海洋和长江强烈的交互作用下，苏州地区地貌形态演变迅速，长江口两岸不断缩狭，入海口不断东移，苏州因长江裹挟着上游的泥沙，经年累月，冲积成陆，变得丰腴而美丽。如今长江苏州段全部水域均位于现代地理上的长江河口区河口段，造就了苏州段“长江口、出海处”的独特地理优势。

距今6000年前，由于气候变暖，海平面快速上升，长江入海口退至今镇江、扬州一带，形成漏斗状的大海湾。彼时长江口北岸在今泰州北部经如皋石庄以北、南通狼山到达北嘴小洋口港，南岸自今江阴而下沿今上海嘉定黄渡、青浦盘龙镇、松江漕泾至杭州湾河口南嘴王盘山。河口南北嘴之间宽180千米。随着长江逐年携带的泥沙在海流、江流的顶托下向南北两岸回旋沉降，逐渐堆积形成南岸古沙堤和北岸古沙嘴，南岸古沙堤（冈身）大致北起今长江之滨的常熟福山，经太仓，南迄上海曹泾、柘林一线。此后，长江口南北岸线不断演变，北岸狼山与南岸常熟福山这对河口段节点附近虽时有冲淤，但其附近岸线基本不变。至春秋时期，长江口两岸缓慢缩狭，长江镇江、扬州下游沙洲散漫、水流多汊，呈喇叭状。

自东汉末年开始，自北向南的人口迁徙拉开了长江流域大开发的帷幕。先民为保护已开垦的农田，开始沿江修筑堤防，长江向河口的

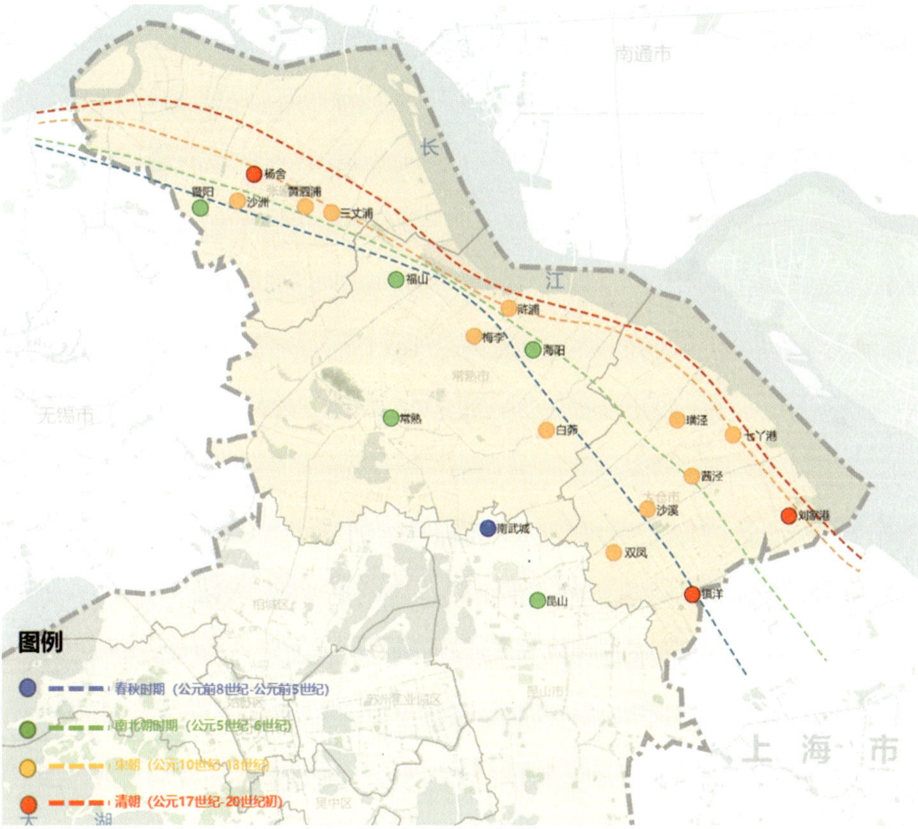

长江苏州段岸线变迁示意图

输沙量逐年增大，落潮、涨潮的南北分流使得长江口泥沙的造陆过程呈现出“南岸边滩推展，北岸沙岛并岸”的迥异形态，长江口南岸快速向东拓展。随着岸线的拓展，城镇聚落也逐步设立：西汉建虞乡；东汉设吴郡，建南沙乡；至晋灭吴，统一全国，设暨阳县、海虞县；南北朝时期，于南沙设常熟县，以海虞县北设海阳县，该时期长江口南岸大致在暨阳、福山、海阳一带。

历代长江苏州段入海口、岸线变迁示意图

春秋时期

南北朝时期

唐宋时期

明清时期

19世纪后

伴随着长江口南岸的不断拓展，以及大运河的开凿、通航，城镇聚落、港口码头快速涌现。至唐宋时期，梅李、璜泾、沙溪等大量城镇聚落产生，并逐渐形成市集，黄泗浦、七丫港等沿江港口出现，该时期长江口南岸大致在三丈浦、浒浦、璜泾一带。大约在唐武德年间，崇明岛形成，徐六泾以下长江口形成南北两支的雏形。

明末至清中叶，崇明大岛发育，构成南北两支分流的近代河势，长江主泓走北支。在崇明岛南坍北长的过程中，长江北支逐渐萎缩。南通狼山以下的北嘴，随岸线沙群淤长并岸而向东南方向发展。明清时期，长江口南岸大致在杨舍、浒浦、璜泾一带，刘家港成为货物运输的主要港口。彼时杨舍人民在老夹江口筑坝截留、围圩造田，促使长江中数十个沙洲积涨连接成陆，基本形成了现今的张家港北部区域。

19世纪以来，伴随着双山岛形成、老海坝江岸坍塌、常阴沙并岸及铁黄沙整治，基本形成了如今苏州长江岸线及洲岛格局。

二、江堤海塘

苏州境内长江岸线，西起张家港市的长山脚下鸡婆湾（与江阴市交界处），经常熟、太仓，东止上海宝山区界（浏河口以南3.1千米）的闵家河。堤防工程有较长历史。

知识链接 江堤海塘

堤防工程因位于长江河口段，“地处江海之冲，江不为患，而有海患”。古人对其堤防统称海塘，属江南海塘的一部分。后来随着长江河口的向东延伸和海潮潮流的演变，堤防的名称有了江堤与海塘之分。《江苏水利全书》载，江阴界泾口（今张家港市境内）以上为江堤，以下为海塘。中华人民共和国成立初期，苏南水利部门鉴于海潮潮流影响的明显差别，在常熟市福山塘港口附近，确定以福山口为界，以上为江堤，以下为海塘。

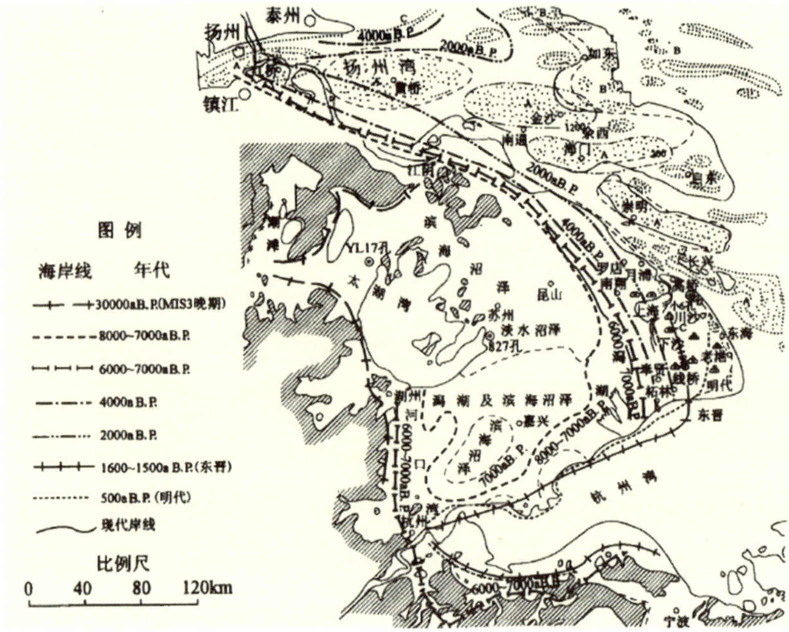

长江三角洲海岸海湾地区岸线变迁图（选自2023年版《江河张家港》）

民国《重修常昭合志》载："宋乾道六年，立浒浦水军寨，调明州定海军屯戍浒浦，去镇二里，占田三千五百亩，偿以公田，筑堤捍海，为屋万间。"这是苏州有长江堤防工程的始见记录。此事距今已有800多年，可见，长江堤防工程，宋代已有修建。

清光绪《江南海塘新志》称，现苏州市范围内的海塘，始于元代，明兴建，清屡有修筑。武同举《江苏水利全书》载，太仓海塘在明代全线贯通，常熟海塘于清乾隆十九年（1754）建成。又据清雍正《江南通志》及太仓、常熟的州、县志载，洪武年间，嘉定县老人朱六安奏海患，朝廷勒工部遣官修筑海塘，南抵嘉定县界，北跨刘家河；嘉靖二十二年（1543），太仓知州冯汝弼筑海塘60里，又称自刘家河，堤身增高5—6尺。

常熟境内海塘，于清乾隆十九年（1754）御史陈作梅奏准筑昭文县（今常熟市的东南部）海塘，自东接太仓州锵脚港（塘），至常熟耿泾港止。

据已见资料统计，海塘从明洪武起至清末，比较大的修建有31次。如同治十一年（1872），野猫口一带塘外滩地坍失，潮水危及堤身，常熟始建桩石工护塘，从东端龙腮泾至西端张家库，分“治、本、於、农、务、兹、稼、穑”8个字段，工后勒石八枚于堤顶。其形式有多层桩石护塘坝、1—4重护滩坝、双层夹石拦水坝及挑水坝等。

民国时期堤塘修建频繁，《江苏水利全书》和民国《江南水利志》

1971年长江保坍防洪指挥部组织人力开展长江保坍工程（选自2023年版《江河张家港》）

记载，大小修建共304次（处）（包括张家港境内江堤）。

1949年，国民党军队为固守长江一线，在江堤海塘上到处构筑工事，其中从白茆口至浒浦口14千米海塘，全部挖成交通壕和掩体，致使海塘千疮百孔，岌岌可危。苏州解放后，沿江三县（市）基本上把重要地段的兵坑、战壕、掩体填平，整修长度20余千米；同时，对浒浦、徐六泾、七丫口、龙王庙4个险工段，有重点地抢修桩石工程247米。

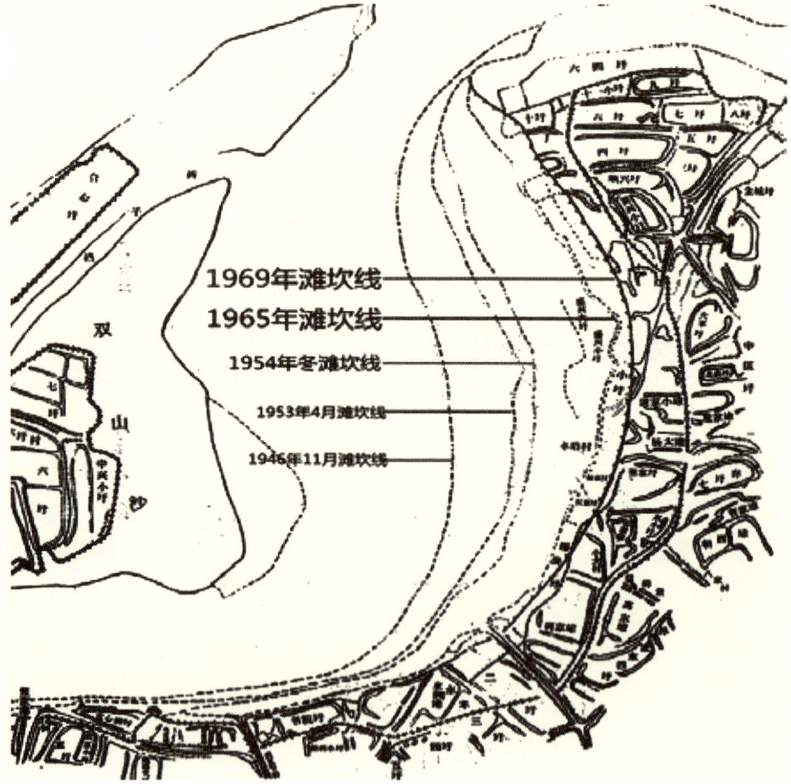

坍江治理成效示意图（选自2023年版《江河张家港》）

1950年,江堤海塘进行全面修建。全面复堤修塘后,每年冬春进行培修加固,其标准不断提高。境内江堤总长190.58千米,其中主江堤144.08千米,通江河道用外港堤46.5千米。

三、沙岛演变

张家港市位于长江下游江阴以东河口段的南岸,形似北宽南狭的三角形,处在苏州市的西北部。西南与江阴毗邻,东南与常熟接壤,西北、北、东北三面隔长江分别与靖江、如皋、崇川等市(县、区)相望。

从长江三角洲的成陆图来看,小三角的北面、南面及东端属典型江海淤积成陆区,中间则为古太湖的潟湖区域。而在小三角,张家港处在最北端,像一个半岛伸进长江中。

张家港的重要地理特征之一,就是沿江地区沙洲众多,这也是张家港市前身“沙洲县”得名之由来。所谓沙洲,就是长江、浅海中由于泥沙堆积而露出水面的沙滩。史料记载,张家港境内最早的沙洲,是出现在宋代的浮山沙和二角沙,均在今金港街道境内。

清代,今张家港市境内有寿星(老沙)、常阴(刘海)、带子、盘篮等13个沙岛。清咸丰年间,巫山港筑海坝,寿星等沙岛与陆地相连。清道光三十二年(1852),福姜沙(双山沙)初具雏形;民国四年(1915)前后露出水面,逐步形成福姜沙汊道。随着福姜沙右汊向弯道发展,弯顶不断崩退,福姜沙尾向下游淤涨。

民国七年(1918),形成又来沙,右边刘海沙头受水流顶冲后退,又来沙向下淤涨发展。演变过程中,沙体分裂,出现民主沙、泗沙等沙体。

1953年前,在又来沙下游,与原海北港沙相连的段山沙暗沙淤高

常熟铁黄沙生态修复工程

增大，露出水面，逐渐演变成上林沙、下林沙、张案沙、开沙等沙体。1983年，又来沙基本并岸，上林沙、下林沙、张案沙连在一起演变成长青沙。铁黄沙近年淤涨，逐年扩大面积。

千百年来，由于大自然的鬼斧神工，“江尾海头”发生沧桑巨变，其中重要变化之一是长江主泓道逐步北移，大江两岸出现南涨北坍的现象。在长江南岸，江边滩涂迅速发育，沙洲积涨速度不断加快。到清代，原来散落于江中的几十个小沙洲，基本上合并为三个大沙洲，分别称南沙洲、中沙洲、北沙洲，这就是张家港北部地区的雏形。

张家港的先民们，顺应天时，在不断改造自然的过程中学会与自然和谐相处。从宋代开始，他们就在沙洲地区修筑堤防，拦截江水，围垦造田，七八百年来造田工程代代相袭，不曾停歇。从清咸丰年间，延续到民国时期，张家港人进行了围垦造田工程中综合规模最大的一个系统性工程，就是在三条夹江上修筑海坝、截断江流、围垦沙田。这一工程历时近百年之久。其间主要工程有三个：老夹筑坝、北夹筑坝、南夹筑坝。这些综合性工程的顺利建成，基本奠定了占今张家港四分之三面积的北部地区的框架。

张家港版图北宽南窄，从东到西依稀可辨的高7—8米的古江岸线将全市明显地一分为二，这条线西起长山，经香山、三甲里、泗港、杨舍（市区所在镇）、庆安、鹿苑到西旸以东。以此为界，南部俗称“江南”，北部称“沙上”。

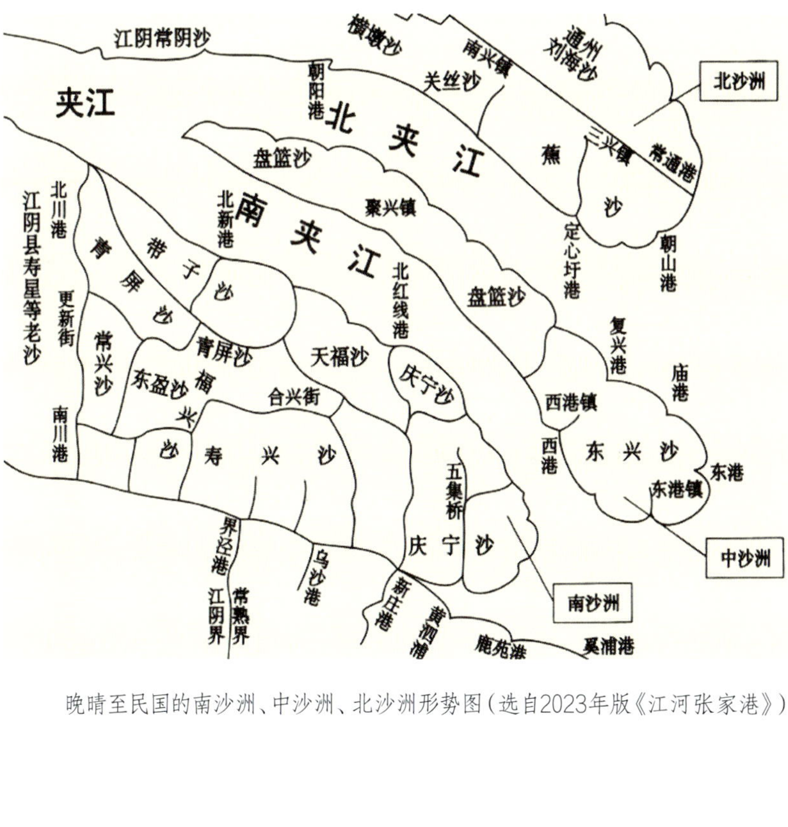

晚晴至民国的南沙洲、中沙洲、北沙洲形势图（选自2023年版《江河张家港》）

沙上是由一个个圩塘组成的，一个圩塘就是一个村庄。圩塘四周是高耸的圩堤，沙上人叫圩岸。圩内沙田以田埂隔成条块，河道纵横排列有序。圩塘内的土地原本是江里积涨起来的沙滩，当沙滩发育成熟后，就可围垦。圩塘围成后，出售沙田，移民垦殖。沙上移民绝大多数来自江北沿江地区。他们依岸傍水建房，在圩岸坡下与岸脚沟之间居住，便于出行和获取饮用水。

各家各户住房彼此平行，形成一条条长长的居民带，叫作“埭”。沟内一侧住满了人家，人们也可以住到沟外一侧，甚至可以住在腰沟两边。但不会两家前后重叠建房，以避免遮挡视线。房屋的朝向因移民的祖籍不同而不同，老沙人、崇明人、海门人习惯将房屋坐北朝南，而如皋、如东、通州一带的移民喜欢将房屋坐西朝东。旧时，只要看到埭上房屋的朝向，就可以大致推断出该埭上的移民来自哪里。最初的移民常因地缘、亲缘关系而聚居在一处，因而出现了崇明、江北埭、老沙埭、邢家埭等村落。

知识链接

沙上文化

沙上文化的起源与沙上地区的成陆史紧密相连，经历了淤涨成陆、围垦沙田、人口迁徙、定居成埭、兴修水利等阶段。沙上文化的表现形式丰富多彩，涵盖了语言、艺术、民俗、历史等多个方面。张家港境内有代表性的方言有4种，即虞西话、澄东话、老沙话和崇明话。其中，老沙话在张家港的老沙地域使用，是独一无二的在张家港土生土长的方言。老沙话是来自靖江、镇江、扬中等地的移民在此长期居住、生活、繁衍的过程中，多种方言相互影响、融合，形成了以靖江话为主、杂糅了各地方言的方言，属于吴语太湖片中的毗陵小片。与张家港市境内其他几种有代表性的方言相比，老沙话语音悠婉，多重唇音。

以老沙话为背景，沙上文化中很重要的一块是它的沙上山歌。沙上山歌的形式多样，以七字四句山歌最为常见，此外还有十字数序、十二月花名为格式的山歌。其中，还有一些长达数百行的长山歌，如《十里亭》《十别郎》《姑嫂恨》《古人百家姓》等，甚至有一首长达1824行的《赵圣关》。

以外，沙上地区的民俗等也十分独特，如涨灯求福、喝腊八粥等，还有沙上宝卷、麦粞饭、沙洲哨口板式类风筝、三兴元宵锣鼓等，都是沙上文化的组成部分，展示了沙上人民的智慧和创造力。

另外，常熟徐六泾深槽右下侧金泾塘口至白茆河口处于缓流区，泥沙淤积形成水下边滩，大水过后边滩淤涨增大。1958年，老白茆沙并入崇明岛后，在荡茜口以北江面上存在一个小沙包——新白茆沙雏形。1982年、1983年长江流域发生较大洪水，新白茆沙并入扁担沙。1984年时白茆沙体相当离散，-5米等高线不能成型，水下有5个小沙包，随后白茆沙迅速淤大。1998年和1999年连续两年大水，白茆沙受冲刷，沙头快速下移，沙体面积有所减少，但沙体形状、沙体位置基本未变。

第二节　江河共济

苏州境内的长江岸线，往南接余杭钱塘江，自古境内就有多条通江水道。如浏河，古称“娄江”，是苏州地区最早通江的水道之一，中间历经淤塞湮废，重浚治理，如今仍然是重要的水道。白茆塘、福山塘等自五代吴越时期就位列常昆三十六浦或海虞二十四浦，“溉两岸田数千顷，抑江海之蓄泄”。七浦塘的塘北与白茆塘相通，塘南则连接今苏州工业园区阳澄湖等水域，东南方经太仓诸河汇江入海。

一、江海河运共济的水运系统

应该说，江海河运共济，是苏州水运系统的重要特色。《尚书·禹贡》记载大禹疏通三江入海，“三江既入，震泽底定”；自春秋伍子胥开凿苏州环城河、胥江始，至汉唐贯通江南运河，苏州古城与大运河终相伴共生，是江南运河的重要枢纽。西汉吴王刘濞沿古长江堤岸（冈身）开凿内河盐铁塘，西起张家港杨舍镇北，经福山、梅李、支塘、太仓至黄渡入吴淞江，承载着重要的盐铁运输功能。

链接知识 **盐铁塘**

盐铁塘，又名内河，是太仓南北向的骨干河道。《史记·吴王濞列传》载：“濞则招致天下亡命者益铸钱，煮海水为盐，以故无赋，国用富饶。”煮盐业吸引四处流民纷至沓来。相传在西汉初期，吴王刘濞为了充分利用

20世纪50年代的盐铁塘

娄县一带的水陆交通运送盐铁，沿冈身开挖了一条运河，名“盐铁塘”。至元明时代仍是江南地区通江达海的主干道。唐代因水面宽阔、流域广袤而有“广浦”之别名。南端临吴淞江处，别名陆皎浦。据传当时河中漕粮船、出海的商船南来北往异常繁忙。元至正元年（1341）至民国末年共疏浚30次。

盐铁塘距今已有2100多年的历史。此塘位于长江西南岸，与江堤平行。盐铁塘西起张家港市杨舍镇北，由西旸入常熟市，横贯东乡，经福山、邓市、花庄、赵市、梅李、珍门、董浜、支塘、窑镇入太仓，在葛隆镇入上海市，从黄渡入吴淞江，全长95千米。

清赵搽作有《盐铁风帆》：

三吴水利首三江，大海奔腾向此降。
盐铁论开思汉诏，灌输泽远被瞟邦。
潮回曲似河流九，樯转轻于鸟翮双。
更喜沿村鸡犬静，夜深月上挂篷窗。

20世纪60年代盐铁塘河面宽度仅三四米，70年代重新拓宽至30米。现在太仓城厢镇境内的盐铁塘，南自新浏河入境，穿越至和塘、北城河至盐铁塘桥，水域全长2230米。盐铁塘等通江通海运河、运盐河道的开凿，加速了海上贸易与商品经济的发展，推动了沿线市镇的迅速发展。

中唐至五代吴越，以“五里七里开一纵浦，七里十里开一横塘”的棋盘式格局，奠定了具有江南特色的苏州塘浦水系基础，推动了内河航运的发展。

元和塘，沟通长江与大运河，串联苏州古城与常熟古城两座城市，皇家御用御窑金砖、古代帝王龙袍缂丝等传统工艺品沿元和塘进入大运河北上皇城。

北宋时期范仲淹任苏州知府，对古三十六浦之一的七浦塘进行开凿疏浚，连通了沿江沙溪古镇与苏州腹地的商贸往来。

宋至明清时期，长江航运条件的改善，各地货物频繁往来，促进长江沿线港口的兴盛，刘家港成为宋元以来海丝贸易、元明时期漕粮海运的重要枢纽。

通江运道系统大致可以分成三类，除了以苏州大运河为中心的运河漕运系统外，还有海上丝绸之路古港海运和内河航运。

吴国伍子胥、夫差先后开江南运河，始于太湖，连通长江、东海以及钱塘江，江南运河体系由此形成，成为重要的粮食与军队运输通道，推动了沿线农田水利设施的建设，助推了吴国的扩张与沿线城镇聚落的发展。隋朝南北大运河初步成形，大幅推动沿线城镇发展，加速了苏州向江南经济中心的转型，使得苏州成为全国的粮仓。后经历各朝各代开凿疏浚，至清朝京杭大运河格局基本形成，承载南北货物、粮食、客运等运道功能，推动了科技、学术、文学和艺术等传播与发展。现如今，京杭大运河不仅承载着贯穿南北的航运功能，还承载了中华文明发展的历史记忆以及南北文化联系交流功能，已成为重要的世界文化遗产。

海丝古港海运以浏河至娄江为中心。浏河—娄江作为太湖三大泄水入江通道之一，承载着宋元以来太湖通江的重要功能，是宋元以来漕粮海运的重要通道。元朝，京杭运河时有堵塞，漕运受阻，故通过海运将物资运往北方，形成以海运为主、河运为辅的漕运体系。刘家港位于娄江与长江的重要交汇点，因海运崛起，成为元明时期全国最大的漕粮转运基地，苏浙地区粮食经浏河（娄江）入江，通过海运北上至京都、辽东，以支撑国家发展；樊村泾瓷器等经至和塘、古樊村泾、半泾等水系汇入浏河（娄江），至刘家港转销至世界各地。

苏州内河航运是商品经济流通的关键，是长江海运与大运河漕运的重要沟通纽带。盐铁塘承载着重要的盐铁运输功能。望虞河作为太湖流域现今唯一由长江向太湖引水的骨干河道，相传由范蠡开凿于公元前475年，后渐淤积。1958年再次开凿疏浚，现为引江济太重要水道，是现代通江达湖的重要航运通道。现如今，一干河、走马塘、望虞河、元和塘、常浒河、白茆塘、七浦塘、杨林塘、浏河等主要通江支流以及盐铁塘、张家港等主要顺江河流构建了当下的主要内河航运体系，仍然承载着重要的经济沟通与文化交流功能。

二、通江水道

中华人民共和国成立后，水运系统经整治，今苏州境内通江水道为8条，分别是浏河、白茆塘、福山塘、七浦塘、张家港、十一圩港、常浒河、杨林塘。

(一) 娄江—浏河：苏州地区最早的通江水道之一

娄江之“娄”字，与苏州及往东的区域颇有渊源。《吴地记》：“娄门，本号疁门，东南秦时有古疁县。至汉王莽改为娄县。”明正德《姑苏志》卷十六《城池》篇记载：“娄门以直秦娄县而名……今昆山县东北三里许有聚落尚名娄县。”昆山之东的太仓亦有“娄东”之名。

自苏州娄门至昆山、太仓的河道则统名为“娄江”。娄江自娄门经昆山至太仓，一般以昆山东南连接吴淞江的青阳港为界分东西两段，加之太仓以东入江河段共有三个区域，命名上多有交杂。青阳港以西可称西娄江，又名昆山塘。宋至和二年(1055)疏浚后称至和塘，明弘治年间改为娄江，这也是狭义上的娄江。青阳港以东至太仓段可称为东娄江，又名太仓塘，也有将此段作为浏河上游段者；太仓以东至入江口为狭义概念上的浏河，也称浏河塘，古名刘家港、刘家河，是娄江下游。

南宋建炎年间，西沙刘姓族人在娄江下游自太仓以东40余里开挖河港，引河水直注于海，所以又叫刘家河。明永乐元年（1403），户部尚书夏原吉治理太湖水患，放弃吴淞江尾易淤段，疏刘家港导夏家河、顾浦，引吴淞江水经刘家港入海，即“掣淞入浏”。

浏河在昆山市青阳港与娄江相接，自昆山市蓬朗草芦村向东流，经太仓市城厢、陆渡、浏河和上海市嘉定区娄塘、唐行等汇入长江。境内河长24.17千米，其中昆山境内河长1.57千米、太仓境内河长22.6千米（其中16千米与上海嘉定区有6次交叉）。平均底宽82.5米。浏河支流有吴塘、盐铁塘、半泾、至和塘、三港，北岸有石头塘、十八港、吴家港、苏张泾、杨家浜、汤泾等，南岸有沈浜、钱家港、双塘、红蟛蜞港、新泾、南漕漕等。

元初，京杭大运河已部分淤塞，开始通过海上航道运送漕粮。浏河出海口在浏河镇，明代通过刘家港转运粮食充辽东军饷。元朝统治者允许各国商人自由来华交易，刘家港时称“六国码头”。元明时期，刘家港为全国最大的海运港。郑和七下西洋，六次从刘家港出发。其船队规模之大、船员人数之众、航行时间之长、所到地点之广远，均是我国古代之最，比欧洲国家地理大发现的航海时间还早几十年。明代后期，因娄江下游逐渐淤塞，黄浦江逐渐成为太湖主要泄水干道，太仓港遂为上海港所取代。浏河港现在是江苏省主要渔业基地之一，被定为一类港口。

链接知识　郑和通番事迹碑

太仓浏河天妃宫

在浏河，有天妃行宫，即妈祖庙，俗称“海神娘娘庙”，始建于北宋宣和五年（1123）。郑和船队七下西洋，每次都在刘家港天妃宫进香拜祭，祈求平安，并修葺天妃宫院。明宣德五年（1430）郑和等在第七次下西洋之前，勒石通番事迹碑于天妃宫壁中，并亲植西域海棠树于前庭。第七次下西洋途中，郑和等又在福建长乐天妃宫勒石天妃之神灵应记碑。前后两碑行文基本相同，以备相互呼应印证。

刘家港之天妃宫，“创造有年，每至于斯，即为葺理”，“官军人等，瞻礼勤诚”，“神之殿堂，益加修饰，弘胜旧规”，并“勒文于石”。至中华人民共和国成立，天妃宫的通番事迹碑原碑不知去向，辗转寻找也未能找到。今浏河天妃宫内有重刻之碑，大抵按照福建长乐天妃宫勒石天妃之神灵应记碑所刻。

老浏河口原有清代所建四孔叠梁式石闸，净宽25米。1954年，配置闸板加以利用。1958年，在新浏河口建造钢筋混凝土节制闸，四孔叠梁式石闸遂废。1977年8月23日，太仓东部和昆山南部受7号强台风影响，浏河两岸94万亩农田受涝严重，开闸两天后，涝水被排除，可见河闸对于防涝抗涝具有重要的作用。1998年，在浏河节制闸南建造套闸。浏河闸水文站建于民国十一年（1922），1959年7月迁至新浏河闸。

浏河闸

1977—1981年，作为浏河上游的配套工程，时昆山县分4期工程对娄江进行全线整治拓浚，解决了昆山西北部地区内涝和泄洪问题。第一期西娄江段：西起界浦港（昆山与苏州工业园区交界处），东至青阳港，新开挖东大桥至青阳港约1.4千米河道，实现娄江改道青阳港，向北汇入太仓塘。第二期东娄江段：西起白塔头（东娄江与青阳港交汇处），东至原蓬朗镇草芦村。第三期完成娄江玉山市河段工程。第四期完成沪宁铁路62号桥束水段扩宽工程，娄江拓浚后两岸植树成林，市镇面貌大为改观。

20世纪90年代，昆山市又对娄江南北两岸进行护坡加固，并开展多轮违章建筑和装卸码头整治。2008年，娄江市区段3千米启动环城滨江景观工程改造，在河道内建造亲水平台，一定程度上减弱了娄江

1978年娄江拓浚

20世纪70年代的娄江及正阳桥修建

泄洪功能。为不影响阳澄湖地区泄洪，对三里桥北向至大西门越河折东至叶河和夹潮塘的4.5千米河道进行全面拓宽浚深，代替原娄江市河段排水补偿功能，此后娄江小西门至青阳港段不再通航。

（二）白茆塘

又名白茆港、白茆浦。古为海虞二十四浦之一，现为阳澄地区重要的引排通江水道。西起常熟虞山镇小东门外护城河，向东流经常熟山、古里、支塘、徐市、碧溪等镇，于姚家滩入长江。全长41.3千米，闸以下河口段长5.3千米，河底宽35米。白茆塘与昆承湖相通，中途在支塘镇与盐铁塘相交，主要支河有肖泾、白古河、苏家滃、王江滃、大滃、严泾、尤泾、三湖、里睦塘、横沥、南港塘、建新塘、横塘市河。据记载，历代名臣曾先后主持白茆塘疏浚，其中有宋朝范仲淹，明朝夏元吉、周忱、况钟和海瑞，以及清朝林则徐、丁日昌等。

白茆闸

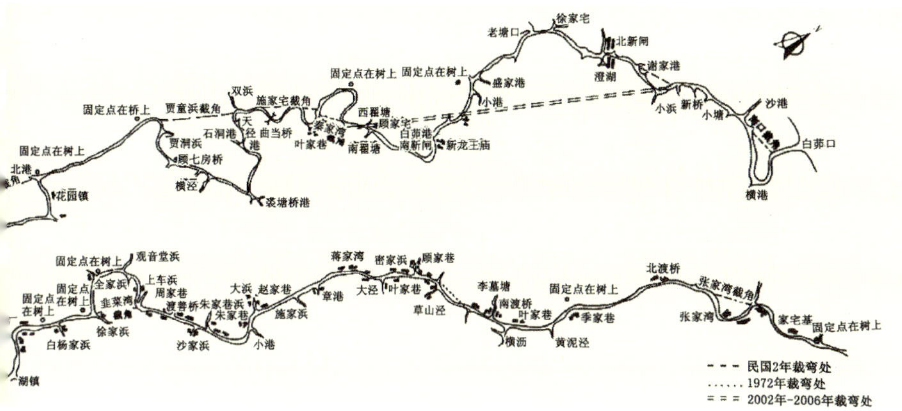

白茆塘裁弯示意图（选自2021年版《常熟水利志》）

白茆塘入长江口设有白茆节制闸，历史悠久，早在吴越时期就有闸。明永乐元年（1403），置石闸。清康熙二十年（1681），修复柏家港老闸。道光十四年（1834），建造北新闸；道光三十年，移至柏家桥，改称苏常新闸。同治七年（1868），移白茆闸于苏常新闸东侧。民国二年（1913），疏浚白茆塘，拆除石闸；民国二十五年，在苏常新闸裁弯取直处建5孔钢筋混凝土结构节制闸；翌年秋，遭日军炮击，节制闸西孔横梁被炸毁，2号孔闸门被击穿。1975年实施白茆闸加固配套工程，增建钢筋混凝土消力池、导流墙、鱼道等。2003—2004年，在距入江口约1.7千米处建造新闸，5孔，净宽44米。

白茆港旧时是当地长江渔船出入停泊之地。20世纪50年代，苏州地区运往苏北的大米，曾在白茆港设库中转。60年代起，运往崇明、海门等地石料大多在此转运。80年代后期，有造船厂3家、拆船厂1家，共有船台24个。白茆口外有白茆小沙，半沉没。

链接知识 **红豆山庄与绛云楼**

红豆山庄原名碧梧山庄，始建于宋末元初，距今已有700多年。明代山东副使顾玉柱的次子顾耿光从海南移来红豆树，改名红豆山庄。庄园后归顾玉柱外孙、明末著名文学家钱谦益居住。当时每逢红豆树开出"色白如珠，微香浓郁"的花朵，钱谦益、柳如是夫妻总要邀请诗坛名流前来观赏，一时文采风流，盛况空前，传为文坛佳话，红豆山庄由此闻名遐迩。

红豆树原产于岭南，苏浙一带较为罕见。红豆山庄之命名，即含钱、柳两人姻缘美好之意。

红豆山庄的绛云楼是钱、柳的居所，也是江南有名的藏书楼，据说设有大书柜73个。其中数量最多的主要有宋、明两朝史籍。《绛云楼书目》记载了收藏的宋元珍本若干，其中不乏宋刻孤本。钱谦益一生最大的志向是修明史，他撰修的明史都存放在绛云楼中。顺治七年（1650）初冬之夜，绛云楼不慎酿成大火，藏书焚毁，钱、柳夫妇痛心疾首。钱谦益对着大火言道："可烧我楼内书，不可烧我腹内书。"

红豆山庄里的红豆树

自北宋范仲淹首开以来，白茆塘渔舟穿梭，赶集成市。沿线的“菰里”（即今古里）亦因其渔网交织，一跃而成商贸日兴的“罟里”。清道光年间，先贤张公绶书写“古里仁风”匾额悬挂于醒目的牌坊之上，“古里”两字便由此传开。

如今，在白茆塘畔，有一座白茆山歌馆。吴地山歌最早出名的要数常熟的白茆乡了。白茆山歌在20世纪50年代就已扬名四海，白茆塘曾是著名的歌场，对歌时宽阔的白茆塘两岸人头攒动，不下万人，盛况空前。1958年以来，白茆山歌六上北京，二进中南海，极一时之盛。

(三) 福山塘

又称福山港，因流经常熟市福山而名，为常熟北部境域引泄与航运的重要河道。福山位于常熟市西北，福山塘略呈纵向流经集镇东部。福山以山而名，福山即殿山，其形似覆釜，本名覆釜山，又称釜山，后人取其谐音称福山。

福山历史悠久，汉代建制为南沙乡，并置司盐督尉署。晋咸康七年（341）设南沙县。梁大同六年（540），以南沙县改为常熟县，并为县治。唐武德七年（624），常熟县治移至海虞城（今虞山镇），但福山仍为江南军事要地之一，历代派重兵驻守，并先后建有南沙城、金凤城、福山旧城、福山总兵城等城堡。总兵城毁于清咸丰十年（1860），残留的东、南、北三座城门在民国时期被先后拆除，西城门在20世纪50年代尚遗残迹。清同治初，福山重建总兵衙门。

1958年，望虞河在谢桥镇北穿过福山塘，将其分为北、南两段。北福山塘南起望虞河福山船闸，向北流至福山镇东北，通过福山闸入江。全长9.3千米，其中福山闸外河段长0.2千米。主要支河有三千泾、曲塘泾。南福山塘南起常熟水北门外护城河，经李家桥、毛家桥、缪家湾，在谢桥船闸处入望虞河。1959年在北口建闸后，水南流，经护城河入常浒河。全长8.7千米，其中主要支河有白龙港、花板港。

福山塘为常熟北通江大浦，为海虞二十四浦之一，浑潮出入，常疏常淤。常熟水利最大者为白茆，次为福山，是常熟城至长江最捷水道。凡通泰两州与常熟贸易，其贩舶必经福山塘。其所灌溉，田数千顷。白茆塘以下，田多瘠卤，福山塘以下，田多沃美。所以此塘要害，不下于白茆。五代吴越时期，置闸控制江潮。北宋景祐二年（1035），范仲淹浚福山塘时在福山置闸，人称范公闸。清康熙四十八年（1709），开福山港，建闸于黄泥湾。1967年，在南口望虞河边建谢桥北套闸，在北口建福山节制闸。闸外有4千米港堤。1975年春，向福山塘河口迁移福山闸1.8千米，上海电影制片厂将施工过程拍摄成《千吨水闸搬家》彩色科教片。1978年，该工程获江苏省科学大会奖。1998年，重建福山闸。直至今日，福山塘仍在发挥它的水利作用。

知识链接 **福港观潮**

福山临长江，是长江中下游鱼盐集散港口，商业繁荣，有“江鱼之市”之称。东汉已置司盐都尉查缉私盐。元末张士诚便是在福山港贩卖私盐，继而发动农民起义。每年福山港南来北往的船舶成百上千，既有南北洋捕捞黄鱼、鲞鱼的海船，又有长江捕捞刀鱼、鲥鱼、鲚鱼的网船，还有南北杂货、生猪的运输船。进港渔船帆樯林立，泊位自港口直到镇东新桥。商务繁荣，客商云集，因而镇上茶馆、酒肆、客栈特多，可越常熟城区，且有早、中、晚三市（一般市镇只有早市），经济相当活跃。

“福港观潮”为虞山十八景之一，由来已久。在20世纪中叶之前，福山、涛山等山丘濒临长江，处在长江下游江面最宽阔地带。涛山脚下惊涛拍岸，站在福山观潮亭上远眺，水天一色，无边无垠。每逢初三、十八大汛期，都能看到来势汹涌的潮头。每年八月十八日（福山人称“潮头生日”），各地前来观潮者人拥如潮，许多文人骚客也都慕名而来。历代文人留下了许多关于“福港观潮”的诗句，如：“水涨云根没，沙平海面开。故山回望杳，远艇涉波来。何处潮头发，涛声散地雷。”来潮时，惊涛骇浪，拍岸击石，蔚为壮观。20世纪中叶开始，因江沙淤积，港口离江日远，无渔船进港，福山港渔业也慢慢衰落，后都迁至浒浦。虞山十八景之一的“福港观潮”，潮汛已不复当年。

〔清〕吴榖祥《虞山十八景册·福港观潮》

（四）七浦塘

七浦塘位于苏州市东北部，是太湖流域阳澄淀泖区五大骨干通江河道之一，具有防洪排涝、水资源配置、水环境改善及航运等综合功能。河道自阳澄湖至吴塘以东沿迷泾河、荡茜河入江，途经相城区、昆

沙溪古镇老七浦塘（左）和新七浦塘（朱剑刚摄）

沙溪古镇老七浦塘（左）和新七浦塘（朱剑刚摄）

山市、常熟市、太仓市5镇26村，全长48.4千米，水域面积2.35平方千米，为阳澄低洼区主要排水通道之一。

七浦塘北接长江，南连苏州古城区，是苏州长江经济带中重要的文化长廊、行洪走廊、生态绿廊、休闲画廊。七浦塘又名七浦、七鸦浦、七丫河、戚浦塘。古为太湖下游东北入江的三十六浦之一。

清同治《苏州府志》载，苏州知府范仲淹督浚七丫河，建闸御潮，经过直塘段无复曲折，故以“直塘”为地名。七浦塘为阳澄地区东吐主流，集水范围广，古有“七浦畅则阳澄水位降”之说。

自宋景祐元年（1034）开疏七浦，到清光绪三十二年（1906），大小疏浚共达38次，其中清代疏浚22次，是历史上区域性河道疏浚最频繁的一条。七浦塘史称“南沙尽处”，因晋成帝咸康三年（337）建立南沙郡，直塘处郡治偏南边缘。

唐长安三年（703），武则天曾敕建瞿像宝塔于武安寺（即今普济寺之前身），人气旺盛，香火不熄。直塘东西向一里长的古街与南北向普济街呈“丁”字形，另有平弄等古巷。街面保持原有狭窄的状貌，两旁保留古旧建筑，西街有凌家祠堂故址，普济街有普济寺等。

1956年、1971年、1973年先后三次拓浚，改造石牌、任阳镇市河，裁弯取直，修建护岸，改造桥梁等，扩大了七浦塘引排能力。七浦塘江边古闸屡建屡圮，清康熙四十七年（1708）重建3孔闸，同治期间淤废2孔。1953年在七丫口上游浮桥镇修建了3孔钢筋混凝土闸，总宽15米，并另开引河与七浦塘相接。从此，提高了阳澄地区的抗洪、挡潮和引排能力。1999年又重建七浦闸，3孔总宽18米。

目前，七浦塘自阳澄湖至长江，沿途乡镇工业发达，经济繁荣，昆山、常熟、太仓市在全国百强县中均名列前茅。

2011年，推进区域骨干河道治理，经国家发改委批准，实施了新一轮七浦塘拓浚整治工程。该工程开创了苏州市水利工程建设的五项之最：单项投资最大、动迁任务最重、建筑物数量最多、引排水能力最强、技术最为复杂。在苏州治水史上留下了浓重的一笔。

七浦塘水利工程在河道上兴建七浦塘江边枢纽、七浦塘阳澄湖枢纽，两岸支河口门多达80余处，是苏州市属第一个“通江达湖”引排工程，对提高阳澄淀泖区抵御洪涝灾害的外排能力、保障供水安全、改善区域水环境有着重要作用。2017年被选为“江苏最美水地标——水工程”。

（五）张家港

原为南沙、中兴乡之间小港，从镇山北安桥至长江，长3千米。清道光、咸丰年间开挖。相传主持开河者为明永乐四年（1406）从泰州迁来的张抗后人，所以叫“张家港”；一说系当地张氏开挖。

1958年，自原张家港河口起，向南延伸拓浚至江阴县北涸镇周家码头，沟通石头港、亭子港、青溪河、周家浜、应天河、南长河和北涸大塘等7条老河道，并与新开河段相连。长38.12千米，河底宽30—60米。1968—1969年，为开通上海至长江内河航线，整治张家港（河）。自江阴县北涸向东延伸，经沙洲县（今张家港市）严塘、让塘、大塘河，接常熟大义港，越望虞河、山前塘、徐泾港，穿昆承湖，经横泾塘、七浦塘入昆山境，循西河泾、龙泾塘，穿巴城湖接常熟塘，绕昆山马鞍山麓通青阳港，入上海市，接吴淞江。从巫山港到吴淞江，河道全长115.3千米。张家港是苏锡地区重要引排河道，也是苏州北部重要的内河干线。

1959年，在张家港口距长江约1500米处的南沙安桥建造张家港7孔节制闸。在常熟城区西门外5000米处河道上建造虞山船闸。1965年，中张航线（上海至张家港）开通。

张家港口外江面狭、江岸稳、江床深，又有双山沙为天然避风屏障。1968—1969年，建成4个万吨级泊位及配套设施。1982年11月，张家港港口被辟为国家外贸港口。

(六) 十一圩港

又名二干河，原为关丝沙与焦沙之间的一条流槽。清同治十一年（1872）开挖成河，为刘海沙第十一条人工开挖河道，故称十一圩港。民国十四年（1925）北与新庄港（蔡浦）、黄泗浦接通。民国十六年命名为二干河。先后经多次疏浚整治，1974年全线拓宽，裁弯取直，升级为区域性河道。

今为新沙区一条主要引排入江水道，南起江阴县北涸镇，北至十一圩港口入江，横贯张家港市的西张、乘航、东莱、锦丰诸乡镇，全长27.2千米。1978—1979年实施分段拓浚。现河底宽15—30米。

十一圩港两岸沿线支流众多，主要有北中心河、南横套河、盐铁塘、东横河、华妙河等，除盐铁塘和华妙河，其他支河已建闸控制。

十一圩港入长江口建有节制闸和套闸，节制闸建成于1965年6月，分别于1974年、1978年、1984年和2000年加固整修和改造，净宽14米，属挡潮防洪、排灌兼利的沿江中型闸。套闸为水利通航坝闸，由十一圩港越闸与闸上闸组合而成。

(七) 常浒河

常浒河，因由常熟至浒浦而得名，位于太湖流域阳澄淀泖区，为阳澄区主要排水干河之一，同时也承担常熟市虞山、古里、海虞、梅李四镇及碧溪新区的防洪与排涝任务，自常熟市大东门始流，经九里、兴隆、塘桥、梅李、白宕至袁家墩入长江，全长22.2千米。

常浒河在五代吴越时就在入江口设闸，曾是海虞二十四浦之一。

河道原在浒浦镇入江，1958年拓浚时梅李下游段裁弯取直，新开8千米新河改在袁家墩入江，并修建节制闸1座。节制闸共5孔，总净宽20.9米，其中中孔为通航孔，净宽6.9米。常浒河承担阳澄地区200平方千米排涝和30万亩农田灌溉任务，兼作通航。2000—2005年，节制闸重建，3孔总净宽24米，并在右侧开引河增建16米船闸。

常浒河两岸沿线支流众多，主要支河有迈步塘、花板塘、淼泉塘、油麻泾、横六泾、罗卜泾、里睦塘、南小塘、碧白塘、洞坝河等，是具有行洪、排涝、灌溉、航运等综合性功能的骨干河道，在区域防洪排涝，保护水资源、水环境等方面都起到十分重要的作用。

(八) 杨林塘

又名杨林浦、杨林河，古为太湖下游东北入江的三十六浦之一，现为阳澄区五大通江水道之一。宋景祐元年（1034），苏州知府范仲淹主持开挖杨林塘，从阳澄湖起至杨林口。明代因河口淤塞，一度走

杨林塘

东花蒲，经茜泾河入江。现河道西起阳澄湖鳗鲡泾，向东流经昆山市巴城、陆杨、周市三镇经三千湾入太仓境，流经新湖、双凤、新毛、岳王、牌楼、浮桥、茜泾等地，在太仓市浮桥杨林口入江。全长45.7千米，其中，昆山市14.6千米（称西杨林塘），太仓市31.1千米（称东杨林塘）。杨林塘入江处河底宽30米；河口以上，河底宽20米。

支流和穿越的河道有吴塘、盐铁塘、半泾、西横沥、孔泾、东横沥、茜（千）步泾、石头塘、米（麋）场河、花蒲塘，北岸有项脊泾、马路塘、南六尺河、东花浦，南岸有新泾塘、丁泾、向阳河、六里塘。杨林塘调节浏河、七浦河两河水量，排泄西部阳澄、淀泖地区涝水，并结合引潮，补给东部地区部分灌溉水量。

1960年，在浮桥仪桥东500米处（东距长江1320米）建造杨林塘5孔节制闸，闸孔净宽16米。2000年，在老闸下游200米处建7孔新闸，净宽20米。

第三节　沿江史迹

万里长江，奔腾到海。中华文明探源工程表明，长江两岸的稻作文明与黄河流域的粟作文明一同孕育了泱泱几千年中华优秀传统文化。建设长江国家文化公园，是以习近平同志为核心的党中央作出的重大决策部署，是保护传承中华民族优秀文化、推动新时代文化繁荣发展的重大文化工程。苏州自古通江达海，作为历史文化名城，更是产业重镇、经济强市，苏州是长江经济带中一颗耀眼的明珠，其偕江河湖海之气度、资源之禀赋以及文化之特性，是长江文明承古烁今、奔腾奋进、智慧包容、诗性典雅、开放交融的生动体现。

一、生动见证中华文明起源

长江苏州段，是中华文明起源发展的重要地区之一。苏州史前文明光辉灿烂，遗址遗迹星罗棋布，在长江下游地区中华文明起源和发展中占有重要地位。旧石器时代的三山岛遗址及哺乳动物化石地点表明距今1万多年前已有人类在太湖流域生活，是长江下游地区人类起源的重要例证。

位于苏州工业园区的草鞋山遗址是我国发现最早有人工灌溉系统的古水稻田，出土了目前已知我国年代最早的葛纺织品实物，是稻作文化、纺织文化起源的最直接例证，是先民走向文明的重要标志；同时，草鞋山遗址的文化层跨越马家浜文化、崧泽文化、良渚文化，是江南地区迄今为止发现的文化发展序列保存最完整的遗址，被誉为“江南史前文化标尺”“世界稻作文化的原乡”。

昆山绰墩遗址的文化层跨越马家浜文化、崧泽文化、良渚文化、马桥文化和东周文化，展现了完整的太湖地区史前文化序列，被称为“先秦史教科书”，发现的马家浜文化时期水稻田对研究中国水稻起源特别是栽培稻的起源有着十分重要的意义。

沿江地区的张家港东山村遗址、许庄遗址、常熟何村遗址的文化层最早可至马家浜文化，表明距今约7000年前苏州沿江地区已有先民在此生活；其中，东山村遗址是迄今发现的崧泽文化墓葬中陪葬品数量最多、等级最高的，是目前已知我国最早的社会分化实例之一，力证了中国史前社会复杂化进程的第一步是从长江下游太湖流域迈出。

被考古界称为“中国土筑金字塔”的昆山赵陵山遗址发掘出大量良渚时期的玉器，遗址中心三座不同时期的祭台、复杂的红烧土祭祀遗存以及大量集体杀殉的大墓葬，对研究太湖地区早期社会分化具有重要意义；出土的神人鸟兽透雕玉坠、赵陵山族徽“源极图”陶盖极为珍贵，体现了良渚先民“天人合一”观念和精湛的玉雕工艺。苏州地区丰富的史前遗址遗迹记录了长江下游人类文明起源和发展的众多片段，对助推中华文化探源研究发挥着至关重要的作用。

（一）草鞋山

草鞋山遗址，位于苏州工业园区唯亭街道东北2千米处，离阳澄湖650米。草鞋山遗址的文化堆积层厚达11米，考古专家把它分为10个文化地层。在草鞋山遗址发现有新石器时代马家浜文化至春秋时期的墓葬共计200余座。该遗址历史最久远的是“第10文化堆积层”，出自这个堆积层的重大考古发现有：木构建筑、炭化稻谷、炭化纺织物、动物遗骨和1100多件陶、石、骨、玉等质料文化器物。该遗址南端、距今约6000年的马家浜文化时期地层，发现有由浅坑、水沟、水口和蓄水井组成的遗存，即灌溉系统遗存和人为加工的水田状遗迹。考古人员在7个浅坑内观察到数量丰富的水稻植物蛋白石（硅酸体），证实这里的水稻属人工栽培而非野生，其品种接近于现代的粳稻。

草鞋山遗址保存有长江下游史前文化完整的发展序列，再现了长江下游史前人类历史的发展史，是长三角地区历史发展的一部完整的“地书”，为研究太湖地区、长江下游的古代文化提供了典型地层与文化遗物，具有考古学上的里程碑意义。

知识链接 **草鞋山遗址的“四个最”**

第一，草鞋山遗址是江南地区迄今为止所发现的文化发展序列保存最完整的遗址，被考古界称为“江南史前文化标尺”。文化层堆积，从下往上依次为马家浜文化、崧泽文化、良渚文化，文化层连续叠压，被称为江南“三叠层”。

第二，首次在史前墓葬中出土玉琮，称之为“中华第一玉琮”，打破了对玉琮年代以及社会等级分化的原有普遍认知。

第三，最早发现有人工灌溉系统的古水稻田，是稻作文化起源的最直接例证。

第四，最早发现的葛纺织品实物，是先民走向文明的一个重要标志。

草鞋山考古遗址公园

（二）绰墩山

绰墩遗址，位于昆山巴城镇绰墩村，面积达40万平方米，是昆山市分布范围最广的新石器时期遗址。绰墩，东临傀儡湖，西靠阳澄湖。据清代的《昆山县志》载，唐玄宗时宫廷艺人黄番绰擅长“参军戏”，死后葬在这里，故名绰墩。清宣统《信义镇志》载，绰墩山“相传此黄幡绰之墓”。元代顾德辉建亭于山上，名“绰山亭”，登高西眺，阳澄湖水天一色，为信义十景之一的“阳城霞鹜”。

1961年1月，南京博物院进行考古调查时，从墩内出土了良渚文化玉琮、石钺等珍贵文物18件。1982年7月30日至8月7日，南京博物院在昆山文化馆配合下，对遗址进行了抢救性发掘，发现良渚文化墓葬1座。

绰墩遗址一共经历了6次考古发掘。2006年5月25日，绰墩遗址被公布为全国重点文物保护单位。绰墩遗址是该地区发现的文化序列

知识链接　绰墩出土渡河浮木

绰墩第四次发掘是在遗址的东南部，考古面积380平方米。主要发现了两座良渚文化的浅地穴式房址和这一时期的池塘。考古揭示出以河道为中心的良渚文化时期的聚落。一条东北向西南走向的河道由通道和内湾两部分组成。在河道内弯出口处发现了一块木块，长1.1米、宽0.7米、厚0.23米。其周边还有枝木、木桩、木锲。木块的侧边异常平整，底部光滑微凹，上部居中处有一锭象形的鼻孔钮。木块的一端有砍伐时留下的断面，另一端表面从上至下呈45度的斜面，形似船头。经科学鉴定，木块的材质为二针松，干重94.4千克，可排水177千克，载重极限达82.7千克，因此，可以断定这木块是原始先民的渡河工具。

绰墩考古遗址现场出土的渡河浮木

最为完整、文化遗存极为丰富的又一处重要的史前文化遗址。其自马家浜文化至东周时期完整的文化序列，可以说是长江中下游地区又一部崭新的先秦史教科书。

(三) 东山村遗址见证黄河文明与长江文明的交流互通

张家港东山村遗址，位于张家港市金港镇南沙东山村香山东侧的斜坡上。1989年3月，因村镇建设，在基建中发现红烧土块、陶片等大量古文化遗存。经苏州博物馆、张家港市文物管理委员会于1989年、1990年两次抢救性发掘，发现原始房址7座，出土文物104件。此外，还有稻谷、灰坑、骨等遗迹遗存。

通过发掘，取得了重要收获。主要揭示出一处崧泽文化时期的聚落，包括房址和墓地，尤其是首次揭露了崧泽文化早中期高等级大墓。另外，发现10多座马家浜文化时期的墓葬，并在马家浜文化层中漂洗出较多的炭化稻米、瓜子、果核、兽骨等动植物遗存。

在遗址的东南部，发现马家浜文化墓葬6座、崧泽文化墓葬23座。发掘显示，该地区为马家浜文化和崧泽文化时期的墓葬区。而且在崧泽文化时期，主要是小型墓葬，墓葬数量较为集中，年代跨度较长，从马家浜文化晚期一直到崧泽文化晚期，不曾间断。这为研究马家浜文化晚期向崧泽文化早期如何过渡提供了非常重要的实物资料。

在遗址的中部，发现了崧泽文化早期的大型房址。在遗址的西部，发现了一批马家浜文化晚期和崧泽文化时期的墓葬。尤其是崧泽文化时期高等级显贵墓群的发现，不仅是崧泽文化中的首次发现，而且墓葬的规格和随葬品的数量较以往的发现有很大的突破。

发掘显示，东山村遗址的文化层堆积总体上西高东低，堆积分布不均匀，文化层堆积往东渐厚。1990年6月，全国东南滨海地区古文化学术研讨会在张家港市举行，与会考古专家经过实地考察和研究论证，认为东山村遗址是太湖流域、长江下游地区发现的最早的新石器时代遗址。标本的年代最早距今约8000年。出土的绳纹尖底器（瓶），在长江下游地区未见源头，明显具有北方尖底瓶的风格，为探讨黄河中游与长江下游的文化传播与交流提供了实物资料。

东山村遗址崧泽文化早中期大墓出土的部分陶器和玉器，与皖江平原和宁镇地区的史前文化有许多相似之处，为研究长江下游地区史前文化的交流提供了新资料。

东山村遗址是首次在长江下游地区发现崧泽文化早中期高等级大墓，填补了崧泽文化时期没有高等级大墓的空白，为良渚文化高度发

2009年东山村遗址考古发掘现场（遗址中部）

达的文明找到了源头。另外，崧泽文化早中期大墓与小墓的分区埋葬，以及大房址的出现，证明至少在距今5800年前后，当时社会已有明显的贫富分化，出现了明显的社会分层。这为研究长江下游社会文明化进程提供了新的考古资料，对中华文明起源的研究也具有重要意义。

长江苏州段，是中华文化多元一体格局的生动例证。丰富的历史文化遗产见证了中原文化与江南文化的融合，对阐释中华文明多元一体格局形成、千年文脉绵延不断过程具有重要价值。

二、江河湖海交融共济

苏州完善的水利工程系统奠定了江河湖海交融共济的基础。唐宋以前开凿吴淞江、娄江、东江三条入海水道"东泄入海"，初步建立了太湖流域防洪排涝的基本格局。从唐宋时期苏州北境三十六浦入海入江支流到明清时期的"开浜通浦、浚浦通江"，塑造了"横塘纵浦"的水系网络格局，使苏州成为古代漕粮重镇、丝绸之府，是漕粮河运、海运的重要纽带，为北方地区提供了充足的税粮供应，推动御窑金砖、香山帮、苏绣等苏州匠人北上皇城，以精湛技艺为国家建设提供重要的技术支撑。望虞河"引江济太"，进一步推动江湖水利网络的建设，为环太湖地区的稳定发展提供了安全保障。一系列的水利工程将江湖河相通相融，推动苏州地区航运格局的不断优化与重塑，为苏州粮食、商品、技艺输出与贸易走向世界奠定了基础。

(一) 范仲淹与苏州北境三十六浦

苏州北境三十六浦，与诗太守范仲淹息息相关。宋仁宗景祐元年(1034)，范仲淹被贬守睦州，时年46岁。他在睦州只待了两个月，便来到苏州。范仲淹在苏州只待了一年半的时间，却完成了两件利国利民的大事：治水和办学。

史料记载，宋仁宗明道二年（1033），持续的大暴雨造成洪水泛滥，导致大片农田被淹，灾民超过10万户。第二年六月，范仲淹被朝廷调任苏州知州。

范仲淹一上任，就对水患进行调查，经过多方考察，他认为苏州地区洪水泛滥的原因有四个。其一，入海口减少。古时的太湖通过三条江入海，分别是古娄江、古东江和吴淞江。随着岁月沧桑变迁，古娄江和古东江的入海口被泥沙和海沙淤塞，成为陆地。这样就使得太湖水原来通过三江入海变成了只通过一江（吴淞江）入海了。其二，上游调节太湖水量的五堰被毁。春秋时，伍子胥在现在的高淳开凿了一条运河，沟通太湖和长江，称胥溪。古人在胥溪上修筑了五道土堰，以分级节制水流。唐末，这五道土堰因商人牟利和官员渎职而被废去，入宋以后没有修复。一到夏季暴雨多发之时，太湖上游的水就通过宜兴的荆溪进入太湖，再由太湖东灌下游地势低洼的苏、常、湖地区，造成严重的洪涝灾害。其三，吴江塘路的修筑阻碍了湖水入江。太湖西高东低，吴江、平望一带，原来一直是湖水东趋宣泄的要冲，是一片沼泽地带。唐朝时，为了漕运交通，在苏州、吴江、平望之间修筑了一条塘堤，这就是著名的吴江塘路。宋代，吴江塘路就成了太湖洪水东南入海的障碍。从而导致“横截江流五六十里，致震泽之水常溢而不泄，浸灌三州之田”。其四，塘浦圩田体系遭到毁灭性的破坏。从唐代到五代吴越国时期，吴淞江流域都设立专门的机构营田司来管理农田水利。这保证了在大水之年，田里的水能很快流入塘浦港汊，这些水又能很快地进入吴淞江的各大支流，支流里的水又能很快进入吴淞江主干道，流入大海。但到了宋以后，为便于转运漕粮，完善的塘浦圩田体系全部被破坏掉了。吴淞江流域没有了堤防堰闸体系的保护，那些塘浦港汊、大小支流被泥沙和海沙淤塞，一遇大水或持续的暴雨，就会泄水不畅，形成严重的洪涝灾害。

范仲淹受命撰写了治水策略，就是把吴淞江的大的支流都挖深、拓宽、疏浚，只有这样，才能把苏、湖、常这三州低洼地区的洪水都排入东海或长江。

他的主张得到朝廷认可，被任命主持苏州地区的水利建设。于是，范仲淹以工代赈，每日给粮五升，招募饥民兴修水利，"部役开决积水"。在这项水利工程中，范仲淹主持疏浚了白茆塘、福山港、黄泗浦、许浦、奚浦、三丈浦、茜浦、下张浦和七丫浦等吴淞江的支流，这些都是属于吴淞江流域最早开凿的三十六浦中比较大的支流。

南宋范成大《吴郡志》卷十九《水利下》引赵霖《筑圩篇》："若其当开之浦，则昆山、常熟共三十六浦。除常熟之许浦及白茆、福山二浦，见今深阔，水势通快，不须开治。虽三十三浦，昆山十有一，谓掘浦、下张浦、七丫浦、茜泾浦、杨林浦、六鹤浦、顾泾浦、川沙浦、五岳浦、蔡浦、琅港浦。常熟二十有二，谓黄泗浦、奚浦、西陈浦、东陈浦、水门浦、崔浦、耿泾浦、鱼碑浦、郚沟浦、瓦浦、塘浦、高浦、金泾浦、石撞浦、陆河浦、北浦、甘草浦、千步泾、司马泾、金泾、钱泾、黄莺漕。皆积久不浚，当分为三等开修。"这些塘浦有的在现在的常熟境内，有的在现在的昆山境内，或入海，或入江。这些是苏州水利史上十分重要的工程。

（二）问潮馆：潮过夷亭出状元

娄江，出苏州娄门，一路向东。古往今来关于娄江的叫法一般有这几种：苏州娄门至昆山青阳港段称昆山塘，也称苏州塘，又名西娄江；昆山东门至太仓西门段称太仓塘，又名东娄江；昆山界浦港至昆山东门段称昆山塘，又名至和塘。

古时，娄江和吴淞江曾有过涌潮。唐代时，吴淞江出海口形似喇叭，上游小口在青龙镇，下游大口在浦东中部。河口宽阔，足足有20里。因其辽阔，波涛万顷，所以被古人称为“华亭海”。每逢海潮大涨，喇叭口式的特殊地形常常造成涌潮奇观。浏河口外，早先也是波涛汹涌的大海。娄江当年不是汇入长江，而是直接注入东海的。所以，现在苏州城内娄门的匾额题字为“江海扬华”。正是这样汹涌的海浪对娄江、吴淞江形成了正面的、直接的冲击，形成大潮。

南宋绍兴年间，苏州地区流传着关于状元的两个谶语。一个是“穹窿石移，状元来归”，另一个是“潮过夷亭出状元”。夷亭，也作唯亭，在

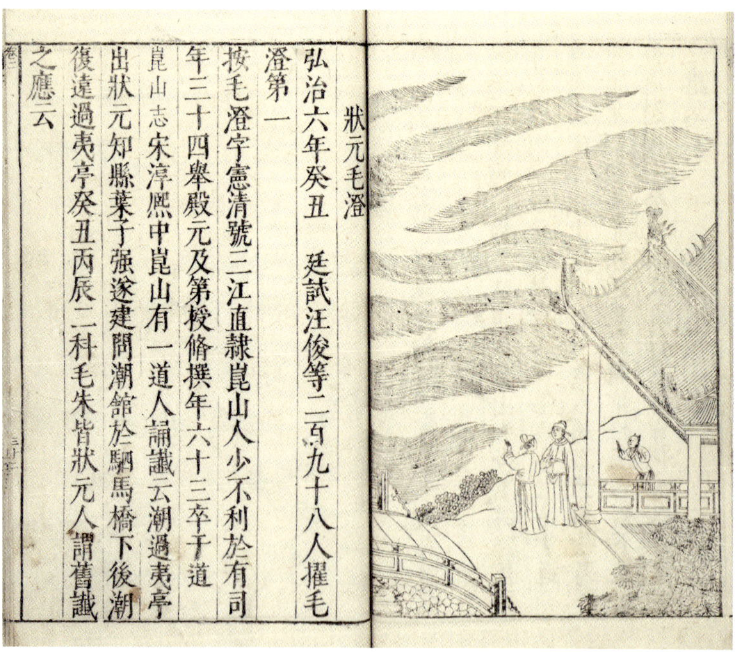

狀元毛澄
弘治六年癸丑　廷試汪俊等三百九十八人擢毛澄第一
按毛澄字憲清號三江直隸崑山人少不利於有司年三十四舉殿元及第授脩撰年六十三卒于道
崑山志宋淳熙中崑山有一道人誦讖云潮過夷亭出狀元知縣葉子強遂建問潮舘於駟馬橋下後潮復遠過夷亭癸丑丙辰二科毛朱皆狀元人謂舊讖之應云

〔明〕《状元图考》记载宋淳熙年间知县叶子强建问潮馆

昆山西35里。昆山，距离大海百里之遥，自古以来，潮水从未到达过昆山，更别说到达唯亭了。到绍兴年间，才有潮水到达昆山县西，但并未到达唯亭。

〔清〕道光《元和唯亭志》中所绘的问潮馆

李衡，字彦平，江苏江都（今属扬州）人，迁居昆山。淳熙年间，他听到一个道士说：“潮过夷亭出状元，昆山会有人应验这个谶语的。”李衡对此感到很好奇，于是将这件事情告诉了知县叶子强。叶子强在昆山县城西南角丽泽门外的驷马桥西边建造了一座问潮馆，用来记载此事。

问潮馆建成之际，李衡作《新筑问潮馆，诗以落之》诗庆贺：“长风来海甸，浩气转沧溟。谶兆知天意，潮声挟地灵。回塘应漫白，断岸亦浮青。筑馆非无意，行看驷马停。”

淳熙十一年（1184），“潮忽大至，遂过夷亭”，卫泾果然在这一年中了状元，成为昆山历史上出现的第一位状元。于是，人们在玉峰山顶竖立文笔峰，以一支巨大的石笔纪念文魁星的诞生。

此后，每年中秋节前后，昆山人有在问潮馆外观潮的习俗，游船聚集、彩旗飘舞，笙箫奏乐、锣鼓喧天，人山人海、热闹非凡，名为“迎潮会”。南宋淳祐十一年（1251），昆山知县项公泽重修问潮馆。其后，屡圮屡修。淳祐《玉峰志》卷上记载：“八月望，西津观潮。县设酤于问潮馆，彩旗迎潮，观者如堵。”清金端表《浏河镇记略》卷一记载：“于八月间，海潮更大。苏郡新、昆老幼妇女，于十七八九日，群聚新洋江塔前观潮，谓之迎潮会。乡人筑问潮馆于塔旁，彩旗金鼓，各舁神像汇集于此。游船如蚁，笙箫鼓乐，十番百戏，晓夜不绝。”清毕沅《吴淞棹歌》诗写道：“八月十八潮生日，问潮馆外看潮头。”这成为一种隆重的礼仪。明弘治初年，潮水复又越过唯亭。果然，继卫泾后，接连有毛澄、顾鼎臣、朱希周等三人大魁天下。

问潮馆，不仅是观潮之地，更是祈求科场顺利之地。“潮过夷亭出状元”，成为地方官员、应试士子等人的一种美好期盼与愿望。

三、沿江烽火

革命战争年代，苏州人民在中国共产党的领导下英勇反抗、坚决斗争，展现了伟大的爱国主义精神，苏州的斗争历程构成了全国民族独立和人民解放的重要部分。抗日战争时期，新四军在沙家浜建立苏南抗日根据地，在芦苇荡中点燃抗日火种，开展艰苦卓绝的武装斗争，展现了后方战场军民一体、保家卫国的鱼水深情。耳熟能详的京剧《沙家浜》成为红色文化的经典之作，谱写了荡气回肠的英雄史诗，爱国主义教育影响深远。解放战争时期，双山岛成为渡江战役战线的最东端，沙洲人民与解放军在渡江战役中南北呼应、密切配合，为攻陷江阴要塞、直捣南京做出了积极贡献，见证了渡江战役的伟大胜利。

（一）江南抗日武装

“江抗”，又叫做江南抗日义勇军。江南抗日义勇军总指挥部旧址位于洛阳镇瞿家高家村13号，由两进院落组成，占地面积382平方米。民国二十八年（1939）5月1日，新四军一支队司令陈毅令该支队六团团长叶飞、副团长吴焜率六团从溧阳出发，挺进武进南部地区，在瞿家巷（现瞿家村）与江南抗日义勇军第三路纵队会合，成立“江抗”总指挥部。5月5日，“江抗”总指挥部率二、三路纵队共千余人，从戴溪、洛阳镇一带出发，拉开了新四军东进的序幕。

洋澄县政府纪念碑

中共苏州市县（工）委联络站——“江抗”办事处旧址位于江苏省苏州市相城区度假区（阳澄湖镇）消泾村老街26号，原为消泾陆家老宅。抗战时期，陆家沈菊英腾出老宅，为抗日战士提供食宿等支援，使陆家成为阳澄湖抗日游击区最可信赖的交通联络站之一。民国二十九年（1940），沈菊英在去皇罗庵送情报时不幸被胡肇汉的便衣密探抓住。当日，39岁的沈菊英英勇就义。次年，年仅20岁的沈菊英之子陆义也牺牲在了胡肇汉的刀下。“母子英烈”的故事铭刻在了消泾老街，又在一代又一代后辈的口中流传开来。

沙家浜镇，位于江苏省常熟市南隅、阳澄湖北岸，由原横泾、唐市合并而成，以京剧《沙家浜》而命名。

现代京剧《沙家浜》

民国二十八年（1939）5月，新四军第六团在团长叶飞率领下，以“江抗”的名义，挺进苏南常熟等地区。从此，唐市、横泾成为苏常太抗日游击区的活动中心。

民国二十八年（1939）9月，在江阴县顾山镇对“忠义救国军”的战斗中，身为“江抗”政治部主任的刘飞，在战斗的关键时刻身负重伤。

因江南形势对新四军不利，新四军主力西撤，刘飞等一批伤病员被安排在阳澄湖畔养伤。这批伤病员后来有的陆续归队，有的不幸被敌伪杀害。最后集中到刘飞身边的还有36名伤病员。

刘飞带领这36名伤病员，在极端困难的条件下，一边在阳澄湖地区隐蔽养伤，一边抓住机会打击敌伪，不到半年时间，又拉起了一支有两三千人的“新江抗”，再次扭转了江南的抗日局面。

1957年，随军记者崔左夫采访刘飞，知道了36名伤病员在阳澄湖养伤的故事，他以此为素材，写出了《血染着的姓名——三十六个伤病员的斗争纪实》。同年，刘飞将军撰写了回忆录《火种》。

1958年，上海沪剧团深受启发，随即创作了沪剧《碧水红旗》，后改剧名为《芦荡火种》。1964年1月，沪剧《芦荡火种》进京演出。随后，北京京剧团将其改编为现代京剧《芦荡火种》。是年4月27日，刘少奇、周恩来、朱德、邓小平等党和国家领导人观看了现代京剧《芦荡火种》。不久，毛泽东主席也观看了现代京剧《芦荡火种》，并提议将剧名改为《沙家浜》。1968年，现代京剧《沙家浜》被拍成电影在全国放映，“沙家浜”从此家喻户晓，名扬天下。

（二）双山岛与渡江战役

双山岛，位于张家港市西北郊，地处张家港作业航道与长江主航道之间，与苏州、无锡、泰州和南通四市的长江水域相连接，与张家

张家港双山岛（朱剑刚摄）

双山渡江战役纪念碑，立于双山岛战斗中解放军登岛处

港保税区隔江相望。它位于长江奔流入海的最后一个拐弯处，是一座状似蟠桃、静卧江心的小岛。总面积约20平方千米，其中堤坝外滩涂湿地面积约4平方千米，堤坝内面积16平方千米，环岛岸线长16.8千米。岛上河道成网，阡陌纵横，池塘密布，绿树成荫，空气清新，冬暖夏凉，是长江中下游地区原始生态环境保持最完好的岛屿之一。

双山岛上并无山，其名称来源于南岸的长山和巫山。据考证，大约在清光绪三十四年（1908），江阴、靖江等地的渔民相继上岛捕鱼、垦荒，成了原住民。有诗人吟咏当时双山的情状“四望无边际，中浮一片沙”。20世纪80年代初，建筑大师吴良镛先生游览双山后，兴致盎然，挥毫落墨“黄金有价，宝岛难求”八个大字。

岛上胜迹很多，最让人肃然起敬的是双山渡江战役纪念碑。这里留存着一段不可忘却的英雄往事。1949年4月21日，渡江战役打响，双山是最东端战场的突破口之一。这场战斗，既是渡江战役最东端的战斗，更是人民解放军解放苏州的第一场激战。据参战的二五三团二营副营长印伯伦回忆，战斗中牺牲了不少战士，仅他所在的二营就伤亡43位，但能找到遗体的只有11位，其余的都消逝于滚滚长江中。4

月23日,11位烈士被安葬在三圩。中华人民共和国成立后,双山人民在南闸修建了烈士纪念碑,后搬迁至香山。2011年,新江堤建成后,金港镇政府重新修建了这座高15米的双山渡江战役纪念碑。

四、中外文化交流

通江达海的独特地理位置给予苏州优越的航运条件,苏州成为长江沿线重要的港口城市,是海上丝绸之路的重要起锚地和集散地之一,是长江流域中华文化对外交流互鉴不可或缺的部分。汉唐时期,造船、航海技术的发展,以及指南针的发明和应用,使苏州港口得以迅速发展,伴随着经济、文化的日益繁盛,长江下游地区开启了中华文化传播之旅。黄泗浦是唐宋时期苏州地区入江的主干水道之一,日本遣唐使的船队多在沿线码头停泊补给,黄泗浦也是鉴真第6次成功东渡的启航地,成为中日文化交流史上的标志。宋元时期,太仓刘家港依托漕粮海运繁荣发展,海运仓遗址和樊村泾遗址成为海运重要的后方仓库。出海前祭拜之所——浏河天妃宫香火不断,郑和由刘家港起锚远航西太平洋和印度洋,与30多个国家和地区开展文化交流和贸易往来,刘家港成为走向世界的“天下第一码头”和海上丝绸之路重要贸易港口。鉴真东渡、郑和下西洋这些重大历史文化事件是长江苏州段独有的文化标识,展现了“宣德化而柔远人”的对外交流政策导向,长江苏州段也成为我国优秀传统文化走出去的见证地之一。

(一) 黄泗浦与鉴真

黄泗浦,位于张家港市东郊,唐代高僧鉴真第6次东渡日本启航处。因其纵贯考古遗址核心区,故名“黄泗浦遗址”。遗址位于张家港市杨舍镇庆安村与塘桥镇滩里村交界处,于2008年11月被发现。

黄泗浦遗址

2008年12月至2018年12月，南京博物院联手苏州市考古研究所、张家港博物馆先后对黄泗浦遗址进行了6次考古发掘，发掘面积达8000多平方米。2013年5月，黄泗浦遗址被公布为第七批全国重点文物保护单位。2019年3月29日，黄泗浦遗址入选“2018年度全国十大考古新发现”。

黄泗浦，原名“黄歇浦”，距今已有2200多年。史载，公元前247年，楚考烈王把吴地江东12县，即今苏锡常和上海一带，封赐于春申君黄歇。吴地靠江襟湖，地势低洼，水患频发。古吴越地方史籍《越绝书》记载了黄歇疏浚河道、抑制水患、兴修水利、造福生民的事迹。“黄泗浦”的叫法，还见于日本真人元开撰写于公元779年的《唐大和上东征传》中，其中比较明确地记载了鉴真和尚第6次从黄泗浦东渡日本的过程。

而依据日本研究鉴真的权威学者安藤更生的考证和文献记载，大致可得出日本遣唐使于盛唐时期基本的往返路线：从日本出发到中国明州（今宁波），江苏黄泗浦、扬州，河南洛阳，陕西长安；返回时，自长安、洛阳、扬州、黄泗浦出海至日本。

黄泗浦遗址形状大体为东西长、南北窄的不规整长方形。黄泗浦遗址出土器物以青瓷片为主，并有少量陶器、石器、文字砖、金银器等。黄泗浦遗址中，诸多唐代时期遗迹的发现和大量遗物的出土，为实证鉴真从黄泗浦启航东渡提供了无可替代的考古学资料。

（二）太仓樊村泾元代遗址

位于太仓市城厢镇樊泾村小区西侧、上海西路北侧、至和塘南岸，原为太仓市一中及现代居民区所用地块。2016年1月中旬，太仓市樊

太仓樊村泾元代遗址发掘区域全景

泾河北延沟通工程施工，开挖河道取土时发现大量瓷片堆积，经苏州市考古研究所工作人员实地踏查、勘探，判断此处存在一个以元代中晚期龙泉窑青瓷为主要遗物的大型遗址。文献记载，此处原有一条古河道樊村泾，遗址分布于樊村泾东、西两岸，且主要文化内涵时代为元代，故命名为太仓樊村泾元代遗址。这是目前发现的一处极为重要的瓷器仓储遗存遗址。经过2016年初至2017年底近两年的抢救性考古勘探、发掘，遗址发掘面积约13000平方米，出土以龙泉青瓷为主的遗物150余吨。该遗址是江南地区元代考古的重大发现，是太仓历史上参与海上丝绸之路的重要历史见证，为当下海上丝绸之路申遗增添了重要证据，其发现与发掘具有重要的现实意义。在挖掘过程中，发现了大型仓储遗存、居住基址、道路、桥梁基址等元代太仓城市规划、建设的重要组成部分，揭开了太仓城市考古的序幕，为研究太仓城建和历史文脉提供了翔实物证。

考古发掘中还发现了目前除龙泉窑址考古之外规模最大的一处龙泉窑青瓷遗存，出土数以吨计的元代中晚期精美龙泉窑青瓷器、瓷片，数量惊人，在全国范围内都称得上独具特色，对补充元代龙泉窑青瓷标型器和建立元代龙泉窑青瓷标本库具有重要的学术价值。同时，枢府瓷、元青花残片、青瓷（青白瓷）点褐彩器，是苏南地区瓷器标本的重大发现，弥足珍贵，填补了苏州地区文物馆藏的空白。

发掘出土的残瓷器主要是在遗址区域中转过程中的损耗品，无论从数量还是种类上，都具备了一个大型瓷器仓储、瓷器贸易集散地的特征。如此大规模的经济贸易事迹却未发现与之相关的史料记载，因此，本次发现不但弥补了文献史料的不足，而且印证了刘家港无愧为“天下第一码头”的事实。

樊村泾遗址出土的青釉印花杂宝纹盘

另外，考古发掘出土的瓷器器形纹样与20世纪70年代韩国新安沉船出水的龙泉窑瓷器高度一致。出土瓷器与仓储、河道码头、生活建筑等遗存，填补了本地区元代海外瓷器贸易相关遗存的空白，从物的角度证实了太仓是元明时期海上丝绸之路重要港口之一，瓷器曾在此集结，远销海内外。该遗址为太仓对接“一带一路”以及海上丝绸之路研究提供了新的材料，具有重要科研、历史价值，是一次极为重要的考古新发现。

一个被称为“六国码头”的开放大港

“六国码头”是指刘家港，号称万里长江第一港。漕运勃发，海贸隆盛。明代大航海家郑和七下西洋，六次从这里起锚，是与当时埃及亚历山大港媲美的大海港。

元明时期，太仓是巨艘万斛、辐辏云集的“海上丝绸之路”的坐标性城邑。据明代太仓文士张寅《海运考》所记，有关太仓海漕的行运历史，可上溯至秦，而唐皆行循之。到了宋代建都汴

太仓海运仓遗址

京，漕运之法分为四路，海运遂废。元朝建立之后，太仓漕运与海运勃兴。

据《大元海运记》记载，泊驻太仓港的官方粮船占全国总粮船数的三分之一还多。太仓因此成为海漕、商贸大港。元延祐元年（1314），昆山州治迁到太仓，同时置海运仓于太仓南码头，即海运仓旧址。

明初时，刘家港是首都南京通海的最近门户，实为咽喉之地。明洪武十二年（1379），设镇海卫指挥司千户所于刘家港。永乐初，郑和率庞大船队进驻刘家港。郑和为正四品钦差，在刘家港湰漕口设钦命通番正使总兵官行署衙门（俗称郑和行辕）。永乐二年（1404），因明初以来倭夷不断骚扰中国东南沿海地区，郑和奉命由刘家港率十万水师经明州（今宁波）桃花渡直取东洋，耀兵于海，震慑日本，确保了明初海防安宁。永乐三年，郑和又率庞大船队从刘家港出发，开始了七下西洋的壮举。

郑和行辕是郑和七下西洋的陆上指挥中心之一。舟师每次出发前，集中在刘家港候风卜吉待航，停留十天半月，郑和行辕指挥水军舟师登船候命待发，并装载给养粮水，招募水兵，增补吏胥管事，搬运赏赐宝物、丝绸、瓷器等。每次船队渐次归航刘家港时，郑和行辕也是一派繁忙，指挥船队进港安泊，安排装卸物品、整修船帆，安置吏员、将士、管事、杂役休息待命。郑和则带领番使、随从赴京奏陈复命。凡有赏赐，也由郑和行辕发放。由于历史上刘家港一带战火频繁，郑和行辕已毁，今不存。

明时，这里有天地等字贮粮廒房91座，共计919间。史料载述，当时的进口物资以黄金和木材为大宗，间有多种工艺制品；而输出物资主要为丝绸、茶叶、瓷器、文具、书册等。

“六国码头”这一名称开始出现见于明代弘治十三年（1500）刊印的《太仓州志》中。“元至元十九年，宣慰使朱清、张瑄，自崇明徙居太仓，创开海道漕运，而海外诸番因得于此交通市易，是以四关居民，闾肆相接，粮艘海舶，蛮商夷贾，辐辏而云集，当时谓之‘六国码头’。”

关于“六国码头”具体是哪六国，清人郑光祖撰著的《醒世一斑录》中有详细的记载：“太仓州城外，有一处地名‘六国码头’。士人犹能举六国之名曰：大、小琉球，日本，安南，暹罗，高丽也。前朝以来，刘河、吴淞江皆广阔，六国商贩聚集。虽不若粤海、澳门等处，而码头之名，迄今不改。”

当然，“六国”之称，其实也并非仅此六国通商，事实上，元明时代与太仓通商贸易的国家和地区远不止六国。

第四篇

运济天下

人语嘲喧晚吹凉，万窗灯火转河塘。
两行碧柳笼官渡，一簇红楼压女墙。
何处采菱闻度曲，谁家拜月认飘香。
轻裘骏马慵穿市，困倚蒲团入睡乡。

［宋］范成大《晚入盘门》

〔清〕《江苏水利图说·南北运河全图》苏州段（王晗绘制）

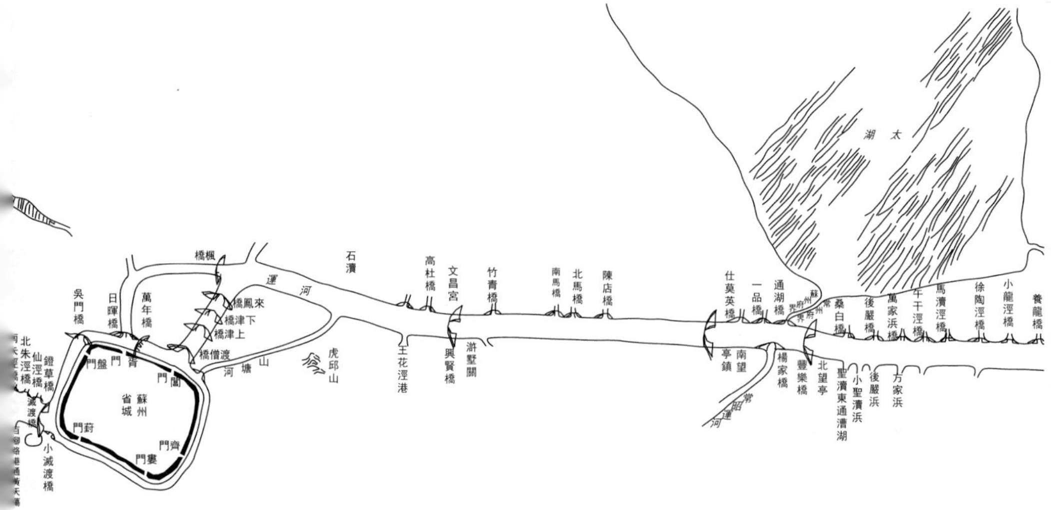
太湖
楓橋
吳門橋
日暉橋
萬年橋
來鳳橋
下津橋
上津橋
渡僧橋
石瀆
運河
山塘河
虎邱山
高杜橋
文昌宮
竹青橋
南馬橋
北馬橋
陳店橋
王花涇港
興賢橋
滸墅關
一品橋
通湖橋
蘇州府界
常州府界
桑白橋
後嚴橋
萬家浜橋
午干涇橋
徐陶涇橋
小龍涇橋
養龍橋
南望亭鎮
楊家橋
豐樂橋
北望亭
小聖濆浜
後嚴浜
方家浜
常昭運河
蘇州省城
胥門
閶門
盤門
葑門
齊門
婁門
北朱涇橋
仙涇橋
鐙草橋

这是宋代大诗人范成大的诗篇《晚入盘门》。运河环城自北而南，至此折而东去。范成大夜晚坐船由石湖至盘门，写下了他所见所感的运河水上风貌。清代袁景澜《吴郡岁华纪丽》中曾说："吴故水乡，非舟楫不行。苏城内外四面环水，大艑小舫，蚁集鱼贯。"查阅史料知，在大运河和长江航行，若顺水，一日可走五十里；如逆水行舟，则一日三十里。航运的发达带来了商业贸易的繁荣。在天堂苏州，有一条长长的运河；运河的两岸，人文鼎盛，经济领跑，山水俊秀；这条美丽的长河，在苏州纵贯5000年华夏文明的尺度上熠熠生辉。

作为世界上开凿最早、里程最长、规模最大的人工运河，中国大运河贯通南北、联通古今，是人类水运工程的杰作，是中华民族繁荣兴盛的历史见证。2014年成功列入《世界遗产名录》。2024年是中国大运河成功申遗十周年。

中国大运河由京杭大运河、隋唐大运河、浙东运河三部分构成。其中，京杭大运河包括通惠河、北运河、南运河、会通河、中运河、淮扬运河和江南运河七段，而江南运河是大运河的雏形，最早开凿于公元前6世纪。大运河苏州段地处江南运河的中段，地理位置优越，是最早的人工运河，是大运河的发祥地。

第一节 前世今生

大运河苏州段地处江南水乡胜地，运河水系特色极为明显。大运河苏州段与自太湖通向长江的太湖水系之间，在走向等方面存在差异，在水流上存在交错，形成了大运河与本地水乡生态环境之间的相互作用，以及在运输、防洪、治污等方面互为影响的关系。由此形成了大运河苏州段的水系特色，奠定了文化传承的基础。

知识链接 运河水系

与一般自然河流支流汇聚形成干流的树枝状水系或长江三角洲水乡地区的水网形态不同，运河一般只由其干流组成水系中的航运主干，有着目的性较为明显的起止端点，常辅以相应的管理、供水等系统，并由人工维持其高效运转。同时，运河主干与所经地区的自然河道及其他人工河道相交汇，从而构成一个在河水流向、流量乃至物流组织等方面相互关联的特殊水文系统，即运河水系。

一、历史变迁

江南运河是京杭大运河的长江以南段，北起镇江，经常州、无锡、苏州、嘉兴到杭州。苏州段自与无锡交界处的沙墩港起，向东南经望亭、浒墅关，至枫桥后分流。运河新线自枫桥向南，在横塘镇过胥江以后，在胥江与石湖之间折向东行，至宝带桥汇入运河古道；运河古道自枫桥沿上塘河向东至阊门五龙口，接苏州外城河、山塘河以及阊门水城门河道，沿外城河向南经胥门接胥江，在苏州古城西南经盘门折向东，至古城东南觅渡桥折向南往吴江，在澹台湖宝带桥之北接运河新线；20世纪50年代末至90年代初，运河曾于横塘至泰让桥之间借道胥江，接入外城河。自宝带桥向南，运河经吴江松陵、平望、盛泽，于王江泾入浙江境。

江南运河苏州段以苏州古城为节点，自北为西北—东南走向，向南为南—北走向，纵贯苏州全境。运河西侧为沿太湖区域，东侧则为水网湖荡区域，与望虞河、胥江—娄江、吴淞江、太浦河等湖水东泄的水道相交汇，对太湖流域水系流量起到了重要的调节作用。近年，因苏州对太湖—望虞河—长江一线水源日益重视，江南运河与望虞河之间修建了水系立交工程，也是江南运河与周边水系之间的一种全新关系。

苏州与运河的渊源由来已久。苏州运河的悠久历史可追溯至公元前6世纪。苏州古城的前身为春秋时期吴国都城阖闾大城。公元前514年，吴王阖闾委派伍子胥建造阖闾大城。作为总设计师，伍子胥建造阖闾大城时“相土尝水，象天法地”，进行地质勘察，讲究天人合一，根据水乡泽国的地理特征，利用天然水道，理水为河、垒土为墙，城外挖掘一道护城河，城墙四周开设水陆城门各八座，水城门沟通内外河流。阖闾大城的护城河就是最早的一段运河，八座水城门便是运河上的特殊建筑，距今已有2500多年。也就是说，苏州运河与古城同龄，是一起诞生的，也是江南运河的雏形。

公元前506年，吴王阖闾为了与楚国争雄，又命伍子胥开凿胥溪。胥溪自胥门起，入太湖，经宜兴、溧阳、高淳，在安徽南部芜湖注入长江。公元前495年，吴王夫差为北上争霸，开挖了一条自苏州经无锡至常州奔牛镇与孟河连接的人工河道，可达长江。以上两条人工河道均为江南运河的早期河段。

吴王夫差于公元前486年挖邗沟，称霸中原。公元前210年，秦始皇又在丹阳到丹徒间开凿了一条运河，与吴国开凿的渠道相接，即后来所说的“丹阳水道”，构成了历史上最早的苏南运河。

隋大业六年（610），隋炀帝下令在原有河道的基础上，贯通北起镇江、南至杭州的江南运河。自此，苏州运河被正式纳入大运河水系，成为大运河的重要通道。

隋唐以后，苏州因大运河成为万商云集的繁华之地。宋庆历年间沟通了吴江至平望的陆道，形成了一条贯通南北、水陆俱便的通道，这就是历史上有名的“吴江岸”，也叫“吴江塘路”，又称“石塘”。从此，大运河与太湖分开，解决了挽纤不便、驿递不通、行道不通的问题，同时大运河与环境演化的关系也进入了一个新的篇章。至今，吴江境内尚保存着一段塘路遗迹。

元明之时，北京成为都城，原有的运河格局变化为京杭大运河。苏州所在的长江三角洲依旧是大运河的南方端点；大运河仍旧发挥着南粮北运的功能，被称为“漕河”。明朝中后期，苏州逐渐成为全国的经济中心，而经济的繁荣也带来了文化的兴盛，苏州阊门商业的繁荣主要依靠着大运河。

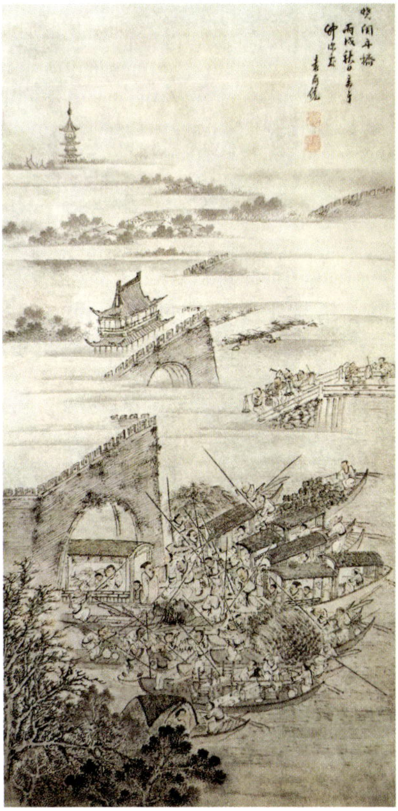
〔明〕袁尚统《晓关舟挤图》

入清以后，至康乾盛世，国力臻于鼎盛，江南地区发展更快，苏州一跃成为全国最繁华的城市之一，商业也达到了空前繁荣的程度。商市从吴阊到枫桥，列市二十里。阊、胥两门“百货堆积，店铺毗连”，成了“万商云集，客货到埠，均投出售”的商贸中心。“五更市买何曾绝？四远方言总不同”的诗句是对当时苏州繁华景象的生动写照。从阊门至胥门，运河码头接连不断，“各省都会客货聚集，无物不有，自古称为天下第一码头”。清乾隆年间苏州人徐扬绘制的《姑苏繁华图》(《盛世滋生图》)长卷,真实细致地描绘了苏州城阊门、胥门外大运河上舟船云集、两岸市廛鳞次栉比的盛况。

清朝末年,苏州成为国内外开埠通商的城市之一。始设的海关就在大运河觅渡桥畔,苏州人习惯称其为“洋关”。苏州最早兴办的近代工业苏纶纱厂和苏经丝厂也建在今人民桥南的大运河边上。民国时期陆续兴起的民族工业都依靠大运河运输原料和产品。

中华人民共和国成立后,苏州市对运河进行了治理,改善了“黄金水道”的通航条件。目前,大运河苏州段依然是最繁忙的河道之一。可以说,大运河苏州段孕育了苏州城市的繁荣和发展。

二、两两相望:从望亭到平望

大运河苏州段,因水文特征、航道属性、工程设置等情况的不同,以及历史上主航道的改道传承关系有明显的差异,可以综合区分为四个区段。

(一) 苏锡段

自丰乐桥(五七桥)过望亭、浒墅关至枫桥上塘河口附近。大运河自沙墩港北侧丰乐桥连接无锡段,往苏州方向干流基本为单一直线。所经古镇有望亭、浒墅关和枫桥,重要古迹有浒墅关文昌阁、十里亭等。十里亭对岸的白洋湾,为山塘河西北端与大运河相连接之处,但其河口及水系已不甚清晰。山塘河东南端,与大运河阊门段直接相连,民国时期地图也有将山塘河标记为运河干线的情形。为确保水环境质量和运河水量稳定,苏锡交界处的大运河通过望虞河枢纽工程与望虞河之间实现立体交叉,互不干扰。

(二) 古城段

自枫桥至宝带桥北新老运河交汇处。此段大运河原先主要沿外城河过苏州城。中华人民共和国成立后，因运河水运需求提升、运量增加，运输船只吨位变大，航道等级不断提升，先后形成古城段的三条主线。

其一为大运河城区故道。大运河干流自枫桥经上塘河往苏州古城，到达苏州最为繁华之所在——阊门，此段河道又称为“阊西运河”。向浙江嘉兴方向的运河主航道，由阊门，经胥门、盘门、吴门桥、觅渡桥，至于宝带桥。此为中华人民共和国成立之前，大运河经过苏州城的主航道。大运河干流沿外城河傍苏州古城而行，历史最为悠久，对苏州经济、文化影响最为巨大，留存的古迹也最多，其中不乏近代工业的遗存。

其二为大运河新航道。20世纪50年代中叶后，由枫桥向南，拓宽原有彩云港河道，形成大运河新线，于横塘转胥江后折向东，主线借整治后的胥江河道在胥门附近入外城河，再接原先往嘉兴方向的航线，

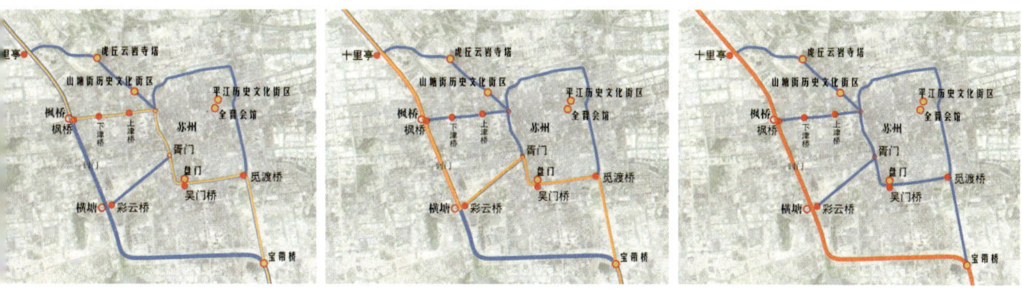

大运河苏州古城段主航道变更示意图(朱剑刚绘制)
左：20世纪50年代前；中：20世纪50年代至80年代；右：20世纪90年代后
(蓝色为现有河道，橙色为大运河主航道)

成为一段时间里大运河苏州段的主要通道。此线路进一步纳入了横塘、枣市街等老镇老街的元素，原彩云港上的亭子桥老桥在此过程中被拆除，彩云桥转向迁建于胥江之上，横塘驿站、彩云桥等古迹的水乡属性得以继承。

其三为现今大运河主航道。20世纪80年代末以后，自横塘经石湖北，过五龙桥南侧，沿澹台湖一线，新挖东西向河道，于宝带桥北侧汇入运河故道，形成苏州古城段最新的运河航线。此次大运河改道中，澹台湖口的宝带桥得以完整保存，目前是全国重点文物保护单位。

（三）苏浙北段

自宝带桥至平望镇南莺脰湖，其中平望往北古称“官塘河”。此段大运河干流水系相对简单，原先基本无大的分支和变化。干流沿线重要古迹除宝带桥外，还有松陵的三里桥、九里石塘，以及平望古镇的安民桥、安德桥等，在运河拓宽的过程中得到很好的保护和修复，目前都是大运河附属的全国重点文物保护单位。此段运河拓宽中，尹山桥在20世纪80年代初被拆除。此外，垂虹桥作为大运河水系中环境变化的见证具有极高的文物价值，目前其遗址得到了很好的保护。大运河在平望镇北与太浦河相汇，运河新航道建设时，从此交汇点向西借1.5千米太浦河为大运河航道，并向南新开航道3千米，进入并列于莺脰湖西侧的草荡，由此保留下平望镇区2.2千米的大运河故道和1.7千米的岫塘故道。由于莺脰湖在大运河历史上具有特殊的地位，在此仍将其作为分段节点。

（四）苏浙南段

自平望莺脰湖至浙江界。平望向南、向西，居吴头越尾之地，历史上形成大运河的三大支线，通向京杭大运河的南端杭州。

其一为东线，大运河平望以南的千年故道，也称“苏嘉运河”，古称“土塘河”。苏州吴江境内，自平望经黄家溪，至于浙江王江泾镇。此段大运河沿线无明显古迹遗存，黄家溪等古镇遭受兵燹而毁坏，至今仅遗古迹泰安桥。

其二为中线，为大运河水运的主航道。自平望至乌镇北侧的油车墩，是20世纪80年代运河航道改造过程中，以烂溪塘为基础拓浚而成的当今运河主线。当时的“苏南运河”工程止于鸭子坝。此线是运河新干线的代表，沿线并无与大运河直接相关的历史古迹，但鸭子坝作为水利和航道建设上的节点标记，较受今人关注。

其三为西线，大运河重要支线。此线即为頔塘，自平望经梅堰、震泽，接浙江湖州境古镇西塘，曾经也是大运河水系中的主要航线。古

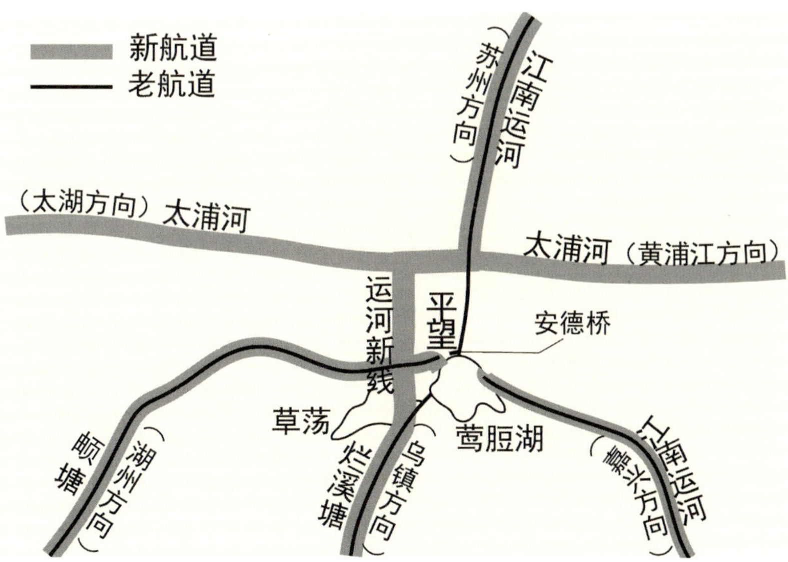

平望莺脰湖“四河汇集”形势变更示意图（朱剑刚绘制）

镇震泽保留有干流沿线重要古迹，体现出历史传承和现代利用并重的状态。

总体来看，苏州运河开凿最早、历史最久，水源充沛、功能显著。这一人与自然协作的水管理与水利用工程，是中国运河开凿与应用技术的突出范例。

第二节　世界文化遗产：大运河苏州段

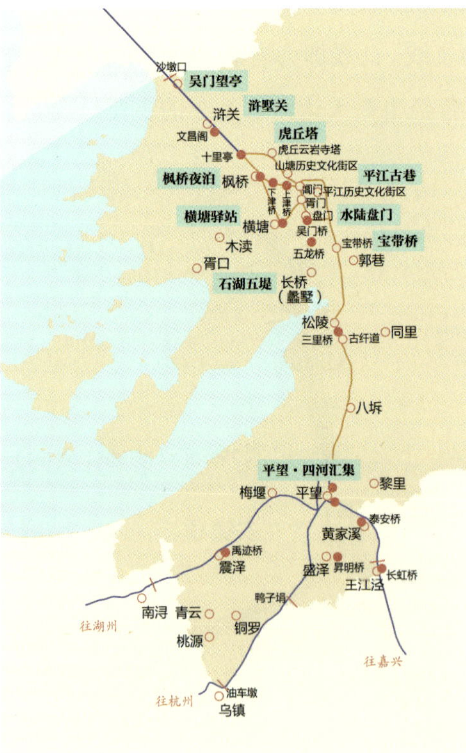

大运河苏州段遗产分布示意图

2014年6月22日，在卡塔尔多哈召开的联合国教科文组织第38届世界遗产大会上，中国大运河项目申遗成功，大运河苏州段也因此列入《世界遗产名录》。列入《世界遗产名录》的中国大运河包括河道遗产27段，相关遗产点58处，分布在8个省市、几十个地级市。其中，大运河苏州段十分抢眼，特色鲜明。

大运河苏州段，是指在苏州大市境内的京

杭大运河航道。列入《世界遗产名录》的大运河苏州段包括4条运河故道和7处遗产点段。4条运河故道是指唐代以来就作为苏州运河航道之一的山塘河、上塘河、胥江、环古城河。7处遗产点段包括：与山塘河并行的山塘历史文化街区，大运河苏州段地标性建筑——虎丘云岩寺塔，明清漕粮仓储地——平江历史文化街区，见证古代大运河南北经济文化交流的全晋会馆，连通古城内外水系的盘门水陆城门，集水利、交通、景观于一体的古代桥梁杰作——宝带桥，江南运河水利工程的杰出范例——吴江古纤道。悠悠山塘河，千年宝带桥，巍峨古盘门……作为中国大运河的发祥地，大运河苏州段独具特色，与众不同。而且，遗产区内保存良好的运河故道和遗产点段，充分显示了大运河注入苏州城，以“三横四直”作为主要水网，成为城市居民重要的生活水源。由此可见，苏州是运河沿线唯一全城受运河水滋养的城市，苏州城与大运河是紧密相连的共同体。

知识链接　古纤道：吴江九里石塘

运河古纤道，原名九里石塘，位于江陵街道中西部京杭大运河西岸，唐元和五年（810）开始修筑，宋庆历八年（1048）增石修治，元至正六年（1346）至七年复以巨石修筑，故又名“至正石塘”。后大半废没。1984年，用原有大青石进行局部修复，共两段，计长1800米。2014年，随着中国大运河申报世界文化遗产成功，运河古纤道由联合国教科文组织公布为世界文化遗产点。

一、大运河“最精彩一段”

大运河苏州段通过山塘河、上塘河、胥江、护城河以及盘门、阊门等水门与苏州内城水系连为一体。其完整的水系网络，构成了贯穿古城中所有重要遗产的体系，意义非凡。首先，大运河裁剪了江南的土地，使得秀美的苏州变成了一幅更加浓墨重彩的画卷，一条长长的流水裁剪出了江南水乡的柔美。其次，运河水系奠定了整个苏州地区的城镇格局，几千年来，城市屡有兴废，但依水而居的城市格局未曾改变过，这不得不归功于苏州大运河以及城内河道的存在。再次，苏州大运河很好地孕育了苏州的城市品格、文化品格。如果说南京是石城、重庆是山城，那么苏州则是水城，这多半是因为苏州大运河的存在。

水城苏州充分诠释了古代筑城与水利技术完美融合的全过程，而大运河所特有的城市文化景观，即是现存的水城苏州。大运河给苏州带来的是密布的苏州水网。大运河绕城而过，运河水滋养着一代代的苏州人，孕育着钟灵毓秀的苏州文化，也使得苏州城的兴衰荣辱与之息息相关。

（一）大运河苏州段是京杭大运河的最早开凿河段

京杭大运河修建于隋代，但许多河段借助了自然河道和老运河而形成。江南运河开挖于春秋晚期，由苏州至孟河河段、邗沟等组成，后来成为京杭大运河的重要组成部分。大运河苏州段地处江南运河的中段，地理位置优越，是最早的人工运河，是大运河的发祥地。

（二）大运河苏州段在古今中外经济交往中发挥着重要作用

京杭大运河开通后，在长达千余年的历史长河里，大运河苏州段承担了漕运、海内外商品运输等重任。唐宋时期，苏州是漕粮的重要产地，国家漕运十之一二来源于苏州，成为“国之粮仓”。明清时期，苏州是漕粮的重要征集地和起运地。大运河苏州段是漕粮的重要源头，成为“国之命脉”，为国家的政治稳定、经济发展做出了贡献。大运河苏州段还通过娄江连通长江口的刘家港，既便利漕粮海运，又便利海外贸易。

知识链接　漕河与漕运

“漕者，水转谷也。”漕运就是通过水道向京师挽运粮食，它是明清王朝的重要经济命脉。在整个漕运体系中，京杭大运河占据极其重要的地位，所以大运河也被称为“漕河”。

明清时期，苏州作为粮赋重地，也是重漕之区，其漕运规模自然非同一般。据李文治、江太新《清代漕运》一书考证，清嘉庆二十三年（1818），苏州府所属九县实征起运漕米72.5万余石。漕运粮食需要有漕船，按规制江浙漕船每只船面长80尺，中阔15尺，船底长59尺，栈深6尺，篷高2.8尺，载运量1000石，每船配有运丁10—12人。嘉庆十六年，苏州府各县派拨运粮漕船1125只。这些船只平时长期停靠苏州，也形成了一个特定的群体“漕帮”（也叫“粮船帮”），带动码头文化和江湖文化传播，其后逐步演变成帮会组织。

漕运极大地带动了南北经济文化交流。除了运粮，漕船重运北上，允许随船附带一定的免税“土宜”（地产商货），至京贸易以获其利。漕船携带土宜数量，明代每船60石，至清代逐渐增至180石以上。漕船南旋回空时也可以携带商货至南方售卖，每石只征白银每两4分的轻税。这种制度安排，对于国民经济生活关系重大。正如时人所言，“向来南省各项商贾货船，运京售卖俱由运河经行”。而运河一旦阻塞，则“南方之货物不至，北方之枣豆难消”。

16世纪末，意大利传教士利玛窦盛赞苏州的繁华富饶：经由澳门的大量葡萄牙商品以及其他国家的商品都经过这个河港，商人一年到头和国内其他贸易中心在这里进行大量的贸易，结果是在这个市场上样样东西都能买到。近代以来，中外贸易日益频繁，大运河苏州段的重要性更加突出。为此，光绪二十二年（1896）清政府在苏州古城东南觅渡桥外设立苏州关税务司署，管辖范围为嘉兴以北、丹阳以南、昆山以西。光绪二十六年又在觅渡桥北设立了一个水文观测站。该水文观测站连续记录水文资料已超过一个世纪，至今仍在使用。

（三）大运河苏州段见证了我国古代先进水利工程的杰出成就

大运河苏州段工程浩大、技术复杂，许多区域是在湿地或是湖荡里挖河筑堤，筑成的河堤还要经受湍急湖水长期冲刷，修筑难度较高。吴江塘路就是其中一个突出的典型。这段塘路从9世纪开始修筑，屡经技术改进，经过数百年实践，至14世纪基本定型，显示出古人的智慧和毅力。吴江塘路的兴建，使得大运河与太湖之间的界限逐渐分明，保证了大运河河道稳定和水源充沛，同时使太湖成为一个基本封闭的系统，提高了太湖自身的蓄水调节能力。吴江塘路为宣泄太湖积水，在江湖互通河道处通过以桥代堤（如宝带桥和垂虹桥），实现通航、过水、纤行的功能，并促使太湖东侧塘浦圩田系统形成。吴江塘路是太湖流域的重要水利枢纽，是中国大运河上杰出的工程体系。

苏州地区河网密布、地形复杂，大运河上的桥梁不仅需要沟通陆路，也要保证大运河航道的畅通，每一座桥梁的设计建造既因地制宜又构造独特。如吴门桥、觅渡桥、吴江的三里桥，采用拱形桥的形式，使航道畅行；宝带桥、垂虹桥所在水域水面宽广，又是太湖泄水口与大运河的交汇处，因而以桥代堤，采用薄墩连锁拱桥的形式，保证了大运河水源及太湖泄水畅通，并沟通了陆路交通，是我国桥梁史上的杰作。根据清末光绪年间不完全统计，大运河苏州段主航道及两侧共有各个时代、各种形态的古桥梁76座之多。

大运河苏州段环绕苏州古城而过，苏州古城内河道纵横，所以苏州城垣的古城门大多设计成水陆两门并行，成为大运河上的特殊工程。对现存的盘门考察可见，采用“抹角背水”的做法，使城防工程与水利设施相结合，是人类创造的杰作。

山塘河

（四）大运河与苏州古城水系融为一体

水城苏州是大运河沿线独特的城市景观。大运河通过山塘河、上塘河、胥江汇入苏州护城河，并与苏州城内的水网河道相连。大运河绕城、穿城而过，古城被大运河水滋养。二者联系之密、关联度之高，是苏州城的兴衰繁荣与大运河息息相关的有力佐证。苏州古城自宋代以来形成的“三横四直”的主干河道系统存留至今。苏州水系造就了古城水陆并行、河街相邻的城市布局，并直接促成了享誉世界的苏州园林建筑。这种水上园林城市景观，在大运河沿线城市中独一无二。

通贵桥狸猫

在苏州大运河流域众多的街巷之中，名胜山塘街，被称誉为“姑苏第一名街”。山塘街始建于唐代宝历年间。宝历元年（825）白居易奉命到苏州任刺史，上任不久，他看到虎丘附近的河道淤塞，水路不通，回衙后，立即找来有关官吏商量，决定在虎丘山环山开河筑路，并着手开凿一条山塘河。山塘河东起阊门渡僧桥附近，西至虎丘望山桥，长约七里，故俗称“七里山塘到虎丘”。这条河在阊门与大运河相接。在河塘旁筑堤，即山塘街。山塘河的开凿和山塘街的修建，大大便利了灌溉和交通，这一带成了热闹繁华的市井。苏州百姓非常感激白居易，他离任后，百姓即把山塘街称为白公堤，还修建了白公祠，以作纪念。

山塘街一头连接苏州的繁华商业区——阊门，一头连接花农聚集的虎丘镇和名胜虎丘山。所以，自唐代以来，山塘街一直是商品的集散之地、南北商人的聚集之处。《姑苏繁华图》里画了当时苏州的一村、一镇、一城、一街，其中一街画的就是山塘街，展现出“居货山积，行人水流，列肆招牌，灿若云锦”的繁华市井景象。

苏州是个水乡，河道多，桥多，而山塘街是最具苏州街巷特征的典型。它中间是山塘河，山塘街则紧傍河的北侧，通过一座座石桥与另一侧的街道连接。山塘街上店铺、住家鳞次栉比，这里的房屋多为前门沿街，后门临河，有的还建成特殊的过街楼。山塘街又是一条典型的水巷，河上装载着茉莉花、白兰花及其他货物的船只来来往往，游船画舫款款而过。这里的房屋沿河有石级，旧时妇女们就在河边洗衣洗菜。那时，有些商贩还摇着小船在河中做生意，卖米、卖柴不消说，还有卖小吃、油盐酱醋的。住在楼上的也无须下楼，只要用绳子把盛东西的篮子吊下去，就可以买到需要的东西。

山塘街分为东西两段。东段从阊门渡僧桥起至半塘桥，这一段大多是商铺和住家，各种商店一家挨着一家，又以星桥一带最为热闹繁华。山塘街的西段指半塘桥至虎丘山。这一段渐近郊外，河面比东段要开阔，河边或绿树荫翳、芳草依依，或村舍野艇、蒹葭苍苍。这里有普济桥、野芳浜等胜景，还有五人墓、葛贤墓等古迹。五人墓安葬着明末颜佩韦等五位义士，他们为了抗议魏忠贤阉党逮捕东林党人周顺昌，率众暴动，最后慷慨就义。再向西行，就到了有“吴中第一胜景”之称的虎丘山。

二、贯通古今的大运河苏州段

纵观大运河苏州段全域，其南北贯通，一水相连，有开放与凝聚、流动与稳定、多样与一体辩证统一的共性，不同的区域也因其自然条件与历史文化的差异而形成特质。与大运河全域的其他区段相较，大运河苏州段的特质简单来说，即经济强、水域富、人文美、颜值高。

（一）金阊擅雄的繁华之源

千百年来，流淌着多方活水的大运河，给苏州带来了富裕与繁荣。明唐伯虎《阊门即事》诗云：“世间乐土是吴中，中有阊门更擅雄。……五更市买何曾绝？四远方言总不同。”清曹雪芹笔下的东南一隅有苏州，有阊门，“最是红尘中一二等富贵风流之地”，这些关于繁华姑苏最生动的写照，永久地烙印在代代中国人的文化记忆里。而因早期大运河水滋养的七里山塘、“金阊”之地，就成了传统中国社会富足昌盛的文化符号。

“金阊门，银胥门”，货栈密布，商贾云集，“米市探听枫桥价，苏州过后无艇搭”，倚靠大运河，苏州在历史上一直是南来北往人员、物流的重要集散地。同样，也是借助于大运河，漕运和海运在苏州形成了彼此呼应的联动效应，为南北物资平衡与往来，以及全国性统一市场的形成奠定了坚实的经济基础。

运河经济，使苏州在明清鼎盛时期成为名副其实的“百业之城”和“百作之城”。天付吴人闲岁月，在这看似优哉游哉、上苍特殊眷顾的背后，是苏州在中国传统社会首屈一指、堪称发达的商业、服务业

城外木材行旧影

和手工业。苏州历史上商业门类齐全，至康熙年间，城内竟有布店76家，金铺珠宝铺79家，木商132家。苏州历来是丝绸手工业重镇，至雍正年间，苏州有踹坊450余家，踹匠2万余人，城东半为机杼声。至同治年间，山西、陕西、河南三省商人在苏所设商号80余家，徽商在泾流纵横、市镇林立的苏州地区更是有“无徽不成镇”的声势。整个明清时期，苏州全城曾出现过160余处地域型的商业会馆。技艺精湛的苏作，几乎覆盖了传统手工业的所有领域，如木作、玉作、刺绣业、刻书业、花木业、制扇业等都居于传统手工业生产的核心位置或引领时尚的领先位置。

位于苏州大运河南端的盛泽镇，偏居江南水乡泽国一隅，原本自然的地理条件并不算优渥，也从来没成为过中国政治、社会、文化的中心地区。借助大运河之利，上达苏城，下联杭城，由大运河联结组织起来的周边水系网络满足了丝绸业对原材料采置、从业者流动、成品输送和经销商往来的运营要求，绿荫响缫车，只种桑麻不种花，丝绸业成为带动一个普通的水乡聚落发展壮大的支柱产业，衣被天下。而这个繁荣的先决条件就是大运河的连通。

由此可见，大运河苏州段是一条通向财富的黄金水道，也必将成为让广大人民群众有获得感的黄金文化带。

（二）通江达海的沧浪之水

大运河苏州段是大运河沿线水源最丰沛、最稳定的区域之一。大运河的开通，对其深度、广度以及水量都有一定要求，所以要使大运河最大程度地发挥运输功能，重中之重是解决水源问题。从历史上大运河所流经的主要区域来看，无论是与北京地区、河淮地区、山东地区还是江淮地区的运河状况相较，环太湖而行、地势平缓的江南运河的水源情况是最为理想的。而就江南运河而言，大运河苏州段所处的中段，地处太湖流域，河湖密布，水系发达，且浅碟形2400多平方公里的太湖在多数时候均能满足稳定而充足的水源补给，周边大小河泊湖荡也均能起到小范围内较为灵活的水量调节作用；较之江南运河由镇江到无锡的北段、由嘉兴到杭州的南段水源多取于江潮的情况，无疑是较理想、较有优势的。

大运河苏州段也是大运河沿线关联水系最发达、最密集的区域之一。大运河由北而来，出无锡向东南到望亭与望虞河立交后即进入苏州段，至苏州城东宝带桥折向南行，在吴江平望与太浦河平交，沿烂溪塘到苏浙边界鸭子坝止。其中，上段南岸与多条入太湖的河道连接，主要有浒光运河、胥江和苏东河等；上段北岸与沿长江水系相通，主要有望虞河、元和塘、阳澄湖和娄江等，其中望虞河与大运河立交，是排泄太湖洪水和引长江水入太湖的骨干河道，元和塘、阳澄湖和娄江均通过苏州环城河与大运河相通，元和塘向北经常熟接常浒河入长江，阳澄湖向东北有白茆塘、七浦塘、杨林塘，分别穿过张家港河入长江，娄江向东经昆山接浏河入长江。大运河下段向南主要与黄浦江水系的吴淞江、苏申外港线、太浦河、頔塘等相交。其中，吴淞江出东太湖瓜泾口，过大运河后向东经昆山石浦进入上海，连接苏州河、蕰藻浜，为苏申内港线；苏申外港线起自宝带桥，东南串联同里湖、白蚬湖，经昆山周庄进入淀山湖；而太浦河作为太湖最大的排洪河道，同时也是向上海供水的主要河道，在平望与大运河相交后东汇入黄浦江；頔塘西通浙江湖州，在平望与运河相交后入太浦河，称“长湖申线”。在苏浙沪一带由江、河、湖、海构成的水域系统中，大运河苏州段起到了通篇贯穿的中枢调度作用。

而大运河苏州城区段在漫长的运河水道变迁过程中，也出现了过去曾作为运河一部分通航而后来遭遇改道的情况，这些旧运河水道包括山塘河、上塘河、胥江横塘至胥门段、环城河。它们和城内水系一起，有其不可替代的构

链接知识　鲇鱼口与鲇鱼墩

鲇鱼口是太湖重要的出水口。苏州曾叫“鲇鱼口”的地方有多处，最有名的是望亭沙墩口的鲇鱼口和东太湖的鲇鱼口，位于吴中区长桥东南与吴江区接壤处的鲇鱼口，因在东太湖内湾处，故也称“东湖”或“东太湖梢”。太湖水经鲇鱼口流入苏州城南，在盘门汇入外城河。

鲇鱼墩，位于阊门外吊桥西堍南侧，阊胥路北端东侧，西起阊胥路，东至南浩街。《吴县城厢图》作“鲇鱼坊”。因此地是个土墩，形状像鲇鱼，所以称“鲇鱼墩”。此处曾是商业集中地，现已成为供居民休闲的街心花园。

筑城市空间的重要性及功用，具有独特的历史价值和文化魅力。由于大运河水道变迁，原本和大运河并不直接连接的水域部分也被纳入了如今的大运河苏州段的范畴，像上方山脚下“十里石湖八里溪”的石湖、太湖历史上重要的出水口——鲇鱼口，也各有其特色和亮点。

（三）光前裕后的文脉源头

从长时段的历史维度上来看，大运河苏州段正处在中华文明内部“上中原”与“下江南”两股历史合力的交会点上。运河之肇，始于江南，始于吴地。一部苏州大运河的历史，和一部苏州城的历史几乎是平行的。从公元前514年伍子胥营造阖闾大城，到公元前506年开凿胥溪，再到公元前495年吴王夫差开凿自吴地连通长江达170千米的运河，中间只隔了不到20年。苏州城的历史已有2500多年，苏州大运河文化的历史同样也有了2500多年，早于同时期邗城的兴建与邗沟的开挖（公元前486年）。春秋吴地运河是春秋末期吴国强盛崛起、积极开拓与中原文化连接交往的起始途径，直接促成了河道的进一步向北——由邗沟联结长江与淮河，极大促进了早期吴越文化与中原文化的相互融合。

2500多年来，苏州大运河围绕着河与城、河与人，留给了后人无尽的历史人文遗产，无数胜迹与故事仍然存活在今人的生活空间和记忆里。这是历史的慷慨馈赠，是古韵苏州的滋味源头。

大运河苏州段遗产范围北起京杭运河与山塘河交汇处，南至京杭运河与太浦河交汇处，遗产区面积642公顷，缓冲区面积675公顷，苏州是运河沿线35个地级市中唯一以古城概念进行申遗的城市。大运河苏州段全线水深2.5米，航宽40—150米，跨河桥梁35座，两岸码头145个、泊位377个。这是苏州水系的重要组成部分，对内通过多条支流与古城区内河道、护城河及长江、黄浦江、太湖、阳澄湖互通，使苏州水系成为内通外联、水脉相接的互动式结构。

大运河及沿线河道的自然及人文建筑也构成了运河流域重要的文脉源流。其中，水域风光有上塘河、胥江、环古城河、苏嘉运河（苏州至吴江段运河）；桥梁建筑有上津桥、下津桥、吴门桥、觅渡桥、宝带桥、彩云桥、垂虹桥遗址、安德桥、安民桥（吴江平望）、三里桥、永丰仓船埠（码头）、枫桥；历史建筑有织造署旧址、苏州关税务司署旧址、丰备义仓、横塘驿亭、三里亭（浒墅关兴贤桥南）、十里亭、嘉应会馆、西园戒幢律寺、留园、寒山寺、瑞光塔、盘门、阊门、胥门、金门、虎丘塔、全晋会馆；近代建筑有苏纶纱厂旧址、日本领事馆旧址、鸿生火柴

觅渡桥旧影

厂旧址、胥江水厂旧址。沿线景点多为国家A级景区：5A级有虎丘、留园、吴江同里古镇；4A级有七里山塘景区、平江历史街区、盘门景区、木渎古镇、角直古镇、寒山寺。此外还有苏州古城。

（四）枕河依巷的姑苏风韵

“三吴之水皆为园”，明人钟惺曾这样高度赞叹江南水乡的“高颜值”。如果用此语来形容苏州大运河历史上流经之处的旖旎风光，也同样适合。苏州大运河的开通和变迁，水环境的提升，对改善人们的居住品质，达成更高层次的生活追求，有着十分积极的意义。比方说，明代苏州大运河水道修治与变迁，曾使得苏州城东娄葑一带水体资源和景观有了很大的改观，直接促成了此地构筑清雅秀美的私人园林的风气，乃至今天这里依旧是有代表性的苏州古典园林现存最为密集的区域。今天，当站在娄门以南、已完成老动物园整体搬迁而景观恢复的林下水涘之时，我们仍然能怡然于其地的水木清瑟、疏朗明秀。而之所以能迅速地完成景观恢复，很重要的一个原因是这里水的大环境基本未变。

娄门与永宁桥旧影

以与运河状况密切相关的城内水系来说，明代中期曾达到过开通利用的流域峰值。由于运河航道不再经过中心城区，也由于之后市井社会的发达、人口密度的增长，填河为地在清乾隆年间达到高潮，城内部分地方渐失枕河依巷之姿。而今天受到人们交口赞誉的平江历史文化街区，正是首先有力地保证了街区河道和巷道的完整性，甚至还对中张家巷被填的原有河道进行恢复，这一街区的开发建设才获得了很大的成功。目前，沿着平江河过白塔东路往北的路段也得到了开发，而在其过干将路往南直至望星河的路段依稀是往日的模样。大运河苏州段不断优化的水环境，给了人们无穷的畅想灵感，滋养了当地精彩纷呈的文化艺术。

第三节　大运河苏州段国家文化公园及苏州“运河十景”

以国家文化公园的形式推动大运河的保护与利用，是我国高质量发展背景下的一项文化创新工程，不仅有利于大运河遗产的保护与利用，更是传承大运河精神、保护修复沿线名城名镇、建设遗产生态廊道，推进文化和旅游融合发展，从国家层面打造文化形象的集成创新工程。

大运河苏州段是大运河全线历史最为悠久、文化遗存最为丰富并保存尚好的一段，具备开展大运河国家公园建设示范的良好基础和客观条件。按照《大运河国家文化公园（江苏段）建设保护规划》的要求，根据大运河苏州段文物和文化资源的整体布局、禀赋差异以及周边人居环境、自然条件、配套设施等情况，结合苏州市国土空间规划，在综合评价的基础上，塑造点、线、面互相衔接的大运河国家文化公园

（苏州段）总体格局，重点建设管控保护、主题展示、文旅融合、传统利用四类主体功能区。

2023年，江苏发布了大运河文化带和国家文化公园建设创新案例30个，《苏州市建设“运河十景”勾勒现代版“运河繁华图”》榜上有名。苏州“运河十景”基于宝贵的文化资源、人文历史、区位特点和群众需求应运而生。苏州把国家战略部署与具体实践有机结合，把保护优先、合理利用和活态传承融会贯通，让古城古镇、古典园林、传统非遗等“活”起来、“亮”出来，让古老的大运河焕发新的生机活力。

苏州“运河十景”建设是打造大运河文化带最精彩一段的重要内容，被赋予弘扬和提升“江南文化”品牌的重要使命。具体来看，苏州“运河十景”包括吴门望亭、浒墅关、枫桥夜泊、虎丘塔、平江古巷、水陆盘门、横塘驿站、石湖五堤、宝带桥、平望·四河汇集。

一、吴门望亭：吴门在望有御亭

东归道中（其二）

〔清〕汪琬

望见家山一抹青，澹烟初日漾江汀。

先生才了还乡梦，已报轻帆过御亭。

以上这首诗出自一组组诗，名为《东归抵望亭作》，这是第二首。作者是清初苏州著名文人汪琬，他曾于康熙年间举博学鸿词科，被授予编修之职。对这样一位阔别吴门已久的游子而言，望亭到了，熟悉的风物又在眼前，那就是家到了。

今日京杭大运河由北向南，一路蜿蜒，过了苏锡交界处横跨运河的丰乐桥，就到了苏州境内，而沿线流经的第一个乡镇即为望亭。后人在回溯望亭地名由来时，经常会提到南朝大诗人庾信的父亲庾肩吾留下的《乱后行经吴御亭》，诗里的开头四句是：“御亭一回望，风尘千里昏。青袍异春草，白马即吴门。”这首古诗后世通行的版本里多作“御亭”，而早期流传的版本里也有写作“邮亭”的。这里的“御亭”有学者考证说是源于三国时期，为东吴孙坚在此所置亭。顾颉刚先生《苏州史志笔记》甚至将亭的来历上推到了秦代的乡亭行政区划。方志里还记载唐贞观年间，常州刺史李袭誉依据庾诗直接将“御亭”改成了“望亭”。望亭的名称来自一首诗，这和宋代大臣王珪因张继《枫桥夜泊》将“封桥”改为“枫桥”的情形相仿，诗性江南的文化属性同样也隐含在水乡泽国地名的人文色彩里。

望亭是今日京杭大运河由北往南流经苏州地界的第一站。春秋

望亭吴门长洲牌坊（刘洋摄）

时，周边一带有吴王狩猎的场所——长洲苑。望亭是吴地水乡重要的往来驿站。唐代白居易的诗句“灯火穿村市，笙歌上驿楼”，描绘的就是古时望亭驿的繁华盛景。如今的望亭既有良渚、崧泽等远古文化遗

链接知识　稻香小镇

稻香小镇位于望亭镇西太湖区域绿心生态保育区。近年来，望亭镇依托京杭大运河苏州段“运河吴门第一镇”的地理优势，利用沿太湖丰富的水资源，打造以“典型江南、稻香小镇”为特色的新型美丽城镇，取得了显著成效。该镇在辖区北太湖旅游风景区整合太湖、大运河、农业资源，建成长洲苑湿地公园、稻香公园、二十四节气印象等一系列生态及人文景观。2017年6月，望亭镇稻香小镇成功入围江苏省农委发布的105个农业特色小镇名录，成为苏州入选的7个农业特色小镇之一。小镇以农业为基础，有深受家长、孩子喜欢的采摘活动、农业科普、稻作文化体验等项目。特色农文旅活动“太湖稻城·油菜花海”每年两季活动常态化运作。“稻作、古驿、运河”是吴门望亭的3个文化标志，“湖、田、街、桥、厂、站、园、驿”是游览望亭的核心要素。因此，可以以农耕文化、水利工程、工业遗产、非物质文化遗产和现代物流基地为顺序，安排游览望亭的线路。

望亭稻香小镇（薛晓燕提供）

址，又保留了太湖文化、稻作文化的深深印记。而位于沙墩港、被人们称为“水立交”的望亭水利枢纽以及矗立于运河东岸的望亭发电厂，更是中华人民共和国成立以来水利事业及电力工业蓬勃发展的见证。

二、浒墅关：千秋霸图渔舟唱

泊丹阳口号

〔清〕释晓青

快便无过鸭嘴船，一天风顺走三天。

昨朝浒墅关头宿，今日云阳驿口眠。

浒墅关，宋代又称“许市”。明宣德、景泰年间，在此设立的收取运河往来船只钞税的榷关制度渐趋完善，由户部选派官员出任榷关

浒墅关文昌阁（陈连火摄）

主事。浒墅关成为江南运河段仅有的两大钞关之一。清代沿袭这一制度，后主事渐由清廷内务府选派的苏州织造官员兼任。浒墅关舟楫辐辏，往来络绎，素有“江南要冲地，吴中活码头”之称。旧有浒墅关八景，位于运河畔西侧，其中因清乾隆帝品题而改称的“昌阁风桅”是八景之首。

浒墅关是一个有王者之气的地方。原本的水乡荒郊，偏偏就和历史上许多帝王逸事真真假假地纠缠在了一起，让往来的舟客旅人路经此地，平添了多少烟水苍茫、古今兴衰之慨。

先秦时，吴国一意进取中原、北上争霸的雄主夫差落败了，卧薪尝胆的越国君主勾践赢得了最终胜利。公元前473年，夫差兵败国亡，

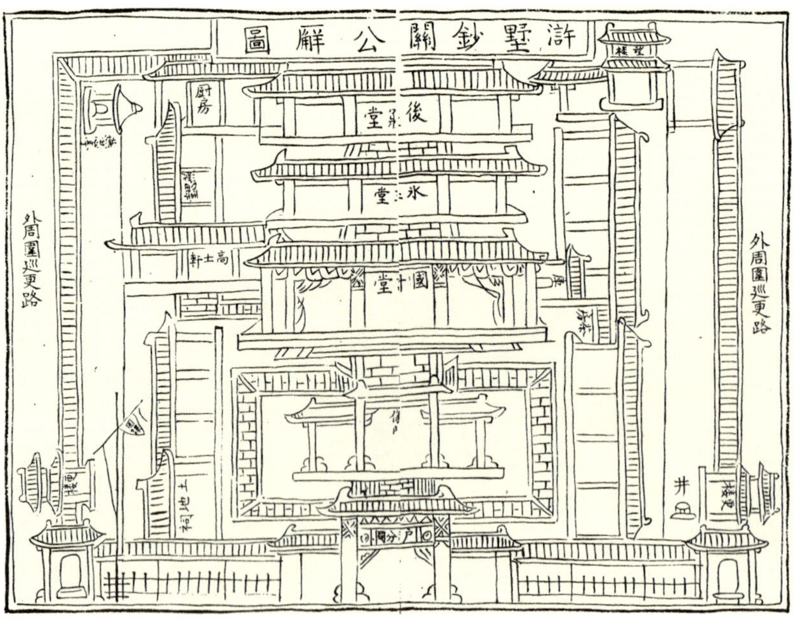

〔明〕嘉靖《浒墅关志·浒墅钞关公廨图》（张文献提供）

逃到了浒墅关境内的秦余杭山（即今阳山）。东汉赵晔应该是有感于兴衰无凭，在《吴越春秋》中对这一幕做了生动的描绘："吴王率群臣遁去，昼驰夜走，三日三夕，达于秦余杭山。胸中愁忧，目视茫茫，行步猖狂，腹馁口饥，顾得生稻而食之，伏地而饮水。"一代霸主竟落得如此狼狈，最终被勾践葬在了阳山。在浒墅关旧志中，说此地原名虎疁，是因秦始皇统一六国后为求得吴王剑，派人马掘阖闾墓，有一只蹲守其上的白虎逃逸至此而得名。到了唐代，为了回避李氏先祖李虎的名讳，于是把第一个"虎"字改成了"浒"；到了五代吴越立国，因要回避吴越王钱镠的名讳，第二个"疁"字又被改成了"墅"。而在民间，老百姓直接把"浒"念成"许"，且有一个关于乾隆皇帝下江南至此错读字的故事流传甚广。清代乾隆帝和他的祖父康熙帝一样，多次下江南，沿运河经过浒墅关。"乾隆下江南"历史上确有其事，但民间的故事却与史实大相径庭。更有意思的是，在老百姓的口口相传中，明代的正德

知识链接　浒墅关关席

南津桥和北津桥是浒墅关历史上两座重要的桥梁。由于浒墅关交通在20世纪60年代以前是以水运为主，加上运河上塘连接枫桥的交通古道董公堤，人流量、物流量很大，因此，浒墅关的街市临河而设，形成"十里长街运河塘"，具有典型的"两街夹一河"的江南水乡特色。北津桥是宋代就建造了，因此，桥墩两侧早就形成街市。历史上浒墅关镇上有60多家草席专卖店，而北津桥西侧就集中了20多家草席商号，著名的浒墅关"贡席"、和合席、双草席、隐梢席、通草席等品种琳琅满目。浒墅关关席曾称"龙席"。其席茎韧而不露，席边纹路美观，而席面编织得紧，泼水也不漏，因此就远近闻名了。

皇帝也子虚乌有地下了回江南。在昔日江南水乡，民间曾有一种“夜航船”，大抵行程耗时一个晚上，夕发朝至。船上空间狭小，人员拥挤，再加上水面风波晃动，坐船的人往往难以入眠，在这样的时刻，历史风云便被演绎成了渔樵闲话，就很能理解了。

三、枫桥夜泊：夜泊诗咏成佳作

枫桥夜泊

〔唐〕张继

月落乌啼霜满天，江枫渔火对愁眠。

姑苏城外寒山寺，夜半钟声到客船。

枫桥景区，以寒山古寺、江枫古桥、铁铃古关、枫桥古镇和古运河“五古”著称。枫桥镇，因枫桥得名。古桥紧依运河，横跨枫江，为官道（古驿道）必经之所在。唐以前，枫桥称“封桥”，官府在此设卡检查过往商旅船只，每晚苏州城的城门关闭后，运河即封航，船舶要在此停泊待旦。这也就有了张继的《枫桥夜泊》一诗。从此，这首诗成了苏州城的一张名片，让大运河上的古镇声名大噪，响彻全球。依河而建的枫桥镇，自隋唐以来，随河成市，因水成街，依市成镇。宋元之际，枫桥以市肆闻名。至清代，以枫桥为中心，形成了全国最大的米豆集散地。至今，当地还流传着“探听枫桥价，买米不上当”之说，枫桥米市的枫斛也成为当时全国米粮度量器具的标准。1949年4月27日，苏州城解放的第一枪是在铁铃关打响的。20世纪50年代，大运河苏州段实施了枫桥裁弯取直的急湾改造工程，至此，在新老运河之间，形成了一个新的岛屿——江枫洲。

“寒雨连江夜入吴，平明送客楚山孤。”在中国历史长河中，吴、楚并提似乎由来已久。春秋吴楚故地，就是现在的长江中下游一带，文脉相连，同气连枝。苏州城的发展，吴文化的发源，都与“楚”有关。商末周初，泰伯奔吴，建立了勾吴国。春秋末年，阖闾、夫差父子相继为王：公元前515年，公子光派义士专诸以鱼肠剑刺杀吴王僚，这就是历史上著名的“专诸刺王僚”；公子光夺得吴国王位，史称吴王阖闾，为吴国的第24任君主，他励精图治，重用楚国人伍子胥和齐国人孙武等贤才，开创吴国霸业。伍子胥“相土尝水，象天法地”，在顺应天地自然的基础上，建了一座规模宏大、气势雄伟的阖闾大城。如果说楚国人伍子胥建造了苏州城，那么，同样是湖北人的张继则宣传了苏州城。千年前的一个夜晚，张继行舟至此，作了千古绝唱《枫桥夜泊》，影响深远。

枫桥铁铃关

四、虎丘塔：矗立千年的大运河航标

忆虎丘

〔明〕申时行

燕台极目楚天长，遥忆生公旧讲堂。

宝塔至今藏舍利，剑池何处觅干将。

川原历历云千顷，松桧亭亭月一方。

为语山灵长好护，予将投绂向沧浪。

虎丘山素有“吴中第一名胜”“江左丘壑之表”之称。游船沿着苏州山塘河迤逦而行，夹岸垂柳间，虎丘塔宛如挺拔向上的竹笋，从塔尖到塔身渐次映入眼帘，古朴苍凉，却又清丽动人。连同虎丘山山体，总高约80米的虎丘塔在江南平原十分惹眼。漫长的岁月里，虎丘塔一直是大运河进入苏州段的航标性建筑，为南来北往的船只指引方向。追寻历史，虎丘塔出现过多个版本，最早的是南朝塔，后来是隋塔。现存之塔兴建于五代末年到北宋初年，至今已有1000余年历史。因虎丘山上的寺庙一度称“云岩禅寺”，这座塔又被称为“云岩寺塔”。这座七级八面、以砖结构为主的仿木结构楼阁式佛塔，高47.7米，塔体向北偏东方向倾斜，塔顶中心偏离底层中心2.34米，最大倾斜度3° 59′，为世界著名斜塔，1961年3月被国务院公布为第一批全国重点文物保护单位。塔内曾发现一批珍贵文物，其中五代越窑青瓷莲花碗用秘色瓷工艺烧制，为稀世珍宝，现收藏于苏州博物馆。塔下的剑池，一般认为是春秋末期吴王阖闾的墓葬。

别看虎丘塔诞生时间很早，她可是有“出生证”的：1957年修塔时发现，塔砖刻有“已未建造”“庚申岁七月羊日僧皓谦督造此寺塔”等文字，塔中出土的经箱上则写着“建隆二年十二月十七日入宝塔”。

虎丘塔旧影

这些“出生证”明明白白地告诉大家：现存的虎丘塔是公元959年动工，961年建成的。从建成之时算起，虎丘塔截至2024年已走过1063个年头，可谓“千岁大人”，历史价值举世瞩目。虎丘塔原先外观就像北寺塔一样，是有木质塔檐的。只是后来因为战火，塔檐被烧毁，才只剩下了中间的砖砌塔身。专家考证发现，在全国现存的八角形楼阁式宝塔中，虎丘塔是最早的建筑，而且规模宏大，结构精巧。凭着这些因素，1961年3月国务院公布第一批全国重点文物保护单位的时候，虎丘塔当仁不让位列其中。

虎丘塔不仅是大运河重要的航标，也是文化坐标，是公认的苏州古城标志性建筑。这一方面源于其斜而不倒的另类造型，另一方面得益于其深厚的人文底蕴。自建成以来，重达6100吨的虎丘塔经受地基不平、地震、风雨、雷电、战火等的考验，塔体倾斜，但斜而不倒，惹得大家纷至沓来，都想看个稀奇，探索一番个中奥秘。虎丘塔的人文，体现在结缘了诸多名人，如明代的申时行、王鏊、“江南第一风流才子”唐伯虎等等。还有北宋大文豪苏东坡，他既是文学家、书法家，又是美食家、画家，还是治水名人。他来苏州时常去虎丘，还留下了“过姑苏，不游虎丘，不谒闾丘，乃二欠事”（民间流传版为“到苏州不游虎丘，乃憾事也”）的断言，更加增添了虎丘的知名度。

知识链接 **虎丘云岩茶**

云岩茶，又叫白云茶。据记载，白云茶香味如兰，品相极佳，是中国茶中上品，与湖州顾渚紫笋茶、宜兴阳羡雪芽茶齐名，在唐代被列为贡茶。茶圣陆羽在安史之乱期间，曾隐居于湖州苕溪顾渚山撰写《茶经》初稿。后于唐贞元年间，来到苏州虎丘山，研究虎丘山水、茶树栽培、品茗道法。同时继续写稿，修改补充，历十余年终完成定稿，于唐德宗年间刊印。故有“世界茶道源中华，中华茶道源顾（渚）虎（丘）”之说。

相传茶圣陆羽在虎丘居住期间，在山上发现了一处山泉，陆羽称虎丘石泉为“天下第五泉”，而刘伯刍品为“天下第三”，古代文人苏轼、文徵明等，都为虎丘茶称绝，“一时名艳天下”，只可惜其不多产。明代虎丘僧房皆植茶树，僧人喜饮茶，善茶艺。其中于谷雨前摘细芽，焙炒烹饮的名为“雨前茶”，“其色如月下白，其味如豆花香”，“最号精绝，为天下冠”。

顾湄在康熙十五年（1676）修的《虎丘山志》中具体描述虎丘茶的特点是：“叶微带黑，不甚苍翠，点之色白如玉，而作豌豆香，宋人呼为白云花。”清代的茶学家陈鉴在补注《茶经》时也记载了虎丘茶，他说虎丘茶树开的花“比白蔷薇而小，茶子如小弹”。他还直称《陆羽茶经》为《虎丘茶经》。

应该说，自唐至明，虎丘茶都很著名。但自明代后期，虎丘茶却慢慢销声匿迹了，这是为何呢？

多数学者认为是地方官吏敲诈勒索所致。相传，明代天启四年（1624），当时的虎丘茶园归虎丘寺和尚管理，属寺产。这年有个朝廷大员驾临苏州城。他早闻虎丘茶大名，本人又嗜茶。于是，他利用职务之便，叫虎丘寺和尚献茶。由于苏州本地有权势而向寺僧索茶者不止一人，加上寺僧自己饮用，就那么几十株茶树，所采茶叶有限，早就无茶可献了。朝廷大员不信，派人把住持捉来，强行索茶，下令对老和尚用刑逼茶。但没有就是没有，造又造不出来。大员无奈，放回遍体伤痕的老和尚。

老和尚被人抬回寺院，全寺僧众无不悲愤。老和尚更是悲愤欲绝，叫小和尚把茶树连根给刨了。清代文人文震孟曾写过一篇文章，题目就叫《剃茶说》，讽喻的就是这件事。自此以后，虎丘茶所剩无几。

当然，也有部分研究者认为是产地太少和掠夺过重双重因素所致。史志记载，明代“虎丘西，山地数亩，产茶极佳”。但因“生长在山陬路侧，产地不广”，致“每岁所产，不过二三十斤”。其中名品更“惜不多产”。且产品多为有司所据有（一作豪右所霸据），“寂寞山家，得一壶两壶，便为奇品”。到明万历年间，每属茶讯，寺僧因不堪大吏的敲诈和杖责之苦，气极之下，遂忍痛“将茶树芟除殆尽”。一代极品，因此而绝。

但民间相传虎丘茶并未灭绝。虎丘茶的炒制技法被山僧大方和尚传

虎丘云岩茶园（郑其婷摄）

到了安徽歙县，并培养出了松萝茶和大方茶两种名茶。大方和尚还从徽州休宁采带了茶种回虎丘培植，按传统方法焙制出新一代虎丘茶，可惜没有流传下来，更缺少记载。另据传虎丘寺僧暗地保留了极少量白云茶种植。乾隆年间，震泽人任兆麟曾在金粟山房访得白云茶树数本，勉为繁殖。今虎丘后山茶室四周还栽有一片茶树，约半亩地。虎丘景区在山北茶园内新辟"云在茶香"景点，供游客休憩品茗。2004年3月，虎丘山管理处特请了安徽炒制松萝茶和大方茶的高手到苏州现场炒制。初春之际，不妨去虎丘品一品这一度匿迹的名茶。

五、平江古巷：姑苏城的千年印记

平江路

范广宪

风土清嘉话昔年，辘轳声起晓风前。

人家独爱平江路，携绠方便汲十泉。

平江古巷，坐落在苏州古城的东北隅。宋代时，苏州称"平江府"，古巷名便起源于此。南宋绍定二年（1229），平江知府李寿朋主持，绘平江府平面图，刻《平江图》石碑，此图为中国现存最大的碑刻地图。在《平江图》上，平江路清晰可辨，是当时苏州东半城的主干道。因路有古井十口，故亦称"十泉里"。清乾隆《长洲县志·学宫图》中，称"平江大路"。自清同治《苏州府志》起，一直称为"平江路"，延用至今。自古以来，苏州运河水一端连接太湖，一端沟通古城水系，交错纵横，形成了水城姑苏"三横四直"的特有风貌。千百年来，平江路完好地保留着苏州古城"水路并行，河街相邻"的双棋盘格局。路西侧的平江河即是古城"三横四直"干流中的第四直河。

平江河宽五六米，是城内较古老的河道之一，它和街区中的胡厢使河、柳枝河、新桥河、悬桥河等一起安静地与平江路相伴千年，共同绘就唐代诗人杜荀鹤笔下“君到姑苏见，人家尽枕河”的生动画卷。有河就有桥，苏州刺史白居易曾有“绿浪东西南北水，红栏三百九十桥”的佳句；近代文化人易君左曾填词曰：“红阑干畔，白粉墙头，桥影媚，橹声柔，清清爽爽，静静悠悠，最爱是苏州。”如果说水是苏州的灵魂，那么，桥便是苏州的风骨。如若在《平江图》上细细查找，通利桥、朱马交桥、胡厢使桥、唐家桥、雪糕桥等一一可见。目前，平江历史街区从南至北有思婆桥、寿安桥、雪糕桥等14座桥，10座在平江河上，4座在平江路上。其中，胡厢使桥与唐家桥，众安桥与小新桥，构成了两处江南水乡独有的双桥景观，美轮美奂。

平江古巷

平江路双桥(朱宏摄)

链接知识 **全晋会馆**

平江路上的全晋会馆是大运河苏州段的遗产点段之一。会馆是大运河沿线工商业发展的产物,记录着历史上富有特色的社会组织形态。明清时期,大运河是连接南北的主要商路,是各地商帮竞相逐利的通途。异地经营的商人们需要一个落脚歇息的地方,需要一个能够联络乡谊、寄居情感的场所,于是,会馆便应运而生。

史料记载,“会馆之设,肇于京师,遍及都会,而吴阊为盛”。得益于大运河苏州段的交通便利,明清时期苏州经济发达,商业贸易往来频繁,成为全国的经济中心,四方客商云集于此。也因此,流寓苏州的商人纷纷设立会馆,全晋会馆便是其中的典范。全晋会馆又称“山西会馆”,位于平江路中张家巷14号,是京杭大运河南北经济文化交流的实物见证。清乾隆三十年(1765),由旅苏晋商集资兴建于山塘街半塘桥畔;咸丰十年(1860)毁于兵火;光绪五年(1879)重建于平江路中张家巷。现为苏州地区保存最完整、最具代表性的会馆建筑群。

六、水陆盘门：全国现存唯一水陆城门

渔家傲·吴门柳（其一）

〔宋〕贺铸

窈窕盘门西转路，残阳映带青山暮。最是长杨攀折苦，堪怜许，清霜翦断和烟缕。　　春水归期端不负，依依照影临南浦。留取木兰舟少住，无风雨，黄昏月上潮平去。

一般认为，盘门的历史可以追溯到春秋后期的吴王阖闾元年，也就是公元前514年。当时伍子胥奉阖闾之命建造大城，《吴越春秋》说这座城“周回四十七里。陆门八，以象天八风。水门八，以法地八聪”。盘门是苏州八大城门之一，应该就是当时兴建的。这样算来，古老的盘门已有2500多年历史了。

据说，由于吴国在东偏南方位，也就是古代阴阳学说里的辰位（辰即龙），越国在南偏东方位，也就是古代阴阳学说里的巳位（巳即蛇），因此，吴国特意在陆盘门上悬挂了木刻的蟠龙，在南大门上悬挂了木刻的长蛇，以示越国臣服于吴国。于是，人们把悬挂蟠龙的城门称为“蟠门”，把悬挂长蛇的城门叫作“蛇门”。

《吴越春秋》说，蛇门上悬挂的木蛇，头部是朝向北面的，那里是吴国王宫所在地——子城的方向，即表明南面的越国臣服于北面的吴国。那蟠龙又是怎么回事呢？唐朝成书的《吴地记》记录：“又云吴大帝蟠龙。”也就是说，蟠龙指的是三国时期的吴国大帝孙权。这样，寓意就更清晰了。

《越绝书》《吴越春秋》等早期书籍都没有直接提到“蟠门”这一名字。而孙权做过皇帝，是所谓的“真龙天子”，完全有资格称“蟠龙”。而且苏州盘门内的瑞光寺，是孙权为迎接西域僧人而建造的。后

水陆盘门（俞学友摄）

来孙权为报母恩，还在寺里建造了一座13层高的宝塔（瑞光塔的前身），孙权的哥哥孙策则葬在盘门外的青旸地……这样，盘门很可能成为孙权经常进出的城门，“蟠龙”进出的城门，自然可以叫“蟠门”了。

那后来为什么又叫“盘门”了呢？《吴地记》言：“又云水陆相半，沿洄屈曲，故名盘门。”在久远的年代里，盘门多次毁坏，多次重修。现存的盘门重建于元末至正十一年至十六年（1351—1356），由陆城门、水城门、瓮城、城楼组成，两侧与城墙连接，总占地面积约12800平方米，相当于30个标准篮球场。

如今，古运河边有盘门三景，由全国唯一保留完整的古代水陆城门——盘门、横跨运河之上的吴门桥、临流照影的瑞光塔组成，而大运河水仿佛一条项链，将这三景完美地串联在一起，成为苏州水韵古城的一张靓丽名片。盘门水陆城门并峙，气势雄伟；吴门桥处水陆要冲，有吴中门户之意，是古城内跨运河单孔高度最高的古桥；瑞光塔初为三国时代吴国孙权所建，宋改建成七层八面，相传因塔现五色光，所以将所在寺改名为“瑞光禅寺”。寺毁于清咸丰年间，瑞光塔耸立至今。

知识链接 冷水盘门

苏州人提到盘门时，往往会说“冷水盘门”。这一说法的根源是这里曾长期较为冷清。其实，盘门历史上也曾热闹兴旺。这里不但依傍大运河，而且有瑞光寺、开元寺等寺庙。但历朝历代屡遭战火波及，使之屡有废兴。

南宋初年，金兵打到杭州，归途中经过苏州，就从盘门进城，一路烧杀抢掠，盘门一下冷了下去。好在当时已经建造了“步入吴门第一桥”的吴门桥，盘门的交通优势明显，因此没过多少时间，这里就再度兴旺。元末，张士诚在苏州称王。不久，朱元璋派徐达等将领带兵围困苏州，由一位叫王弼的将领带军进攻盘门。张士诚兵败后，盘门一带又遭破坏。清末诗人袁景澜的《续咏苏州竹枝词》对此深为感叹：“一树垂杨一画楼，盘门烟户本来稠。自从元末遭兵劫，寥落居民冷水流。”“冷水盘门”的称呼，或许很早就不胫而走了。明末清初，清兵杀到苏州的时候，苏州百姓奋起抵抗，总兵土国宝带兵从盘门杀入，一路放火烧房，抢掠财物，直杀到饮马桥才罢休，市面已经恢复的盘门再次遭遇浩劫。太平天国战争时期，盘门一带再遭战火，曾经在盘门拥有半条街房屋的叶圣陶祖上，产业荡然无存，不得不开始了租房居住的生活。

然而“祸兮福所倚，福兮祸所伏”。就因为盘门长时间较为冷清，不属于寸土寸金之地，所以在特殊历史时期许多城门消失的时候，盘门幸运地保留了下来。改革开放后，盘门作为全国现存唯一的水陆城门，焕发出勃勃的生机。

七、横塘驿站：扼守苏州城西水路要津

青玉案·横塘路

〔宋〕贺铸

凌波不过横塘路，但目送、芳尘去。锦瑟华年谁与度。月桥花院，琐窗朱户，只有春知处。　飞云冉冉蘅皋暮，彩笔新题断肠句。若问闲情都几许。一川烟草，满城风絮，梅子黄时雨。

横塘驿站，位于苏州古城外西南距胥门约4千米的胥江与京杭大运河交汇处，据守胥江小岛的最西端，面南背北，三面环水，大运河与胥江从它两侧汇聚又分流，是古代苏州郊外的水陆驿站，亦是大运河沿线为数不多的水陆驿站，属于江苏省文物保护单位。因为横塘驿站的稀缺性——它是全国现存“一个半古邮驿”中的一个，加上地处诗意浓郁的横塘，故而倍加引人瞩目。从古驿亭南面的两侧石柱上刻着的一副对联可知，该驿站是同治十三年（1874）重修的。驿站东南面有横跨胥江的三孔彩云桥，使之与堤岸连接，古亭、古桥两相依傍，颇为动人。驿站东南面有唐寅园，内有唐寅墓；驿站往西，沿胥江经木渎、胥口古镇可达太湖；往南经北越来溪至石湖。

虽然现在的横塘驿站只剩了一座古驿亭——原来驿站的大门，但丝毫不影响它的重要性。早在1990年，原邮电部为祝贺中华全国集邮联合会第三次代表大会召开，发行了一枚小型张，图案就是这座横塘驿亭，题名为“姑苏驿”。

历史上，苏州有过许多著名的驿站，如望亭驿、姑苏驿、松陵驿、平望驿等。“姑苏驿递南接行省，北抵大江，东南贡赋并两浙、闽海之供，悉繇兹道，是以送往迎来，岁无虚日”，古时东南各省上缴贡赋和

获得供给都要经过姑苏驿，由此造就了姑苏驿的繁忙。除了运输物资，驿站还为往来官员提供交通工具、食宿，并具有传递官府文书等功能，在维系大一统的皇权统治中有着举足轻重的作用。

姑苏驿邮票（1990年发行）

横塘驿站始建时间不明，它的设置情况、地位、业务等史料在古籍中也找不到。有专家认为它是姑苏驿的前哨或者关口，是姑苏驿下面的子单位。古驿亭南面的两侧石柱上刻着一副对联“客到烹茶旅舍权当东道；灯悬待月邮亭远映胥江”，题款“同治十三年六月”。由此联可大致猜测，此亭建时西侧的大运河河道尚未形成气候，驿站主要还是服务于出入太湖方向、经胥江的信息物资传递与旅客通行，所以说“远映胥江”。驿亭坐北朝南，地处横塘，位于苏州城西的水路要津之地，也是旧时出入苏州城的必经之处——沿胥江往西过横塘、经木渎、出胥口可入太湖；沿胥江东去，可南下北上，通江达海，这也是太湖水的流向。驿站是漕运、政令通达北方中央以及南下浙赣闽粤等地的中枢，更是洞庭商帮出入太湖、通江达海的一个重要节点。

驿亭呈长方形，南北深5.5米，东西宽4.2米，五架梁，歇山卷棚式瓦顶，两条屋脊南端各有一只小石狮，东西外墙顶部皆绘有牧牛图。驿亭四角皆为石柱，南北皆有栅栏门，东西皆为墙并有窗洞，两面墙里共砌有大大小小9块碑刻，分别记述同治后的几次集资修葺、保护的情况。1955年，文物部门在普查中发现了这座残存的、已倾斜破旧的驿亭；1961年10月至1962年2月，进行了大修；1963年，列为苏州市文物保护单位；1980年，再度整修；1982年，以“横塘驿站”之名被公布为江苏省文物保护单位；1990年，第三次整修；2016年6月至2020年9月，第四次修缮，才有了今日样貌。

驿亭据守胥江小岛的最西端，大运河与胥江从它两侧汇聚又分流。在晚清遭受天灾、兵燹及近现代邮政兴起的多重冲击后，苏州的驿站逐步凋零，相继退出历史舞台，只剩横塘驿亭，茕茕独立于两水间，让我们想象古时驿站的繁忙与喧闹。

知识链接 **彩云桥的挪位**

彩云桥，原本并不跨胥江。明代徐鸣时《横溪录》记载：“彩云桥，去普福桥数武而北，独危峻，跨彩云港，故名。上为胥江陆路，下达江枫运河，载《苏志》。洪武中，姚贵捐千金成之……”彩云桥南面原本有一座很有名的三孔石拱桥——普福桥，横跨大运河，桥上建有亭子，俗称“亭子桥”，2004年被货船撞毁。

彩云桥因彩云港（又称“彩云塘”）而得名，桥下的彩云港往北与江枫运河相接。虽说徐鸣时提到彩云桥时说是在洪武年间由姚贵捐资建成的，但缺少其他相关证明，无法确认。1995年版《苏州市志》称彩云桥“建于民国十一年（1922）前后”，其实这只是一个重建的年份。南北桥柱皆有联，北联曰“彩色焕虹腰，水曲堤平资利济；云容排雁齿，流长源远阜民生”。南联曰“采（彩）鹢漾中流，双楫同环通范墓；云虹连曲岸，一帆平浪涉胥江”。

彩云港原是苏州城西横塘镇与枫桥镇之间的河道，明清时也起到了大运河支线的作用，后在1991年拓宽成为主线。也因此，在1982年10月已被列为苏州市文物保护单位的彩云桥得以就近转向，移建在原桥址东

移建后的彩云桥（何晓新摄）

面的胥江上。移建时，施工人员将拆下的每块石料按顺序编号，运到新址后再按编号砌筑。由于胥江较宽，移建后的桥梁宽度拓为3.9米，长度增至56.61米。于1992年6月8日竣工。从此，彩云桥就与横塘驿站组成了独特的亭桥组合，更彰显水陆驿站的风貌。

八、石湖五堤：湖山辉映的吴中胜景

将至石湖道中书事

〔宋〕范成大

水绿鸥边涨，天青雁外晴。

柳堤随草远，麦陇带桑平。

白道吴新郭，苍烟越故城。

稍闻鸡犬闹，僮仆想来迎。

石湖，位于苏州古城西南5千米处，原是太湖内湾之一，居上方山东麓，有越来溪贯通南北。这里曾是春秋吴国的王室苑囿，吴国贵族在此游猎、祈祝。吴越争霸时，这里是战场之一。相传，越王勾践从太湖东北开挖越来溪并拓挖石湖以行船、屯兵攻打吴国。石湖得名与传说湖底多石有关。也有因附近石舍村（后改为莫舍村）而得名一说。可以明确的是，石湖是因宋范成大筑墅湖畔，孝宗御书赐以“石湖”二字而声名彰显的。之后，士大夫们路过吴地，一定会来石湖看看，石湖逐渐成为“吴中胜景”。越来溪北行，在横塘接胥江与大运河，往南则通太湖。又相传越国名臣范蠡在兴越灭吴之后携西施经石湖而归隐五湖。石湖东面有镇名曰“蠡墅”，传为取纪念范蠡之意。石湖与西岸的七子山一起构成苏州古城西南的山水胜景。

石湖五堤的命名涵括了丰富的自然历史内容。石堤，因湖得名，北起海棠春晓，南与吴堤相连，是西石湖与南石湖的分界线。北部有“七星伴月”建筑组群，从空中俯视，呈北斗七星状，此处视野开阔，是观测天象的佳处。

吴堤、越堤皆因纪念吴越文化而名。吴堤位于石湖西侧的自然湖岸，南端和石堤相连，北端为上方山森林公园，接近上方山东北茶磨屿的吴城遗址。越堤为东、西石湖的分界线，在石湖中部，北起游船码头，南至蠡岛；堤南有石堤卧波，北则通往越城遗址、渔庄，更可见行春、越城双桥。中部桃花岛上的主景“仙居阁”是品茗赏景佳处，有联“桃红复含宿雨；柳绿更带春烟”。

杨堤，为纪念隋朝杨素迁姑苏城至上方山下建“新郭”而名。北起游船码头，南至梅圃溪堂。有景点“层台清晓”“海棠春晓”“梅圃溪堂”。堤东侧保留了原生态河流，堤南端可见国内罕见的三岔桥。

因新郭距姑苏台不远，杨素改城名为“苏州”——这是历史上第一次出现“苏州”之名。杨素之所以驻军石湖上方山，即因其平定南方之乱时倚重水运投送兵力、物资，行军打仗，石湖宽广的水面正合船只排布、停泊。而后，杨素并未止步于苏州，在疏浚、拓宽、开挖向南的河道之后，他又率领大军一路杀向浙、闽、粤，彻底平定了南方，巩固了隋的统治。杨素对于河道的利用可视为其后隋炀帝开挖贯通大运河之先声。

范堤，为纪念石湖居士范成大而名。南起南大门，北端与石堤相连。堤上铜塑“四贤游湖”展现了南宋“中兴四诗人”范成大、杨万里、陆游、尤袤游览石湖的情形，“吴越潮音”则表现了历史上吴越争霸的战争场景。

除五堤，石湖北端还有两座著名的桥——行春桥、越城桥，皆东西走向，相距数十米，联袂立于石湖北端，远望如长虹卧波。西侧的行春桥贴水而建，全长54米，桥面宽广，桥体平缓，略呈微弧形。始建年代不详，只确知重修于南宋淳熙年间。据说初建时为18孔石桥，而后历代均有毁损，明时改为了9孔。现在的行春桥重建于1957年，1963年被列为苏州市文物保护单位。东面的越城桥为单孔石拱桥，全长33.2米，跨越来溪，始建于南宋淳熙年间，因桥东有越王勾践攻打吴国时屯兵建城的遗迹而得名。桥柱镌有联句，北面是“碧草平湖，青山一画；波光万顷，月色千秋”，南面是“十里荷花香连水；一堤杨柳影接行”。1982年被列为苏州市文物保护单位。立于行春桥或越城桥上向南望，“悠悠烟水，澹澹云山，泛泛渔舟，闲闲鸥鸟”尽收眼底，令人流连赞叹。

链接知识 **石湖串月**

清人沈朝初有《忆江南》词:“苏州好,串月看长桥。桥畔重重湖面阔,月光片片桂轮高。此夜爱吹箫。”记的便是农历八月十八夜“石湖串月”之景。“游石湖,看串月”是苏州一大风俗,由来已久。石湖景区有行春桥,桥身有9个环洞。洞与洞相连,倒映水中,相当美妙。农历八月十八,皓月当空之时,9个环洞各映月影一轮于湖水之中,形成“九月一串”之奇观。“石湖串月”与“平湖秋月”“卢沟晓月”“三潭印月”齐名,石湖亦是国内四大赏月胜地之一。

行春桥(李政摄)

九、宝带桥:星桥飞架挽舟之路

宝带桥

〔清〕爱新觉罗・弘历

匪伊垂之玉有条,两湖春水绿如浇。

印公豪敚苏公物,飞作吴中第一桥。

宝带桥，是大运河沿线现存最长、桥孔最多、结构最轻巧的联拱古石桥。宝带桥以桥代堤，沟通陆路。53孔设计既有利于太湖洪水宣泄，又保证了运河航道稳定。如同玉带般的长桥横卧在大运河西侧，构成了桥浮于水的独特运河景观。

宝带桥位于苏州古城南大运河西侧，横跨澹台湖东出口，南北走向，与运河平行。桥全长316.8米，面宽4.1米，53孔薄墩连拱。北端引道23.4米，南端引道43.06米。桥堍呈喇叭形，下端宽6.1米。桥南有青石狮一对，桥北存青石狮一只以及石碑亭和石塔各一座。桥南北堍本该各有石狮一对，如今还剩3只，据说都是1956年修缮宝带桥时从河底打捞上来的。桥面两侧均施锁口石压沿，中间横铺条石，规格大小不一。桥两侧金刚墙均用侧塘石叠砌，立面呈倒梯形。桥体用料以花岗石为主，间有青石和武康石。细看宝带桥，当中的3个孔特别巨大，能走船，剩余的小孔却并不是平均分配在两端。从最高的中孔向两边看，一边仅有14孔，另一边却有38孔。

宝带桥始建于唐代元和十一年（816），竣工于元和十四年。当年隋炀帝开凿大运河，开启了苏浙一带的漕运之路，然而京杭大运河流经苏州城南七八里处，有三四百米的缺口，使得拉船的纤夫无法通行，寒冬腊月甚至要涉水拉纤。澹台湖，是太湖水流向运河与吴淞江出海口的主要通道，自然也不能“填土作堤以为挽舟之路”。有文献记载，唐元和年间，苏州刺史王仲舒为保证漕运顺畅，决定造桥代道，在澹台湖上修筑长桥作为纤道。为了筹措建桥资金，王仲舒带头捐献了一条据说是御赐的玉质宝带。当地豪绅深受感动，纷纷慷慨解囊，很快解决了建桥资金。为纪念这位刺史的义举，苏州百姓遂将此桥命名为“宝带桥”。

宝带桥的建造凝聚了我国古代造桥匠师的聪明才智，具有独特的科学技术价值。宝带桥地处长江下游冲积平原的河网区域，表土层松且厚，为防止桥基下沉，宝带桥采用了软地基加固法，尤其是密打的木桩，不仅起到挤密土体的作用，而且与桩本身的桩尖阻力一起，共同承受上部荷载。在设计营造上，宝带桥采用的这种建造方法，叫"柔性墩"。柔性墩增加了桥墩的可靠性。河底密密麻麻的木桩顶部安置有基石。安放桥墩，将拱券石的下端嵌在墩上预留的沟槽里，一步步将上部结构的重量传到木桩密布的地基上，这样，桥体在常年的流水冲刷中也依然安然无恙。这个设计既减轻了桥身的自重，又减少了阻水面积，利于宣泄洪水。同时，与柔性墩互补，宝带桥结合使用了刚性墩的营造手法。将桥从北起的第27个桥墩修建得比其他各墩更结实，以其自重来抵抗来自单向的水平推力，防止一端拱券倒塌，波及另一端的其他各孔。

运河上的宝带（金燕萍摄）

宝带桥的营造体现了古代造桥匠师对结构力学的认知深度，是桥梁史上的杰出范例。

链接知识　戈登洋枪队与宝带桥之厄

1863年（同治二年）9月，江苏巡抚李鸿章率淮军会同英国戈登所统领的“常胜军”洋枪队与据守苏州的太平军作战。太平军在苏州城外围筑了许多营垒，宝带桥附近就是当时一组重要营垒的所在地。9月28日凌晨，戈登的洋枪队对宝带桥的太平军营垒发起了突然袭击。戈登坐在“飞而复来”号轮船上指挥洋枪队作战。为了使他的坐轮得以通过宝带桥去进攻桥西的太平军营垒，他下令将桥的大孔拆去。结果，造成全桥一半桥孔连续倒塌。时人记载，当日“捉民夫拆宝带桥两拱，坍去廿五拱”。中华人民共和国成立后，经政府多次修复和有效保护，宝带桥方再现吴中第一桥的雄姿。

十、平望·四河汇集：千年文明孕育的“天光水色”

平望

〔清〕爱新觉罗·弘历

景霁风微湖似镜，轻帆廿里畅人心。
楼台远近称吴望，老幼扶携渐越音。
泽满鱼虾船作市，地多桑柘树成阴。
吾民庶矣思藏富，惟有祈年志倍钦。

这是清乾隆二十六年（1761），乾隆皇帝南巡途经吴江平望时留下的诗篇。清朝皇帝多喜作诗，尤以康熙皇帝和乾隆皇帝为甚。据统计，康熙皇帝现存御制诗有1100多首，乾隆皇帝一生创作4万多首诗。其中，两位皇帝给平望的赐诗就有7首。平望，隶属苏州市吴江区，物产丰阜，土地肥沃，乾隆皇帝称“幸浙皆取道吴江”。大运河苏州段约96公里的河道，58公里在吴江，而在平望，有超过17公里的新老运河穿镇而过。史书记载，隋唐以来，自南向北有塘路穿插于葭苇之间，“天光水色，一望皆平”，这就是平望名字的由来。

新运河、老运河、太浦河、頔塘河，四条河流在平望汇集，历史上著名的“莺湖八景”疏密自在，点缀其间，“天光水色”让平望成为运河沿线靓丽的一景，闪耀在千年的历史长河中。

平望，位于苏浙沪中心，为长三角腹地。多年来的考古发掘，在吴江境内发现了许多新石器时代的先民遗址，其中有平望龙南村、袁家埭、唐家湖构成的马家浜、崧泽、良渚文化遗址群，可以确定平望这片土地上已经有人类生活了6000多年。西汉建平年间，一位谏议大夫隐居长兴梓山之东，隐居之地名“平望乡”，这是“平望”一名最早的历

平望今貌（刘水摄）

史记载。西晋永嘉年间，振威将军陆晔因参与讨伐江州刺史华轶有功，被封为“平望亭侯”。南朝宋泰豫元年（472），江简珪被册封为皇后，母亲王氏被追封为“平望乡君”。通都大邑，百货辏集，“平望”二字让人刮目相看。

东临上海，南接浙江，北傍苏州城区，西滨太湖，平望位于江南要冲之地。西晋太康年间，殷康开凿荻塘，从平望安德桥下起直通湖州，并在唐贞元八年（792）于頔疏浚后更名“頔塘”。隋炀帝大业六年（610）开江南运河，从京口（今镇江）经平望直达杭州。唐元和年间，范传正沿頔塘修筑的塘堤开“平望官河”，即今平望古运河。宋天圣元年（1023），修自吴江向南至嘉兴百余里塘路。大运河经过平望莺脰湖流向杭州有了3条航线。一条是南塘河，即土塘，也称为“前溪”。往东南经盛泽黄家溪，至麻溪出口，然后去浙江王江泾、嘉兴，再至杭州，这是大运河的正线。两条复线：一条是自平望莺脰湖西南竺光桥（亦名“浙江桥”）起的烂溪塘（亦名“烂溪”），流至杭州；另一条即为西塘河（即頔塘），流至浙江南浔、湖州市区，然后通向杭州。

从松陵至平望的古运河，称为北塘河，即官塘。平望镇中有1925年疏浚的市河，古称后溪，南受莺脰湖水，北流入东溪河，经长老桥东流入大运河。以莺脰湖为中心，东南西北可见5条河流——南塘河（土塘、前溪）、西塘河（頔塘）、北塘河（官塘）、烂溪塘（烂溪）、市河（后溪），如五条水龙缠绕着平望镇。

平望水路发达，是控扼沪苏嘉湖之要道。唐开元年间设置平望驿。有了驿亭之后，民居稍集，南来北往的行商之人、游历之人开始有了憩息之所。北宋时期，平望地域不大，却是大商巨船停泊和各类货物云集之所。南宋虽然偏安，但平望因地处两浙要冲而愈加显得重要，朝廷“诏以重臣镇之，愈加葺治”。南宋绍兴三年（1133），朝廷在安德桥北堍城隍庙西，即古殊胜寺址之上建立巡检司。

平望巡检司辖吴江县十八都、二十都、二十一都、二十二都和二十四都，相当于现在的平望镇及其周边乡镇部分区域。进入元朝，平望驿扩大规模，分置水、马两站：水站设在安德桥南，有船30只；马站设在通安桥西，有马50匹。设巡检1名。元至正十六年（1356），张士诚部筑城于平望下塘，周三里，东旱门，南、北、西三门水陆并通。明因袭元制，设巡检1名。洪武二年（1369），巡检王信重建司署。

平望安德桥（曹自萍摄）

中华人民共和国成立后，平望的水系又有新的发展。1958年11月开凿太浦河，第一期工程至1960年4月结束，为太湖流域骨干工程之一。至1970年，航道部门为缩短航线，于平望镇西开凿新运河，取道烂溪塘至苏浙二省交界处的鸭子坝，直趋杭州，自此京杭大运河主航线不再经嘉兴。在"九五"航道改造期间，交通部从运输功能方面考虑后，将烂溪塘划归京杭大运河，平望至乌镇穿越盛泽新城区为烂溪塘。

頔塘、京杭大运河和太浦河在平望融汇，长湖申线成为长江三角洲重要的水运通道，被誉为"中国小莱茵河"。新运河、老运河、太浦河、頔塘河四河汇集于平望，成就了大运河苏州段具有独特水文禀赋的运河一景。

一座水文站的百年见证

苏州古城东南隅，在古运河与环城河汇流处的觅渡桥畔，伫立着一座八角亭式石塔，古朴典雅，与古运河景观相衬相彰，这便是苏州水文站，又称觅渡桥水文站。这是苏州有史料记载以来，历史最悠久且至今仍在运行的水文站。自晚清光绪二十六年（1900）起，至今已观测了苏州水位120余年。百年老站见证苏州的水起水落，述说城市的百年变迁。

苏州觅渡桥水文站

据《苏州水利志》记载，清光绪二十六年（1900）苏州海关在觅渡桥设置水尺，成立吴县水标（位）站，是苏州地区最早的水标（位）站。彼时，经济发达的苏州地区万商云集，大运河觅渡桥段处于东西南北河流交汇处，可谓交通咽喉，平日里舳舻相接、樯橹交错，船只往来繁忙，水路运输的通畅和安全尤为重要。然而，穿行而过的船只经常吃不准水位，难免会发生触桥倾覆事故。清政府海关在觅渡桥大运河边设置水尺，测量每日的运河水位，观测大运河之水情涨落，不但作为姑苏水城防洪排涝的前哨，守护过往商旅行舟之安全，为航运安全提供基本保障，同时促进了当时苏州码头的商业发展。这是京杭大运河上最早开始科学观测的水文站点，对水位及时有效的观测为船只安全通航提供了技术支持。

百年来，苏州水文工作者们以一根水尺为原点，以一个百年老站为肇始，通过水文的记录与数据时时把脉河湖律动，为苏州防洪排涝贡献智慧，为地方经济社会发展提供支撑，见证着姑苏的岁稔时康，守护着一城的物阜民丰。

如今，觅渡桥水文站仍承担着苏州城区水位监测的重任，积累众多水位数据，帮助水文工作者从复杂多变的自然现象中寻找规律，为苏州主城区水情调度、水安全保障发挥重要作用。

觅渡桥水文站亦是水文科技进步的见证者。旧时，觅渡桥水文站是人工观测水位，如今已安装现代化遥测系统，水位数据会自动实时记录、自动存储，并传输至防汛防旱指挥调度中心。

与苏州相守120余年，觅渡桥水文站的角色正在发生变化。2013年苏州城区实施“自流活水”工程，城区水系完成“大包围”，自成体系。2014年5月，下游澹台湖枢纽建成并投入运行，新建的苏州水文站启用，觅渡桥水文站降级为城市防汛专用站，正式完成角色转换。由此，觅渡桥水文站与苏州城区的关系变得更为紧密，除了城区防汛，它对船只航行、河道清淤、消防用水等依然发挥着重要参考作用。

同时，觅渡桥水文站的另一个身份变得更为清晰。在2008年苏州市第三次全国文物普查中，觅渡桥水文站曾作为重大发现，被列为文物保护登记点。普查报告这样描述：觅渡桥水文站是京杭大运河上仅存的一处近代水文观测站，至今仍然在流域水文监测系统中发挥着重要作用，苏州每天获得的汛情资料中，有一部分就来自该水文站的监测。

作为苏州市文物保护登记点的觅渡桥水文站，已被纳入苏州大运河文化带建设沿线水文（位）站点提升改造工程，在开展一系列水利中心工作的同时，承担着水文化“讲述者”的角色。如今，除了八角亭式石塔，站点四周还增设了模拟人工水位观测的雕塑和水文知识科普专栏，使百年水文站成为社会公众认知水文的窗口。

第五篇

满城活水

黄鹂巷口莺欲语，乌鹊河头冰欲销。
绿浪东西南北水，红栏三百九十桥。
鸳鸯荡漾双双翅，杨柳交加万万条。
借问春风来早晚，只从前日到今朝。

［唐］白居易《正月三日闲行》

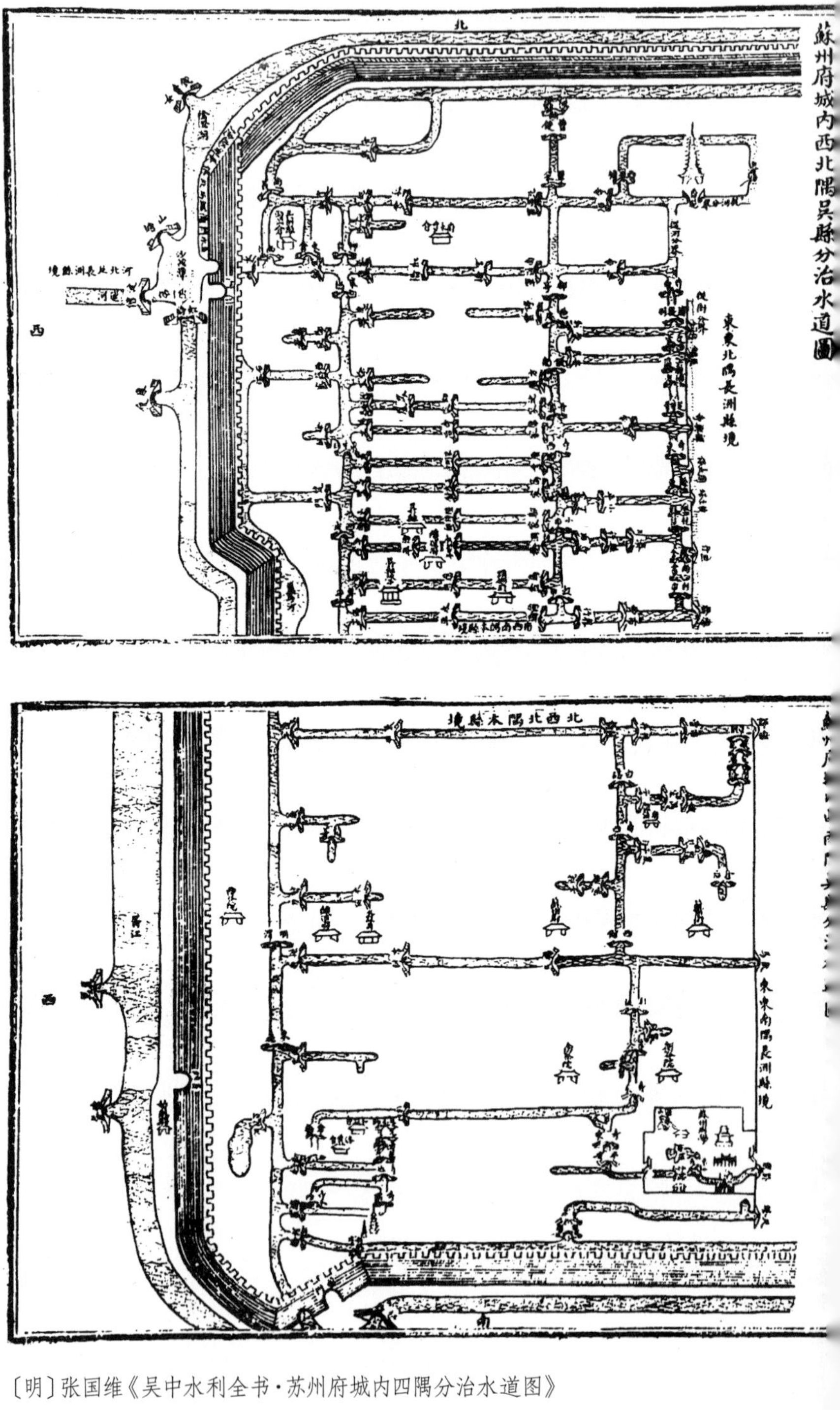

〔明〕张国维《吴中水利全书·苏州府城内四隅分治水道图》

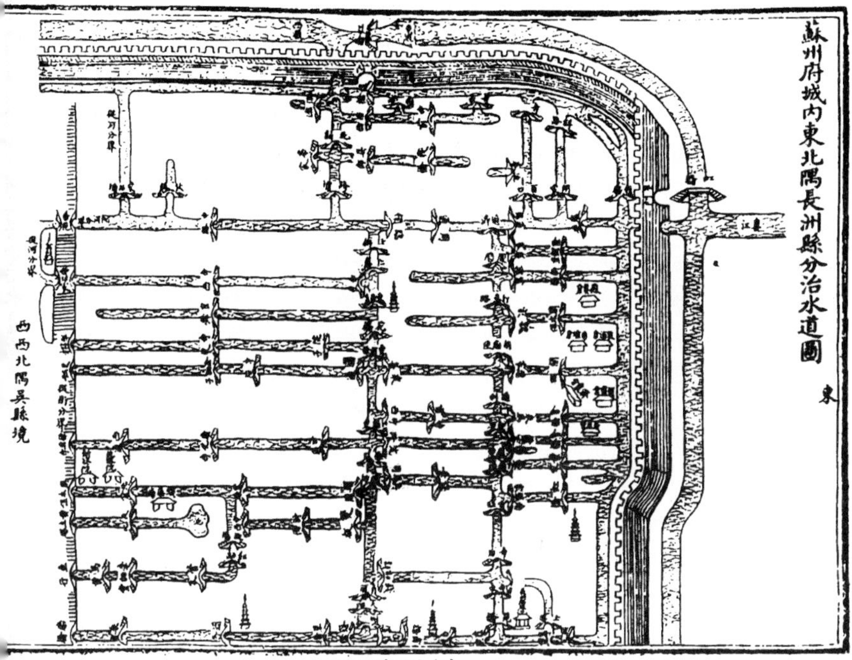

南東南隅本縣境

北東北隅本縣境

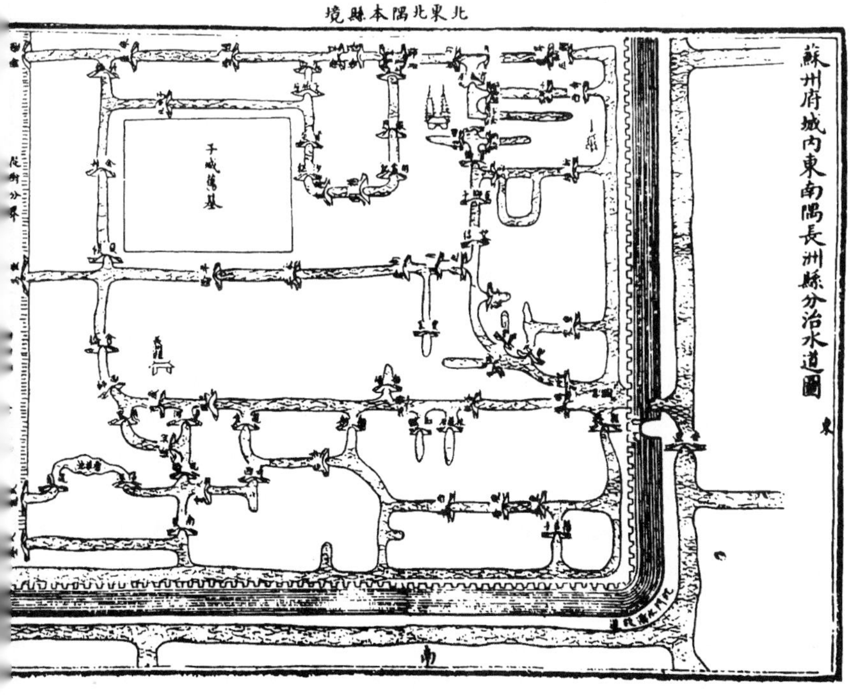

苏州是一座通史型的古老水城。《水经》曰:“吴为水国。”唐人殷尧藩《送客游吴》介绍吴地特色云:“吴国水中央,波涛白渺茫。”宋人翁卷《过太湖》叹曰:“水跨三州地,苏州水最多。”确实,自古以来,苏州沿江临海,傍湖枕河,是水孕育了苏州古城,城外四面环水,城内水网交织,纵横交错的大小河道把城中的街巷分成网格,与城外的水道连成网络。片片柔水滋养了苏州这一方土地,织出了水城苏州的锦绣风光,使城市充满灵秀之气,独具韵味,魅力无穷。

千百年来,苏州人与水相依相伴,与水共生共存。水的柔和、水的清新、水的灵动、水的包容都融进了苏州文化中,并逐步形成充满个性和生机的水城文化,其特质浸透在一代又一代苏州人的生命历程中。因此,可以确切地说,水是苏州历史文化的最佳载体,是苏州繁荣昌盛的资源与财富,是苏州城市的灵魂与命脉。尤其难得且宝贵的是,从春秋吴国都城创建开始,苏州建城2500多年来,虽历经岁月沧桑,却依然坐落在公元前514年伍子胥筑城的原址上,依然保存着古代理水为城、双棋盘河路相间的城市格局,依然保留着小桥流水枕河人家的独特风貌,实实在在为国内外所罕见。

第一节　水城春秋

苏州古城的选址及其城内水系的特征,是水乡人文传承中最好的适应自然、改造自然的经典。古城位于太湖之东,又与太湖隔着西部山丘,一方面占据着水乡运输的重要节点,同时拥有着太湖之东受到山地保护而不易为洪水所侵袭的位置，这样使得古城在建成之后城址基本没有改变。古城内部街河相邻、纵横复合的河道与街道，将运输、引水和排水有机地结合起来，充分显现了水乡城市的特色，双棋盘格局堪称水乡城市的典范。

一、千年古城城址未变

苏州古城构筑于公元前514年，为伍子胥应吴王阖闾之命建造，故而一般称为“阖闾大城”，也称“吴大城”。古城建造之时，充分考虑了此地山水环境的特征，尤其从西部的太湖至东部的湖沼之间的水系特征，这也是伍子胥“相土尝水”的核心内容。苏州古城建于西郊群山之东，太湖洪水的直接影响由此而得以隔断，这样的古城选址，使苏州城极少受到流域中洪水的威胁。同时，由于苏州古城的城池水系与水乡泽国环境的高度协调，因而无论是难得的洪涝冲积，或是战火的毁坏，都不曾影响古城的基础格局。因此，苏州古城自建城以后的2500多年时间里，城址始终没有变更。

知识链接 **狮子回头望虎丘**

狮子山，又名乍山、岝崿山。山体皆由花岗岩构成。老苏州人茶余饭后闲聊，只要说起狮子山，总绕不过一个著名传说——狮子回头望虎丘。

传说秦始皇东巡至海涌山（虎丘山别名，传说是远古时大海中涌起的一座秀峦），企图挖掘山体剑池下的吴王阖闾墓，以搜寻地下皇陵中埋藏的吴王宝剑。突然，一只白额猛虎蹲踞坟上。秦始皇大惊，当即拔剑击虎却未遂。一剑砍在岩石上，留下了“试剑石”遗迹。

逃遁后的猛虎后又窜回，重新占山为王并危害山下人畜。曾在寒山寺的神僧寒山，传说为文殊菩萨的化身，时在西方灵山。他的坐骑是一只威武的青狮神兽，因不忍白虎作恶，趁主人闭目养神之时，偷偷潜出山门径直下凡，与白虎展开一场恶斗。在致白虎毙命时，青狮亦因触犯佛规，误了回去的时辰而跌落沃野，在枫桥之南化作石山，即狮子山。就在化石一瞬间，青狮还不甘心地回首眺望斗死的恶虎。"狮子回头望虎丘"之说由此而来。

另有一说，《吴地记》记载，大约是公元前515年，阖闾为争夺王位，命武士专诸在吴王僚赴宴时，投其所好（王僚喜食鱼）借献鱼而藏剑于鱼腹内，刺杀了自己的堂兄弟吴王僚。吴王僚后葬于狮子山麓。《吴地记》："岝㟧山……吴王僚葬此山。"传说阖闾死后葬于虎丘山剑池下。一狮（山）与一虎（山）遥相对立。

虎丘剑池（何立斌摄）

在关于苏州的古籍里，有狮子山是大禹治水时从太湖牵来置于苏州城之西用于治水的传说。而事实上狮子山西部山地处于古城与太湖之间，的确可以很好地保护古城不受太湖洪水的侵袭，因而大禹牵山的传说不能只被看成"闾巷之谈"，而是凝聚着古人有关城市建设与自然环境相互关系的一种认识。

苏州古城位置的确定，需要对水文条件等自然地理环境有综合的考量。从古籍记载来看，虽然早期如《越绝书》《吴越春秋》等古籍对阖闾大城的记述并没有说明其具体位置，但一些构成的细节是明确的，相互之间也是可以印证的。如《越绝书》中对吴大城及平门、阊门有很详细的记载："吴大城：周四十七里二百一十步二尺。陆门八：其二有楼；水门八：南面十里四十二步五尺，西面七里百一十二步三尺，北面八里二百二十六步三尺，东面十一里七十九步一尺。阖庐所造也。"除了书中所记吴大城的周长外，还有更为世人所熟知的八座陆城门和八座水城门。"吴古故水道，出平门，上郭池，入渎；出巢湖，上历地，过梅亭，入杨湖；出渔浦，入大江，奏广陵"，这明确记载了苏州城北侧的平门是此水道的起始。"阖庐冢：在阊门外，名虎丘"，阊门与虎丘的相对位置关系是明确的，二者至今仍是苏州古城西北位置的两处地标。

现在人们广为传颂伍子胥"相土尝水"建阖闾大城，选定了群山之东既无太湖洪水直接侵袭，又方便在城址周边构建由城河、城墙组成，外形成"亞"字形或长方形的高等级城池，还能利用沟通北方的古水道，向西构建胥门、胥江等供水和运输水道。这无疑对应的是有着2500多年历史且城址始终没有改变的姑苏城，也就是现在的苏州城。

二、水城印记

苏州古城是江南水乡地区城市建设的缩影和经典，构建古城的水陆环境以及人们对自然环境的适应与改造，全方位地记录和展现在历史上积淀下来的印记之中。在清代《吴门表隐》一书里，记载了当时苏州古城城门城楼之上所题写的匾额，其中阊门为"气通阊阖"，胥门为

娄门水城门旧影

“姑胥拥翠”，盘门为“龙蟠水陆”（现为“水陆萦回”），娄门为“江海扬华”，齐门为“臣心拱北”，葑门为“溪流清映”。这些题额中虽然难免有当时的一些烙印，但总体都是一种环境的反映，而其中五则是自然环境和相关文化习惯的描绘。进一步而言，其中盘门、娄门和葑门三处，尤其是前二者，更是水乡环境里水城姑苏的极好写照。

盘门居古城西南隅，拥有复杂的水陆城门系统。这里是经过古城的太湖水的主要通道，涉及清水的供给和水流的东泄；这里有大运河绕城而过，涉及全国性水上运输和城乡之间的沟通；这里也是古城内外水陆交通的要道，军事防御的重点——“龙蟠水陆”点出了水城西南首要的功能。目前，盘门是国内乃至世界上最完整最经典的水陆古城门。

娄门据古城东北，娄江向东通昆山、太仓，那里旧时为娄县和娄东地界，经浏河再向东可以通江达海。过去长江三角洲泥沙沉积还没有现在的规模的时候，古城东部的娄江一带可以感应江海的潮汐、水位的涨落。元代和明初之时，由于原先的隋唐大运河已经荒废，京杭大运河尚未成形，经过娄江、浏河从刘家港出海的江南一带的“漕粮海运”成为当时的王朝命脉，刘家港的港口功能盛极一时，成为“六国码头”。而娄江一带的作用，正是娄门“江海扬华”所描述的景象。

水城的印记，还全方位地体现在古城内外的水系变迁，城内“三横四纵”河道的变化，以及水城的临河建筑、河埠水栈等构筑物及其传承等方面。同时在新时期古城建设中，也会有相应的水城文化要素的体现，如在环古城河风貌带建设中，盘门吴门桥之东按原胥江枣市桥样式修建的蟠龙桥上，东侧有一联，为“西来桂棹上黄浦；东去锦帆入太湖”，点出了苏州古城水系的来龙去脉，也说明了古城的位置和原先胥江水运的特殊地位。

三、城内河道及历史衍变

古城初筑之时，除外城河等河道用于适应周边的水乡环境外，城内八大水陆城门也说明了在城内有着与陆上道路相对应的水路系统，城中水系除沟通城内外交通，也起到引水、排水的作用。当时水陆干道的规模也相当可观，据《吴越春秋》记载，“平门到蛇门，十里七十五步，陆道广三十三步，水道广二十八步”。随着城市的发展，城内水系也在不断完善，至唐宋时，苏州水城小桥流水的特色基本形成。白居易的“绿浪东西南北水，红栏三百九十桥”、杜荀鹤的“君到姑苏见，人家尽枕河”等诗句，正是描述了苏州的水城风貌。

同时，在苏州现存的《平江图》《三横四纵图》石碑以及古籍舆图中，也可以看到历代苏州城中河道水系的变迁情况。自公元前514年阖闾大城构筑以来，苏州古城内的河道体系就基本形成，后历经数次河道开凿和修浚，两汉至唐宋时期趋于完备，明代又得以发展，古城内河道全长87—92千米。但自清代以后，由于人口增加、商贸繁荣、市政管理不足、居民环保意识不强等，河道不断被侵占填塞，河道水面日趋减少。民国之后，水道淤塞情况日益严重。直至1976年后，古城水道得到全面整治，并作为古城保护的重点内容被列入1986年经国务院批准的《苏州城市总体规划（1986—2000）》。

从唐宋时期至今，苏州古城的地图有：南宋绍定二年（1229）《平江图》，据其测算，当时城内河道就有约164里，桥梁314座；明代张国维《吴中水利全书》中的《苏州府城内水道总图》；清乾隆十年（1745）《姑苏城图》、嘉庆二年（1797）《苏郡城河三横四直图》、光绪三十四年（1908）《苏州巡警分区全图》；民国二十九年（1940）《吴县城厢图》；《2000年苏州市古城区水道分布示意图》以及《苏州古今水道变化示意图》等。

（一）宋代《平江图》上的城河系统

《平江图》大致绘制于南宋绍定二年（1229），是现存最早的一幅以水道、桥梁和坊市为主体的苏州古城地图，现藏于苏州碑刻博物馆。此图是在平江城于南宋初年遭到金军蹂躏破坏后，经过整整一个世纪的修治而重展雄姿的历史背景下绘制的，清晰地刻绘出了大运河和城内河道。所载苏州城内河道包括干、支河在内共计78条，可归纳为南北向直河7条（组）、东西向横河14条（组），据图推算，当时河道总长82千米，尤以城北最密，形如棋盘之状。

链接知识 《平江图》里的苏州城

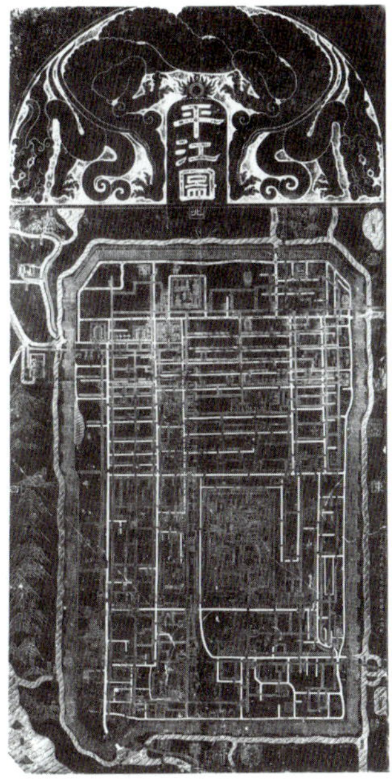

南宋《平江图》

根据《平江图》,我们可以看出,当时苏州的规模已经和现在差不多。城里面的河道,比现在还要多;道路系统都呈东西对称,排列整齐,有条不紊。在13世纪的时候,有这样伟大的城市规划,实在令人惊叹。

《平江图》上的苏州城门有六。北面一门:齐门;南面一门:盘门;东面二门:娄门,葑门;西面二门:阊门,胥门(胥门门楼,《平江图》作“姑苏台”三字)。城的四周及城墙里面,都是护城河及河道。城内河道,纵横交错,纵的有六,横的有十四,尤以城北部分,河道密布,有条不紊。城的正中是平江府、平江军,是宋朝统治苏州的两个军政机关,南对平桥、乌鹊桥,北对宫桥(现在皇废基、体育场、城中公园一带地方)。城北最大的建筑,是天庆观(现在玄妙观)、报恩寺(现在北寺)、能仁寺。城东最大的建筑,是定慧寺、万岁院(现在双塔)。城南最大的建筑,是沧浪亭、韩园(沧浪亭一度曾为韩世忠花园)、南园、府学(现在文庙)。城西最大的建筑,是开元寺、瑞光寺、贡院(在西城根)。另外,虎丘山云岩寺、枫桥寺(现在寒山寺)、天平山、灵岩山、琴台、姑苏台,都用示意的方法,绘在城外;自然距离不一定正确,不过是一种示意图的性质。这一《平江图》石刻,是研究苏州最宝贵的一种实物资料。(参见朱偰《苏州的名胜古迹》)

(二)《苏郡城河三横四直图》中的城河系统

《苏郡城河三横四直图》制成于清嘉庆二年(1797)。由江苏巡抚费淳主持绘制，碑正面刻图，背面镌有费淳撰、王文治书的《重浚苏州府城河记》。此图与乾隆十年（1745）《姑苏城图》相比较，图上绘注桥梁169座，较《姑苏城图》的256座少了87座，说明水道大量减少。据费淳碑记所载，自乾隆十一年至乾隆六十年的近50年里，苏州城内水道一直未曾疏浚，有不少已淤为平地，有许多水道无法修复。将“三横四直”碑竖立在城隍庙大殿中，是表明当时官府坚持保护水道的态度。自此，“三横四直”河的名称正式确定下来。清嘉庆之后苏州官府对“三横四直”的起止走向有重大调整。原《平江图》的第六直河即本图的第三直河由顾家桥西行至竹槅桥，南下经金姆桥、夏侯桥、南仓桥、帝师莲桥与第三横河合流出葑门的路线，已改为自顾家桥与第二横河合流后入东内城河分流出娄葑二门；所存竹槅桥至夏侯桥段被列为“三横四直”中第二横河的分支。

(三) 1940年《吴县城厢图》上的城河系统

1940年的《吴县城厢图》是苏州目前所存老地图中较为详细准确的一幅，从图中可以看出苏州河道状况随着城市的发展，在民国时期很多城内河道被填埋、另作他用的情况。根据图中所载，河道又有所减少，主要是第二直河中段被填塞为平地。在南园和北园地区，因为农田灌溉的需要，新辟了一些河道和池塘，以增加蓄水。

(四) 当今的城河系统

现今苏州城内河道干流呈三横三纵格局，另有城东南一隅水系自成一体。三横三纵河道以横向者更为完整，自北向南依次为阊门与娄门之间的桃坞河，横贯古城中腰的干将河，东出葑门的府前河；南北河道无纵向贯通者，自西向东排列依次为学士河、临顿河和平江河。纵横干流框架下，城东北娄门与相门之间河道密度明显高于其他地区，集中了数条东西向支河，计有麒麟河、胡厢使河、柳枝河、悬桥河、新桥河，这一区域是苏州水城风貌保存最为完好之处。古城东南部，由庙河、南园河、竹辉河、薛家河、苗家浜诸河与内城河之间构成自成一体的水系，其略呈自然弯曲的河道与城内横平纵直的棋盘状水系有着鲜明的对比，这与此处长期作为城内农田所在有关。城内河道另一明显弯曲呈弧形者，是平江河南段至葑门的河道，这一形态有利于古城内部水流向东南方向经葑门向外城河的排水所需。历代苏州城内河道，均为横平

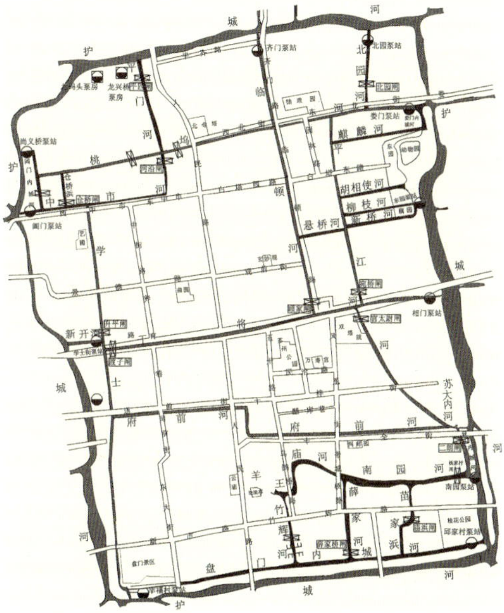

苏州城内水系示意图（选自2016年版《苏州水城》）

链接知识　双棋盘水城格局

苏州古城稠密的河道纵横交织成方格形的河网。街巷与河道紧密相邻且平行，亦是方格形的路网。河道和街巷的走向多呈南北或东西直线状，河与街构成两张水和陆的方格网，几成重叠状，宛如两张中国围棋棋盘重叠在一起。这种“水陆相邻、河街平行”双棋盘式城市格局，创建了水陆相辅相成、上下互不干扰的两套交通系统，非常科学合理，街巷在上，河道在下，无论人车舟马都可以按各自的交通方式，互不干扰地运行在自己所需要的水道或陆路上，畅通无阻，而且还便于实现水陆交替联运和水陆交通衔接。

纵直的布局、街河相邻的形态，这种格局带来了完备的水陆交通体系、方便的城市生活设施，同时加强了水城抗御洪涝的能力，尤其是固化了城市布局的根基——街道与河道互为依存，在历次兴毁过程中保证了古城位置的稳定，以及城内街坊结构的延续。

第二节　以水为守的城池

“吴趋自有始，请自阊门起。”这是晋代著名诗人陆机脍炙人口的《吴趋行》中的诗句。吴趋，为古代苏州六十坊之一。而陆机的《吴趋行》借乐府杂曲歌辞来描述吴郡，即现在姑苏城宏伟的建筑、丰富的物产。陆机，是吴郡华亭人，从他的这首诗中，可以读出关于乡邦文化的浓浓自豪感。也是从这首诗开始，历代文人对于苏州城的歌咏不绝于耳。

北宋著名词人贺铸在《水调歌头》中有一段这样的描写：“彼美吴姝唱，繁会阖闾邦。千坊万井、斜桥曲水小轩窗。缥缈关山台观，罗绮云烟相半，金石压振撞。”词中记录的正是古时阖闾城的繁华景象。

苏州是一座世界上少有的独具特色的水城。自伍子胥建城以来，到宋代平江府，乃至于近代苏州城，其城市格局历经2500余年而基本得以保存，很关键的一个因素就是因为水城的骨架是河道。现代著名历史学家顾颉刚曾明确指出：“苏州城之古为全国第一，尚是春秋时物……其所以历久而不变者即以为河道所环顾也。”苏州古城的河道水系是我国古城最古老、最具规模、最规整和最科学合理的，起到了“以水定形”“以水育城”的作用，决定了城市形态和规划结构，在历史上起到了框架性的稳固古城的作用。

苏州古城历史上也曾遭遇战争，城市建筑物虽然屡次毁于战火，但河道基础犹存，战乱后人们依然认得这座古城的方位，稍加整修又可使用，由此迅速带动城市的复兴。时至今日，苏州老城区仍坐落在春秋时代的位置上。古城水系总体呈“一环四线”形态。古城外以护城河围绕、内以“三横三直”为骨干的水系横纵贯通全城，168座各种形态的桥梁横跨大小水巷，构成了苏州古城独特的水城风貌。

一、内外城河

外城河是苏州古城周边环绕古城的护城河，也称“环城河”。对苏州古城而言，外城河既可起到军事上的防御作用，也可起到水利上的防洪作用。据卫星照片实测数据，其周长约15.4千米，自胥门泰让桥纳汇胥江之水起，沿途与上塘河、山塘河、十字洋河、元和塘、官渎港、娄江、相门塘、葑门塘、江南运河（南支）、西塘河（大龙港）等河流相汇。

外城河水流主要源自太湖方向，流向东部水网区，西、北进，东、南出。历史上外城河最主要的来水河道是胥江，水源直接源自太湖胥口，流量大、水质优，占外城河来水量的三分之二。

外城河出水主要在觅渡桥经南江南运河转而东排，出水量占外排水量的60%。21世纪初，随着望虞河引江济太工程的实施，长江水经望虞河—西塘河导入，在十字洋河注入外城河，一改原有水流结构。

2013年，建外城河娄门桥北娄门堰和五龙桥北阊门堰，人为抬高外城河北段水位，以促进古城内部水流自北向南的自流净化，客观上对外城河水流又起到新的配置作用。起到护城作用的外城河对古城内外交流形成了隔断，沟通古城内外的桥梁必不可少。

〔清〕徐扬《姑苏繁华图》中苏州城西河段繁华景象

外城河西段和南段作为历史上江南运河之所在，对于苏州的对外水上交通至关重要。尤其在明清时期，阊、胥一带是最为热闹的河运码头。明末清初，由于苏南商业、手工业的发展，苏州城西河段商贾云集，千帆竞至。《姑苏繁华图》也正是反映了此时苏州城的繁荣景象。

内城河与外城河相对，位于古城墙内侧环绕古城的圈环状河道为内城河。内城河在城墙内侧构成了环状水系，起到统筹城内水系的作用。在《平江图》中，古城北侧、东侧和南侧的内城河完整而且周正，西侧内城河在阊门以北和胥门以南均为完整，西侧中段离城墙稍远，依城墙之处为夏驾湖。而在《吴县城厢图》中，除夏驾湖仅有遗迹之外，古城北侧、东侧和南侧的全部及西侧南北两端内城河情形与《平江图》并无二致，可见苏州古城的城池系统——古城墙和外城河、内城河一直保持着相对完整的状态。

二、子城与锦帆泾

伍子胥受吴王阖闾之命“相土尝水，象天法地”，筑起阖闾大城，周四十七里，设水陆城门各八座，引水进城，形成“通门二八，水道陆衢”的城市格局。与此同时，在城中心偏东处筑小城，据《吴越春秋》记载，伍子胥“筑小城，周十里。陵门三，不开东面者，欲以绝越明也”。此即为子城。

子城，作为苏州古城的中心，自春秋时期吴国建筑以来，便成为政治、经济和文化的中心。在子城内，曾经有王宫、官署、庙宇等重要建筑，这些建筑不仅是当时政治活动的中心，也是文化交流和艺术创作的重要场所。

春秋之后，子城一直被作为苏州地区的行政中心延续使用。据记载，子城历为会稽郡、吴郡、吴州、苏州、中吴府、平江府等治所。子城在春秋时应为吴王宫，战国时春申君在其废墟上营建宫室居住。秦汉时在此设会稽郡，此后一直是江东行政管理中心所在。汉代朱买臣，唐朝韦应物、白居易、刘禹锡，宋朝范仲淹、滕子京等任职苏州时，办公、生活地点亦在子城。元末，张士诚割据称王，以此地为王宫。

子城在历史上历经战火破坏与反复重建，元末明初的破坏致使这座城中城彻底沦为废墟。直至20世纪初，以苏州公园、体育场以及同德里为代表的民国建筑群拔地而起，才结束了古城腹地漫长的荒芜史。

在苏州古城里，有一条路，叫锦帆路。这条路原为子城西城濠，古名锦帆泾、锦泛泾。其来历，或说是春秋时吴王乘舟挂锦帆游乐于此。范成大《吴郡志》卷十八：“锦帆泾，即城里沿城濠也。相传吴王锦帆以游。今濠故在，亦通大舟。间为民间所侵，有不通处。”王鏊《姑苏志》卷三十二：“锦帆泾，即旧子城濠也。世传吴王尝作锦帆以游，故名。在大街西，贯乐桥南北市，直抵报恩寺。”一说是自古泾旁遍植桃柳，春日倒映水中如泛锦。

卢熊《苏州府志》：

> 旧志云："锦帆泾，即城里沿城濠也。相传吴王为锦帆以游。今濠固在，亦通大舟，间为民间所侵，有不通处。"今之市河，南自憩桥，北出香花桥之西，乃昔之新河，即锦泛泾也。盖自古沿河无民居，两岸栽植花柳，春时映水如泛锦。故郑虎臣《闰灯实录》引《图经》载杜荀鹤诗"夜市卖菱藕，春船载绮罗"，亦以锦泛泾映花柳而云。今俚俗乃指此为锦帆泾，相承既久，莫知其非。盖"帆"乃"泛"音之讹耳。使锦帆果曾游此，则小桥栉比，樯桅起倒，不亦劳乎？观此则其讹不待辨而可见矣。

南宋时锦帆泾宽三四丈，上有金姆桥，东对子城西门，西经通阛坊（通关坊）往乐桥闹市，附近至为富丽繁华。元末两岸尽成废墟，锦帆泾逐渐堙塞。1931年填泾筑路，即名锦帆路（《苏州城厢图》中尚为河道遗址，河边路名河沿下塘。清同治《苏州府志》、民国《吴县志》所刊的城图中均已标作锦帆路）。

皇废基公园外部景观旧影

路在皇废基西沿，除南端外，几无居民，十分冷落。20世纪80年代于此兴建游泳池等，90年代街貌开始改观。8号为章太炎故居“章园”，为市文物保护单位。

苏州的子城与锦帆泾不仅承载着丰富的历史信息，也流传着许多动人的传说。这些传说不仅丰富了苏州的历史文化内涵，也为人们提供了更多的想象空间和文化体验。

三、古城城门

公元前514年，伍子胥所筑的阖闾大城开设水陆城门各八座，分别是阊、胥、盘、蛇、娄、匠、平、齐。说起水城门，是水乡古城所特有的城池构件，内外城河之间的水运通过水城门沟通，古城水系的水流也是由水城门进行节制。苏州古城建成之初，采用“天八风、地八聪”的说法，水城门与陆城门相伴出现；春申君治下，胥门不设水城门以御胥江太湖来水，同时新设葑门，其水城门可助城内之水东泄；宋代《平江图》上，盘门、阊门、平门、齐门、娄门、葑门等都有水城门；在其后各时期地图上，这些水城门与陆城门一起，世代相传。南宋范成大《吴郡志》明确记载：“门之名，皆伍子胥所制。”苏州古城门取名单字，简约典雅，又都各有特定的来历和深刻的寓意，体现了各自的环境和特色，蕴藏着深厚的文化信息。

阊门特别著名，巍峨雄伟，居八门之首，自古以来就是苏州古城的地标。阊门位于苏州古城西北部，是京杭大运河入城要道，北通吴中第一名胜虎丘。

《吴越春秋》载：“阖闾欲西破楚，楚在西北，故立阊门以通天气，因复名之破楚门。”由此可见，春秋时期吴国在西城墙开设阊门很有讲

苏州古城城门示意图

究。阊门象征天门，使上天的阊阖之风得以通过，也就是要与自然界的元气互相贯通，有利于西破强楚成就霸业。

在吴王阖闾兴霸成王的过程中，阊门具有重要的象征意义。伐楚的准备工作非常充分，吴王阖闾在伍子胥的竭力推荐下，重用军事家孙武为将整顿军纪，训练官兵，提高了吴国军队的战斗力。一切条件成熟后，公元前506年，吴国的大军就从雄伟的阊门浩荡而出，西进伐楚。

终于在柏举之战打败楚国，并攻入郢都，楚昭王无奈仓皇外逃。曾经雄霸一方的强大楚国在这一战中大败，吴国成为东南新兴的霸主。阊门因此真正成为“破楚门”。

阊门（朱剑刚摄）

吴门白马

东汉王充《论衡·书虚篇》中记载了一则“吴门白马”的典故。说孔子与他的高足颜渊同登鲁国境内泰山。在峰顶，孔子向东南方向眺望，看见吴国都城阊门之外拴着一匹白马。他指给颜渊看，问：“你看见吴国都城阊门了吗？”颜渊回答：“看见了。”孔子继续问：“看到阊门城头外有什么？”颜渊答道：“好像有一条白色的绸子挂在那里。”孔子揉揉颜渊的眼睛，纠正说：“那是白马。”

王充是著名的思想家，务实不务虚，认为这样的神奇传说是虚妄之言。因为人的眼睛所看到的，不过十里。超过十里就看不到了。而鲁国与吴国的距离有一千多里，人的目力是达不到的。孔子即便是圣人，也不能有如此好眼力，怎么能在泰山顶上看到吴国阊门呢。王充太老实，缺少想象力。其实，完全不必过分拘泥于真实。想当年，孔子师徒在泰山顶上遥望南方，见白云悠悠随风而动如马似带，遂产生联想也未尝不可。关键在于孔子登上泰山就朝东南吴国方向眺望，而一下子想到了千里之外的吴国阊门，由此可见吴国阊门的地位和影响力。

作为唐代著名诗人，白居易在苏州刺史任上，写下了不少描绘姑苏的好诗。其中《登阊门闲望》颇具代表性。诗中有这样几句："阊门四望郁苍苍，始觉州雄土俗强。十万夫家供课税，五千子弟守封疆。阖闾城碧铺秋草，乌鹊桥红带夕阳。处处楼前飘管吹，家家门外泊舟航。"这几句诗表现出苏州水城的美是流动的美，艺术的美。整个城市绿意盎然，夕阳映照下的乌鹊桥红光灿烂，处处楼台盛宴常设，管箫声声悠扬动听。

白居易以阊门这一著名的苏州地标建筑作为视角，高度概括了中唐时期苏州作为雄州的宏大繁荣景象，生动描绘了水乡名城如诗如画的美丽风光。姑苏雄州地繁民富，实力雄厚，经济繁荣，生机盎然。而经济的繁荣则与苏州四通八达的河道密切相关。

苏州古城水网纵横，因为河道，便有了各种水榭，便有了无数船只，要知道，船是当时苏州水城最主要的交通工具。不难想象，东西南北的河道中画舫穿梭，商船如织，商业繁忙，带给苏州的是经济发展。有了经济实力，文化艺术也丰富昌盛起来。

在水城，临河而居的人家很多，居民住宅前临街后枕河，家家后门外都有一个水码头，都可以靠岸停船。船到屋前，搭起一张跳板，就可以从后门走进家里。楼前飘乐，门外泊舟，苏州人的日子过得多滋润。《登阊门闲望》不仅高度概括了苏州作为江南雄州繁花似锦的特色，而且形象地描绘出了江南水乡名城如诗如画的迷人风情。简言之，在白居易的笔下，整个水城很美、很繁华、很艺术、很有情调。

明清时期，阊门一带更为兴盛。阊门是苏州的西大门，自古以来就是繁华之地，俗称“金阊门”。京杭大运河贯通后，阊门是运河流入苏州的第一个城门，苏州外城河、上塘河、山塘河、中市河、内城河等河道在阊门汇聚，形成了“五龙汇阊”的水运格局，由此成为水运枢纽。

明清时期，大运河作为连接南北的主要商路，成为四方客旅、各路商帮竞相逐利的通途。得益于交通便利，尤其是水运环境得天独厚，阊门是苏州连接外界的交通要津，是苏州的商业门户。所以，外地人、本地人在苏州做生意，都把地点选在阊门。苏州阊门一带经济繁荣，成为全国商贸中心。“阊门”也因此成为姑苏繁华的象征，生意兴隆的代名词。金阊门一时商贾云集，八方汇聚，楼阁林立，市场繁荣。

集商人弟子和风流才子于一身的唐伯虎，在《阊门即事》中把苏州赞誉为众人向往的世间乐土，其中阊门更是乐土中的宝地。因为这里每天有黄金百万流动不息，有众多吴姬丽娃轻歌曼舞，有通宵达旦的交易集市，有操着不同口音的四方商贾。在唐伯虎的彩笔描绘下，这红尘滚滚、繁花似锦的阊门简直就是人间天堂。《姑苏繁华图》里亦以写实手法描绘了一幅苏州经济文化繁荣的历史画卷。其中，生动形象地描绘出了一个商贾辐辏、百货骈阗的阊门。画面上，阊门十分雄伟，城墙迤逶弯曲，很有气势。城上有一座两层的红楼，飞檐翘角，古朴典雅。阊门城外有一座高大的吊桥，桥上行人密布，桥下各类船只紧挨着。阊门至枫桥的十里长街，各种店铺多达数万家，各行各业应有尽有，各省会馆纷列其间。

这一时期，苏州商业达到了鼎盛，并在全国处于领先地位。阊门被喻为“天下第一码头”。至此，苏州阊门愈加盛名远播，成为繁华苏州的代名词。冯梦龙《警世通言》第二十六卷有《唐解元一笑姻缘》，写的是大家熟知的“唐伯虎点秋香”的故事。在明代即已流传的这个著名故事中，唐伯虎对秋香一见钟情就是在阊门附近。

链接知识 阊门吊桥

阊门吊桥位于阊胥路东端，跨外城河，是沟通城内外交通的桥梁之一。宋《平江图》名“虹桥”，俗称“吊桥”，明成化六年（1470），曾改名“永济桥”。初为木结构，后被冲毁，有乡人郑文贵自愿捐资重建石桥，桥于元代泰定元年（1324）10月建成，耗资15万贯。明洪武初改建为石墩木梁桥。明正德七年（1512）、万历十八年（1590）、崇祯十一年（1638），清顺治二年（1645）、康熙三年（1664）多次毁而重建；清嘉庆二十二年（1817）重修。

清同治《苏州府志》引虞集《虹桥记》曰：“虹桥在阊门西，跨官河，通驿道，为咽喉要处，水至桥下汇为回渊，折而东行，势用剽悍。桥旧植以木而加甃，岁久腐挠……”

1934年，翻建为钢筋水泥桥面，石排柱式，东西桥台仍为明清原构。20世纪70年代拓宽两侧。如今，经重新改建后的吊桥成为一座廊桥，横跨于外城河上。

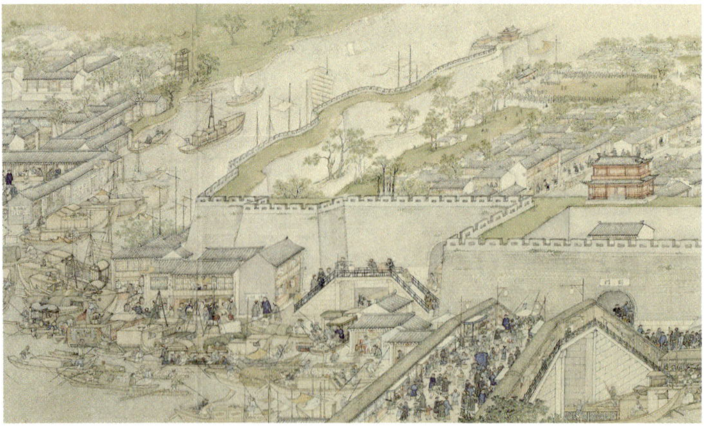

〔清〕徐扬《姑苏繁华图》中阊门外景象

古胥门遗址（朱剑刚摄）

在苏州古城的八大城门中，胥门更富有传奇色彩。胥门位于古城西城垣，是古城西出主要水陆通道之门。胥门得名的缘由有多种说法。一说此门遥对姑胥山（即姑苏山）而得名。另一说法是以伍子胥人名为城门名。唐陆广微《吴地记》说胥门"本伍子胥宅，因名。石碑见在"。阖闾大城为伍子胥所筑，八大城门由他开设，他的住宅又在胥门内近旁，故大城西门特名胥门；吴语中西、胥二字同音，一语双义。无论得名缘由是什么，胥门因吴国的忠臣伍子胥最终被吴王夫差赐死并抉目悬于门而特别出名。这亦是一个历史的悲剧。

清代学者姚承绪在其所著的《吴趋访古录》中有一首《胥门》诗，内涵丰富，高度概括了伍子胥与吴国、胥门的密切关系，精确描绘了伍子胥传奇而悲壮的人生历程。其中有这样几句："姑胥台，面太湖；姑胥门，臣所居。为王辛苦求专诸，霸吴覆楚真良图。惜哉忠谠卒见诬，抉睛未几越甲趋。”

如伍子胥所料，吴王阖闾是位非常有作为的君主，有强国梦想，有宽阔胸怀，即位后任用贤才，尤其重用伍子胥。伍子胥具有“文治邦国，武定天下”的将相之才，他深谋远虑，为吴国制定了“安君治民，兴霸成王，从近制远”的长远战略，提出并实施了“立城郭，设守备，实仓廪，治兵库”等具体措施，还“相土尝水，象天法地”建造吴都阖闾大城，开设包括胥门在内的八对水陆城门。在伍子胥的全力辅佐下，吴国西破强楚，北威齐晋，南伐越国，国力达到鼎盛之势。可惜，吴王阖闾在伐越之战中中箭，不治身亡，英年早逝。之后，伍子胥全心全意辅佐继位的夫差，忠心耿耿。

夫差即位之初，尚能励精图治，有所作为。只可惜，夫差不是阖闾，没有战略眼光，没有识人之明，更没有纳谏的雅量。辅臣伍子胥精通术数，卜而能知，是位出色的谋臣策士，当年吴王阖闾但凡国家事务都要与伍子胥商量，巨细必问，因而成就霸业，名于诸侯。然而，不幸的是，夫差就是听不进伍子胥的忠言。在打败越国，放走勾践后，越国君臣制定出疲惫吴国的“灭吴九术”并逐条实施。在吴国日渐衰弱之时，夫差还不醒悟。伍子胥不愿明哲保身，而以国事为重，尽忠臣之责，屡次犯颜直谏。恼羞成怒的夫差最后丢给伍子胥一把属镂剑，逼他自尽。伍子胥毫不畏惧，慷慨伏剑而死。正如伍子胥所料，一意孤行的夫差最终败于越王勾践之手，国破身亡，成为亡国之君。

2500多年过去了，苏州人依然难忘命中注定与苏州有缘的伍子胥。2003年在环城河风貌保护工程中，苏州人在古胥门广场上，建造了伍子胥纪念园，由雕塑大师钱绍武设计塑造4米多高的伍子胥石雕像。苏州人永远纪念这位苏州水城的创建者，杰出的政治家和军事家，缅怀他振兴吴国的功绩、舍命直谏的品格、尽忠报国的事迹，每年五月端午都要在胥门广场公祭伍子胥。胥门城下，悲剧英雄伍子胥巍然屹立，目光炯炯，一股浩然之气令人肃然起敬。

明清时期，胥门是苏州的水路要冲。过往船只多经胥江进入胥门，形成了“银胥门”的繁华胜景。过去，胥门外建有水陆驿站，人来人往，熙熙攘攘，商店、住宅逐渐增多。沿胥江形成了枣市街商市，南北舟楫云集于此，十分兴旺。

盘门水城门是国内唯一完整保留的水陆兼具的城门，具有极高的历史文物价值。与陆城门双重城门及瓮城的形制相似，水城门亦由两重城门和其间的水瓮城构成。城门口设水闸，可用绞关开闭，既可防敌军水路攻城，也可防洪水影响城内。两水门间城墙内设有通道，可循石级下至河边，亦可作船只检视巡查之用。旧时城楼上所题“龙蟠水陆”点出了水城西南水陆交通位置的首要功能。

娄门，位于苏州城的东北面，原称疁门。《吴地记》载：“娄门，本号疁门。东南，秦时有古疁县。至王莽改为娄县。”于是，城门也改称“娄门”。

蛇门，位城南，门朝向越国。此门“有陆无水”，建造后一直未开。宋初时已闭塞。

齐门，位于苏州城北。城门名与齐国有关。《吴越春秋》：“复谋伐齐。齐子使女为质于吴，吴王因为太子波聘齐女。女少，思齐，日夜号泣，因乃为病。阖闾乃起北门，名曰望齐门，令女往游其上。”当年吴国强盛一时，年迈的齐景公慑于吴国的强大，不得不将女儿嫁往千里之外

平门城墙旧影

的吴国。从此，齐国这位公主远离家乡，时常思念故土，日日以泪洗面。吴王为了减轻公主的相思之苦，特意命人在面朝齐国的方向建造了高大的城楼，好让她能够登高远望齐国故土。这就是齐门的来历。所以，齐门又叫"望齐门"。

平门，位城北，齐门之西。原名"巫门"。公元前505年，伍子胥率兵从平门挥师北上，终于打败齐国，凯旋时即是从平门入城的，故名。一说为欲平定齐国之意。古平门久塞，1928年为便利交通重辟平门，为两个并列的高大城门洞，有外城河而无内城河。城门上无城楼，更无水城门。1958年拆除。

相门，位于古城东部，临护城河而建，南起相门桥，东至耦园。数百米的相门秀美壮丽，登上城楼可一览姑苏胜景。相门原名匠门，曾是各种手工匠人聚居之地。据传，吴王阖闾曾命铸剑高手干将于此设炉铸剑，故又名匠门、干将门，后谐音为"相门"。在漫长的时光中，相门几经变迁。宋初，相门被填塞。民国初年重辟。1949年后被拆除。2012年，通过苏州古城墙修缮保护二期工程完成复建，成为一道古风今尚的靓丽风景线。雄伟秀丽的城楼倒映在悠悠的护城河里，见证了岁月的变迁。

第三节　水巷民居

苏州美，美就美在苏州水。这座被誉为“东方水城，人间天堂”的历史文化名城，不仅有闻名世界的古典园林，还有小桥、流水、人家的悠悠水巷。作家陆文夫在20世纪90年代写道：“半个多世纪之前，当我第一次进入苏州时，我也认为苏州人都是临河而居，到处都是水巷、小桥，连地名都叫什么巷（弄、里），什么桥，桥还分什么桥头和桥堍。”不同于北方四合院的雄阔方正，苏州水巷的枕河人家以秀取胜，不仅是入画的秀丽风景，也是天人合一的宜居典范。但见人家在水边，水上架小桥，桥上行人走，桥下小船行。水巷逶迤，家家临水，户户通舟，粉墙黛瓦的屋宇鳞次栉比，造型轻巧简洁，色彩

知识链接　三关六城门

老苏州一直会提到“六城门外走一走”这样的说法。又统称“三关六城门”。清代即有此说。“三关”指青龙关（即浒墅关）、铁铃关、白虎关（在普安桥堍）。“六门”指元至正十一年（1351）重修时的城门，即阊门、胥门、盘门、葑门、娄门、齐门。一作“六门三关五鼓楼”，其中“五鼓楼”一说为元代拆除城墙后剩下的五座城门楼（阊门、盘门、葑门、娄门、齐门），一说为更楼。清顾震涛《吴门表隐》载，当时六门题字均为顾嗣立所书，其中阊门题为“气通阊阖”，胥门题为“姑胥拥翠”，盘门题为“龙蟠水陆”，葑门题为“溪流清映”，娄门题为“江海扬华”，齐门题为“臣心拱北”；亦提及“三关”：“娄、阊、葑门皆有之，在城门洞下，古石黄润，高二尺许，形如象鼻，惟娄门尚在。”民国许云樵《姑胥》则称三关为“浒墅、铁铃、白虎”，并云：“浒墅关，原名青龙关，在浒墅镇上；白虎关，和青龙关遥遥相对，在普安桥堍；铁铃关，在枫桥堍下，与寒山寺相近；本来，都有关官驻守的，现在久已废掉了。”

淡雅宜人，轮廓柔和优美。水巷两岸垂柳依依，繁花点缀，充满着诗情画意。

一、水陆并行、河街相邻

建筑大师吴良镛先生曾经评价江南水巷说："河道两侧民居压驳岸而建，形成一条幽深水上小巷。舟楫穿梭，倒影浮荡，橹声欸乃；民居粉墙黛瓦，栉比鳞次，错落参差，形成一条水上风景线。水巷上常有节奏地架设着形态各异的石桥以及跨河宅院的私家小桥、桥廊、水阁，商店、茶楼、酒肆、码头（河埠头）等往往与桥梁结合起来，成为人们活动的集中点，丰富水巷的景观。"

水巷，由水、民居、桥和街巷四个基本元素组成，是苏州城市的灵魂。民居建筑临水而造、枕河而筑，自然布局成"前街后河"或"前河

苏州水巷旧影

后街”的形式。水巷是以水道为主体的带状空间，平行的街道水巷，跨河的各式小桥，临水的民居建筑，沿河的花草树木，还有水码头、水踏步、石栏杆、古井、水亭、牌坊等建筑小品串联组合起来，构成一个别具风采的水巷空间。

“河街相邻”的城市交通格局使得苏州的民居都依水而建，前门对着陆路，而后门则为水路。为了更好地出行和取水，民居一般会在河边开一扇后门，并修建河埠与水路相连。民居后门的埠头一般为单向的埠头，用伸出的条石构成台阶，让居民可以从一侧或者两侧下到河面。

链接知识　陆文夫和他笔下的三类苏州小巷

陆文夫是苏州知名作家。在50年文学生涯中，陆文夫在小说、散文、文艺评论等方面都取得了卓越的成就，他以《献身》《小贩世家》《围墙》《清高》《美食家》等优秀作品和《小说门外谈》等文论集饮誉文坛。在许多作家和读者的心目中，“苏州”和“陆文夫”几乎是同义语。从水道到小巷，从评弹到吴语，从饮食到民风……陆文夫在苏州度过了60多年的时光，苏州的点点滴滴已经化入他的骨血。尤其是标志着陆文夫小说创作达到高峰的小说《美食家》，精致地描摹了古城苏州的风土人情、园林风景、吴越遗迹、风味小吃、吴侬软语、石板小巷、小桥流水……栩栩如生。这些苏州特有的文化与风俗，成为他小说中的重要情节要素，具有独特的地域文化魅力，使其小说赢得了“小巷文学”和“苏州文学”的美称。

陆文夫笔下的小巷，一般可以分为三类：一类是具有浓厚市井生活气息的小巷，即两边有低矮的平房、楼房，有居宅、茶馆、烟店、酱菜店等，人声熙攘，生活气息浓郁；一类是深院高墙间的小巷，有狭长深幽的备弄、失去青春的绣女、钟鸣鼎食之家及自成体系的花园等；还有一类介于上述两者之间，既有深院高墙，又有低矮平房、烟杂店及大饼店等临河水巷。（参见陈娇华《小巷文化的独特镜像——论苏州小巷文化对陆文夫小说创作的影响》）

河道两侧也会在没有房屋的地方修建比较开阔的公共埠头，供不沿河的居民使用。公共埠头一般可以两侧下人，或者面对面两个埠头中间用平台相连，方便多人同时使用，一般为驳岸后退预留出埠头的台阶和平台，边缘与驳岸齐平。

埠头即码头，是水路交通上下客和卸货的地点，也是船只停靠休憩的首选地点。慢慢地，在比较大的公共埠头形成了水上集市，延续到陆上形成陆地集市，从而繁荣一个地区的商贸往来。明清时期，苏州阊门内外埠头集中，在埠头旁停靠的船只运卸货物繁忙，船上的行商吃着陆上饭店端下的饭食。沿着山塘河，阊门集中了这样大大小小的埠头，是当时江南地区最活跃的商圈。

除了供大众使用的埠头外，有的专用埠头更显苏州古代城市的细分形式。永丰仓船埠，位于苏州阊门内下塘，1983年被列为苏州市控

阊门下塘永丰仓船埠遗址

制保护建筑。2014年6月成为中国大运河申遗成功的物质文化遗产，是苏州大运河遗产中唯一的航运设施码头。明天顺八年（1464），在宋元古仓旧址建永丰仓，清代曾为钱厂、火药局、宝苏局、总捕同知署，后为民居。门前石砌船埠长达80米，尚完整。中市河宽5—6米，从阊门一路向东流到这里，水面突然变成30多米宽，两岸都是坚固的石驳岸（码头已毁），明朝时被用来停靠粮船和装卸粮食。永丰仓船埠是政府修建用来运输政府物资的专用船埠，用于军事战备、赈灾、济荒和市场调剂等，漕运沿线城市在很多仓储设备附近都会修建这样的埠头。

二、人家尽枕河

民居是苏州水城街道和水巷建筑的主体。古城内河道与街巷双棋盘式的总体结构，形成了众多规划整齐、清晰有序的“河街围绕”的街坊，这对民居建筑的布局、形式和环境产生直接影响。苏州民居与水结下了不解之缘，在水环境中诞生、发展和延续。民居建筑临水而造、枕河而筑，自然布局成“前街后河”或“前河后街”的形式。民居建筑群在街坊内横向排列，栉比鳞次。

得益于苏州水城的自然地理环境和底蕴深厚的吴文化熏陶，苏州水巷的枕河民居建筑具有三个主要特征。

（一）粉墙黛瓦色彩雅

苏州水巷民居建筑色彩比较素雅，以大片白粉墙为基本元素，配以黑灰色的瓦顶，本色的梁柱、栏杆、挂落，构筑了富有东方神韵的黑白世界，而这样的色调具有非常鲜明的地域特色。一方面，粉墙黛瓦源于太湖山水清雅的自然色调，也与苏州灰白的天气、秀茂的花木、玲珑的山石、柔媚的流水相配合，十分和谐，幽雅宁静，就像一幅充满诗情的水墨江南画。另一方面，苏州水巷民居的粉墙黛瓦，黑白分明，用色清淡，质朴无华，这与苏州水城的文化历史出自一脉，即追求自然，返璞归真。苏州古城民风淳朴，苏州人历来偏爱淡雅、幽静、安宁的生活，体现出为人低调的处世风格。简言之，粉墙黛瓦这种淡雅、朴素、秀丽的建筑色调，崇尚自然又高于自然，既为居住空间创造了宁静、安逸的环境，又统一和谐了苏州水城的城市空间，透露出苏州水文化所特有的秀丽、雅致、柔美格调。

(二) 空间尺度小而美

与小街、水巷、小桥、流水相匹配，苏州水巷民居的空间尺度是适宜的，十分亲切自然。苏州水城的街坊空间狭长，枕水民居建筑多为一两层，立面简洁，体量小巧，沿着街河连绵蜿蜒，高低错落，疏密有致，掩映于柳树桃花之中，具有整体的和谐美。行走于苏州街巷，所见河道、街巷和桥梁等不仅本身是小尺度、小体量的，而且相互间保持着良好的比例关系。因此整个街坊形成十分人性化的空间，人们置身在苏州水城的街道或水巷空间中，会感觉周边环境十分舒适，亲切宜人，充满着人情味。专家认为，“小即是美” 这个著名的美学原则，对古城苏州来讲是适宜的。人的生活与城市空间尺度密切相关，处处是适合与亲近人的尺度，使人置身苏州古城备感空间的灵巧秀丽和亲切宜人，生活舒适和谐。

(三) 造型轻巧又精致

苏州水巷民居从形制上看十分简洁素雅，坡顶、瓦顶、空斗墙，观音兜山脊或马头墙，形成了高低错落、四周顾盼、粉墙黛瓦的建筑群体风貌。民居屋顶富有艺术表现力，轻盈的造型、高翘的翼角，成就了苏州民居小巧玲珑的艺术形象。还有精美的雕刻，门楣、挂落、窗花、飞檐、屋脊等处的装饰，构成丰富的形态，建筑造型轻巧，立面简洁，体态玲珑，空间轮廓柔和优美，黑瓦白墙朴素淡雅，内部装饰细腻精致。苏州水巷民居建筑整体上充分表达出苏州水文化的气韵风采。

旧时，苏州城有“七塔八幢九馒头”之说，为旧时遍布在苏州大街小巷间的一组较高建筑的民间统称，后成为俗语广为流传。俗传为明刘伯温按风水术为苏州所设置。

塔和幢都是佛教建筑物，还是佛教信徒的拜物，所以又称“佛塔”“宝幢”，主要用于收藏高僧舍利和重要经卷，有的层层供佛。塔幢的形式丰富多样，风格各异。苏州建塔的历史很早，迄今已过一千多年。早在三国时期，佛教即传入苏州，随着寺庙的兴建，佛塔、宝幢也迅速建筑起来。多塔，是古城苏州的特色之一。所以，苏州有“宝塔城”之誉。由于年代久远，加之沧桑变化，历代塔、幢兴废情形缺乏完整记录，说法颇不一致。

其中，关于“七塔”就有五说。多数认为，“七塔”是指北寺塔、瑞光塔、双塔、虎丘塔、灵岩塔和上方塔，其中城内四塔、城外三塔。此七塔现仍傲然挺立，十分壮观。也有人说，早先“七塔”是指北寺塔、瑞光塔、双塔、大同塔、石塔和白塔，现大同塔、石塔和白塔均已不存，且存在时都比较矮小不起眼，因而此说只保留在一些老人的记忆里了。

有关“七塔”最早的记载见于明王鏊的《姑苏志》：“妙湛寺，在长洲县东，五代钱元璙施园建池，名优婆夷寺。宋开宝间建七塔，建炎兵毁。”清钱思元《吴门补乘》：“初郡城有七塔八幢九馒头，今幢存者无二三。”清顾震涛《吴门表隐》载城中“七塔”：“第一在临顿路白塔子桥东堍，名白塔；第二在孟子堂东……第三在朱长巷东口塔衖，名虹塔……乾隆二年冬将倾之前，自摇动数日而圮……第四在司狱司署内，

甲辰巷砖塔

塔中有宋熙宁己酉葛蕃记碑……第五在宫巷南口，名雄塔，宋嘉祐五年九月，沈文罕同男宥从建……第六在濂溪坊，上有仰盂，名雌塔，宋靖康初，里人翁氏建……第七在望信桥西，宋开宝间建，建炎兵毁，故地名七塔寺前巷。”又载：“城中七塔之外，更有二塔：一在平江路张家桥北首，宋初顾氏建，康熙三十年圮；一在石塘桥巷底，康熙二十九年群儿戏筑而成，时有‘南塔倾，北塔成’之谣。”

“八幢”指的是佛教经幢，今只略知七幢位置：一座在西美巷的况公祠内大殿天井中；一座在石幢弄的宝藏寺内；一座在莲溪坊；一座在松鹤板场民家；一座在思婆巷内；一座在恤孤局前；一座在相门内甲辰巷底市桥头，现仅存此幢。

《吴门表隐》载：“城中八幢，形方如塔，层层供佛，非石幢也。一在孔副使巷中，亦名方塔；一在装驾桥南堍，向有宝幢寺，久废；一在洙泗巷南口；一在石塘桥北小桥头；一在桃花坞石幢衖底；一在因果巷陈氏清畲堂西南。余未详。”

“九馒头”为城内九座混堂（浴室），因屋顶形如馒头故名，至清仍存四座，分别在大卫弄、过驾桥、天后宫和桑叶巷。《吴门表隐》载："九馒头混堂，或云六城门左近各一。此外一在饮马桥石家湾，一在府治东首，一在北寺前，一在天库前，竟有十余处。今皆改去无存。"

旧时苏城街巷间遍布公共浴室，以"混堂"命名的街巷就有十二条之多，如桃花坞的东混堂弄，东南起焦言浜、西至临顿路的前后混堂弄，东接仓街、西至平江路的旧长庆里，朱进士巷4—15号，新生弄1—4号，伍子胥弄6—7号，朱家庄大街内，泰伯庙西旧称"西混堂弄"，五峰园弄，山塘街元福里，万年桥大街上新生一弄到四弄、渡僧桥弄等。相传馒头混堂里有窑神，民间俗称"混堂公公"。

三、水巷小桥多

苏州水城自古就是桥梁王国。中唐大诗人白居易在苏州刺史任上曾写七言律诗《正月三日闲行》，诗中颔联说"绿浪东西南北水，红栏三百九十桥"。此乃描述苏州水城的经典名句，具体形象地描绘出苏州古城多水复多桥的独特魅力。南宋《平江图》上刻绘的桥梁有300多座。

有河就有桥。桥是河水的点缀，也是水与街的交点。以山塘历史街区为例，据史料记载，跨山塘河的古桥众多，而且桥梁样式多种，有单体桥，有组合桥；梁桥平直古雅，拱桥形如满月；单孔桥、双孔桥、三孔桥变幻奇妙。形形色色的古桥，为七里山塘平添几分古雅和灵气。山塘河上著名桥梁有山塘桥、桐桥、彩云桥、绿水桥、青山桥、斟酌桥、普济桥等。

从东开始，细数过来，第一座横卧在古老山塘河上的桥梁是山塘桥。

桐桥曾经是七里山塘名气最响的一座桥。清人顾禄著有记载虎丘山塘的地方文献《桐桥倚棹录》。此书为什么以“桐桥”为名？作者在凡例中说明理由云：“是书以桐桥为虎阜最著名之处，故名曰《桐桥倚棹录》。”由此可见桐桥在山塘虎丘风景区的名气和地位。桐桥又称“胜安桥”，位于山塘中段，跨山塘河支流，与半塘紧邻。始建于北宋治平元年（1064），清道光二十年（1840）重修。原为山塘街上最高的单孔石拱桥。民间端午节龙舟竞赛时龙舟都会集于桐桥下，由此向山麓竞渡。

《桐桥倚棹录》记载，彩云桥在半塘寺前，横跨山塘，宋政和元年（1111）建筑，桥龄已有900多年。彩云桥以造型奇妙而称胜。

绿水桥，在青山桥西，又名普福桥。明万历二年（1574）建，清嘉庆二年（1797）修。

斟酌桥历史久远，相传早在春秋时期就有了，范蠡和西施曾在此桥停留并斟酌议事，故称之为“斟酌桥”。明万历年间重建。斟酌桥离虎丘山不过百步。旧时，此桥两堍有不少饭店酒楼，“斟酌”之意已变

山塘绿水桥

为“宴饮”了。

山塘街西段还有一座名桥——普济桥。顾名思义，即普度众生之意。史料记载，普济桥始建于唐代，原为木面桥，明弘治七年（1494），里人周方等募资，将原木桥改建为三孔石拱桥。清康熙四十九年（1710）重建，乾隆、道光年间又重修。

苏州桃花坞木刻年画作品中，有一幅老版画题为《山塘普济桥·中秋夜月》，署名“桃坞秀涛子”。整个画面内容丰富，刻画细腻，有田园、河流、人家、寺院、码头、园林、城楼等等，重点突出山塘普济桥。这座三孔拱桥置于近景，普济桥上有行人驻足看风景，有来来往往抬箱子的、挑担子的。河中有不少过往船只，造型各异，用途各异。紧挨着普济桥旁的水上有豪华游船停泊着，张灯结彩，有童子在船头温酒煮食，船内则笛声悠悠，曲声响起。船头处水面正浮着一轮圆月，在桥洞旁摇曳生姿，画面最上方则是满月高悬，在夜空中闪着洁光。

桃花坞木刻年画《山塘普济桥·中秋夜月》

链接知识 古万年桥是严嵩所拆吗

在苏州众多的桥梁中，万年桥是苏州城区西部的一座桥梁，位于胥门外，跨城外护城河。现为三孔石拱桥，长85米，宽6.2米，中孔跨径16米，两侧边孔跨径11.2米；东西两坡砌步阶，东坡56级，西坡65级。

桥名取长久之意。宋绍定二年（1229）刻制的《平江图》上无此桥，行人过河靠船只摆渡。但范成大《吴郡志》卷十七记载“城门外桥梁”，载有“胥门桥”。关于万年桥最早的记载，出自明洪武年间苏州知府卢熊编纂的《苏州府志》，他提及苏州胥江上有座“万年桥”。明王鏊在《姑苏志》中，也多次提到“万年桥”。相传是用紫石筑造的5孔环洞桥。

据说万年桥是被明代奸相严嵩所拆，是这样吗？清代诗人潘次耕在叙事诗《万年桥》中讲述了这座桥的坎坷经历：严嵩来苏游览时，对此桥赞不绝口，苏州地方官员便奉承拍马，下令把桥拆了，作为礼品迁至严嵩老家江西分宜。

清顾震涛《吴门表隐》卷七和《吴县志》卷三十二“胥门紫石桥”载：“胥门向有吊桥，紫石甚古，明嘉靖时，严嵩爱而拆去，今在袁州城外，亦名万年桥。”

范烟桥先生在《苏州的桥》一文中写道：“看了明朝画家的《万年桥图》，觉得几百年前这里已经是市廛繁华，帆樯络绎。而且从各种记载来考查，原来这座桥是用坚实的紫石砌成，栏杆雕刻极精，柱上刻的石狮子有二百余，五个大环洞形式很壮丽。到了嘉靖年间，严嵩到苏州，看中了这座桥，竟有苏州的官吏，向他献媚，把这座桥拆去，运送到北京，准备造在严嵩的相府里。但是桥太大了，相府容纳不下，于是又搬到严嵩的家乡——江西袁州去。据说至今袁州城外还有座万年桥。”

严嵩亲撰的《万年桥记》中有：“先是予往来吴中，阅桥而美，于是征匠买石于吴州，运山伐石，载以巨舰，溯江而入湖。”可以看出，这里严嵩表达了江西分宜万年桥只是从苏州“征匠买石”而已。当然，也有很多专家学者认为严嵩在他的《万年桥记》中，没有说清楚事实，所谓“征匠买石”有可能是他的开脱之词。

万年桥究竟是不是因为严嵩而拆，也许只有等进一步的史料发掘后才能为我们提供答案了。

第四节　园林之水

苏州水城之美与古典园林密不可分。宽泛一点说，苏州就是一座精致的园林城市。苏州园林小巧玲珑，风景秀美，集中代表了江南园林建筑的精华，渗透着历代文人的美学思想与审美情趣，展现了苏州文化精致典雅的特征。联合国教科文组织对苏州古典园林评价道："没有哪些园林比历史名城苏州的园林更能体现出中国古典园林设计的理想品质，咫尺之内再造乾坤。苏州园林被公认是实现这一设计思想的典范。这些建造于11—19世纪的园林，以其精雕细琢的设计，折射出中国文化中取法自然而又超越自然的深邃意境。"苏州拙政园、留园、网师园、环秀山庄、沧浪亭、狮子林、艺圃、耦园、退思园先后被列入《世界遗产名录》。

一、水源丰沛为造园之始

明代散文家钟惺曾提过"三吴之水皆为园"。水是园林的重要构成要素，相比园林中的假山而言，园林中的水景需为真水，正所谓"假山可为，假水不可为"。园林用水往往须设法引河、湖、泉为水源，再对其进行艺术加工，不似建筑、假山等可以人力为之。因而，在造园之初，人们就常以水源

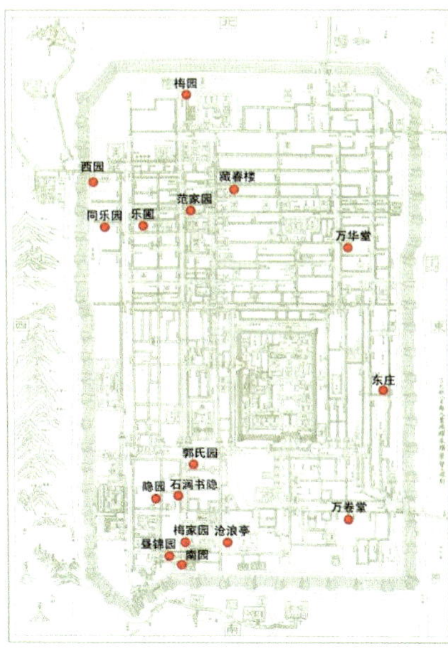

10—13世纪苏州城内园林分布示意图

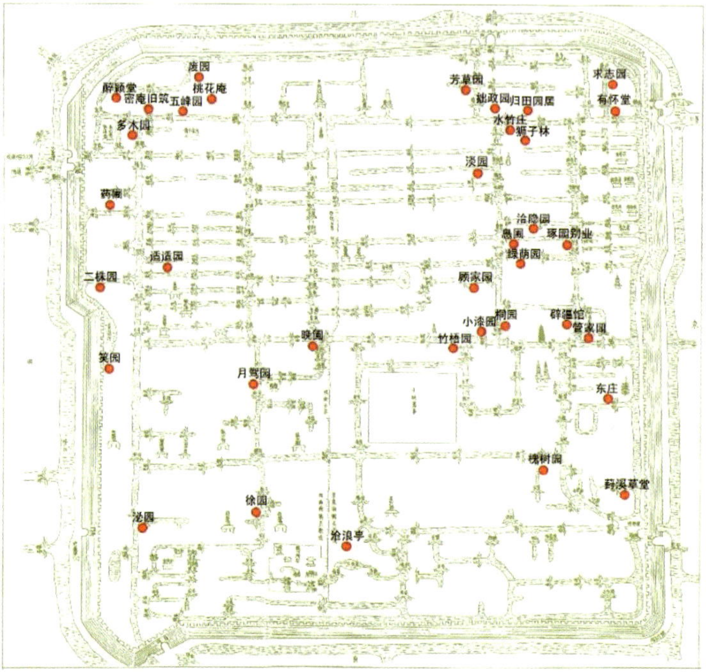

14—17世纪苏州城内园林分布示意图

丰沛与否作为选择园址的重要标准。

宋代苏州城内的私家园林，大多紧邻河道，无论是中北部规划整齐的人工河道还是城南的自然河道，都有园林依河而建。这说明宋代私家园林讲究与城市水系相通，以得水景之利。但也可以看出，宋代苏州城内东北部的河道不够绵密，所以，园林数量还不多，只有万华堂等少数几个。

明代，苏州城内河道长度达到历史最高峰，增挖的人工河道主要集中在城东，这从明代《苏州府城内水道总图》上清晰可见。新建园林有不少集中于城东北新增的六条人工河道周围。水道解决了园林引水的问题，同时城东北原来有一些空地，因此，在城市河道新增之后，成为私家园林兴建的集中地。其中有十余处集中于城东北，在第一、二横河与第三、四直河之间的地带，也即原来行政区划未合并前的平江区范围内。

清代，私家园林密布于城内各处，较明代更为繁盛。从园址上看，新造的园林大部分集中于中北部闹市区，园林分布密集区域往往与水道密集区域相重合。人们于房前屋后开辟小型园林，作为住宅的延续，成为生活的场所。清代的园林造景更注重象征，讲求以小见大，正如文震亨在《长物志》中所言："一峰则太华千寻，一勺则江湖万里。"

沧浪亭位于苏州城南三元坊附近，临近城内第三横河。建于北宋，是苏州现存历史最久的一处园林。园林倚水而建，因水立意，主景水面位居园外，故又称"借水造景"园林。

狮子林北临城内第一横河，西近第三直河。始建于元代，现存园林为民国后改建，占地15亩。狮子林东南筑山，西北布水，很注意水

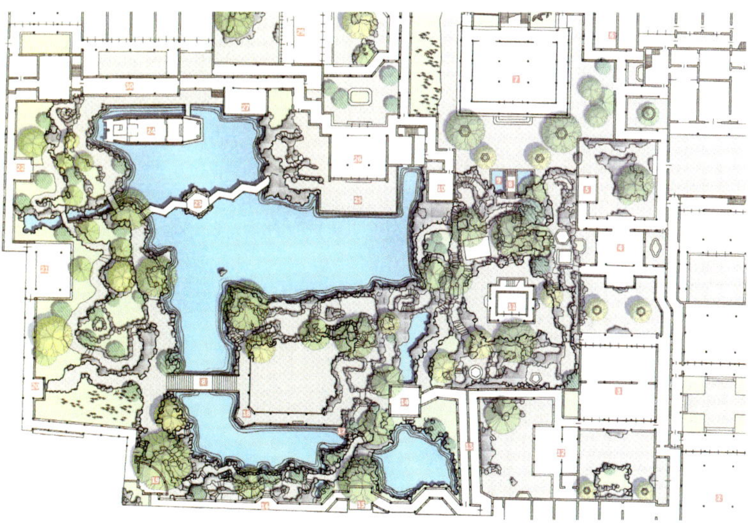

狮子林平面图（局部）

说明

本图包括由苏州市政府公布的第一、第二、第三、第四批《苏州园林名录》108处园林。

所处辖区：姑苏区56处，吴中区24处，吴江区9处，高新区2处，相城区1处，常熟市11处，张家港市2处，昆山市2处，太仓市1处。

第一批

1 拙政园
2 留园
3 网师园
4 环秀山庄
5 沧浪亭
6 狮子林
7 艺圃
8 耦园
9 曲园
10 天香小筑
11 织造署旧址
12 北寺塔
13 寒山寺
14 五峰园
15 西园
16 惠荫园
17 听枫园
18 怡园
19 畅园
20 可园
21 鹤园
22 北半园
23 柴园
24 残粒园
25 遂园
26 塔影园
27 朴园
28 万氏花园
29 拥翠山庄
30 南半园
31 慕园
32 吴家花园
33 绣园

第二批

34 燕园
35 曾园
36 赵园
37 兴福禅寺
38 松梅小圃
39 方塔园
40 南园
41 张厅
42 退思园
43 师俭堂锄经园
44 耕乐堂
45 陶氏花园
46 雷氏别墅花园
47 墨园
48 顾氏花园
49 双塔影园
50 詹氏花园
51 唐寅故居遗址
52 渔庄
53 严家花园
54 启园
55 古松园
56 保圣寺
57 高义园
58 寒山别业遗址
59 石佛寺

第三批

60 聚沙园
61 读书台
62 拂水山庄
63 翁家花园
64 倚晴园
65 顾炎武故居
66 恬庄榜眼府
67 枫华园
68 先蚕祠花园
69 珍珠塔园
70 环翠山庄
71 静思园
72 明轩实样
73 万景山庄
74 西溪环翠
75 一榭园
76 一枝园
77 师俭园
78 南石皮记
79 玉涵堂
80 铜观音寺花园
81 司徒庙后花园
82 榜眼府第
83 虹饮山房
84 瑞园
85 小筑春深
86 灵岩山寺花园
87 乡畦小筑
88 道勤小筑
89 醉石山庄
90 后乐园

第四批

91 端本园
92 南社通讯处旧址
93 尚志堂吴宅（工艺美术博物馆）
94 全晋会馆（中国昆曲博物馆）
95 苏州博物馆花园
96 忠王府
97 墨客园
98 揖秀园
99 延林园
100 芥舟园
101 石湖梅圃
102 嘉树堂
103 维摩精舍
104 惠和堂
105 怀古堂
106 宝俭堂
107 东山雕花楼
108 雕花楼（仁本堂）

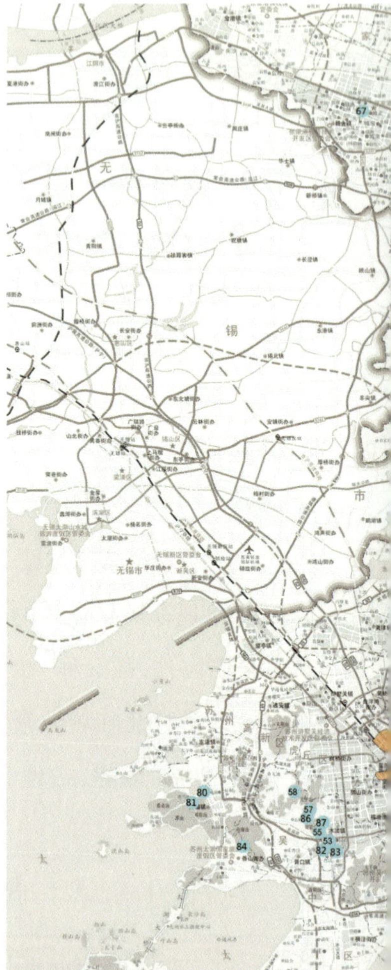

审图号：图苏 E 审（2024）076 号

苏州园林分布图（2018年总图）

苏州园林分布图

景的集中布局。园林湖面集中于西北，聚水一隅，有水面开阔明净之效。水岸的太湖石、石舫、垂柳，水面的亭、桥、荷叶共同构成了美丽的江南水乡风光。狮子林西北部的湖面，由桥、石壁、亭阁划分为四个水景单元。北面水体约占湖面的三分之二。北岸有石舫，登舫南望，波光桥影。自西岸观石舫，则似运河码头游船。西岸有园林水口，另有瀑布由山涧跃出，分五叠跌落，水汽一时弥漫。拱桥以南水面为第二水景，北岸是湖心岛，南岸是临水石山，山间河流自小赤壁崖洞流出，穿拱桥桥洞而去。小赤壁以东为第三水景，水面叠石错落有致，山涧之水自修竹阁下而来，又经小赤壁水洞而去。修竹阁北有第四水景，水面在东、西假山的夹峙下仿佛山间曲折幽深的溪流。

拙政园在娄门内东北街，紧邻城内第一横河。始建于明中叶，当时占地约200亩，积水弥漫，林木繁茂，近乎天然风景。可见造园之初就注意利用自然地形水系。后多次改建复建，如今该园占地60余亩，总体布局以水景为主，水面约占总面积的三分之一，水面有聚有分，于园内处处沟通，层次丰富，营造出江南水乡的风貌。

耦园在仓街小新桥巷，地处大运河（东护城河）与城内第一横河交汇处，三面环水，为清代园林。耦园引水手法十分明了，从与水萦绕的山石驳岸入手。东花园为耦园的精华所在，河水由此园东墙下水口引入园内，汇聚成湖。湖为南北狭长形，与假山相萦绕，一山一水构成了东园的主景，四周环以亭廊楼榭，布局错落有致。耦园对城市水系的利用，除直接引水入园外，还巧妙地利用了园林三面环水的优势，全方位地借景园外水系。

总的说来，丰富的水系是苏州私家园林繁盛的重要因素。自宋至清，城内私家园林多有借古城水系建园造景的案例。古城河道的变迁也直接影响了城内私家园林的选址与分布。水道与园林相得益彰，使苏州古城成为举世闻名的水上园林城市。

二、文人造园：模山范水见文心

著名的古城保护专家阮仪三曾在《苏州园林散论》中指出："苏州园林的水池、山丘、亭台、楼阁布置得极为精妙，是经过了几代有丰硕文化修养的园林主人和一些名匠大师多少年来的反复推敲，多次地修改重筑，才成为世界建筑艺术的精品。"的确，苏州古典园林的园主一般是文人士大夫，诚如明人陈继儒所言，"主人无俗态，筑圃见文心"，以诗文筑园，模山范水，是具有自然意趣的"城市山林"，故被称为"文人写意山水园"。也就是说，苏州园林是由文人创建的，是典型的文人园，具有文化意蕴的艺术环境，被誉为"凝固的诗"，雅韵醇厚，意境深远。

如沧浪亭，说到沧浪亭一定会想起创建者苏舜钦，他赋予此园"沧浪"之名，从此，沧浪亭便拥有了文化内涵与精神气质。

苏舜钦在政治上属于以范仲淹为首的革新集团，因支持范仲淹的"庆历新政"，为守旧派所忌恨，因此遭人陷害。庆历四年（1044）十一月，保守派弹劾其在进奏院祭神时，用卖废纸之钱宴请宾客犯下"自盗"罪，由此，苏舜钦被革职为民。

庆历五年（1045）春，苏舜钦携妻子南下，扁舟吴中。

苏舜钦早就喜爱古城苏州，曾写过名诗《过苏州》，不仅描摹了水城秀美的风光，也抒发了诗人达观不羁的情怀，并对当时无缘居住苏州而深感可惜。现在好了，坏事变好事，获罪除名成为布衣，倒可以有缘住在有着"无穷好景"的苏州了。

沧浪之水（朱剑刚摄）

一日，苏舜钦偶过郡学，发现郡学东边有一块弃地，那里草木茂盛，崇阜广水，附近还有荒芜的池馆，为五代时吴越王外戚孙承祐旧馆。因感此地高爽静僻，野水萦洄，便以四万钱购得，再购置花木砖石，利用自然山水，加以修葺，营建了一个可居、可游、可观、可赏的私家园林。苏舜钦给此园取名“沧浪亭”，并自号“沧浪翁”。“沧浪”之名耐人寻味。表面上看，此园三向皆水，亭建水边而曰“沧浪”；而更深层的含义是让人很容易联想到《楚辞·渔父》中的《沧浪之歌》：“沧浪之水清兮，可以濯吾缨；沧浪之水浊兮，可以濯吾足。”这首古歌通俗地解释，就是儒家所倡导的“达则兼济天下，穷则独善其身”。倘若人生不得志，就超脱世俗名利、归隐自然。苏舜钦无罪而贬，便以沧浪亭为归隐之地。

吴地文化中有一种隐逸的传统，春秋晚期的范蠡、西晋的张翰、唐朝的陆龟蒙均为高蹈遁世的退隐高士，一直为后人所称颂。仕途受挫的苏舜钦来到苏州避世隐身真可谓找对了地方。其《沧浪亭记》描绘了沧浪亭“前竹后水”“澄川翠干”的自然美景，抒发了寄情山水，忘怀荣辱得失，安于冲旷的情怀。沧浪亭成为苏舜钦安放心灵的场所，从此隐居于此，读书注《易》，吟诗会友，享受“真趣”。

拙政园是典型的文人园林，始建于明正德年间，为明代弘治进士、御史王献臣所建。“拙政”二字是取古书上“拙者之为政”之意，与“巧宦”相对，暗示园主不得志于朝，筑园以明志。

王献臣，字敬止，号槐雨，吴县人。明弘治六年（1493）进士，为人疏朗峻洁，知识渊博，能诗善文，具有文人情怀。正德四年（1509），王献臣官场失意回乡隐居，发现了古城东北处有块闹中取静的风水宝

拙政园（张国政摄）

地，遂买下此地筹划建园。王献臣与著名书画家文徵明关系友好，交往甚密，便请文徵明参与设计此园蓝图。两人时常交换看法，谈论造园设想。

文徵明的绘画造诣高超，山水、人物、花卉都很擅长，风格清丽疏朗，意境清幽，文雅秀逸，充分表现出文人画的特色。受王献臣邀请，文徵明参与设计构筑拙政园，并绘制园图，写诗作文。所作拙政园诗咏三十一首、《王氏拙政园记》和《拙政园三十一景图》流传于世，比较完整地勾画出早期拙政园的面貌和风格。

根据文徵明在《王氏拙政园记》中的描述，拙政园建造之前，设计者对拙政园所处地理位置进行了综合考察，发觉这块土地不宜建造太多建筑，地质松软，积水弥漫，而且湿气很重。因此，参与设计的文徵明因地制宜，以水为主体，浚沼成池，将积水、湿气转化为优势，辅以植栽，精心设计了三十一个景点，形成以水为主，疏朗平淡、简朴自然的园林。每个景点均设计为具有独特的天然韵味，自然素雅。整个园林竹树野郁，山水弥漫，近乎自然风光，充满浓郁的天然野趣。

经过王献臣与文徵明的精心设计，加之十余年的匠心营造，拙政园建成一座山水相映、林木葱郁、古朴典雅的园林别墅。园内亭台楼阁，小桥流水，古木参天。

拙政园的总体布局以水池为中心，分东、中、西三部分。中部为拙政园精华所在，池水面积占三分之一，水色迷茫，林木葱郁，景色疏朗自然。临水布置了形体不一、高低错落的楼阁轩榭，其间有漏窗、回廊相连，园内的山石、古木、绿竹、花卉，构成了一幅幽远宁静的山水田园画面，代表了明代江南园林建筑清逸古朴的造园风格。

另外，古人造园，厅堂位置选择十分谨慎，需要推敲斟酌，在园林中各种建筑形体如何与山水相结合，将建筑艺术巧妙融于自然环境，师法自然，表现自然，是一个颇为讲究的问题。厅堂建筑既是景观，又可以用来观景。远香堂是拙政园中部景区的主体建筑，南北皆理水叠山，是左右全园布局的核心所在。

远香堂是一座四面厅，面水而筑，面阔三间，高大宽敞。远香堂的主要功能是招待宴饮来访宾客，四面均为玻璃镶嵌的落地明罩，通透玲珑。环视一周，四面皆为佳景，但见山光水影，犹如动态山水长卷映入眼帘，能使厅堂内部非常空透，方便赏景。堂北建有临池平台，池水旷朗清澈，遍植荷花。夏日池中荷叶田田，荷风扑面，清香远送，是赏荷的绝佳之处。远香堂之堂名即源于此处荷香，取宋代学者周敦颐《爱莲说》中"香远益清"的意境。苏州著名书法家蒋吟秋曾有一首七绝诗赞曰："拙政名园好景多，池塘屈曲漾清波。远香堂外清如画，四面凉风万柄荷。"临池观赏，除了赏荷，引人注目的还有隔水一东一西两座岛山，山上林木苍翠，垒石玲珑，颇有山野气氛。远香堂南侧有碧水、曲桥和假山。波形云墙环绕于外，墙内植有海棠、芭蕉、竹子等花木，各类造园元素配合得雅致精巧。远香堂东边则是一座叠有玲珑湖石的假山，山势奇峭，盘曲有致。远香堂西边是一带曲廊和倚玉轩，小轩实为远香堂的副厅，亦面水。堂西还有小飞虹、小沧浪等著名景点。

中国自古便有自然山水"比德"的美学观点。在苏州古典园林中，造园者经常通过花木经营将植物拟人化，超出植物本来的物象价值，而成为具有丰富艺术内涵和审美价值的意象，以此来表达人的精神追求和理想志向。远香堂以荷花喻人品，表达园主"出淤泥而不染，濯清涟而不妖"的高洁品质，其内涵深厚、意境深远，耐人寻味。

三、虽由人作，宛自天开：叠石理水巧布局

明代文震亨曾在《长物志》中概括文人山水园林的意境云："石令人古，水令人远。"苏州私家园林小巧玲珑面积有限，然而，有水有石便可小中见大，意境深远。浅浅一勺水，可以令人联想到遥远的江湖河海；瘦瘦一方石，可以令人感悟到古老名山的精神气质。据此，苏州古典园林十分讲究叠石理水巧妙布局，"虽由人作，宛自天开"，使居者"不出城郭而获山林之怡，身居闹市而有林泉之乐"。

苏州园林向有"城市山林"之称。狮子林的山林，主要由太湖石堆叠。元末建园时，搜集了大量北宋花石纲的遗物，经过叠石名家的精妙构思，园中太湖石假山群峰起伏，怪石林立，嵌空奇绝，洞壑盘旋，水池萦绕，飞瀑流泉隐没于花木扶疏之中。更加之鸟啼、蛙鸣、残雨，青青竹林中风声潇潇，清幽若世外。狮子林虽在城市，却有自然山林之趣。

苏州园林的叠山，就是假山的堆叠。假山虽然不是真山，却能将真山的意味凝聚其中，甚至超过真山的美。叠山也包括置石，"园可无山，不可无石"。

留园位于苏州阊门外留园路，以园内建筑布局精巧、奇石众多而闻名，主要代表苏州私家园林的清代风格。1961年列入首批全国重点文物保护单位，1997年列入《世界文化遗产名录》。

留园原是明代太仆寺少卿徐泰时的东园。清嘉庆年间，园归吴县人刘恕，更名"寒碧山庄"，俗称"刘园"。同治、光绪年间，常州人盛康购得刘园，加以扩建，修葺一新，取"刘"的谐音"留"字，改名"留园"。盛康与其子盛宣怀位高财旺，通过精心设计和精工细作，将留园营造成为名冠天下的"吴中第一名园"。留园以建筑艺术精湛著称。不

同于拙政园的疏朗古朴风格，留园的建筑物约占总面积三分之一，建筑布局紧凑，厅堂宏敞华丽，庭院富于变化，太湖石以冠云峰为最，具有不出城郭而获山林之真趣。

太湖石是苏州园林假山常用的珍贵石料，人们用“瘦、漏、透、皱”四个字评价太湖石的美。瘦，超然物表，不落凡尘，是孤高独立的象征。漏，太湖石多孔穴，漏光、漏水、漏气，通透而活络，使得灵气可以在其中往来。透，是说太湖石玲珑剔透，细腻温润，如玉一样。皱，好的太湖石应该有皱纹，水纹、风痕，有沧桑感。“瘦、漏、透、皱”不仅具有形式美感，更是对人生境界的深刻体现。

留园内的冠云峰高大挺拔，造型别致，集聚太湖石之“瘦、漏、透、皱”四奇于一身，可谓太湖石中绝品，成为留园的镇园之宝。因石巅高耸，四展如冠，所以取名“冠云”；另一说认为冠云之名出自郦道元

冠云峰

《水经注》中“台有三峰，甚为崇峻，腾云冠峰，高霞翼岭”。相传这块奇石还是北宋末年为宋徽宗采办花石纲时遗留在江南的一块名石。后来几经周折，到清代被留园园主盛康购得。盛康酷爱石头，有“石痴”遗风，为了欣赏此峰，盛康特意在石峰周围建造了一组亭台楼榭，并都以“冠云”来命名，真可谓匠心独创。

冠云峰位于留园东部，峰高6.5米，重约5吨，高俊挺秀，姿态奇伟，嵌空瘦挺，气度非凡，纹理纵横，玲珑剔透，精美绝伦。造园者围绕着这座假山奇石作了精心构思。尤其令人称道的是，在冠云峰前面特地挖掘一方水池，一峰突起，立于泽畔，这就使得冠云峰有了倒影，且水映山高，石头上也有了水光。石峰的瘦影颔首水面，将它的身影伸到池水中。假山本来是真山的影子，而池中假山的倒影则是影子的影子，在这种亦真亦幻的转换中，创造出一个非常有意味的空间。冠云峰脚下是或黄或白或红的微花细朵，烘托着一个孤迥特立的山体。山腰一亭翼然而立。再往上，是冠云峰昂首云霄。虽然只是一座假山，但从水底、水面、山脚、山腰，直到天幕，形成了丰富的层次，这正是江南园林于细微处见精神的地方。站在这个假山旁边，可看到空潭清影，天外云风，领略到宁静中的丰富。

著名园林专家陈从周先生《说园》中写道：“中国园林是由建筑、山水、花木等组合而成的一个综合艺术品，富有诗情画意。叠山理水要造成‘虽由人作，宛自天开’的境界。”

网师园最早建于南宋淳熙年间，始称“渔隐”。后几经沧桑变更，至清乾隆年间，光禄寺少卿宋宗元购之并重建，借“渔隐”原意，取名“网师园”，寓意乃隐逸。全园布局紧凑精巧，建筑精工雅致，装饰精致典雅。网师园占地面积仅8亩多，以精致玲珑、小中见大取胜，成为江

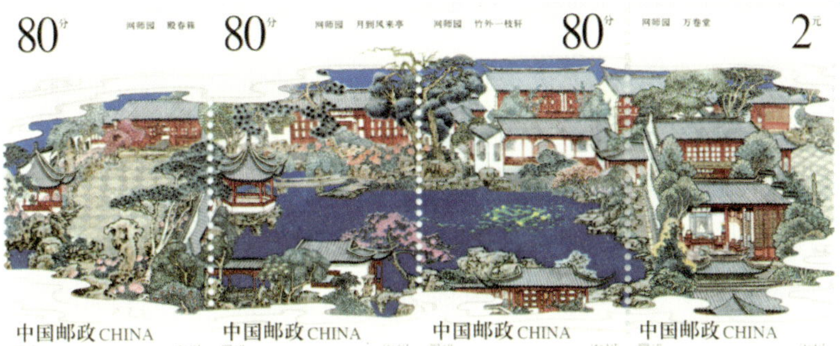

网师园邮票（2003年发行）

南中小古典园林的代表作品。

古今造园必有水，网师园既然是以渔父之意取名，是托于“渔隐”的意思，水景自然是其重要的特色。网师园的中部以池塘为中心，池水明净，水面开阔约半亩，名为“彩霞池”。恬静的水面上点缀几片飘逸悠闲的睡莲，令人产生安逸宁静之感。彩霞池面积不大，但雨天不溢，久旱不涸，令人称奇。尤其当朝霞满天或朗日夕照之时，水面映射天光，满池波光流彩，十分耀眼。

引静桥位于彩霞池东南水湾处，为苏州最短最小的石拱桥，以金山石精雕细琢加工而成，古朴、精致而又自然。上配石栏，上下各有五级石阶，体态小巧，长仅2.4米，宽约1米，只需三步即可跨过，故又称之为“三步桥”。引静桥造型优美，石栏、石级、拱洞一应俱全。侧立面为柔婉的弧形，如一钩新月，似一弯初弓，秀美可爱。小桥上下还有许多精美的石刻。桥面正中心，刻有圆形牡丹浮雕，线条柔和，花形秀美，雕刻精美。小桥东台阶有个1平方米大小的篆体“寿”字，寓意为人过小桥就能健康长寿。桥顶桥身藤萝缠身，是一座地道的袖珍小桥，玲珑精致，颇像苏州盛产的精雕细琢的工艺品。此座微型石拱桥，具有很高的审美价值。游人漫步网师园中部主景区，眼观古树小草，耳闻鸟语花香，临水池，只见池水无波，静若止水，来到引静桥边，不必心急地跨过小桥，可静静地欣赏此桥的精致玲珑之美，“引静”之名包含此意。

引静桥下是一弯狭窄的溪涧。溪涧两壁，古木斜逸杂出，古藤垂阴水面，涧壁上有苔藓模糊的石刻“槃涧”二字，富于苍然古意之美。计成《园冶·相地》云：“引蔓通津，缘飞梁而可度。”引静桥的外侧面，也巧妙地用了“引蔓通津”的艺术手法，让密叶繁枝的萝蔓藤葛，由此岸沿桥跨津，通向彼岸，把小桥点缀得沧桑古朴，气势不凡。

引静桥栏出水洞和水闸，西北伸出水湾，曲桥隔出湾头水面，池水去来无踪，有水源不尽之意。过桥以后，水体空旷一片汪洋，以象征园主的江湖之思，体现了渔隐愿望和与世无争的生活情趣。小涧、小桥衬托出水池的宽广，这是苏州园林造园手法以小见大的典型范例。

在中国古典园林中，舟船是一种特殊的建筑景观，常常被用来象征某种理想情操。在古典园林众多的石舫中，拙政园的香洲可谓造型最为美观的一个。其有两层舱楼，通体高雅而洒脱，身姿倒映在水中，越发显得精致秀丽。船头是台，前舱是亭，中舱为榭，船尾是阁，阁上起楼，线条柔和起伏，比例大小得当，造型精丽秀拔，装饰精致美观。香洲位于水边，正当东西水流和南北向河道的交汇处，三面伸入水中，仅尾部与陆地相接。香洲北部水面开阔，透过荷风四面亭西边的五曲桥，粼粼清波直接见山楼下，南侧是得真亭前较开阔的绿地，中间仅以小石假山相隔，犹如江南水乡田野中停泊的一艘画舫。由三块石条所组成的跳板可登此船，站在船头，波起涟漪，四周开敞明亮，满园秀色，令人心爽。香洲船头上悬有文徵明所写题额，后人还专门为之题跋。香洲画船得名于唐徐元固诗句“香飘杜若洲”，典出屈原《楚辞》：“采芳洲兮杜若，将以遗兮下女。”古人常以香草来比喻清高之士，寄托文人的理想与情操。香洲旱船，不仅建筑手法典雅精巧，引人入胜，还能使人感悟到一种对高洁人格的追寻。

古代文人名士，如果官场失意，对现实生活不满意，便想着遁世隐逸，耽乐山水之间。这种逍遥优游，多半是买舟前往，正如李白诗中所云：“人生在世不称意，明朝散发弄扁舟。”在名人雅士心中，泛舟水上代表着远离尘嚣羁绊、回归自然本性的精神追求。“扁舟”这一意象自古就有归隐之意。正是因为文人雅士对舟船生活有着特别的感情，古人造园，便喜在园林水边建造一只旱船石舫，似乎园主人一踏上旱船，就会有泛舟荡漾于江海湖水的感觉，以此来表达他们追求适性的隐居之乐。

香洲

苏州园林里的石舫

石舫是园林中经常见到的一种建筑，底部通常用石砌建，故名“石舫”或“石船”，俗名“旱船”。因为永远不会移动，又称“止舟”。石舫又可以称作“不系舟”。《庄子·列御寇》：“饱食而遨游，泛若不系之舟，虚而遨游者也。”苏州园林里有很多石舫。苏州大学曹林娣教授认为，石舫积淀着中华儒释道的情感因素，是中国园林重要的抒情载体。

苏州园林里的石舫主要有拙政园中的香洲、留园中的明瑟楼和涵碧山房、怡园中的画舫斋、可园中的坐春舻、退思园中的闹红一舸、耦园中的藤花舫、拥翠山庄中的月驾轩等。

第五节　水邑联珠

自泰伯奔吴以来，早期先民和后来者一直在探索“人水相亲”之路。从“断发文身，刀耕火种”到“相土尝水，象天法地”，再到“三横四直”的水城格局，苏州一直以来都在探索一条治水、用水之路。除了古城，历代以来，还有很多具有特色的城镇，亦十分值得关注。

一、七弦琴川的常熟城

明代沈玄有一首《过海虞》诗，脍炙人口，传诵至今，尤其是其前四句“吴下琴川古有名，放舟落日偶经行。七溪流水皆通海，十里青山半入城”，更是成为后世人们对充满魅力的常熟古城无限向往的一个文化情结。这里所说的琴川，正是古代常熟的一个雅称，因这座长江下游畔的著名古城的河道形状美如琴弦而得名，正可见这座城市和水的关联非同一般。

常熟，地处江南水乡，降水充沛，水网密布，水运方便。丰富的水资源给常熟人带来了无穷的福泽，也给常熟文化的产生与发展带来了

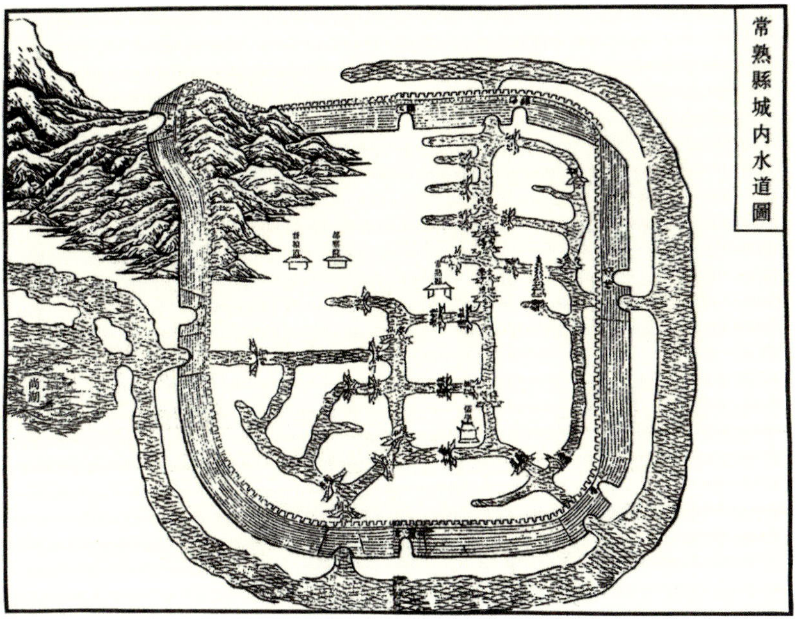

〔明〕张国维《吴中水利全书·常熟县城内水道图》

巨大的推动力。常熟的水形态多样。首先是江水，万里长江即流经常熟北境。常熟境内的江岸，西起芦浦塘口，东至白茆塘口，长约31千米。在这段最早近百里的江岸线上，早在梁代就有过二十四浦，即使到现在，仍有9条河道汇入长江。滚滚东逝的长江水，通过这些河道灌溉着常熟的万顷良田，也给在这片土地上休养生息的常熟人民以交通运输及调节内河水位的莫大便利。

其次是河水。常熟境内的河道北接长江，南接太湖，大小河流均属太湖水系，其分布特点是以虞山脚下的常熟城为中心，向四周放射扩散。由于常熟境内地形大势是西北部高于东南部，所以西北部海拔略高的地区河道较为稀疏，而其他区域尤其是东南部的昆承圩田区则河网稠密。这些稠密的河道编织起一张密集的水网，将太湖和长江的水源源不断地送到常熟各地，灌溉着常熟的良田。其中，盐铁塘为2000多年前西汉吴王刘濞为运输盐铁而开凿，历代续有疏浚，河道走向大致与长江并行，它斜穿过常熟全境，东抵吴淞江。直到今日，盐铁塘仍为调节常熟境内入江各河水量的重要河道。还有元和塘，本名常熟塘，因在唐元和三年（808）重浚，更为现名。河道起于苏州齐门，止于常熟南门外护城河，其间汇接张家港、南湖荡、六里塘等河流湖泊，成为常熟南部低平地区调节水量的重要河道，长期以来也是连接苏州、常熟的水路交通要道，成为常熟对外往来交流的重要途径。

再次是湖水。常熟境内的大小湖泊星罗棋布，犹如一颗颗明珠散落在常熟大地上。由于常熟地形为西北高东南低，所以大小湖泊大多散布在南部低平地区，这些湖泊或称“湖”“荡”“塘”，或称“面”“圩”“潭”等，其中较大的有昆承湖、尚湖、南湖荡、六里荡、嘉菱荡、官塘、陶荡面、湖圩、陈塘、草荡面、节家潭、市泽潭、荷花荡等。千百年来，这些大小湖泊为常熟人民的生活提供了极大方便，也对常熟农田排灌乃至水产养殖起到了关键作用。常熟的湖泊，将湖光山色融为一体，造就了山清水秀、山水相映的人文景观。

还有是井水。常熟地下水资源丰富，早在言子生活的春秋时代，民间饮用水即取自水井；今天在言子故居，仍留有墨井胜迹。在石梅小学，还存有梁代丹井遗石。常熟地区水井数量众多，除极少数出水量大的深井之外，绝大多数水井皆为井深小于10米的浅井，水质清洁，冬暖夏凉。历代常熟人民从饮用到洗涤，大多使用门前院后的井水，水井成为常熟人民日常生活中不可缺少的设施。出常熟城东门不远有个淼泉镇，镇之名即来源于泉井。此地昔有周神庙一座，庙门前

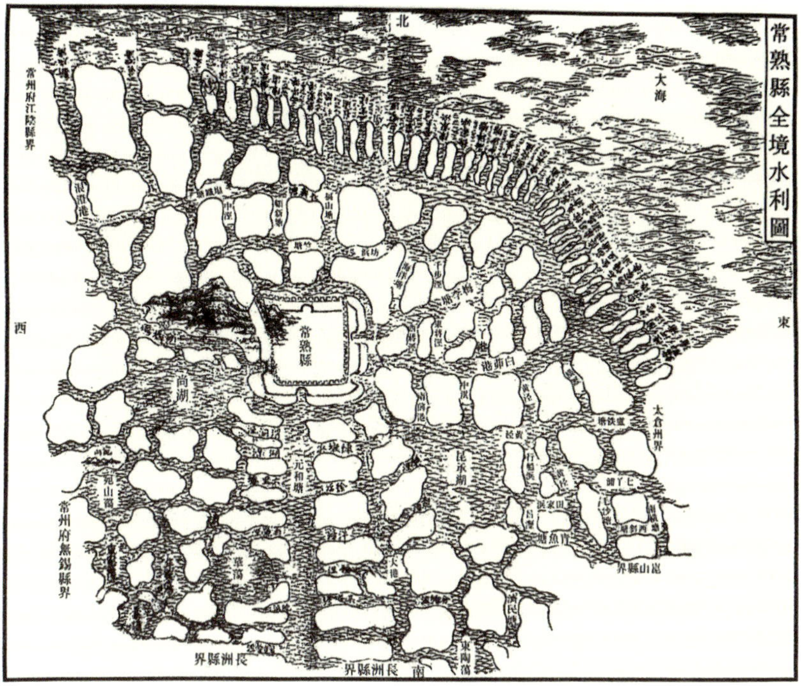

〔明〕张国维《吴中水利全书·常熟县全境水利图》

两河相接成“丁”字形，俗呼“庙前”。后来传说河中有三个大泉眼，所以河水潋滟，逢旱年也不干涸，“淼泉”二字即由此而来。虽为传说，但也反映出常熟人自古以来发自肺腑的喜水、惜水之情。

二、娄水萦绕的昆山城

昆山城位于苏州城以东，居于太湖下游。古昔太湖向东海泄水的三条主要干道娄江、吴淞江、东江流贯境域。境内水网纵横、湖泊密布，有阳澄湖、澄湖和淀山湖等大型湖泊，适于安居，往来便利。东北方向通长江，再往东即达东海沿岸，为通江达海的水路要枢，自吴越春秋以来，即多有筑土城的历史。现存最早的昆山志书、作于宋淳祐年间的《玉峰志》上就说："墟落城名者旧有十二，今可知者七尔。"结合历史文献与考古发现，在今玉山镇一带的有东城、西鹿城、西岑城，在今巴城镇一带的有巴城、雉城、武城，在今花桥镇一带的有金城、瓦浦城，在今千灯镇一带的有度城，在今周市镇一带的有东林城等。众多早期土城的存在，反映了吴地先民在这一片水乡泽国之地筚路蓝缕，适应和改造环境，从而创造生活的开拓历程。

昆山城（今玉山镇）地处娄江中游，秦汉时置娄县，因娄江（又称"至和塘"）横贯其境而得名，治所在玉峰山北，即今城北同心楼下村。昔时娄江西起苏州城娄门，从昆山城区中心的玉峰山（因山形似马鞍，也称"马鞍山"）脚下流过，江水萦绕县邑，又往东与新阳江汇合，从浏河入海，"向为挽漕水陆通衢"。

昆山城的兴起和发展，与娄江的关联尤为密切。南朝梁大同二年（536）改为昆山县，县治设在今上海市松江区境内的"昆山"（后为与迁治后的"昆山"相区别而称"小昆山"）。唐天宝十载（751）县治迁至今玉山镇玉峰山南，沿用"昆山"县名。唐代的昆山城仍为土城，后于光化元年（898）毁于战火。至宋代，重建时改用竹木栅栏作城墙，城市规模也不大，南北两栅之间仅1000米，今东门内留有当时"北栅湾"遗址。

至元代，由于社会生活尤其是农业、手工业和交通运输业等方面的快速发展，昆山城的规模逐渐扩大，昆山也在元贞元年（1295）由县升为州。元末，昆山知州费复初重筑土城，周围达12里余，东起城河，西到仓基河，南到正阳桥，北到马鞍山北麓，约3.5平方公里。至明代嘉靖年间，昆山始有砖城。当时由昆山籍状元、武英殿大学士顾

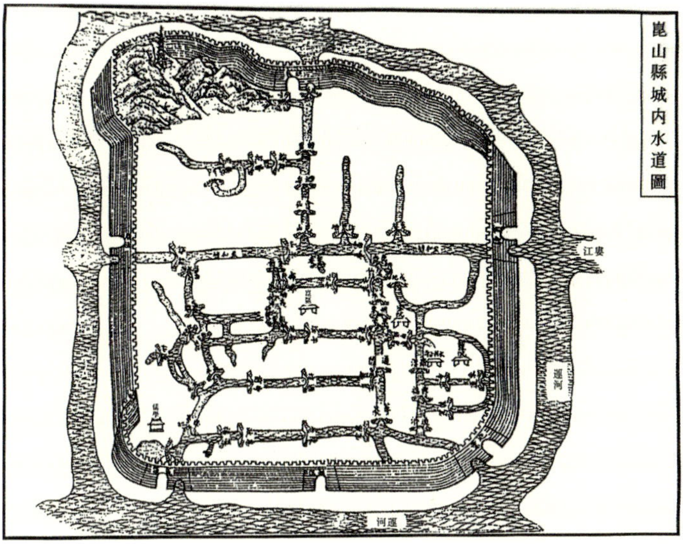

〔明〕张国维《吴中水利全书·昆山县城内水道图》

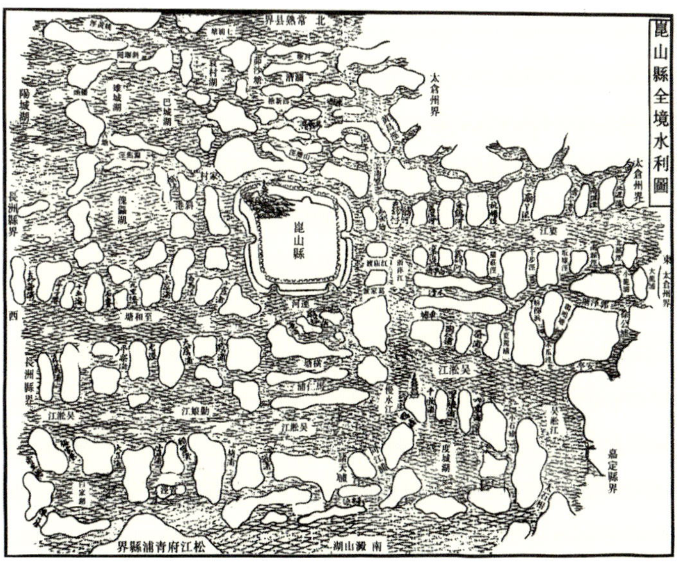

〔明〕张国维《吴中水利全书·昆山县全境水利图》

鼎臣奏请朝廷批准，将原昆山土城改用砖石砌造，重建六城门，增设五水关。

1978年拓浚市河时，曾对朝阳门遗址作发掘，城墙用整块青石条砌而成，城门洞宽5米多，城墙厚4米多。坚固的城墙对当时抵御倭寇侵犯，起到了至关重要的作用。于是到嘉靖三十三年（1554）又一次击退倭寇来犯后，昆山城又增造月城、敌楼、窝铺等。现城内存有“月城湾”街，即为其遗迹。民国初年，昆山旧城遭拆除，现仅存北门水关驳岸和红峰新村仓基河边一段城基。

三、三带横贯的吴江城

吴江，旧属吴县，自唐代起，始有松陵。五代梁开平三年（909），吴越分置吴江县，属苏州。元代升为州，明代复为县，至清雍正年间又分为吴江、震泽两县。《江苏省通志稿·方域志》称吴江地处“江浙之冲，承太湖之委，大小荡漾三四十处，四望弥漫，真泽国也”。自五代时吴越设吴江县，县治一直在松陵，其地太湖水东注而至垂虹桥，历来为疏泄太湖的咽喉。元代泰定年间，改原有木桥为石桥，长130丈，有62孔，中间3孔高大可通大船，并在桥上建垂虹亭。而始自唐宋的运河官塘则绕松陵而过，为苏浙水陆通衢，其中垂虹桥至平望段，自元代至正年间起筑石塘，阻挡了太湖水对运河河道的侵刷，也改善了当地的水陆运输条件。

松陵筑城的历史，也是从五代时开始的。之前，因唐元和五年（810），苏州刺史王仲舒筑松江堤，松陵至苏州城始通陆路，随后在松陵置有吴江驿。后梁乾化元年（911），吴越王钱镠命司马福在松陵建吴江县城，司马福遂于吴淞江两岸筑南、北两城，名为城，实为营寨，

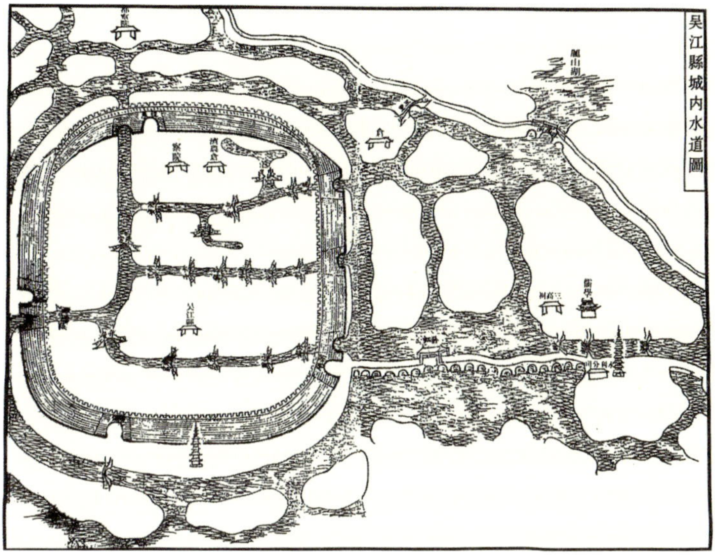

〔明〕张国维《吴中水利全书·吴江县城内水道图》

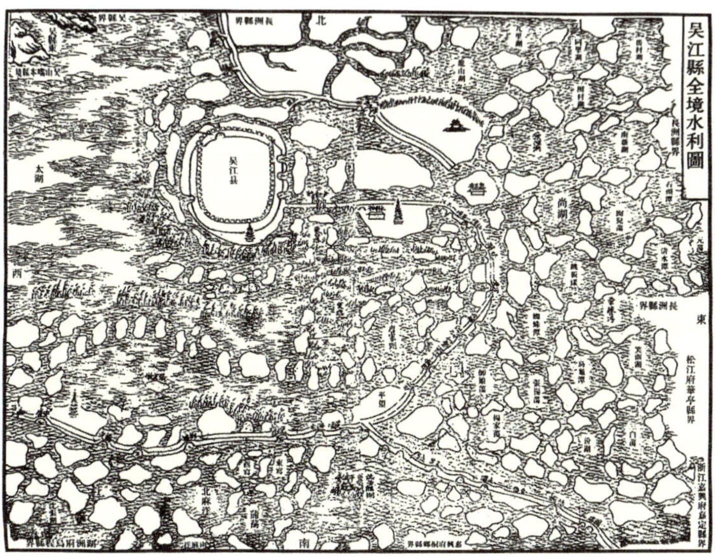

〔明〕张国维《吴中水利全书·吴江县全境水利图》

四周围以木栅栏，并有可以启闭的寨门。宋庆历八年（1048），吴江知县李问在吴淞江上建“利往”木桥，连接南、北城。后南城毁，入宋后仅存北城。至元至正年间，吴王张士诚命其弟张士德拓建吴江县城，即于原北城修筑城墙，为松陵有城墙始。城墙为外侧单面紧砌，内侧堆砌，高2.8丈，厚1.5丈，周5里27步，建陆门4座、水门5座，各陆门以方向为名，5座水门分别是大东门水关、东水门、小东水门、北门水关和西门水关。五代张氏所筑吴江县城，奠定了其后吴江城的基础，城内横贯有前河、中河、后河三条主要河道，后又称宝带河、玉带河、金带河，串联起各水巷小浜，三带贯城，极具特色。

至明成化十八年（1482），吴江知县陈尧弼重建东、南、西、北四门城楼，并分别命名为“朝阳”“望湖”“望山”与“望恩”。明正德八年（1513），知县萧韶大修城墙，城门上设鼓楼，建成舍哨所，水门可通舟楫。明嘉靖三十三年（1554），知县杨芷将城墙筑高加厚，并整修月城。嘉靖三十五年，知县曹一麟鉴于当地多雨水，创造性地用大砖铺盖城墙顶面防雨。

从明清到近代，吴江城屡有兴替，城内水道也多有变迁，不复旧观。依托水城水乡的优越条件，至清乾隆年间，吴江城东门外长桥东堍曾被称为“江南市”，住户千余家，商贸总量几乎占了全城一半。至1949年后，镇区仍有古桥39座，后渐减少，现保存较好的古桥有三里桥、太平桥、泰安桥、富家桥等，其中三里桥于元泰定元年（1324）始建，高12.5米，为吴江古桥第一高。1985年后，城内尚有河道7条，总长10.5千米。驳岸总长8.9千米，主要是从泰安桥到西门的原护城河两岸及宝带河两岸。

四、海运启碇的太仓城

太仓滨海枕江，因其通江达海之便，于此地设粮仓的历史在本地史志中最早可溯至春秋战国时期：春秋时吴王曾于其地置仓；战国时楚国春申君黄歇治吴，曾置东西两仓，今太仓之地即属东仓。

至三国时期，此地名惠安乡，吴主孙权曾因结好于辽东，为辽东设仓于今天的武陵桥北。五代时期，吴越王钱镠又于其地置仓。到了宋代，太仓属平江府，境内始设节制司酒库及开江第二营。

元元贞元年（1295），以户口计，升昆山县为州。至延祐元年（1314），参政高昉疏请迁昆山州治于太仓，同时置海运仓于今南码头的南仓旧址。乡人陈伸在《太仓事迹》序文中说，太仓“官第甲于东南；税家漕户、番商贾客，云集阛阓；粮艘商舶，高樯大桅，集如林木；琳宫梵宇，朱门大宅，不可胜记。四方谓之天下第一马头”。太仓遂因海运而兴盛。

元至正十三年（1353）立水军万户府，分立定海、靖海、宁海三个千户所。至正十七年，当时占据苏州的张士诚遣高智广等拆常熟的支塘城筑太仓城，立太仓卫，又将昆山州治迁回旧治马鞍山以南，太仓始有城垣。

明洪武二年（1369）降昆山州为县；十二年，分立太仓、镇海两卫，同城治者百余年。明弘治十年（1497），都御史朱瑄等采乡人陆容议疏请建太仓州，领崇明县，隶于苏州府。至清雍正三年（1725），总督查弼纳以苏州、松江、常州三府赋重事烦，奏请升州增县，以分其任，遂升太仓州为直隶州，分置镇洋县，同城而治，领镇洋、崇明、嘉定、宝山四县，遂有苏松常太道之设。

宋时，太仓尚无筑城，唯有木栅作为围护。至元代至正年间，昆山

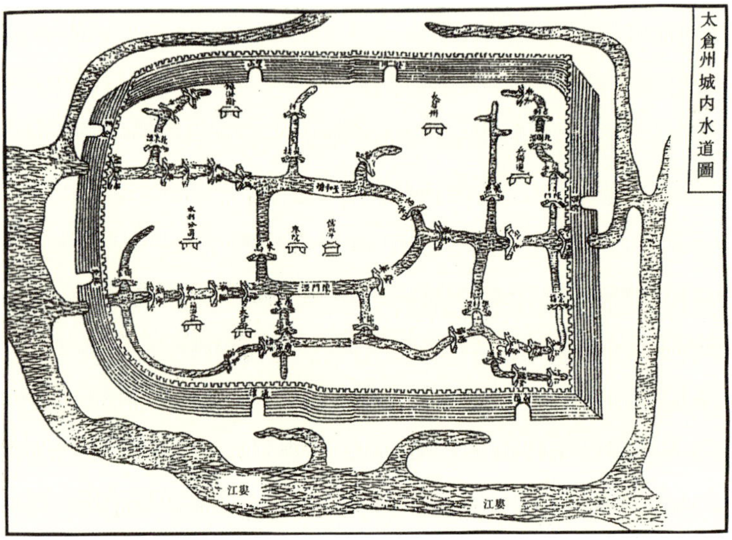

〔明〕张国维《吴中水利全书·太仓州城内水道图》

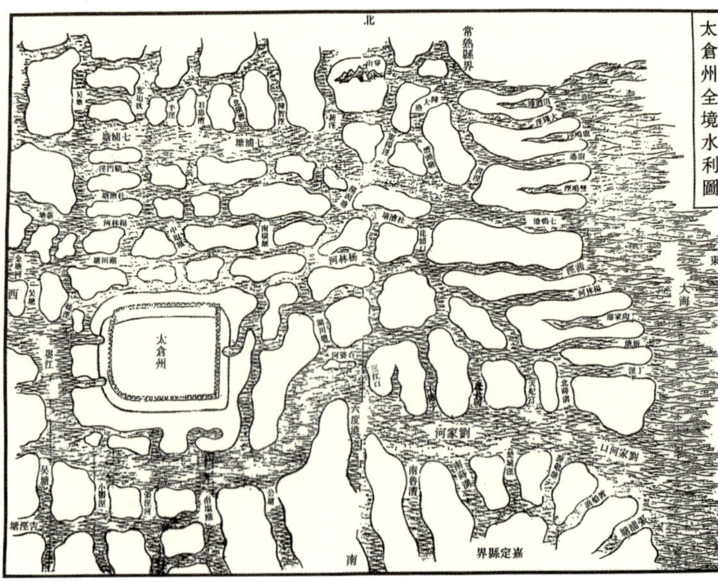

〔明〕张国维《吴中水利全书·太仓州全境水利图》

州治迁于此地，张士诚筑太仓城，始有城垣、城濠。明弘治年间设太仓州，砖城的规模较大，城墙全长14里余，有陆城门7座：大东门、朝阳门、大南门、大西门、小西门、大北门、小北门；其中大东门又称“宾曦门”，大南门又称“清远门”，大西门又称“迎恩门”，大北门又称“拱辰门”，四门皆有门额，均有瓮城。又有水城门3座——大东水门、大西水门、小西水门，与城外河道相通。

明张国维《吴中水利全书·太仓州城内水道图说》载：“城内纳水自西而东曰太仓塘；自西南而东迤北汇于三尖口者，曰陈门塘；亘南北而中稍逶西曰盐铁塘，旧通南北水门，其流直驶……太仓、陈门、盐铁三塘之外，尚有樊村、周旱、三泾皆支流，总繇吐纳于三水关，以时盈涸。城中水随潮进退，常泄而不留。”为了将入城的水存蓄住，明嘉靖年间就已在水关处建闸。太仓水城因“沧海东濒”“娄江南绕”，曾是苏州旧水城中受海潮影响最大、独具特色的一座。

五、江尾沙洲的杨舍城

张家港在苏州所辖的各区县中，行政建置较为晚出，旧时大部分区域长期分属江阴、常熟两地（北部沙洲积涨成陆后部分曾归属南通县）；然而今天的张家港市中心杨舍，则有更为久远的建城史。

在明弘治《江阴县志》以及清光绪《江阴县志》中均记载到该地区最早的县级行政建置暨阳县，始置于西晋太康二年（281），当时的县治即在今杨舍。暨阳县的得名，即源于当时杨舍一带的古暨阳湖。据清代学者叶长龄《暨阳湖考》载，今杨舍以南的塘市、顾山及常熟界袤延20余里间，“水流平广而清深，湖之在此似无可疑。水之北曰‘阳’，县在湖之北，故曰‘暨阳’也”。可见杨舍的最初兴设，实依托于古暨阳湖的湖水之利。至梁代，暨阳县分为梁丰、江阴、利城三县，其中梁丰县即“建于暨阳之墟”，县治仍在杨舍，直至唐武德九年（626）梁丰县建置撤销。其后杨舍因位于长江下游入海处，其发展与长江的江防、水利河道的开凿以及沿岸沙洲土地的开发利用休戚相关。

明嘉靖年间，因杨舍“介于江海之滨，最为要害”，距江阴县城与常熟县城又较远，为抵御倭患，遂于嘉靖三十七年（1558）由巡按御史尚维持疏请建堡城，江阴知县杜华主事，乡人许蓉、顾雨等倾力捐助而成。蔡澍《修杨舍堡城记略》称：“杨舍在县治东六十里，邑之偏隅而控辖吴会，孤悬海岸，东亘界泾河与海虞连壤，西由泗港以抵邑城，

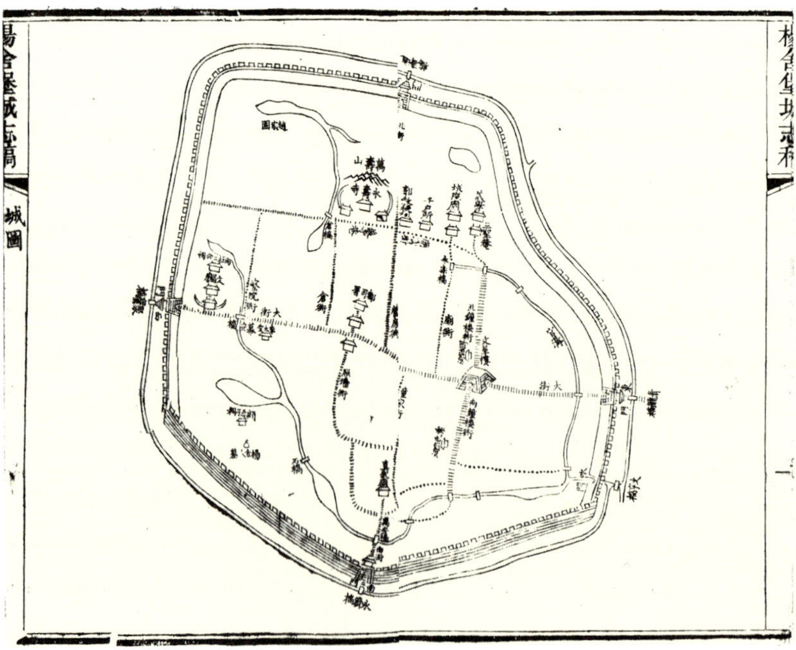

〔清〕《杨舍堡城志稿·杨舍堡城水道图》

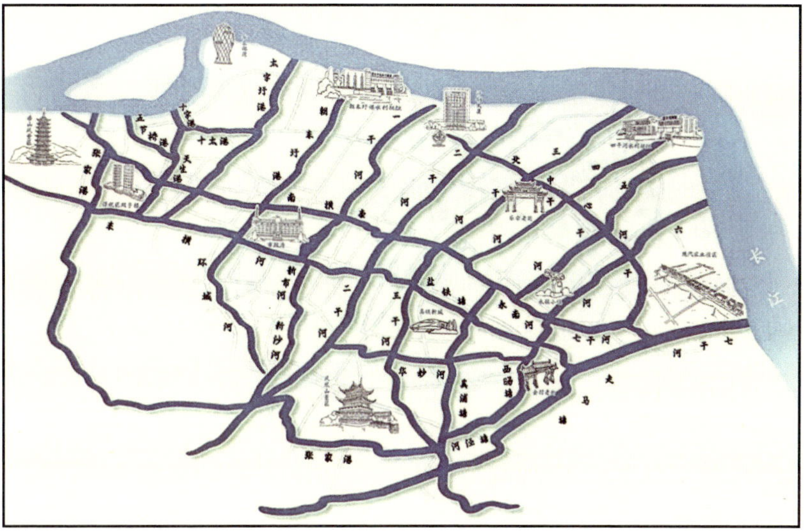

张家港水系示意图（选自2023年版《江河张家港》）

南通马嘶、分达各镇，北则大江横接海涛，奸宄出没之薮，揆以福山、江阴屯戍之势，是城实为中权。”初建的杨舍堡城“周广六百余丈，高二丈三尺”，有4座陆城门，东为控海门，南为暨阳门，西为通江门，北为翊京门，东西门各有一水关，不久西水关即塞，并建有内外城濠。后崇祯十二年（1639），知县冯士仁增修敌台、窝铺。入清后，于乾隆至光绪间，又经6次修葺。城内外河港纵横，桥梁众多，其中以始建于南宋年间、横跨谷渎港、连接杨舍东街与西街的青龙桥最为知名。

一条河道的失而复生

姑苏美，美就美在姑苏水。河道在城内纵横交错，黛瓦粉墙的民宅倚立在河道旁。“君到姑苏见，人家尽枕河。”今天漫步在平江路上，依然能感受到唐代诗人杜荀鹤所描绘的水巷美景。跨过平江河上古朴的石桥转入中张家巷，映入眼帘的是河水清清、水巷悠长，还有粉墙黛瓦人家。这条水巷河道就是中张家巷河，这是一条古老的小河，曾被填埋，消失在人们的视野里长达半个多世纪；如今在水网系统的恢复工程中重获新生，成为苏州古城内恢复的第一条河道，其失而复生的沧桑经历令人感慨。

说中张家巷河是一条古老的河道是有依据的，因为它在南宋《平江图》上就存在。宋时，中张家巷被称为“南张家巷”，中张家巷河便是跨越南张家巷的一小段河道。明清时期，五大粮仓移建于平江路区域后，中张家巷河道延长，清乾隆年间已直通护城河。《平江路志》记载：“西起平江河南张家桥，向东经东板桥、中张家桥、虹桥，至外城河，为平江河东侧东西向第一条支河。长607米，宽7米。1958年前基本保持原有格局，其河道线位、桥梁及河埠头与历史地图上的基本一致。”中张家巷河位于平江历史文化街区内，东连护城河，西接平江河，曾是苏州古城中心直通护城河的主要通道之一，承担着日常的生活、手工业和商业用水，构成古城内水陆并行双棋盘格局的交通系统，方便着人们的日常生活与出行。

20世纪中叶，苏州古城区人

口剧增，造成古城内通行和居住困难。为满足当时的社会经济发展需要，增加人流车流通道，满足建新校、办新厂的土地之需，苏州采取填河筑路措施，先后填埋了玉带河、金狮河、中张家巷河等20多条河道。《平江路志》记载，中张家巷河被填埋于20世纪50年代末。据报道，人们挑着箩筐从东边内城河城墙下运来泥土，几个月内就将河道填平，于是，古老的中张家巷河被一笔抹去。随后，振亚丝织厂的厂区便向南延伸过来。

短期来看，填河拓宽道路解决了一时的城市建设难题，一定程度上为经济发展提供了空间。然而，长期来看，代价接踵而至。因为古城既有的河道是城市排水系统的重要组成部分，填河破坏了千百年的古城水系，排水机制受到破坏，内城河道与环古城河纷纷断流，造成城市部分水体滞流不畅，甚至出现了黑臭现象，包括古城重要的第四直河平江河也污染严重。而更为严重的是1972年的连日大雨致使苏州古城内涝，遭遇了有记载以来的第一次被淹，这些后果让人们开始反思水巷对于苏州的意义。

为扭转水系不利局面，修复古城河网，逐步恢复历史风貌，苏州着手谋划古城河道恢复工作。21世纪初，苏州市政府决定对中张家巷河道进行恢复，在统筹考虑河道历史文化与功能特色的基础上，恢复苏州古城重要片区的水网系统，连通内外城河道水系，重现小桥流水、人家枕河的水巷特色。当然，历史河道的恢复不可能一蹴而就。比如中张家巷河道的恢复项目，从2005年规划选址、2010年立项，到2020年全线通水，历时整整15年。房屋的征收，河道的重新开挖，驳岸的修复，河桥的搭建，每一个过程都需要克服重重困难。

根据征迁、河线调整、文物

审批等综合工作进展，中张家巷河道的恢复分两个时间段：2012—2013年，完成仓街以东段，长度240米；2017—2019年，完成仓街以西至平江路段，长度367米。主要工程内容为河道、驳岸恢复及桥梁建设，具体包括河道恢复工程和泵闸工程两项。河道恢复工程西起平江河、东至外城河，内容为新开河道607米及两岸驳岸建设，沿河两岸河埠12处，车行桥3座、人行桥5座；泵闸工程位于中张家巷河与外城河交界处，包括6米节制闸一座，每秒2立方米单向泵站一座以及6.5米宽人行桥一座。在项目基本竣工后，又从全方位、多视角提升中张家巷河道恢复格局，对其平面线型进行局部调整，桥梁规模等也进行升级。整体恢复工作保留了历史风貌，与平江历史文化街区形成了较好的呼应，不仅沟通了水系，而且改善了平江历史片区的古城区河道水质。分期实施，给工程的圆满完成提供了充足的时间保障和应对突发状况的能力。

如今的中张家巷河不仅连通了平江片区的水系，使水上交通成为很好的游览方式，还把沿线文化景点串联在一起，对盘活苏州旅游资源，繁荣夜间经济起到了积极的带动作用，更让老住户们找回了乡愁，人们的幸福感大大提升。

第六篇

江南水乡

人人尽说江南好，游人只合江南老。春水碧于天，画船听雨眠。

垆边人似月，皓腕凝霜雪。未老莫还乡，还乡须断肠。

［唐］韦庄《菩萨蛮》

〔明〕张国维《吴中水利全书·吴县全境水利图》

吳縣全境水利圖

江南，从字面上讲，指的是长江以南的地区；从区域划分上论，通常指的是长江下游长江三角洲范围内的某片区域，代有变迁。然而千百年来，“江南”作为一个人文意象，早已“出圈”，成了启人遐思、令人神往的传统中国的一个灵动秀美的梦，一个梦里的水乡。

江河湖海、圩田体系孕育了苏州最经典的江南水乡人居环境和聚落体系。苏州是中国江南水乡最经典的代表城市，从古至今围绕江河湖海的水利水运工程建设和圩田体系的农业灌溉系统建设，构建了水韵苏州的大地经纬，形成了以长江、大运河等为经线，以望虞河、元和塘–常浒河、白茆塘、七浦塘、娄江–浏河、吴淞江、太浦河等为纬线，太湖、阳澄湖、澄湖、淀山湖、尚湖、昆承湖等镶嵌其间的河湖水网，形成了自唐代以来“五里、七里一纵浦，七里、十里一横塘”的塘浦圩田体系，“吴江十八港，震泽七十二港”的溇港圩田体系，奠定了苏州“控湖通达江海、河网纵横交错、湖荡星罗棋布、平原连绵宽广、低山丘陵岛屿相伴”的整体自然环境格局。

苏州河道的开凿与水利设施的建设，不断催生沿线的村镇聚落发展，依水而生、夹河而建，促进了苏州江南水乡人居环境和聚落体系格局的形成，历代苏州人以水为田、以水为道、以水为景、以水为美，城市、集镇、村舍依河而建，形成了“江南利于舟”“人家尽枕河”“小桥、流水、人家”的典型江南水乡风貌。

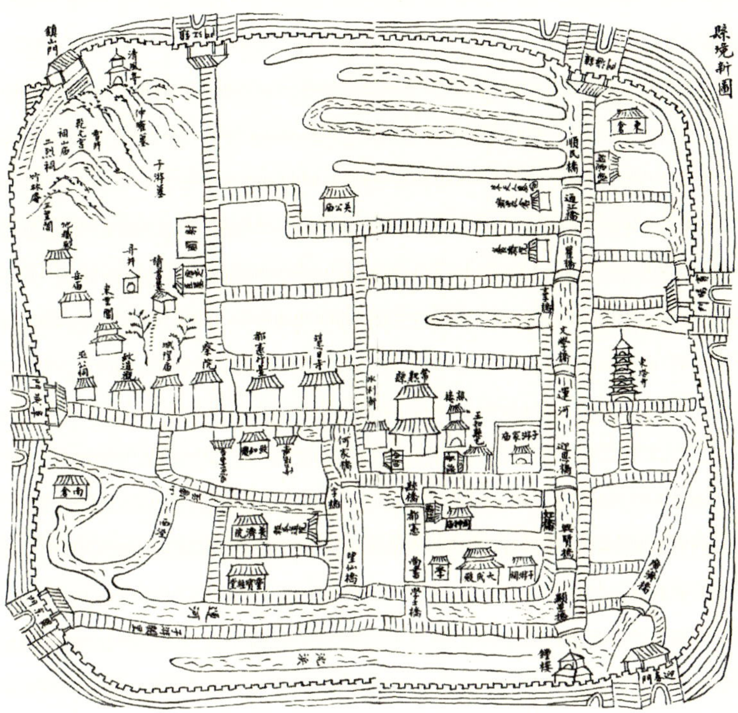

〔明〕崇祯《常熟县志·县境新图》

第一节　塘浦圩田

俗话说“一方水土养一方人”，而在苏州这片广袤无垠的富饶水乡，这方水土不仅滋养着一方人，还源源不断地供给天下，“苏湖熟，天下足”。苏州地区湖荡密布，河港纵横，地势相对低洼，集水量大，水高于田，历来依靠塘浦圩田的独特形式开展水土斗争，进行农业生产。塘浦圩田的好坏，直接影响到农产的丰歉与水旱灾害的严重程度，在悠远的历史长河中被反复印证。

苏州太湖流域（尤其是低乡地区）的塘浦圩田水利生态系统涉及泄水排洪、农田灌溉、舟楫运通、择水而居等多层社会生活面向，是中华文明实践江南开发的重要环节，对江南水乡面貌的形成和发展起到了关键性的作用。据1997年版《苏州水利志》，直到1990年末，苏州全市仍有圩田288.31万亩，占全市耕地总面积的53.3%，超过了耕地总量的一半。

苏州自古有水乡泽国之称，究其缘由，是因为其周边地势低平，来自长江、太湖的水位常常高出，所以又有“平江”之名。此地要适合人生产、居住，第一要紧的就是处理好水的问题，让水能为人所用而不生害。反映先秦吴地史迹的《越绝书·吴地传》就有多条关涉当时开渎、筑塘、凿通水道的记载。而要在这样地势低洼之处生存，就必须获得固定而可靠的田地，这样的田地最早是靠围裹垦殖偶然零星出现的淤滩浮涨获得的。

塘浦圩田是现今对古人在平原低洼地区以塘浦为四界围田之简称，其外恃高厚的圩岸御洪，内借湖荡、洼地蓄涝，进行土地垦殖。塘浦圩田何时建设、如何建设，时无确切记载。

宋代郏亶《治田利害书》有述：

> 古人遂因其地势之高下，井之而为田。其环湖卑下之地，则于江之南北，为纵浦以通于江。又于浦之东西，为横塘以分其势而棋布之，有圩田之象焉。其塘浦阔者三十余丈，狭者不下二十余丈，深者二三丈，浅者不下一丈。

其中郏亶详列了吴淞江、至和塘两侧的旧有塘浦，以及沿江、沿海地区的横沥、小浦和通海港浦之名，计264条，说明其时塘浦水系已较为完善。又据郏亶之子郏侨《水利书》记述，五代吴越时北从常州、江阴界，南至秀州（现嘉兴）、海盐，一河一浦皆设堰闸，并载：“今海盐一县，有堰近百余所。”其时采取“浚三江，治低田”“蓄雨泽，治高田”的治理方法，使高低分治，旱涝兼顾。

郏亶《治田利害书》还记述了圩田养护之法：

> 古人治田，高下既皆有法。方是时也，田各成圩，圩必有长，每一年或二年，率逐圩之人，修筑堤防，浚治浦港。故低田之堤防常固，旱田之浦港常通也。

这种被宋代郏氏父子称为“汉唐遗法”“大圩古制”的以塘浦为四界构成圩田系统工程的塘浦圩田“大约形成于中唐以后，至五代吴越进一步臻于完整和巩固”。这种塘浦大圩遍布苏州低乡“南北一百二十里，东西一百里”的卑下之地，大致以今天吴江与吴中区之间的东太湖地区、頔塘（吴江塘路）、吴淞江、至和塘（娄江）、元和塘最为集中，以塘浦为界，“纵浦间距为五里七里，横塘间距为七里十里”，形成横盘式的一方方圩田，每一方圩田的面积可达8.75—17.5平方千米，塘浦深阔，圩大堤高，防洪和泄水的能力都有了很大提高，而且还极大地促进了蓄水，保证了灌溉所需。

这一时期出现并逐渐成熟的塘浦大圩，是苏州水乡开发进程中一项了不起的大型农田水利工程，创造性地将治田与治水巧妙、合理地结合在一起，在此之后，“治水必先治田，治田必先治岸”就成了吴地水利的历史经验和智慧。

到了宋代，随着人口的大量增加，社会生活的快速发展，苏州的水利治理受到了极大重视，出现了以范仲淹、郏氏父子、单锷为代表的一批治水名家，他们在研究总结前人理水智慧的基础上，重视实地踏勘，尊重现实变迁，分别贡献了各自的真知灼见，做出了卓有成效的行动。

宋初，土地集中经营方式发生变化，庄园主将土地分佃于农民，收

塘浦圩田

租或折收现金，由大生产经营方式转变为农民分散经营方式。由于国家增加税赋的需要和地区人口集聚，围垦逐渐向低洼滩地和湖荡区发展，低田增加。而塘浦大圩在失去了原先成立的历史条件后，开始随着人口、生产方式、环境变迁而瓦解，平原河网区泾浜、湖荡众多，利于且适合小农生产方式的小圩形成，以致塘浦圩田逐步解体。

郏亶当时就曾列举了大圩隳废的十条原因：

> 或因田户行舟及安舟之便，而破其圩；或因人户请射下脚而废其堤；或因官中开淘而减少丈尺；或因田主但收租课而不修堤岸；或因租户利于易田而故致淹没；或因决破古堤，张捕鱼虾，而渐致破损；或因边圩之人，不肯出田与众筑岸；或因一圩虽完，旁圩无力，而连延隳坏；或因贫富同圩而出力不齐；或因公私相吝而因循不治……

其实，有些破坏现象在“五代之季”，即吴越末期已有出现，北宋因管理松弛，各种破坏接踵发生。郏亶书中所指只是表象的原因，大圩古制的解体还有深层次的因素。

第一，土地制度和土地经营方式有了改变。中唐以后，太湖平原的土地开发曾以大规模的屯田方式进行，土地属于国有，劳动者被强制组织起来，以大生产经营方式为主，所以产生了大圩制。五代吴越时屯田营田制度仍然保持和巩固。到宋代时，将大量田以官田形式出租出卖，地主租买到土地后再分佃给农民，土地由集中经营的方式变为佃农分散经营的方式。此外，唐代实行均田制土地制度，土地买卖受到限制，到唐中后期，均田制实际已不执行，土地兼并盛行，庄园制发展，可以维持大圩制的生产方式。到了宋代，土地私有制发展，租佃制盛行，小农个体生产发展。这样大圩中高田与低田、灌溉与排涝、维修管理等矛盾日显，不利于农民的生产和生活，因此往往破大圩堤自保小堤，于是大圩解体，小圩逐渐建立。

第二，社会经济形势的变化。唐后期至吴越钱氏时，太湖平原人口密度较低，土地利用还不紧张，大圩中有不少未开发的湖荡、洼地、低田可以蓄涝，而用封闭高厚的圩岸御洪。宋代人口增加，需要开发更多的土地，大圩中低洼地也另圈筑围垦，在较低地筑径塍，以便分隔利用，大圩破坏，小圩随之产生。此外，宋代更依赖东南地区，将太湖地区视为“国之仓庾”，漕运成为压倒一切的中心任务。沈披在无锡，王钦若在杭州，也相继毁闸便漕。这就使水网失去控制。庆历八年（1048），又在太湖入吴淞江的进水口，建吴江长桥。长桥的建造，沟通了吴江对外的陆路交通，是当时社会经济发展的需要，但是壅阻湖水下泄，加重下游河港的淤塞，引起水灾增多，大批圩田被淹变成湖荡。以上这些做法，在一定程度上加速了塘浦大圩体制的解体。

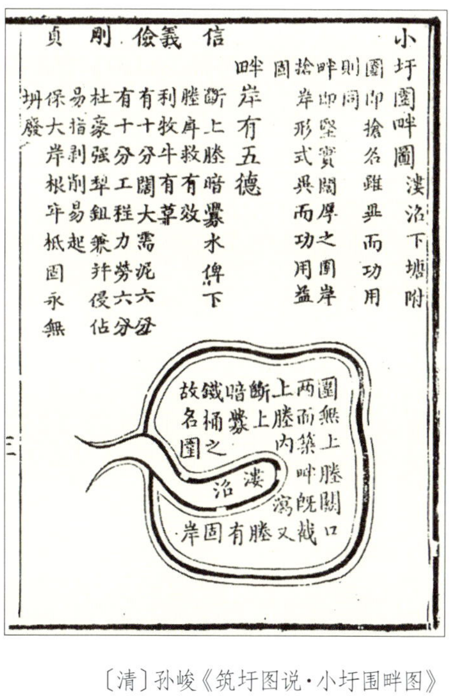

〔清〕孙峻《筑圩图说·小圩围畔图》

第三，有分隔为小圩的地理条件。太湖下游地区圩田的地面高程绝大多数在3—4米，最低圩田的田面也不低于2.5米。而太湖洪水的特点是水位变幅小，圩子内外水位高差较

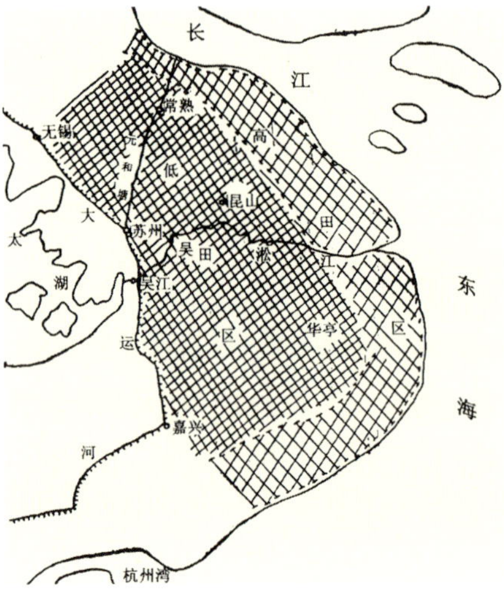

五代吴越太湖塘浦圩田示意图

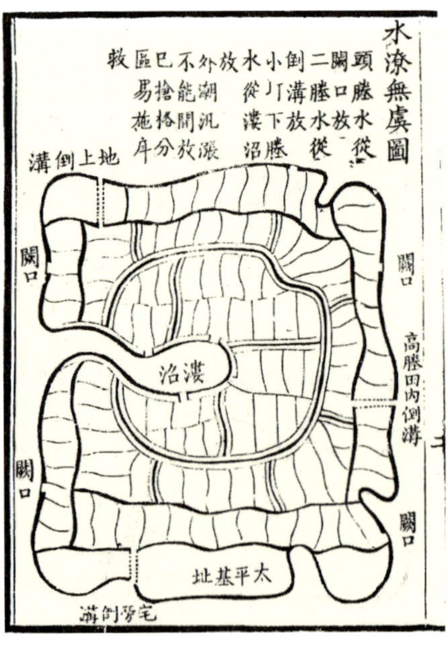

〔清〕孙峻《筑圩图说·水潦无虞图》

小。郏亶《吴门水利书》中估计当时大水之年，江湖之水高于民田5—7尺，其时昆山、常熟、吴江三县所筑的堤岸，高者7—8尺，低者5—6尺，华亭县堤岸不过高3—5尺，堤岸较易修筑，农户可以修筑小圩保田。不像芜湖、当涂滨长江大圩，圩子内外水位高差大，圩内地形低，靠高大的圩岸抗御洪水，且圩子一般都很大。宋之后，这些地方的大圩也没有解体，因为缺乏如太湖下游塘浦圩田分割为小圩的地理条件。

1974年，谭其骧先生曾到当时的吴县、吴江、昆山三县太湖以东及东太湖地区进行历史地理的调查考察，他发现在中古的某个时段该地区曾出现过较大规模的陆沉为湖，不少原先不见史载的新湖荡开始出现，这一现象或许也包括了圩田成湖的情况在内。于是,原先圩田中的泾浜就逐渐取代塘浦成为被不断分割、面积缩小了的新圩田的边界,这就是泾浜小圩。从宋元到明清,多数治水方案都主张分圩,而清嘉庆年间孙峻所著的《筑圩图说》反映了小圩精密化的较高程度。

1921年太湖流域大水,苏浙水利局呼吁苏浙两省拨款修筑流域各县低乡圩岸,后圩区建设始兴。至1949年,存留的1万余圩田已均为鱼鳞小圩,其中仅吴江全境仍有鱼鳞小圩2948个。

1949年后,联圩并圩成了苏州地区圩田建设的主要发展方向。先后经历了从20世纪50年代中期起以昆山石牌乡栏杆联圩、常熟西湾联圩及金家大圩等为典型个案和从70年代中期起以昆山南港唐村联圩、吴县黄埭卫星大队等为典型个案的两次大规模的联圩并圩建设,形成了由“两分开一控制”到“三分开一控制”再到“四分开二控制”、三闸配套(套闸、防洪闸、分级闸)等的有效管理经验。

第二节 河湖荡漾

江南是中国河网密度最高的地区,水面率高达17%,河道和湖泊各占一半,河道密度达每平方千米3.2千米,纵横交错,湖泊星罗棋布,被誉为“水乡泽国”。除了9处面积大于10平方千米的湖泊,还分布着许多小型湖泊,被称为荡、漾、兜、潭、盂、圩、淀等,形象而贴切。河流的命名则有“纵浦横塘”之说,南北向的称为“浦”,东西向的称为“塘”。流入江河湖海的称为“港”。内部的细流则称为“泾、浜”,这些小河往往又盛产水生植物,便因此得名,如菱泾、茭白浜、荷花溇等,亲切自然而富有江南韵味。

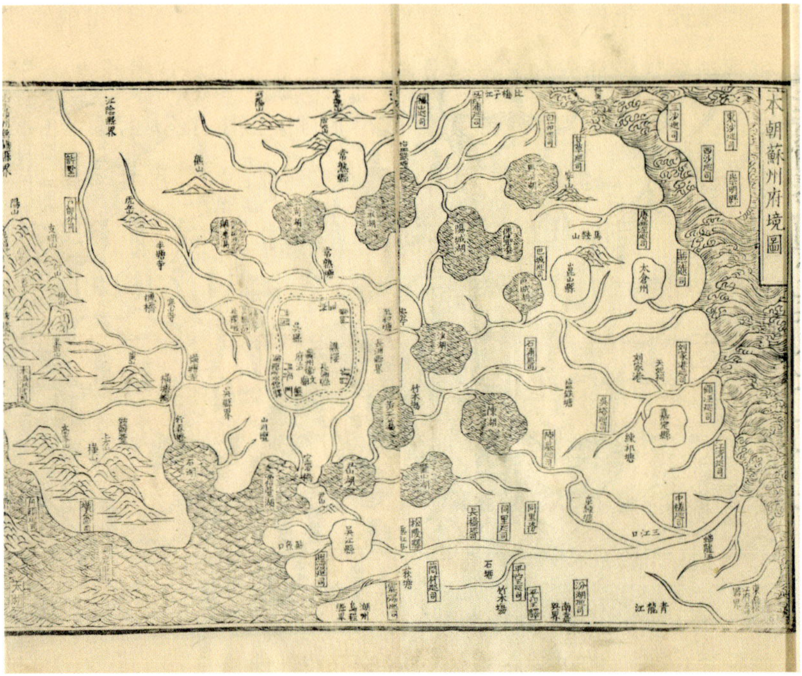

〔明〕王鏊《姑苏志·本朝苏州府境图》

一、水乡河道

在通江达海的苏州水系中，江南水乡河道是不可分割的重要一块。除了前文已经论述过的重要河道之外，还有很多河道在苏州江南水乡的建构中起到重要作用。

吴淞江是苏州历史上最古老的河流，留下了自然和人文环境变迁的众多记录。吴淞江源起东太湖端点瓜泾港，与江南运河交汇后，一路蜿蜒向东。在镬底潭附近接独墅湖水流，在斜塘与胜浦之间纳金鸡湖水流，水量大增，至昆山城南张浦镇东，经青阳港向北分流，在花桥境入上海。至安亭，最后在上海市区核心位置的外滩汇入黄浦江。

吴淞江上源河口的变迁尽显江南水乡地区自然环境的变化。古时太湖经吴淞江下泄的出水口在菀坪至松陵之间，唐宋以后，出水口“逐渐北移，以吴江长桥为要口，元明清间长桥淤浅，乃以瓜泾口为上源”。

瓜泾港，位于吴江松陵城北，曾是“太湖出吴淞江正东之大路”“盖此处为吴淞江口，水急而深，湖底之浮泥难积，两旁之填占也不能固也”。1922年建有瓜泾口水文站，后因东太湖大面积淤塞，湖底水草茂密，湖岸茭芦丛生，水流变缓，瓜泾口排水作用日渐减弱。近年，东太湖水域经过全面疏浚整治，水体环境有了根本性的改善，但吴淞江上源流量依旧是今非昔比。

胥江-娄江-浏河一线以苏州古城为枢纽，西通太湖，东达江海，向来是重要的水上运输通道。胥江是太湖东面主要出水河道之一，也曾是苏州古城的主要清水来源。同时，胥江是水运时代苏州古城与西南区域之间的主要水运通道，也是进入木渎、光福等西郊群山地带的交通要道，更是苏州至西山唯一水道。

木渎古镇是胥江中部的水运枢纽，最早因春秋吴国时期灵岩山一带的吴国离宫的建筑而兴起，胥江在此汇合了通往东山、光福等地的水运线。胥江在横塘镇沿着横山（古名黄山）和横塘市河有一段错位，这里也是向南由越来溪通石湖和东太湖，向北由彩云港通枫桥运河的水运枢纽，苏州古城与西郊一带的门户，大运河新航道经过的地方。胥江在胥门附近与古城外城河相接，曾是苏州古城的主要供水来源，苏州最早的自来水厂就在胥门南侧，横塘与胥门之间的胥江段在20世纪50年代后也曾被作为大运河苏州段的主航道。

苏州的水乡河道，由于形成的自然条件、社会环境以及历史人文背景的不同，形态多样，功能多元，具有深厚的文化内涵。如从太湖之

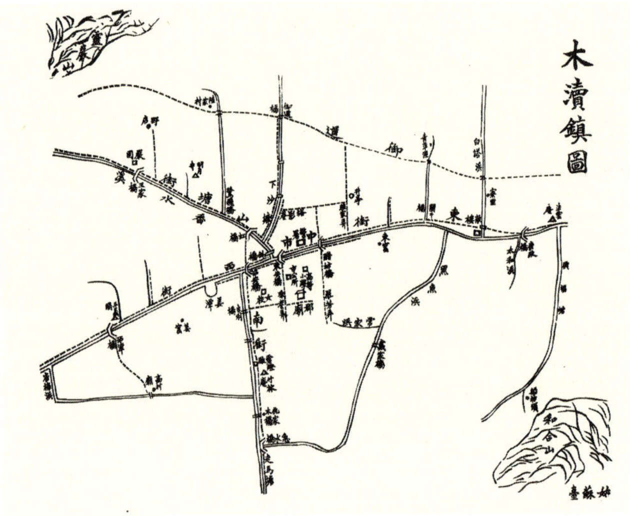

〔民国〕《木渎小志·木渎镇图》

畔的光福连通至木渎的香溪，经过古镇木渎与胥江汇合，再一同跨过大运河流入胥门，其历史可以上溯到春秋吴国。流经木渎的前后段素以“九里十三桥”的沿溪水乡风光秀美著称。以往由光福逶迤而来的香溪在木渎斜桥处与由胥口而来的胥江交汇，水道一清一浊，形成“斜桥分水”景观，为昔日“木渎十景”之一。斜桥西堍雕有石质龙头，由于木渎镇所在地势较东面的苏州城为高，每当水位高涨时，当地居民会观察石龙首是否被河水淹没来判断水情大小。

木渎附近的金山、焦山一带，以出产优质花岗岩著称，但体形硕大、分量笨重的石料运输是个问题，人们遂在焦山的南面建石码头，通过开挖山脚下的河道连入香溪主河道；同时又在金山的东侧开通笔直的金山浜河道向外运输石材。一直到20世纪70年代，将石材安全地从这里运出，必须由有这方面经验的专业船工方能担当，一般会开船的也难以胜任。

元和塘，因疏浚于唐元和年间而得名，又因从苏城连通常熟，所以又叫“常熟塘”，元代时还被称为“州塘”。元和塘南起苏州齐门外外城河，流经相城区陆慕、蠡口、渭塘、北桥，常熟市辛庄、虞山、尚湖等地，过吴塔、张家甸、沈浜、姚家甸至常熟南门外护城河，长38.42千米。元和塘在冶长泾口分流南北，向南至齐门入外城河，东折入娄江；向北至常熟南门，又分支出三里桥入横泾塘，干流入常熟环城河，折东入白茆，但向东排水为主要方向。元和塘南通江南运河，西连漕湖、鹅真荡、南湖荡、六里荡，东近昆承湖、阳澄湖，北达白茆、常浒河、福山塘，为低平原区调节水量的重要河道，也是苏州和常熟之间水路交通要道。

漕湖之东有永昌泾、黄埭塘、东钱泾、西钱泾，其北有冶长泾、鹅真荡，诸水并流入元和塘；常熟境内汇入辛安塘，穿张家港（河），并与白茆塘、常浒河、福山塘相通，主要支河有界泾、驰马泾、洞泾、顾泾、张泾、项泾、杨园河、马泾、莫城河、练塘河、六里塘、北塘河、辛安塘。

跨元和塘上还有众多的古今桥梁，其中永济桥在常熟南门外，为三孔石灰石拱桥，始建于清康熙四十六年（1707），为市级文物保护单位。元和塘东岸（常熟市境内）旧有石塘，用长方形石灰石筑成，兼作驿道。沿途建有馆驿，屋宇建于明洪武年间。

常熟城区南郊5千米处元和塘东岸有建于清乾隆三十八年（1773）的言子故里亭，俗称“十里亭”，中立“先贤言子故里”碑。亭为花岗石四柱方形，单檐歇山式，高4米，宽3米，为市级文物保护单位，后移至常熟市区。元和塘东岸莫城凌桥村有黄土山良渚文化遗址，遗址上层有汉、西晋、宋及明代墓葬。在元和塘的苏州、常熟两端还依

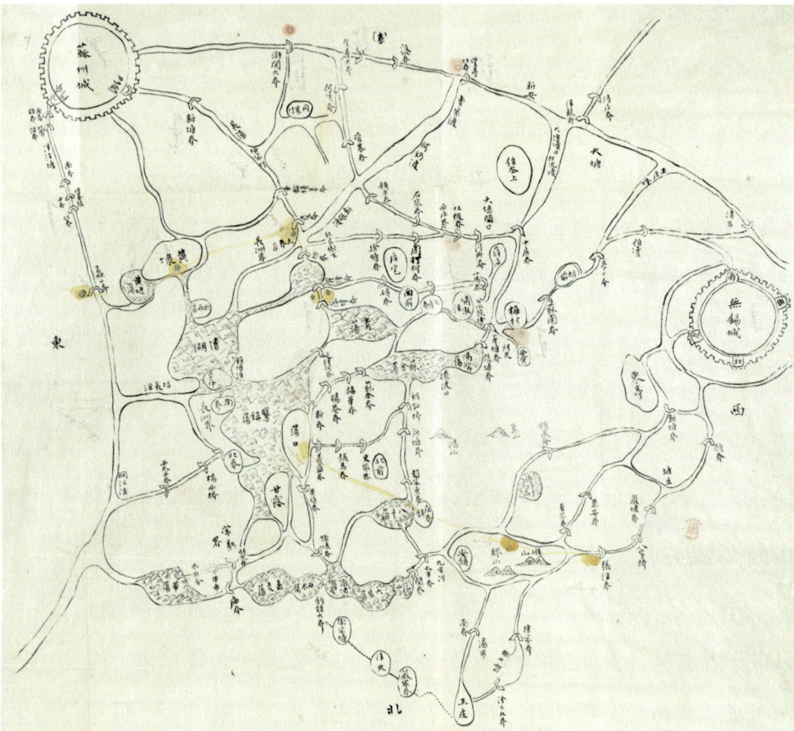

戈登文书中苏州城北水道图

托河道，各成市面。从齐门口向北至苏虞公路桥段（西自永宁桥，东至官渎口）为齐门市河，也叫“洋泾塘河”“齐溪河”；而常熟境内丰乐桥至护城河段就叫作“南市河”。

与元和塘相交的永昌泾、冶长泾则在苏州城北将漕湖、元和塘、阳澄湖三大水体连接了起来，是这一区域往来于无锡、常熟、苏城、昆山之间的东西向主干水道。在江南水乡，有水的地方就有路，水生水，路生路，水本身也就是路。

望虞河与太浦河都是中华人民共和国成立以后修建的以太湖泄

水为主要目标的综合水利工程。望虞河因经过相城区望亭和常熟市虞山两镇而名，南起苏州、无锡两市交界处望亭镇太湖沙墩口，沿两市边界东北行，穿越江南运河、漕湖至北桥镇枫塘泾，出鹅真荡，在湘庄西南入常熟市境，向北过嘉菱荡、张墓塘、张家港（河），绕虞山西麓到花庄入长江。1958—1959年开挖，沙墩口至鹅真荡（上段）河段是拓浚老河道，鹅真荡以北37.6千米为平地开挖。1996—1997年，又全线拓浚。河长60.3千米（另有入湖入江延伸段2千米）。主要支河有卫浜河、羊尖塘、南干河、锡北运河、中泾、福山塘等，并与张家港（河）、盐铁塘相交。望虞河两岸共建有节制闸38座（含无锡境内），套闸14座，船闸13座，涵洞6座。

太浦河西起吴江区东太湖，东至上海市西泖河入黄浦江，故名。流经江苏、浙江、上海两省一市，连通20个湖荡，其中吴江区境内13个。全长57.6千米，其中，吴江区境内40.8千米，浙江省嘉善境内1.56千米，上海市青浦区境内15.24千米。源起吴江区横扇东太湖时家港，向东穿越蚂蚁漾、雪落漾、桃花漾、北草荡，于平望镇北穿过江南运河，再经北琶荡、杨家荡、后长荡、太平荡、将军荡、木瓜漾到汾湖，流经芦墟镇，穿越东姑荡、韩郎荡、白洋湾、马斜湖（苏浙交界）、吴家漾、长白荡（沪浙交界）、白渔荡、钱盛荡、叶厍（白）荡等20个湖荡，在上海青浦南大港口处接西泖河，经斜塘入黄浦江。

二、水乡湖荡

苏州市属东部平原湖区的太湖流域中部，据相关部门统计测量，辖区内共有401个湖泊，中小湖泊占半数以上。吴江区由于湖泊众多，更是有“百湖之城”的美誉。

阳澄湖，又名“阳城湖”，位于苏州城的东北部，面积近116平方千米，为太湖平原上仅次于太湖和滆湖的第三大湖。阳澄湖之北有昆承湖，湖西有盛泽荡，湖东有傀儡湖、鳗鲤湖、雉城湖等湖围绕，是水网区北部湖群的核心。湖中纵列两埂，将湖体分为阳澄东湖、阳澄中湖和阳澄西湖。东、中两部之间有湖体直通，其北部分界为莲花岛，南部为阳澄半岛；中、西部之间分隔较为严整，湖体间以水道相通，其间中埂俗称“美人腿”。阳澄湖湖面大部分属相城区，东与南分属昆山市和苏州工业园区，沿湖乡镇主要有相城区的陆慕、太平和阳澄湖镇，苏州工业园区的唯亭和昆山的巴城等。

阳澄湖处于沉降地区，地质构造在很大程度上影响了现今阳澄湖的轮廓形状。同时，相对的沉降也使阳澄湖处于逐渐扩大的过程中。与太湖类似，阳澄湖一带出土了古脊椎动物骨骼化石，在阳澄湖东南的草鞋山等地还发现有生活年代约在6000年前、适合平原沼泽地环境的梅花鹿骨骼。这些事实说明，当时的阳澄湖地区曾是陆地环境。同样，考古资料说明在新石器时代，今阳澄湖周围地区是太湖平原古文化遗址分布密集区，其中昆山绰墩、苏州工业园区草鞋山等新石器时代文化遗址，文化层连续而完整，都包含马家浜、崧泽、良渚三个连续发展阶段，其中绰墩还有其后马桥文化的堆积层。在阳澄湖湖滨及湖底，多次发现古井、古河道。据《吴郡志》《元和唯亭志》等古籍记载：“昆山虽经江海，自古无潮汐。绍兴中，始有潮至县郡。至是，潮忽大至，遂过夷亭（即今唯亭）。”宋人郏亶在吴地治水时，阳澄湖阔不过10余里。《平江图》碑上也录有苏州城东北部的“杨城湖”（即今阳澄湖），其绘制手法也可见湖的规模明显较小。现在的阳澄湖仍处在侵蚀扩展之中，由于风浪的冲蚀，有75%左右的岸线遭冲刷，湖岸有后退的现象。

澄湖，又名“沉湖”，位于苏州城东南约15千米，在东南与淀山湖最近处，直线距离不出10千米，与淀山湖之间隔明镜荡、长白荡、汪洋荡、陈墓荡等湖泊，以及昆山锦溪周边河道水体。面积约45平方千米，为淀泖湖区第二大湖，也是南部水网区著名的因地面沉降“陆陷成湖”的实例。

据清光绪《周庄镇志·水道》记载，澄湖“相传为邑聚所陷，又名沉湖……当水涸时，其中街衢井灶历历可辨，余如上马石、墓道、田亩界石不胜枚举，且有拾得铜锣铁链及器皿什物者。又湖滨寝浦禅林明弘光元年所铸钟有‘天宝六年春地陷成湖’等字，其为沉也无疑矣”。而除文字记载外，考古发掘更为澄湖环境变迁提供了直接的证据。1974年春，当时的吴县车坊公社和苏州市澄湖水产养殖场围垦水面6045.1亩，围垦时在澄湖湖底发现150多口古井，出土和征集到新石器时期至宋代的陶器等文物1200多件。2003年，苏州博物馆在澄湖北部围堰取土现场发现新石器时期到宋代的850多处古井、灰坑、住房、水田等古文化遗迹，出土大量动物遗骸和生产生活器具。

20世纪50年代研究调查显示，澄湖水体依旧在不断扩大之中。以1959年地形图对照1919年地形图，40年间湖岸因湖水侵蚀退缩达50米左右，东南岸和西北岸坍塌尤为显著。当地有一庙宇，30年代距离湖岸约50米，而至1959年调查时已没入湖中。现澄湖东南的寝浦寺遗址左近的水陆分布态势也能看得出湖岸的侵蚀环境。

石湖位于苏州市区西南隅，上方山东麓，原是东太湖东北支的湖湾，现因泥沙沉积而成基本封闭的湖泊，南北长4.5千米，东西宽约2千米，周围10千米，面积3.6平方千米。越来溪穿湖而过，南接太湖，

石湖天镜阁（朱宏摄）

北汇胥江并与运河相通，现越来溪北端相接处是大运河新航道。传说春秋时吴越争霸，越国由此沿上方山东麓挖河北进袭吴，在此遇巨石，故称此为“石湖”，附近有春秋吴越争霸时留下的吴城和越城对垒遗址。石湖之西，傍七子山支脉上方山和吴山岭，山峦起伏与湖面交相辉映，石湖之畔上方山上楞伽塔是石湖风景区的重要标志。吴山岭东南近石湖南口处，明代时有村，名为“绮川”（现莫舍），现属吴中区。

石湖与上方山形成山水相依的江南水乡田园风光，自古就是风景游览胜地，有“石湖佳山水”之说，古人亦有“吴郡山水，近治可游者，唯石湖为最”的赞誉。周瘦鹃的《石湖》一文更是感叹：“杭州的西湖，名扬世界，而苏州的石湖，实在也不在西湖之下。”早在阖闾时期，石湖和上方山一带是贵族们游猎和祀祝的场所，现在还有郊台、吴城、鱼城等景点。魏晋南北朝时期，在佛教盛行的背景下，梁天监二年（503）建治平寺于石湖，后香火日盛，村落逐渐形成。隋开皇十四年（594）越国公杨素领军安营扎寨于横塘新廓村（今新郭），以石湖上方山为依托立军，今治平寺前仍有“越公井”。

石湖名盛始于宋代，“南宋四大家”之一的范成大，诗、书皆行于世，晚年回到家乡苏州，“吴波万顷，偶维风雨之舟；越戍千年，因筑湖山之观”，在上方山麓、石湖之畔构筑石湖别墅，建有天镜阁、北山堂、玉雪坡、锦绣坡、千岩观、梦鱼轩、绮川亭等，并在别墅南侧，隔河建圃，种植梅菊，名“范村”，作《范村记》《范村梅谱》《范村菊谱》以记之。范成大隐居石湖之滨，作脍炙人口的《田园杂兴》诗60首，又刻于石上，成《范成大行书四时田园杂兴诗石刻》流传于世。范成大深爱石湖，自号“石湖居士”，其诗词集亦名曰《石湖居士集》《石湖词》。宋孝宗御赐“石湖”二字，石湖之名逐渐为世人所周知。同治《苏州府志》

曰:“石湖之名,前此未甚著,实自范文穆公始,由是绘图以传。”

石湖与上方山相映衬,风景优美,秀色宜人,吸引了大批文人骚客,明清两代已成为游览胜地,著名诗人杨万里、高启、文徵明、石韫玉、吴宽、王鏊、申时行、袁宏道、叶燮、汪琬等都有吟诵赞叹之作。石湖文化底蕴深厚,现今仍存有各类文化遗迹点,如行春桥、越城桥和楞伽塔等。行春桥,全长54米,中宽5.2米,宋淳熙十六年(1189)重修,此后经多次重修,迄今至少已有800余年历史。范成大《重修行春桥记》云:“胥门以西,横山以东,往来憧憧,如行图画间,凡游吴而不至石湖,不登行春,则与未始游者无异。”每年的农历八月十八日,吴地有石湖看串月之习俗,行春桥九孔内月影连串,甚为壮观。位于石湖北首的越城桥,跨越来溪,系单孔石拱桥。始建于隋大业四年(608年)的楞伽塔,又称“上方塔”,重建于宋太平兴国三年(978),塔壁上留有多处宋代铭砖。

莺脰湖,简称“莺湖”,位于江南运河平望镇南,为旧时江南运河在平望集散的苏浙间三条运河航道与苏州方向主干道的“四河汇集”之处。在以水运为主,人们出行有赖于舟楫往来的时代,平望可以说是吴江水运的中心,而莺脰湖则是平望的“吟诗潭”,交通往来,人员流动,商业和文化交会的集中地。在苏浙之间,以平望为枢纽有三条运河航道分布,西线以頔塘连湖州,中线以烂溪(烂溪塘)过乌镇往杭州者是目前大运河的主航线,东线以土塘过嘉兴往杭州者是传统的江南运河主航道。

大运河航线的汇集,使莺脰湖北的平望镇成为大运河沿线重要的交通枢纽,对航行于运河上的人们而言这里是一处重要的驻足休整之地。更主要的是,此地原先处在太湖东南的湖沼地带,虽然平望之名始于西汉年间，有朝臣弃官隐居于此之说，东晋、南朝时也有功臣显贵封地的说法，但明陈克礼《莺湖八景志》中“相传隋唐以来，此地淼然一波，居民鲜少，自南至北，止有塘路鼎分于葭苇之间，天光水色，一望皆平，此平望之所以名也”的记载，更能说明这里的环境特征。尤其在平望之北与吴江松陵之间，是大运河与太湖水系间一个特殊的地带，唐宋之前一直是太湖向东延伸的区域，南北向穿越其间的大运河需要克服广阔水域带来的问题。可以想象，当人们穿过或即将去穿过这片大运河上的湖中险途，在平望莺脰湖且作休整，可以看风景、会友人、作诗文的时候，这里的文化气息应该是他处所不同的。

因此，在莺脰湖的小岛平波台、北面的小九华寺，在古頔塘汇入运河主航道的安德桥畔，行旅商贾的踪迹、文人墨客的诗文等文化遗存自然也是比较集中的。这里有宋代赵时远所作名为《莺脰湖》的诗篇：“莺去湖存事渺茫，梵宫占断水云乡。四围烟树浪涛阔，六月桥亭风露凉。远近征帆归别浦，高低渔网挂斜阳。翠微深处一声笛，惊起眠沙鸥鹭行。”此外还有米芾、朱彝尊等历代文人的墨宝，有清代帝王御迹，甚至还有《儒林外史》中的莺脰湖宴会的描写等。

中华人民共和国成立后，随着太湖治理的不断推进，太湖最主要的泄水通道——太浦河从平望镇北通过，在治理洪涝的同时还带来了运输的功能。同时，大运河的河道也不断拓宽，运输能力不断增强，新的运河主航道借太浦河绕平望镇西侧走烂溪塘、頔塘、土塘等运河航道在莺脰湖汇集的态势有所改变，形成了新的“四河汇集”，让莺脰湖与平望的运河与文化的故事有了新的延续。

苏州水乡的湖泊，大有大的浩瀚，小有小的佳处，仪态万方，宛如一颗颗明艳照人的珍珠，又像是开在水乡上的朵朵繁花，美得荡人心魄。

梅花潭。位于吴中区光福镇西太湖岸边潭山下，东北连接青芝山，西北与西碛山相望。潭山山体呈团状，形如弹丸（俗称“弹子”），因此历代文献均称“弹山”。明朝崇祯《吴县志》云：“弹山，在西碛（山）之左，其首在湖滨，身横亘六七里，直接青芝（山）。”据明查应兆《查山隐居记》，宋淳祐年间，安徽休宁人查莘来到光福，“爱其湖山之闲旷，并乐其风土之清且嘉”，在西碛山东南买地，诛茅造屋，栖隐其间，四周遍栽梅树，筑“梅隐庵”，并在庵旁开凿巨潭，“梅林交错，亢旱不涸”，曰“梅花潭”。遂因弹、潭音近改称“潭山”，山前潭东村、潭西村的村名也由此潭而来。清朱彝尊《潭山》诗有“清池玉女盆”之誉：“吴越观兵地，长旂百丈原。云霞朝结阵，烟树暗浮村。白石仙人镜，清池玉女盆。群山下罗列，真觉此峰尊。”

桃花漾。位于吴江区平望、横扇之间，以东晋陶渊明《桃花源记》中避世隐居的“桃花源”而得名。桃花漾连通太浦河，面积1692亩，湖底高-0.3米。

知识链接 〔民国〕张郁文《光福诸山记》

弹山或作潭山，在玄墓、西碛中间，绵亘六七里，北接青芝，南拥石嵝精舍，赵宧光题字，篆书。前有万峰台，所据极胜。钮树玉隶书题石。滨湖有七十二峰阁，顾氏所筑，今废。石嵝多荡竹，巨者三四围，而山径高高下下，触处皆梅，看梅最盛处也。陈炳有石嵝诗。稍西南为聚坞，有潭山神庙及顾文康公墓。别有小阜峙湖边曰“查山”，俗作“茶山”，一名“绣球山”，又曰“小鸡山”，见《笠泽丛书》，土多石寡，无大林木。以宋高士查莘隐此得名，莘筑有梅隐庵，又题“梅花潭”三字，后乃有潭东西之称。查山南去太湖不百步，俯瞰湖中，六浮小峰若杯柈在案间。

〔明〕卢襄《石湖志略·石湖山水图》所绘荷花荡

明张国维《吴中水利全书》卷五吴江县水名下列有“桃花漾”。清王鲲《松陵见闻录》载清人劳之辨《吴江道中溪行，忆七岁时避兵处》诗云：“昔年舟泛未成童，今日重来是老翁。记得避兵溪上路，桃花湖在具区东。”

荷花荡。苏州水乡遍植荷花，每到夏季，成片的荷荡菡萏绽放、清香徐来，给人带来心旷神怡的清凉感受，因此由于荷花景观突出醒目而叫“荷花荡”的地名也所在多有。至今，在苏州的虎丘区、吴中区、工业园区、吴江区、相城区、常熟市等地都有被当地人俗称为“荷花荡”或“荷花塘”的湖荡名。

这其中，以仍位于横山脚下的和原与黄天荡相连、业已消失的两处荷花荡最为知名。其一位于横塘街道茭白荡南浜村，行春桥和茶磨屿之北，系石湖水淤积而成，亦称“莲荡”“莲塘”。早先北通横塘，塘岸称“走狗塘”，是春秋吴国贵族游猎长洲苑的必经之路。附近村民以种植荷、菱、茭白为生。明文林有《荷花荡夜归次吴水部德征韵》诗：“采芳日暮未言归，处处村家掩杼机。水漫莲洲愁路断，月明莎渚觉鸥飞。高歌小海风波急，回首横塘烟火微。兰棹屡移樽屡倒，不知露下已沾衣。”又王宠诗云：“荷花荡里采莲归，九龙山头暮霭微。轻身倚楫下前浦，花气人香逐浪飞。”明《石湖志》载：“藕出荷花荡花白者最佳，松脆而甘且无渣，他产莫及……唐时充贡。《唐国史补》云：苏州进藕，其最佳者曰‘伤荷藕’。”清时多植茭白。现水荡尚存，并已恢复植荷，成为石湖景区的一处胜景。

其二位于工业园区娄葑街道，因与黄天荡相连，遂亦有与荷花荡、黄天荡同为一荡之说，为昔时苏城人赏荷胜地，明代天启年间已有此风俗。清邵长蘅《冶游》诗云：“六月荷花荡，轻桡泛兰塘。花娇映红玉，语笑薰风香。”清张远有《南歌子》：“六月今将尽，荷花分外清。说将故事与郎听，道是荷花生日，要行行。粉腻乌云浸，珠匀细葛轻。手遮西日听弹筝，买得残花归去，笑盈盈。”清蔡云《吴歈》中有诗：“荷花荡里龙船来，船多不见荷花开。杀风景是大雷雨，博得游人赤脚回。”范烟桥《黄天荡看荷花》一文载：“黄天荡俗称荷花荡，荡之西边，聚居相连，荷花即种于门外或屋边，以菱草为外围以护，得不受风浪所动。是日阵雨甫过，湿云漫天，故无炎日之威，而风来无遮，不禁作快哉之呼。初入荡，遥望荷叶成丛，不易见花，偶得一二，

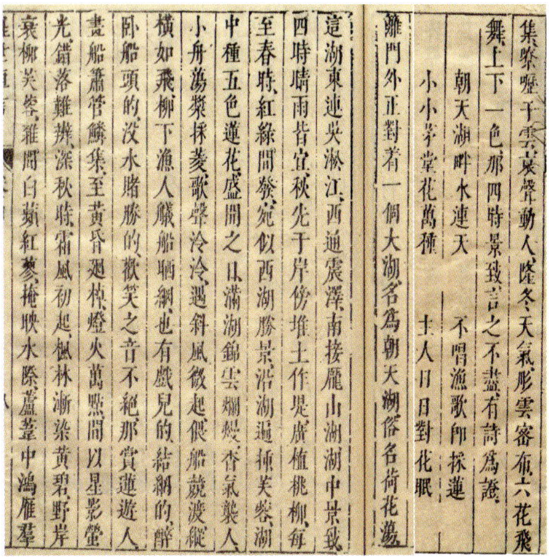
集聚堆千雲哀聲動人隆冬天氣彤雲密布六花飛
舞上下一色那四時景致言之不盡有詩為證
朝天湖畔水連天　不唱漁歌即採蓮
小小茅堂花萬種　主人日日對花眠
離門外正對着一個大湖名為朝天湖俗名荷花蕩
這湖東連吳淞江西通震澤南接龐山湖湖中景致
四時晴雨皆宜秋先于岸傍堆土作堤廣植桃柳每
至春時紅綠間發宛似西湖勝景沿湖遍插芙蓉湖
中種五色蓮花盛開之日滿湖錦雲爛熳香氣襲人
小舟蕩槳採菱歌聲泠泠遇斜風微起偎船競渡縱
橫如飛柳下漁人艤船曬網也有戲兒的結網的醉
卧船頭的沒水賭勝的歡笑之音不絕那賞蓮遊人
畫船簫管鱗集至黃昏回棹燈火萬點間以星影螢
光錯落難辨深秋時霜風初起楓林漸染黃碧野岸
衰柳芙蓉雜間白蘋紅蓼掩映水際蘆葦中鴻雁群

〔明〕冯梦龙《醒世恒言》述荷花荡

辄相与称赏。后过杨枝塘,花渐繁,洁白如玉琢粉装,亭亭净植,如遗世独立,而风过处挟清香俱来,更令人意远。料想在黎明时来此,当更有胜概。维时阵云复起,滃然如潮涌,如絮堆,如气蒸,蔚为奇观,而色如泼墨作米颠书,西边复衬以落日余晖,奇丽得未曾有。”今该处荷花荡荡面虽已无存,但由于湖名已深深刻在了苏州人的记忆中而被用作了地铁5号线站名。

第三节 水镇烟市

苏州分布着数量众多的水乡小镇。这些小镇,有些是由行政管理设置而来,有些则由村庄、市集自然演变发展形成,依托于其在局部地区的有利自然条件和中心影响力,在城市与乡村之间起到了联结、过渡的枢纽作用,有些规模较大的市镇无论从社会、经济、文化等各方面来看,都不亚于县城。自20世纪80年代起,随着苏浙沪一带的江南古镇旅游热持续升温,这些小镇以其别具风味的人文体验、原汁原味的水乡风貌深受海内外游客们的青睐,同时也带动了这些古老市镇的全面振兴。

一、江南古镇古村风貌

(一)“小桥、流水、人家”的空间布局

苏州的古镇、村落以水为美、邻河而居,多见于古城东南隅的河湖水网平原地带,坐落在河湾内侧或河流交汇之处,保存着1000多年前“水陆并行、河街相邻”的格局,或山水环抱,或背山临流,或坐落水口,千姿百态,与其背景构成一幅幅水墨山水画。如周庄为泽国,四

面环水，咫尺往来，皆须舟楫；同里为五湖环抱，镇内河道多达15条，将镇区分割成7个圩头；角直则境内水流纵横，桥梁密布，贴水成街，人家枕河而眠。苏州古镇、村落还因水成街，水街相依，水巷和街巷构成了整个空间系统，是人们组织生活、交通的主要脉络。

郊外水乡古镇旧影

建筑亲水，尽量占据沿河沿街一面，前街后河，临水构屋，有水墙门、水桥头、水廊棚、水阁、水榭楼台等，有的水巷甚至还穿宅而过，并形成了“下店上宅”“前店后宅”“前店后坊”的形式，集商业、居住、生产于一体。浑然天成的水系不仅是独特优美的自然景观，更形成了人与自然和谐相处的居住环境。

（二）“粉墙黛瓦、雕梁画栋”的建筑风格

苏州古镇、村落大多是以古朴的明清宅邸建筑为主体特征。建筑的规模和大小，都体现出与北方民居的显著区别，即以黑、白、灰系列色为主，淡雅精致。白墙灰瓦，不施彩绘，木料以棕黑色、棕红色为主，色调雅素明净。设计精致，布局紧凑，一亭、一榭、一梁、一阶，无不精心推敲；室内外雕刻繁复，“无雕不成屋，有刻斯为贵”，石雕、砖雕、木雕、竹雕，无不精细玲珑。苏州古镇、村落传统民居建筑具有苏派民居的典型特征，有苏州香山帮建筑的工艺特征，同时还体现出苏州文人士大夫市隐、藏富的审美理想，具有鲜明的民间性和地域性。例如，苏州东山镇及周边的古村落有许多明清至民国早期的豪华宅第，宅第主人大都是经商致富的洞庭商人，老年时回归乡里择地建房颐养天年，雕梁画栋，穷工极巧，尤以砖、石、木“三雕”著称。这些建筑虽是民宅，但多雕景，大都与东山独特的乡土文化密切相连，体现了商儒结合的装饰观念，具有吴地文化的特质。

（三）“天人合一、山水田园”的人居环境

苏州早期的古镇、村落原型为“数间茅屋水边村，杨柳依依绿映门”（宋孙觌《吴门道中》其一），崇尚天、地、人合一的生活环境，人与自然交融契合，互为整体。苏州古镇、村落的营建、选址趋向融于自然，充分利用天然地景和自然资源，依山傍湖，山环水绕，呈现闲逸恬静的自然田园风貌。例如，苏州太湖传统古镇、村落多背依山峰，沿太湖湖湾展布，呈山坞与湖湾组合的布局形式，这种湖湾、山坞择地而居的建设理念，充分利用自然地形建设建筑物或构筑物，错落有致，与自然山水和谐共融，反映了中国传统“天人合一”的哲学观、风水观以及浓郁的太湖吴文化。苏州洞庭东西山的古村落一般都是“有良田广宅，背山临流，沟池环匝，场圃筑前，果园树后”，浓郁的田园风情与淳朴的生态环境有机融合。坐落在洞庭东山嵩峰山麓的古镇陆巷，依山面水，静谧幽雅，四周橘林掩映，举目烟波浩渺，呈现出太湖之滨特有的山村景观。位于西山岛石公山西麓2千米处的明月湾古村，西南濒临太湖，三面群山环绕，终年葱绿苍翠，更是一处“水抱青山山抱花”（清凌如焕语）的世外桃源。

二、经典古镇古村

苏州现有15个中国历史文化名镇（昆山周庄、吴江同里、吴江震泽、吴江黎里、吴中角直、吴中木渎、太仓沙溪、昆山千灯、昆山锦溪、常熟沙家浜、常熟古里、吴中东山、张家港凤凰、昆山巴城、吴中光福）、5个中国历史文化名村（东山陆巷、金庭明月湾、东山杨湾、金庭东村、东山三山村）。

角直镇，位于吴中区吴淞江南面，因四面临水，故有淞南水乡之称；又因晚唐高士陆龟蒙（世称“甫里先生”）曾隐居于此，也称“甫里”。“五湖之厅，六泽之冲”是世人对角直作为淞南水乡形胜的一个独特概括，并广为流传，其中“五湖”是指围绕角直周边的澄湖、万千湖、金鸡湖、独墅湖和阳澄湖，又称“五湖之汀”。“六泽”是指流经角直的6条河流：吴淞江、清水港、南塘港、界浦港、东塘港、大直港。这6条河恰好“三横三直”，像一个“用”的字形，正所谓“水为民所用”，构成了古镇的基本骨架。

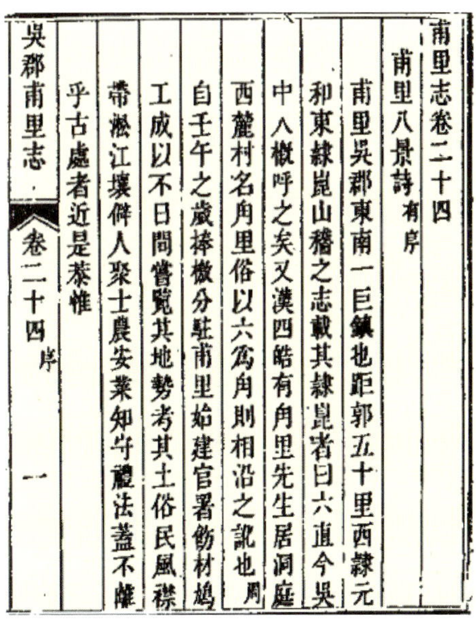
甫里志卷二十四
甫里八景詩 有序
甫里吳郡東南一巨鎮也距郭五十里西隸元
和東隸崑山稽之志載其隸崑者曰六直今吳
中八啟呼之矣又漢四皓有角里先生居洞庭
西麓村名角里俗以六爲角則相沿之訛也周
自壬午之歲捧檄分駐甫里始建官署飭材鳩
工成以不日間嘗覽其地勢考其土俗民風穰
帶淞江壤倂人聚士農安業知守禮法蓋不離
乎古處者近是黍惟
吳郡甫里志 卷二十四 序 一

〔清〕乾隆刻本《吴郡甫里志》

因角直处六泽的要冲之处，约在明初，该地称“六直”，后改称“角直”。就有人说这个“角”字头上的一撇，正是经过镇区北面向外延伸流出去的吴淞江。到了20世纪八九十年代，随着社会生活的不断发展，古镇旅游开发的步伐加快，甪直水乡古镇的魅力逐渐为世人所知。著名社会学家费孝通曾誉其为“神州水乡第一镇”。而当时正有一首传唱度很高的流行歌曲《梦里水乡》，每当人们听到、唱到这一首歌，第一时间想到的就是甪直。

“梦里水乡”甪直的魅力，一是来自其水巷河街的布局。古镇傍河而建，依水成街，因水兴市，东西向市河与南北向市河呈“丄”形，再加上西汇河，恰似“上”字形。河道北侧和西侧的街称“上塘街”，对面的街则称“下塘街”。上塘街店铺林立，街市热闹；下塘街则为居民住家，宁静温馨。

二是来自其深厚的人文底蕴。始建于梁天监二年（503）的保圣寺，寺内相传为唐朝“塑圣”杨惠之所塑的塑壁罗汉像为国家重点文保单位。和晚唐诗人陆龟蒙相关的斗鸭池、清风亭、衣冠冢等古迹清韵悠长。有晚清思想家、甪直本地人王韬的故居，有在叶圣陶先生早年在此执教的旧址上修建的叶圣陶纪念馆，还有本地乡绅沈柏寒旧居沈宅、演员萧芳芳祖居萧宅等，均为保存完好的典型江南水乡民宅。

三是来自密布全镇的各式桥梁。在1平方千米的古镇区域内，“桥挑庙，庙挑桥，三步走两桥，一眼望三桥”，至今还保存着造型各异的古石桥40座，堪称古桥梁的露天博物馆。

另外，完整的石驳岸和精美的缆船石也是甪直古镇的魅力来源。甪直古桥两端河道边均筑有垂直于河面的石驳岸，长达2000多米，随同河巷水道蜿蜒延伸，既防止河道边岸的坍塌，又便于船只的停泊。驳岸的壁面十分考究，大块平整的条石，拼缝整齐紧密。其间，嵌有排水的洞口和拴船缆的缆船石，雕琢精致，富有艺术性。门前还做有整齐美观的河埠，有单边的，有双边的；有一家一户的私家河埠，也有数

水乡摇船女子旧影

家合用的公用河埠。

在角直，可以感受到来自对水乡往日日常生活的呈现。根据叶圣陶先生著名小说《多收了三五斗》建造的万盛米行，再现了水乡的农耕文明；而角直妇女穿着的传统服饰，三角包头、大襟拼接衫、襉裙、束腰、百纳绣花鞋等，则充分展现了当地的民俗风情，具有浓郁的水乡特色。

水乡古镇同里，位于吴江区京杭大运河东侧，东距松陵镇区3千米，

链接知识 **〔明〕高启《姑苏杂咏·甫里即事四首》**

明初诗人、身为角直女婿的高启有《姑苏杂咏·甫里即事四首》，描绘了角直生动、清新的水乡生活画卷。在诗前的小序中，他说："甫里，在松江之上，陆鲁望所居也。余寓其北渚，颇擅烟波之胜，为赋六言四首。"诗云：

长桥短桥杨柳，前浦后浦荷花。
人看旗出酒市，鸥送船归钓家。
风波欲起不起，烟日将斜未斜。
绝胜苕中剡曲，金齑玉鲙堪夸。

喽喽绿头鸭斗，翻翻红尾鱼跳。
沙宽水狭江稳，柳短莎长路遥。
人争渡处斜日，月欲圆时大潮。
我比天随似否，扁舟醉卧吹箫。

江庙渔郎晚祭，津亭估客朝过。
钟边山远水远，篷底风多雨多。
饥蟹衔沙落簖，黠禽映竹窥罗。
丫头两桨休去，为唱吴侬棹歌。

横网不遮过客，渡船时载归僧。
炊菰饭胜炊稻，采莲歌如采菱。
烟外晚村弄笛，沙边夜店停灯。
短篷醉拍铜斗，我亦年来稍能。

两镇辖区以运河为界，旧称“富土”，唐初改“铜里”，宋时改称“同里”，据称由“富土”两字叠加分拆而成；元明时，镇址稍南移。因镇区有三条东西向的市河，如“川”字，故又称“同川”。

同里古镇四面环水，被同里湖、九里湖、澄湖、沐庄湖、白蚬湖、叶泽湖、南星湖、庞山湖8湖环抱，整个镇区被大小15条河流分割成7块岛状陆地，共有49座古桥贯通，谚称“同里水乡八湖抱，南北东西处处桥”。

同里，在宋时建镇，商贩骈集。明清成为商业名镇，人称“吴江城不如同里镇”。镇上米行林立，以米市闻名，清嘉庆十六年（1811）《同里志》载，业米官牙72家。清末，徽商建徽州会馆（即新安会馆）。20世纪初建立了米粮、酒酱等10个同业公会。

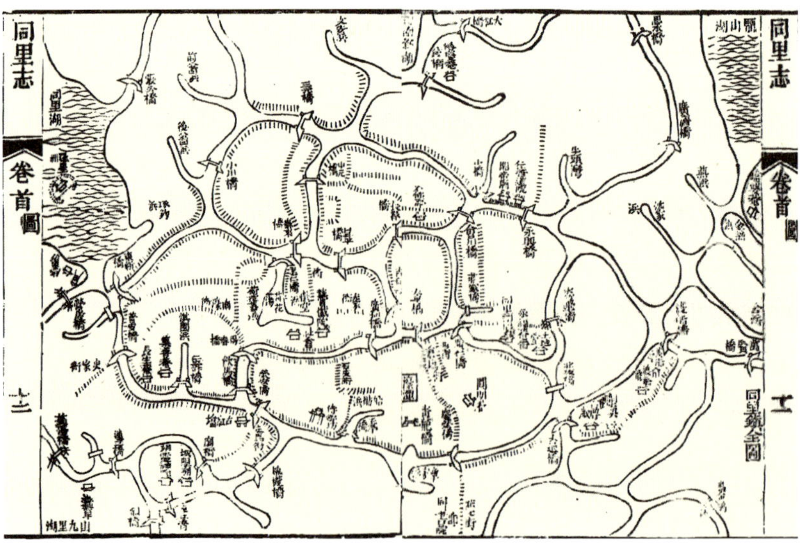

〔清〕嘉庆刻本《同里志·同里镇全图》

同里米业不仅居吴江县之冠，而且被称为“江苏四大米市”之一。民国七年（1918），大米行有十四五家。每当秋后新谷登场，远至嘉善、青浦，近则昆山、吴县及吴江本地乡村，米船纷纷涌至同里。同里白粳米在上海米市被标称为“苏同白”，很受欢迎，同里古镇为沪上居民主要食米供应地之一。米业兴旺了同里商业，20世纪中期，东自叶家墙门，西至汤家桥间，有新镇、竹行、东埭、南埭、西埭5条商业街巷，三里之内店铺挨着店铺，鼎盛时有60多种行业，600家商店，其中茶馆就有23家。镇上酱园、南北货、绸布店、药店、茶食店等名店老号，还辐射至周庄、角直、车坊等周边市镇。闵饼、熏鱼为同里著名土特产。

2003年，同里被评为“中国十大历史文化名镇”。古镇保存着13世纪中期至20世纪初所建私家宅园38处，寺、观、祠、宇47座，有名人故居与富绅大宅数百处，镇区70%为明清建筑。

著名园林学家陈从周教授称“同里是一座古代建筑的博物馆”。古镇原

知识链接 同里湖和罗星洲

同里湖位于苏州市吴江经济技术开发区（同里镇）东部，面积约为2.4平方千米。2005年2月，列入江苏省湖泊保护名录。罗星洲为同里湖入口的一个小岛，浮现在约4平方千米的湖面上，以周围芦丛形似罗星得名。据史书记载，同里湖罗星洲上最早的建筑始于元代，清光绪年间重建。小岛四周长堤环绕，南部是园林，北部是寺庙。山门面对古镇，上悬门额“罗星洲”，两侧有“蓬莱仙境”的砖刻阴文大字。山门前有石级码头供船舶停靠，两棵数百年的大榉树郁郁葱葱，巍然挺立。罗星洲以烟雨景观见胜，其“罗里听雨”在历史上被列为同里二十景之一。罗星洲不幸于1938年4月被日寇焚毁。1996年4月，同里镇人民政府重建罗星洲及同里湖周围建筑。

有“前八景”“后八景”“续四景”等著名景观，现尚存“东溪望月”“南市晓烟”“北山春眺”“水村渔笛”、“长山岚翠”诸景。

建于清光绪年间的退思园，占地仅九亩八分，水面占园之半，亭台楼阁贴水而建，有“贴水园”之誉。2000年以“苏州古典园林”项目被列入《世界文化遗产名录》中。

黄埭是古吴旧里，也是江南名乡，但相关历史人文情况与相邻的乡镇相比并不彰显，这里一个很关键的原因是自唐武则天万岁通天元年（696）置长洲县起，直到清末宣统三年（1911）长洲县归并吴县，黄埭一直属长洲县的范围。而之后迄今的百年间，黄埭政区的变迁分合导致原本十分明确、其来有自的文化脉络日渐不清。北宋著名诗人贺铸有一首《黄埭魏氏见江亭》：“浮生欲寄酒杯间，马上谁容一日闲。不是登高粗能赋，老夫真负尔江山。”即出现了此一地名。而其中的两个字，“黄”的来历可以上溯到纪念战国时期楚国名相、四君子之一的春申君黄歇，“埭”字更表明此处聚居地的形成和古代拦河筑埭的水利工程紧密相关。

对春申君的文化认同，既是黄埭历史传统的主流源头，也是构建黄埭人文不可或缺的重要组成部分。1922年《黄埭志》上说：“吾吴古称泽国，人始得而居之者，必有所由来。黄埭为春申君旧治，时代之变易，地方之盛衰系焉……考之以土堰水曰埭，周考烈王元年，楚以黄歇为相，封号春申君，城吴墟为都邑。相传是埭，即春申君所筑，后人因冠以姓，志其所自，故曰黄埭。按吴淞江为春申君所治，名为黄浦；今曰黄埭，殆犹斯意欤？且乡有春申君庙，乡人祀为社神，必其有功于此，故得庙食千秋也！”黄埭本属水势低洼的太湖东侧低乡地带，要使其适宜人居，首先要解决水的利用和安全问题，而春申君黄歇正是吴

春申湖（朱剑刚摄）

地治水功绩卓著的先驱者。后世吴地（包括黄埭及苏城等）世代祭祀他，甚而以之为城隍，实为名正言顺、事出有因，春申君之于黄埭最大的意义或许正在于此。

据东汉时期的地方文献《越绝书》卷二记载，吴城北面有一条“吴古故水道，出平门，上郭池，入渎，出巢湖，上历地，过梅亭，入杨湖，出渔浦，入大江，奏广陵”，这应该是较早提到黄埭周边河道水利开发的文献记录。张英霖《苏州古城散论》有文认为《越绝书·吴地传》上的“巢湖”即为后世的漕湖，这样看来，“漕湖”的地名由来似应仍在“黄埭”之先。涉及古漕湖、古蠡湖的早期文献记录或许都反映了黄埭区域先前水乡泽国、汪洋一片的面貌。而黄埭由“埭”而形成“荡”，有了水利，有了圩田，有了人居，成为“乡”的行政建置；继而在明代中期形成集市，称作“市”，成为长洲县“五市五镇”之中的一市；到了清代中期称作“镇”,并在此之后设有把总驻守的“营汛”。因而在近世之前,黄埭的系列地名变迁沿革中实包含了“黄埭、黄埭荡、黄埭乡、黄埭市、黄埭镇、黄埭汛”6个不尽相同的地理标置、区划概念。另外,在历史上,苏浙一带旧时以埭为地名的情况较普遍,有些以前叫埭的地名后来消失了,而有很多至今仍在沿用,如金家埭、王家埭、赵埭、胡埭、杜家埭、戴家埭、芮埭等等。这些埭名似都有一个共同点,即前面冠以姓氏,这可能反映了“埭”这一水利建设多数是民间行为而并非官方工程。

在黄埭的历史发展进程中,唐元和三年(808)李素开浚元和塘具有十分重要的意义。从历史变迁上来看,黄埭是较典型的塘浦圩田低地水乡生态。据现存长洲县鱼鳞图册和民国《黄埭志》,至近世,黄埭乡级政区范围下的三都(七都、十一都、十二都)五十图,每一图都有以某字命名的圩田数处至20余处不等,分布仍十分密集。且原本被水面分开的圩田之间有了越来越多的淤积联结和桥梁联结,圩田改筑鱼塘的情况也比较普遍,还有因自然、人为而改变圩田成湖的情况,如裴家圩之于春申湖。

在江南社会不断发展的进程中,黄埭南经蠡口通苏城齐门,北由元和塘至常熟县城,东经昆山、太仓通江入海,西由漕湖入荡口到无锡境,像一个由荡口和蠡口扎起的羊皮口袋,日渐成为位于苏州城北水路往来十字枢纽交叉点上的人气码头和商贸集镇。黄埭老街最初形成于三国时期。吴赤乌四年(241),建兴国寺,以兴国寺为中心出现老街早期街段。后老街逐渐向东部扩展。明代后,老街扩展加快,延伸至东街梢斗姆阁。现全长1372米。老街一字长蛇形,以方桥为界分东街与西街,东起斗姆阁,西至埭西大桥,共有大小里弄、路18条。老街上的民居临河而建，多为清朝和民国建筑，粉墙黛瓦，面街枕河。石埠错落有致，河水清澈。史料记载，河上原有13座古桥，其中跨河桥8座、街道连接桥5座，具有典型的“小桥、流水、人家”的水乡古镇特有风貌。老街两边布满各种店铺人家，有小菜场、大会场、打铁铺、鞋子铺、小书店、吃食店、茶馆、饭店，还有卖糖果、水酒、农具等的店铺。附近流传有一句人所周知的俗谚：“金荡口，银黄埭，白铁皮皮浒墅关。”这句俗谚很堪玩味。首先，它揭示了黄埭在历史发展进程中与浒墅关（民国《黄埭志》在编纂过程中就曾以清代道光年间凌寿祺编纂的《浒墅关志》为主要依托）既相关相连又此消彼长的特殊关系，吴塔巡检

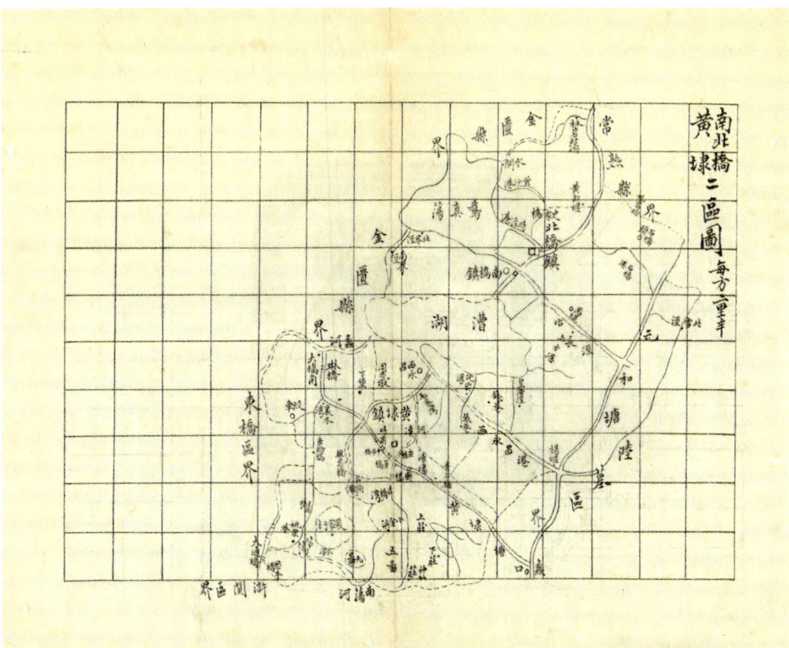

〔民国〕《吴县志·南北桥、黄埭二区图》

司的设置与迁移，由于浒墅钞关的存在导致民间出现的“绕关船”现象，都是直接促进或影响黄埭发展的显著因素。其次，所谓“银”，即繁兴、殷实、舒适、宜居，赋予了黄埭“白银”般的成色，也表明了当地社会生活的相对闲适与富足。从整体上来看，黄埭低地水乡的种种形态，诸如湖、荡、塘、圩、泾、埭等十分多样，水道四通八达、枝脉伸展，四面八方来往舟楫络绎不绝，水间桥梁日趋密集，具有自身的区位特色与品质。

历史与文化都是围绕人的活动而形成的。在中国传统社会中，聚族而居的情况十分突出，家族作为中华文明的基本单位和核心基石是构成文化记忆的重要来源。就黄埭而言，宋元以来的漕湖钱氏、明代始盛的下堡埭川顾氏和永昌王氏、近世商贸兴业的黄埭朱氏，还包括从无锡迁来的堰里李氏、永昌薛氏、徐氏及吴氏，构成了黄埭社会生活的日常。黄埭亦为艺文之乡，在绘画、书法、金石、碑刻、篆刻、诗文、

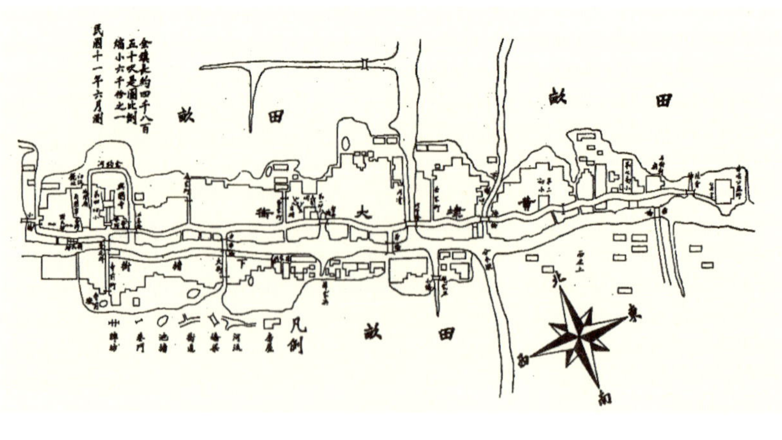

〔民国〕《黄埭志》中所绘依河而建的黄埭大街

藏书、评弹、道教音乐、民歌诸领域均多有建树。黄埭是民间戏曲演出尤其是评弹艺术的活码头，近代以来最多时曾有书场茶馆几十家。在黄埭、北桥、东桥、湘城等乡，还曾风行过一种车水山歌。

沙溪镇是太仓市的三大古镇之一，与城厢镇、浏河镇鼎足而立，是国家级历史文化名镇，距今有1300多年历史，至今保存着明清以来的风貌特征，有着一河一岛、两街三桥的水乡市镇格局。别致的临水建筑、古宅密集的老街和古朴雄浑的石桥，是沙溪镇的三大特色。沙溪镇居民以原住民为主，至今仍基本保持着水乡小镇原生态的生活样貌，该镇保留下来的历史民居涵盖明代、清代、20世纪中前期，以及中华人民共和国成立后20世纪五六十年代、七八十年代等不同时期的建筑，堪称历史民居建筑博物馆。沙溪镇三里古街依傍市河，两边经营特色文旅、餐饮的店家鳞次栉比。老街上还有中国一代舞蹈宗师吴晓邦的故居，其生前所居小白楼已整修一新。精雕细琢的龚氏雕花厅已恢复原貌，满厅雕梁画栋，人物、花卉形态各异，栩栩如生。由一代国画大家、太仓人朱屺瞻题写园名的乐荫园，假山、亭子、廊坊、小湖、喷泉一应俱全，置身园内就像“荷叶踏步”，如在画中。沙溪还修复了橄榄岛，为一座风景独特的人工小岛，因其两头尖、中间鼓，故而得名橄榄岛。全岛东西长1350米，占地13500平方米，3座明清古桥横跨岛、镇之间。岛的东端为张家园，岛上新建竹亭、水榭，种植花木达万余株。绿树翠竹环绕的小岛，延伸了古镇老街的水乡风情意味。沙溪古镇老街上有沙溪文史馆、洪泾往事馆、唐调研习所、江南民间诗歌馆、促织馆、连环画村、牙行等富有特色的文化景点。

知识链接 穿山

太仓境内曾有一座真山，地处今归庄东南的帆山村境内。属于天目山余脉。因山有洞通南北往来，故名“穿山”（又名“凡山”）。嘉靖本《太仓州志·山》云：“太仓山唯穿山为天作，在州东北五十里。高一十七丈，周三百五十步，中有石洞通南北往来，相传海中岛也。”

穿山曾有“万里长江第一山”之美誉。其既有真山的嶙峋气势，又有假山的灵秀精巧。千百年的风风雨雨和更远年代的海浪冲击，使岩石风化剥蚀如雕刻，成了奇妙的天然景观。旧时穿山，有大小庙宇多处，山顶有玉皇殿，山南麓有一凹进如洞的石室，名为佛龛，内有石佛，颇为玲珑。并有夕阳坡、立马台、读书台、天门顶、降帆峰等名胜。进山门后，拾级而上，共有124级直至山巅，风光无限。山上胜景历历，山下园林处处，据记载，明清期间，方圆二三里绕山而筑的大小园林有11处之多，各具风格，互显千秋。穿山还是抗击外来侵略的革命热土。在抗日战争和解放战争时期，穿山是游击根据地。可惜，后为开通沙溪到横泾的公路，开山取石，导致穿山这一胜景永远成为记忆。

周庄镇位于昆山市，隔着湖面与吴江区、上海市青浦区相望。周围有澄湖、白蚬湖、淀山湖、南湖环抱。地方志上称该地“镇为泽国，四面环水”，“咫尺往来，皆须舟楫”，旧名“贞丰里”，因此有“贞丰泽国”之称。北宋元祐元年（1086），一位姓周的迪功郎于此舍宅建全福寺，并将自己的两百亩庄田捐作寺产。后人遂称其地为“周庄”。建炎元年（1127），跟随宋高宗南渡的金二十相公一行，因水乡的清幽环境而在此定居，使周庄人口渐多。至元朝中叶，湖州沈祐携子从南浔迁至周庄，后其子沈万三发迹，成为江南巨富，促进了当地农耕商贸的发展，使周庄出现繁荣景象。到明代，镇廓逐渐扩大，基本形成规模，镇名仍为贞丰里，俗称“周庄”，直至清康熙年间才正式更名为“周庄”。

在周庄发展的历史上，巨富沈万三尤其值得一提。在他一生往来南北甚至还从事过海外贸易的经商传奇中，故乡周庄由于处于江南水网的中心地带，水系联结苏、浙、皖、赣，还是能给来往船只提供避风和补养的良港，无疑起着不可替代的关键作用。与此同时，舟楫频繁往来给周庄带来商贾云集、人丁兴旺，也就逐渐形成了繁华的市集。古镇被纵横交错的河道分割，10多座风格各异的古代石桥又将它们连在一起。镇内明清古建筑密集，街巷与水巷并存，家家临水，户户通舟，形成江南水乡古镇独特的“小桥、流水、人家”的自然景观和生活特征。周庄近千户民居中明清和民国时期的建筑保存有60%以上，有近百座古宅院及60多个砖雕门楼，还完好保存着部分过街骑楼和水墙门。其中沈厅、张厅等明清旧宅规模宏大，保存完好。沈家宅院的后门码头，河街之水伸入院中，河口之上用大石板为过梁，上部照常建设房屋，而且这一段岸壁用非常整齐的条石砌筑，砌法一条石一丁头，层

周庄双桥旧影（朱剑刚摄）

层相错，水面石块共6层。镇上的水巷呈“井”字形纵横交错，水巷两岸的建筑和构置呈现出多种风格，有的岸边是驳岸和护栏，有的是过街廊坊，有的是宅居水埠。

水楼相依，水街相依，而把水巷和河街联通起来的是桥。周庄水镇，桥是永远的风景。如今保存较好的元、明、清以来的古桥有10多座，多数为穹形石拱桥。拱桥的桥柱上大多刻有桥联，桥面上则刻有浮雕；也有方孔的石梁桥，造型较为简洁；简易的仅用石板横架而成，讲究的用石条为梁，中间横铺石板，缀以桥栏，横楣上刻有花纹和桥名，有的石栏上还缀以石狮等雕饰。南北市河上的富安桥，以桥楼合璧的建筑风格独树一帜；而贞丰桥、福洪桥等年代久远，流传着许多历史人文故事，具有浓郁的文化气息。南市河和银子浜交汇处，有两座桥比邻，称“双桥”。一座为圆孔桥，一座为方孔桥，成一个折角，一横一竖，一方一圆，如同古代的钥匙，俗称“钥匙桥”，勾勒出最典型的水乡古镇风景。

链接知识　弹词开篇《水乡泽国》

当代朱寅全创作的弹词开篇《水乡泽国》，每句唱词中都离不开一个“水”字，生动呈现了当代周庄无处不在的水元素融入日常生活的秀美场景：“水乡泽国数周庄，古镇幽幽尽水巷，家家户户倚水筑，小桥流水别有腔。水连水，水流淌；水就水，水波漾；水环水，水汪汪；水套水，水成网。碧水盈盈流水长，隔水楼阁气轩昂。水墙门，水踏步，水驳岸，水廊坊，桥梁贴水彩虹样，庭院傍水来粉妆，垂柳拂水掀细浪，水镇一派好风光。工厂厂房皆临水，舟楫紧靠水埠旁，店堂面水好经商，长街倒影水中央。鱼虾源源水上来，流水汩汩欢歌唱，吴语宛似水磨腔，依水为市更兴旺。南湖之水无边际，白帆击水去远航。鹅鸭如云水中浮，渔歌对唱水上扬，孩童戏水笑声朗，千顷湖水耀波光。轻舟一叶水镇游，流水作伴心欢畅，世外桃源在水乡。”

第四节　村落民居

实施乡村振兴战略是全面建设社会主义现代化国家的一项重大战略任务，不仅关系到乡村的可持续发展，更与亿万农民的福祉紧密相连。苏州城乡一体化程度高、农民家庭殷实，2023年，苏州农村居民人均可支配收入46385元，比上年增长5.9%，城乡收入比进一步缩小为1.789∶1，是全国城乡收入差距最小的城市之一。在这个过程中，苏州注重乡村规划与建设的协调性和可持续性，保持江南水乡的自然风貌和人文特色，加强乡村公共服务设施建设，弘扬乡村优秀传统文化，培育文明乡风，营造河畅、水清、岸绿、景美的绿色生态家园，真正让人民群众望得见山、看得见水、记得住乡愁。

吴江区七都镇的开弦弓村本是太湖东岸的一个普通乡村，在20世纪30年代由于吴江人费孝通先生的社会学著作《江村经济》（即以该村为调查研究对象）而逐渐为中外学界所熟悉。费孝通先生在《江村经济》的一开头就这样写道："开弦弓的'脊梁骨'系由三条河组成，且暂定名A、B和C。河A是主流，像一张弓一样流过村子，开弦弓由此得名。"河为村之骨，费孝通先生就这样一下子简单明了地抓住了水乡水村的精髓。

大姚村，位于澄湖西岸，清乾隆《元和县志》载，镬底潭"一名蛟龙潭，一名车坊漾。其北口为高家店，过江田村东南为大姚，出口为陈湖，西折为摇城湖。"据地方志记载："陈湖，相传本邑聚所陷。"湖西大姚村古名摇城，东汉袁康《越绝书》有"摇城者，吴王子居焉，后越王摇居之"的记载。明隆庆《长洲县志》载："摇城者，吴王子居焉。后越摇王居之，稻田三百顷，在邑东。肥饶水绝。"宋代书画家

〔清〕《元和唯亭志·唯亭镇村庄总图》）

米芾曾游历、寓居苏州，并嫁女于大姚，称大姚“为江中一岛，水雾蒹葭”。米友仁，为米芾长子，字元晖，小名寅哥、鳌儿，黄庭坚戏称他为“虎儿”。米友仁是宋代著名的书画家、收藏家、鉴赏家，官至兵部侍郎、敷文阁直学士。其因妹嫁在大姚村，经常来大姚陈家做客，并在此创作了《大姚村图》《姚山秋霁图》《云山得意图》等作品。明代书画家沈周曾收藏米友仁的诗书作品《寓大姚村所书三诗》，因与大姚村的陈璚交情笃厚，将此书卷作品赠与陈璚。大姚村，明代有陈氏家族世居于此。大姚村陈氏一脉，明清出了六位进士，从事文艺或入朝为官者，更是多不胜数。大姚村原有陈璚的进士府和陈仁锡的探花府，今已无存。

1974年春，车坊公社在澄湖西岸围湖造田，在湖西部筑起三道大堤，湖水抽干后，在湖底发现大批古井。南京博物院、吴县文化馆即进行抢救性发掘，自4月至6月，历时3个月，发掘古井150余口，出土、征集新石器时代至宋代的各类文物1200多件，可分为崧泽、早期良渚、典型良渚、马桥文化、西周以及汉至宋各个时期的遗存。首次发现的动物形刻花罐、鳖形壶造型生动，漆器、彩绘及刻有符号的陶器图文精致，闪耀着远古文明的火花。崧泽期大量古井的发现，说明当时人们已熟练掌握掘井技术。良渚文化的陶器胎薄而匀称，大小成套，反映当时制陶已向专业化发展。摇城遗址的考古发现，为研究太湖流域古代文化面貌与河湖变迁的历史，提供了丰富的实物史料。据调查分析，澄湖大堤外还有很多古井在湖底，大姚村可能是摇城遗址的中心。

百家村位于相城区太平街道东北部今莲港村，原属毛庄村，东临阳澄湖，南连高塘村，西与高塘村、莲港村（部分）相接，北邻莲港村。毛庄村是太平镇只辖1个自然村——百家村（又称“四图”）的行政村，村民居住集中，水路交通方便，但陆路交通闭塞。村域面积1.18平方千米。百家村是全街道户数最多、自古就有“百户之称”的一个古村落。清代时，百家村为长洲县益地乡（金生里）中十八都四图，故又称“四图”。那时，村呈嘴形伸入阳澄湖西湖中，使东、南、北三面紧傍阳

〔清〕吴历《湖天春色图》

澄湖西湖，自然环境十分优越，加上湖岸线长，岸内地势平坦，河港纵横，土地肥沃，资源丰富，宜农适渔，因此各地农户纷纷来到这里耕作稻麦、捕捉鱼蟹，并定居生活于此，很快就形成了有百户农户居住、耕作、生活的自然村落，故人们称之为“百家村”，成为阳澄湖畔的鱼米之村。流经的莲子港，为阳澄湖西水东流，调节阳澄湖水量的泄洪河道，又是农户积肥、运输的水上通道。因古时候河港内盛产荷花莲子而得名；又流经的张泾港，为阳澄湖西水东流，调节阳澄湖水量的泄洪河道，传说是乡民为纪念元末农民起义领袖张士诚组织乡民开河治水患而命名的河港，从此渭泾塘水能畅流张泾港入阳澄湖，缓解了当地的水涝旱情。

2014年入选《第三批中国传统村落名录》的歇马桥村，位于昆山市千灯镇南郊，总面积约362公顷。因南宋抗金名将韩世忠在此歇马而得名，已有千年历史，至今仍完整保留“水街相依、窄巷深弄”的传统水乡村落风貌格局。

据《昆新两县志》《淞南志》等方志记载，歇马桥“跨大石浦，相传宋季韩蕲王，遗桥济师，驱石计工，立马而成”。“在是邑东南隅，壤接青浦县界，直桥架石浦，相传建自宋季，驱石计工，立马而成”。北宋嘉祐年间，苏州地区兴修水利，开凿吴淞江，引导太湖水流入海，昆山有南北大浦42条，流经歇马桥村的石浦河即为四十二浦之一。歇马桥在石浦河西，隔河与上海青浦相望，村落恰处于苏州与上海的交界。歇马桥曾为江南商旅水路运输的要冲，舟楫货物云集，商业繁荣一时，至民国时期尚有商户80余家，包括理发店、铁行、茶馆、布庄、药店、水果店等，分布在石浦河西侧老街上滩、下滩之中，少量在河东街道上。至20世纪中后期，歇马桥仍店铺林立，人流如织，村中“龙形水系”贯穿南北，河街相邻，民居临水而建。长约500米的古石板老街上仍保存有千年古石，民宅中仍有百年黄杨、桂花古树等。石浦河河道本身就是商贸场所，赶集人坐船而来，许多交易即在水上完成。

常熟古里李市，又作“李墅”，别名“山泾市”。明代以前尚无记载，相传明代正统年间，有李氏大族聚居成市，故名“李市”。正德《姑苏志》卷十八《乡都》载：“李市，去唐市东南六里，同在双凤乡。居民李姓兴创，缘近山泾，又名山泾市”，嘉靖《常熟县志》也有类似记载。因为李姓所创，集市冠以姓氏。冠姓市集在常熟地区比较常见，崇祯《常熟县志》载“邑之东唐市、李市、何市、归市、东徐市、张市（即双浜市）、吴市各有主姓焉”对这一点说得很清楚。

明万历《常熟县私志》卷一、四十三都有“李墅桥”，又载“庙泾观音堂在李墅”。清康熙《新刊常熟县志》卷二《乡鄙》载“四十二都，李墅”。乾隆《常昭合志》卷一《疆域》谈及两县分界时说，“又东南至莲泾、李墅进山泾，又东西分界”。明代后期至清代，志书多记成“李墅”。吴方言“市、墅”为同音字，常常替换。“墅”在吴地常指村墅、村落，因此李墅即李村。

李市明代属常熟县双凤乡。清雍正四年（1726），以常熟县的东部地区建昭文县。白茆练泾塘西属常熟县，练泾塘东属昭文县双凤乡。李市属昭文县双凤乡。宣统三年（1911）11月，常熟、昭文两县合并为常熟县，李市属常熟县。民国时李市属白茆乡。民国三十二年（1943）4月，实行保甲制，重划乡镇。百户以上村庄为乡，不足百户的联合邻村为乡，百户以上的街市为镇，不足者编入乡。此时李市称镇，属唐市区（第八区）。此后李市复为乡，属第四区。1950年3月，李市乡（俗称“小乡”）隶属唐市区。1957年9月撤区并乡，李市乡的绝

〔清〕上睿《为梅作行乐图》之一

大部分并入白茆乡。1992年12月，李市村属白茆镇。1999年7月，李市村与天中村合并为新的李市村。2003年2月，李市村隶属古里镇。

李市古村落历史遗存丰富，有李市大街、李市西街、李市东街3条老街。李市古街区现存有30多座明清老宅，其中保存比较完好的都集中在原李市集镇的3条老街两侧。现存最典型的有沈家古宅等。李市拥有古桥梁多座。如建于清代的惠绥桥、永和桥。古村内现存有2棵古银杏，人称“姐妹树”，已有600多年树龄。还有清代程家古井一口。

李市古村的非物质文化遗产丰富，有国家级非物质文化遗产白茆山歌、苏州市级的民间故事和宣卷、常熟市级的李市打铁和道教音乐，还有红木雕刻、社戏、庙会、各种特色小吃等。李市的青团子、花色糕、水豆腐远近闻名，每逢传统节日、庙会，各地的百姓都要赶去品尝。

太仓市浮桥镇三家市，形成大约在宋末元初。宣统《太仓州志》卷四《营建》记载："三家市，沙溪镇东南十二里。七都七图、八图。《陈志稿》云，宋陈宜中、孙章、周胜一、王逸士创建。傍漕头塘"。所谓"三家"并非实指，而是由多个名人要员、富商大户共同出资招徕而形成的集市。

陈宜中，字与权，是南宋末年宰相。明代陈氏后裔陈操《双桂轩记略》云："宋亡，丞相与权公潜隐昆山之杨林塘。"杨林塘即今三家市、岳王一带。由此看来，与《陈志稿》所言相合。三家市地名崇祯《常熟县志》、乾隆《沙头里志》等均有载，嘉庆《直隶太仓州志》记载"三家市，涂松东南五里"。

三家市旧时有南园、东园、西园和北园四大私人花园，从东巷门到西巷门全长有2千米，北侧设有跑马路，西侧有尼姑庵，西北边有古李王庙，南面有典当行。集市上曾开有布店、药店、酒店、油车坊、肉庄、鱼摊头、铁器店、茶馆店、书店、裁缝店等各类商铺10余种之多，其中仅茶馆店就有7家之多。1949年前，在三家市上有过陈士勤、龚明球、钱寅家三位大地主。其中龚明球宅第拥有前后三进，共108间，建筑工艺精细，各种雕刻精美，四周建有很高的围墙，门口除门厅外建有更楼。如今古村保存有清末民初建筑近10处，结构完好。街道中央保留原十字街口，转角处建筑完好，风貌独特。中华人民共和国成立后，三家市所属行政隶属发生过多次变化，但是古村落的基本格局始终没有被破坏，是目前太仓市唯一遗留的古村落，已经被列为第六批太仓市文物保护单位。

三家市也出了较多历史名人。明代太仓籍文坛领袖王世贞的老师周道光、万历朝太仓籍首相王锡爵的老师潘子禄都是三家市人，王世贞、王锡爵早年都曾到三家市学习，可见三家市在明代中期早已是太仓地区文化教育发达兴盛的区域之一。

张家港金村村，得名于清代雍正年间。《妙桥地名志》《张家港市地名志》《金村小志》均有记载。金村村位于塘桥镇东南部，以金村集镇而得名。晋代开始有村落，唐代称太平乡永昌里，宋时称潘圻村，明代称慈乌村，清代雍正年间始称金村村。

金村村古属吴地，三国时属东吴虞乡。西晋太康四年（283）改虞乡为海虞县；东晋元帝将海虞北境改为利城县，金村属西山堡。隋唐时期属常熟县太平乡西山堡永昌里。宋元时期为南沙乡十六都永昌里，明代仍属常熟县南沙乡。清代中叶为常熟县南三场下十四都十七一半图。民国初年属常熟县慈妙乡，民国二十三年（1934）属梅里区慈乌乡。中华人民共和国成立初期，为常熟县福山区金村乡一村、二村、三村、四村、五村。

金村村境内有齐梁古刹永昌寺，始建于南朝梁武帝普通三年（522）。它与大慈寺、兴福寺、白雀寺、永庆寺合称常熟北门外五大名寺。1998年9月，经张家港市人民政府批准，恢复重建永昌寺。除此外，另有“金村庙会”列入张家港市、苏州市、江苏省级非遗代表作名录。

文学大家钱牧斋、两朝帝师翁同龢、篆刻家赵石农等名流，都在金村留下了生活踪迹。旧时有“暗泾归鸦”“西泾垂钓”“曲桥流水”“古园乔木”“破寺晚钟”“荷塘渔唱”“南浦归帆”“徐塘泛月”等八景之说。

金村是个千年文化古村，早在晋代就已形成村落。明朝，金启明从昆山迁至金村定居，古村迅速发展；至清朝雍正年间，文化、历史传承等方面都非常丰富。

昆山姜杭村，位于张浦镇西南侧，村落于唐代形成（目前尚留存的为姜里），有着约6000年的人类生活的灿烂历史，被誉为“水乡道教圣地”，也有着“太极水村——姜里”称谓。村落形态与太极八卦图形似，整体环姜里潭而建，形成了“水中有村、村中有水、水中有岛、岛上有人家”的独特格局。2023年3月，姜杭行政村入选第六批中国传统村落名录。

村内有姜里遗址。遗址主要分布在村中部及后村西北部，总面积为9万多平方米。自第三次全国文物普查以来，先后历经3次考古发掘。考古发掘发现了马家浜文化、崧泽文化、良渚文化、马桥文化时期的住房、土台、墓葬、水井、灰坑等遗址，出土了炭化米粒、野猪和麋鹿骨骼及100多件石器、骨器、玉器、陶器等生产、生活用的珍贵文物。同一遗址文化堆积层从马家浜文化到唐宋时期延绵不断，这在苏南亦属少见，对研究长江流域文明和中华文明起源具有重要的学术价值。

东岳义渡，位于东岳庙西九龙口，越大直江。清光绪《昆新两县续修合志》载，清同治七年（1868），里人朱、殷二人捐田22亩创立义渡，归昆山敦善堂经理。东岳义渡江面开阔、烟波浩渺，岸亭古朴、渡舟横卧，行帆穿梭，成为吴淞秀水一胜景。清同治九年，里人严兴鳌在渡口两岸修建凉亭，以利民候渡小憩，百姓感其恩，称为“严公亭”。2006年，东岳义渡因南塘江、大直江大桥通车而停渡，是昆山最后撤销的渡口。

位于姜里前潭与后潭交界处，东西走向，有一座永安桥，俗称“响铃桥”，始建于清乾隆年间，单孔石梁石板桥，长约20米，宽约2米，是

姜杭村

太极水村唯一进出村庄的通道。响铃桥的名字有着神奇的传说，传说造桥时，有一位仙人走过，告诉村里人这座桥行人走过时必须要有铃声，否则后村养的小囡要哑巴；也不能造三孔两孔，否则姜里后潭的水向南流量过大，冲得南巷人要穷。后来设计为一孔半，桥建好后，果然全村太平，遂取名“永安桥”。

相传因商朝末期姜太公避纣隐居于此，所以这里古时有“太公墩”“姜公墩”，位于姜里后村东，旧时高约10米，占地3亩多。明嘉靖《昆山县志》和清《吴郡甫里志》《淞南志》均记载为“凤凰墩”。唐中宗朝，里人姜辄以功封扶阳郡王，被招为驸马，拜爵驸马都尉，在姜里建宅第。为纪念姜辄，志书改称太公墩为“姜王墩”“凤凰墩”，里人称“姜王山”。位于姜里村西侧边缘，有全长200多米、宽8—10米的太公堤，因姜太公隐居姜里的传说而得名。

第五节　四角山水与水乡客厅

苏州古城区，护城河内面积仅有14.2平方千米，而城内外却呈现出以水为体的水乡田园风格的环境布局，构成了“真山真水城中园”的独特生态。城内主干河道“三横四直”，总长57千米，与城外河道的连线总长87千米，而流经还有不少宽窄、大小不等的河湾、潭荡等，水面总面积达3平方千米。

吴良镛院士曾提出：在苏州的城市发展中，如何做好苏州城的四个角的现代城市与自然山水相协调的这篇生态大文章，至关重要。他所提出的“四角山水”：一、东南角，经独墅湖、吴淞江至澄湖；二、东北角，经阳澄湖、傀儡湖至沙家浜；三、西北角，经虎丘山、虎丘湿地至西塘河、漕湖；四、西南角，经横山、上方山、石湖至太湖。

苏州中心城区被“四角山水”环抱，苏州古城的四周仍保留着江南典型的原生态植被和生物链环境。这个原生态植被在工业化以前的数千年中，除了人工开发少数区段外，大多保存完好。它的特色是以水为本，以山为衬，山水相连，和谐一致。古城的西南到西北，由东太湖支流越溪把石湖、茭白塘、枫桥、白洋湾、三角咀、漕湖连成一片，沿山体、湖岸到处是茂密的芦苇、茅草，可谓“春来路边绿烟涨，秋止芦花稻谷香”。

古城的东南到东北，从淀山湖、汾湖延绵而来的庞山湖、尹山湖、长荡、黄天荡、独墅湖、金鸡湖、阳澄湖，则湖水滔滔，湖边大多是原生态的湿地、芦草，候鸟和野生动植物非常丰富，老百姓都因大自然赐予的丰富资源，以种植水稻和捕鱼为生。山水相亲、园城相融，典型的江南风貌，积淀出苏州精致靓丽的生态底色和底蕴厚重的人文风情。正因如此，呵护好“水乡基底、四角山水”的自然系统，保护好包括太湖、长江、大运河在内的全域整体江南水乡风貌，是今天全体苏州人的责任和使命。

从江苏省苏州市吴江区东太湖流出的太浦河，流经苏浙沪15个乡镇，直达黄浦江。吴江区首创联合河湖长制并在示范区内推广，示范区重点跨界水体水质持续改善。

水乡客厅，位于沪苏浙交界处，以长三角原点为中心，包括上海市青浦区金泽镇、江苏省苏州市吴江区黎里镇、浙江省嘉兴市嘉善县西塘镇和姚庄镇四个镇各一部分，是依托长三角原点，由两省一市共同打造的功能样板区，总面积约35.8平方千米，也是长三角生态绿色一体化发展示范区“核心中的核心”。水乡客厅立足世界眼光、国际标准、中国特色，以“绿色示范、创新引领、基因传承、交通支撑”为发展策略，将打造成为生态绿色高质量发展的实践地、跨界融合创新引领的展示区、世界级水乡人居典范的引领区。2023年5月，长三角生态绿色一体化发展示范区水乡客厅·方厅水院破土开工，全国首个跨省域国土空间详细规划——《水乡客厅国土空间详细规划》正式发布，为水乡客厅开发建设、用途管制和规划许可提供法定依据。

2024年1月2日，示范区执委会、沪苏浙两省一市发展改革委、苏州嘉兴两市政府共同印发《长三角生态绿色一体化发展示范区重大建设项目三年行动计划(2024—2026年)》,相信随着一批生态保护、基础设施、科技创新、公共服务等重点项目的落地,长三角地区必将实现更高质量的一体化发展。

知识链接 方厅水院

方厅水院是示范区水乡客厅"一点一心、三园三区、三道多村"空间格局中的"一点",是沪苏浙两省一市交界处的标志性跨域建筑,具有人文交流、文旅休闲与国际会展等功能,建成后可以实现"一天逛遍沪苏浙皖"。项目整体造型呈四合院制,四角为四个主题展示馆,沪苏浙皖四方各为一馆,各展所长。场馆之间以三座步行廊桥跨水相接,让历史性同框出现在"江南庭院"之中,更有着长三角三省一市向心汇聚、一体发展的寓意。

一个享誉国际社会学界的江南乡村

在中国广袤的土地上，有这样一个小村庄——开弦弓村。它位于江南水乡，风景如画，但更引人注目的是，这里进行了一场长达67年的经济调研。这项调研不仅见证了中国农村经济的变迁，也为全球乡村发展提供了宝贵的经验，是国际社会学的一个经典样本。

费孝通（1910—2005），江苏吴江人，是著名的社会学家、人类学家、民族学家、社会活动家，中国社会学和人类学的奠基人之一。在中国社会学史上，费孝通的名字如同一颗璀璨的星辰，照亮了中国乡土社会研究的道路。而开弦弓村，这个位于江南水乡的小村庄，因费孝通的深入研究而闻名于世，成为中国社会学研究的一个重要里程碑。

“江村”是费孝通为开弦弓村所起的学名，代表一种类型的农村。其坐落在太湖的东南岸，现属江苏省吴江市七都镇，原本是长江三角洲上一个普通的乡村。1935年夏，费孝通毕业于清华大学研究院，并选择了广西大瑶山进行社会调查，为留学英国做准备。但因误落陷阱受伤，不得不放弃此行。1936年夏季，费孝通回到家乡吴江，在开弦弓村（即江村）进行“初访江村”的社会调查。他深入群众，串门访户进行调查研究，搜集了这个农村的许多经济情况资料。

1936年秋，费孝通在去英国的轮船上，把收集来的资料加以整理，写成一份调查报告的初稿。后在伦敦经济政治学院，在马林诺夫斯基教授指导下，进一步对开弦弓村的调查资料分析、整理，用英文写成《中国农民的生活》的长篇论文，1939年在英国伦敦出版，中文名称为《江村经济》。

《江村经济》一书受到现代人类社会学奠基者之一的马林诺夫斯基教授的高度赞誉，“将被认为是人类学实地调查和理论工作发展中的一个里程碑”和“知识世界中的一个里程碑”，也被国内学者誉为“中国社会学派”的开山之作。

由此，费孝通先生开拓了一条社会学中国化的重要途径，在很大程度上扭转了当时基本照搬照抄西方的局面。1948年，费孝通先生又完成了另一部经典著作《乡土中国·乡土重建》。这是在社区研究的基础上，从宏观角度探讨中国社会结构的著作，分别从乡村社区、文化传递、家族制度、道德观念、权力结构、社会变迁等各方面分析、解剖中国乡土社会的结构及其本色。

可贵的是，费孝通在首次访问江村后，又多次重返该地进行深入调查。从1957年的“重访江村”到1986年的“十二访江村”，费孝通持续关注着江村的变化和发展。

在这些后续的访问中，费孝通对江村的农业、多种经营、乡村办工业、土地、人口、文化教育、农民收入、家庭结构和生活等方面进行了全面的调查和研究。他根据调查所得的资料，写出了多篇关于江村的研究报告和论文。

费孝通与江村调查的故事是中国社会学和人类学领域的一段传奇。费孝通通过深入细致的实地调查，揭示了中国农村的经济生活和社会结构，提出了许多具有前瞻性的观点和理论，为中国社会学和人类学的发展做出了杰出的贡献。同时，江村调查也为中国农村的经济社会发展提供了重要的参考依据，具有重要的历史意义和现实意义。最重要的是，因为一个人，因为一个科研项目，因为一本书，“开弦弓村”这样一个深藏在江南水乡里的江南村落从此走出国门，蜚声世界。

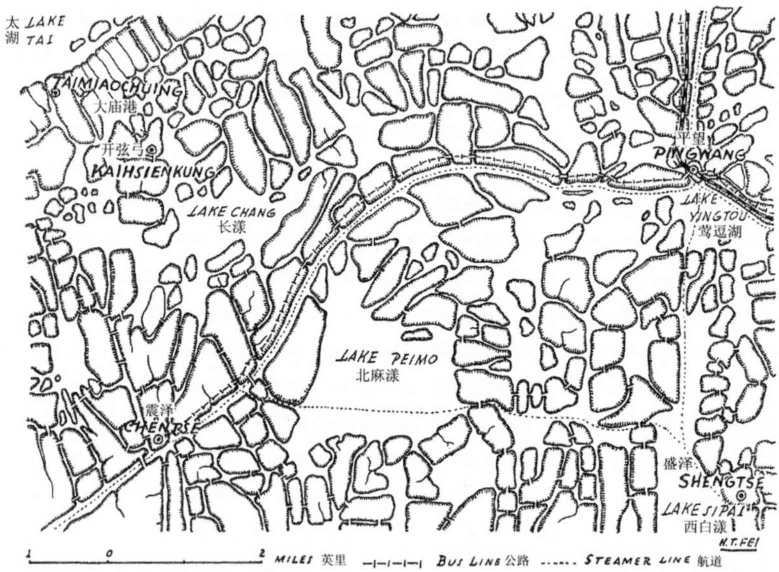

Reproduced from the official map of the district government
根据该地区原官方地图绘制

开弦弓村周边地形图（选自费孝通《江村经济》）

第七篇

千秋治水

善为国者，必先除其五害……五害之属，水最为大。五害已除，人乃可治。

［春秋］管仲《度地》

吴江县鱼鳞圩示意图（选自1997年版《苏州水利志》）

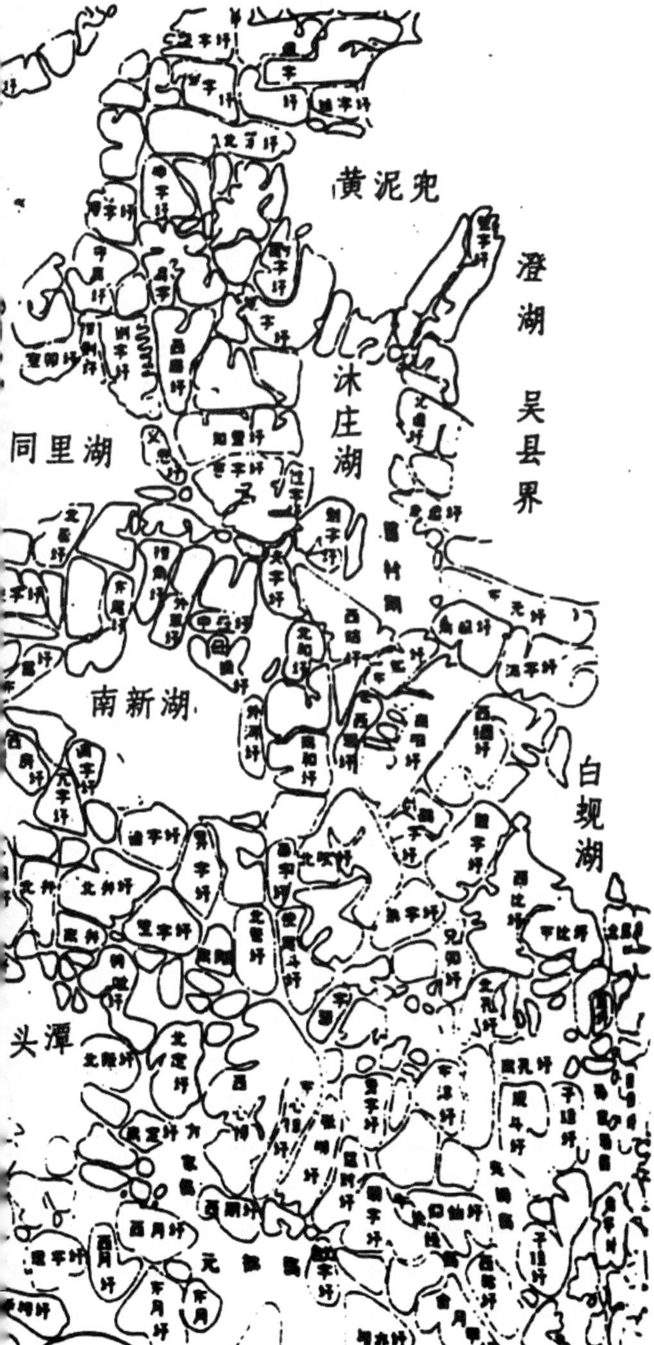
黄泥兜
澄湖
吴县界
沐庄湖
同里湖
南新湖
白蚬湖
头潭

水是人类须臾不可离开的生命之源，人们常用“水利万物”“上善若水”等词来赞美她。但有时，水也会变得危险又无情，滔天洪水对生命、财产造成巨大威胁。一部中华史，某种意义上也是一部治水史。苏州治水的萌芽与伍子胥“相土尝水”建造苏州城有关。在随后漫长的岁月里，一批名臣贤达以兴利除弊为己任，通过引江济太、筑坝修堤、裁弯取直等方法，让水患变水利，让沧海变桑田。

第一节　苏州历代治水名贤

苏州地处地势低洼的长江下游，自古水患多发。在人与自然的博弈中，涌现出伍子胥、黄歇、白居易、范仲淹、郏亶父子、单锷、邱与权、夏原吉、沈启、归有光、张国维、林则徐等众多治水名贤。他们不仅才华横溢，更以卓越的水利治理成就造福一方。先贤们针对太湖水泛滥、内涝严重等具体情况，通过兴修水利、疏浚河道、建设堤防等措施，使得苏州地区的水患得到了有效缓解，保障了苏州百姓的生产、生活安全。随着农田水利发展的日臻成熟，农田灌溉效率和粮食产量大大提升，昔日的水乡泽国实现了向鱼米之乡的蝶变。水运的便捷加强了苏州与外界的交流，推动了苏州的经济繁荣和社会发展。治理水患的过程，也是文化传承发展的过程。名贤们通过撰写水利论著、留下治水碑刻等方式，将治水经验和文化传承给了后世。可以说，历代治水名贤对苏州的贡献是多方面的、深远的。

一、春申君治水

立于相城区黄埭镇中心广场的“春申君黄歇”雕像

战国四公子之一的黄歇，于公元前262年，被楚考烈王提拔为相，封为春申君。《吴中水利全书》载：“楚春申君黄歇，城故吴墟内，北渎四纵五横，治水松江，导流入海（后人因其姓黄，曰黄浦，亦曰春申浦），开港溉田（今曰黄田港），开浦置上下屯（今曰申浦）。”这是对黄歇治水功绩的客观记录。黄歇在农田水利建设和开凿区域河道方面做出了十分重要的贡献。现在的相城区黄埭镇，就与黄歇筑堤有关。埭，即堵水的土坝。黄埭镇还有一个湖泊就叫“春申湖”。相传由伍子胥开凿的胥江，是连接太湖与苏州古城的主要河道，然而一旦太湖发生洪水，这一通道就会成为苏州古城防汛的主要威胁。黄歇为此封堵了胥门水门，使湖水绕道阊门、盘门入城，并且在城内开凿了四纵五横的河道，奠定了苏州古城基本的排水格局。春申君不但建造了两个仓库，作为均输之需，还营建了市场，建造了狱庭等城市设施。《吴地记》载：“蛇门南面，有陆无水。春申君造，以御越军。”苏州人民没有忘记他的功德，曾建造多处春申君祠以作纪念，现在城内的王洗马巷仍有纪念他的祠堂。苏州城隍庙供奉的主神就是春申君黄歇，苏州人民表彰其功绩而定期祭祀。

沧浪亭五百名贤祠郏亶像

二、郏亶父子与《水利书》

郏亶（1038—1103），太仓双凤人，北宋著名水利学家。他在总结前人治水实践的基础上，对既往一些治水行动提出了批评，将自己的治水主张撰写成了《苏州治水六失六得》和《治田利害七论》两篇论文，从治水理论上支持王安石变法，也得到了王安石的赞许。他最重要的治水主张是把治田与治水巧妙地结合起来，实现水旱并重、高低分治，治田为主、决水为后，蓄泄并施、制水入海。在他的著作中能够看到目前还保留的吴淞江两侧、元和塘两侧、昆山塘沿岸和沿江高冈之地的许多河道“名录”，从而留下了“塘浦圩田”这一苏州特有的农田水利工程体系式样。他的著作为研究苏州区域河道走势变化提供了丰富的历史性文献，也为研究塘浦圩田灌溉工程体系提供了翔实的历史性资料。今在太仓弇山园有郏亶墓。

郏侨，郏亶之子，他认真总结前人治水经验，对太湖水源及其治水提出了自己的观点，著有《水利书》。他的治水观点十分鲜明，涵盖了太湖上游、中游和下游的治水策略，具有全局性，综合防洪、排水、围垦、治田各方面，具有综合治理、洪涝分流、多路排水等思路，提出了以吴淞江为宣泄太湖洪水专道的新设想，发展了太湖治水理论。

三、夏原吉利惠吴中

明朝永乐元年（1403），浙西发生大水，明成祖朱棣命令夏原吉到苏州、松江、嘉兴治理水患。夏原吉沿着三江入海故道进行调查研究，认为苏州、松江是太湖的最下游，如果要治理下游的洪涝灾害，必须疏浚吴淞江沿线诸浦。按照吴淞江200余里长度计算，宽的地方有150余丈，西接太湖，东入大海，即使历代疏浚，但常疏常淤，解决不了根本问题。因此，必须疏浚吴淞江南北两岸的河道，引太湖水入刘家港、白茆塘，分泄水势。松江大黄浦是连接吴淞江的要道，旁有范家浜，到南仓浦口直达大海，应该拓宽浚深，从而使得吴淞江完全与大黄浦连通，通达泖湖之水，恢复三江入海的水脉。河道疏浚相通了，再在沿河两侧建造石闸，按照需要启闭，每年水涸时修筑圩岸，防止水急暴流，“则水患可息”。

沧浪亭五百名贤祠夏原吉像

朱棣采纳了夏原吉的意见。夏原吉穿着布衣，昼夜徒步往返，以身作则，组织民工开挖河道。永乐二年（1404）正月，夏原吉再次前往浙西，疏浚了千墩浦、致和塘、顾浦、陆皎浦、尤泾、黄泾、大黄浦、范家浜等河道，从而保证了太湖下游的水流通畅。特别是他主张并实施形成了太湖治水史上著名的“掣淞入浏”格局，使得太湖、淀泖湖群及吴淞江水分流入长江，形成了吴淞江与黄浦江紧密相连的水系。永乐四年，他又疏浚了福山塘。后人为了纪念他，将昆山的下界浦改名为“夏驾河”，千灯浦改名为“尚书浦”。2012年，昆山市在夏驾河东岸立起夏原吉治水铜雕，成为生态公园里的一处地理文化标志。

四、况青天与海龙王

在苏州城内西美巷里有一座况公祠，纪念的是明代苏州知府况钟。况钟（1383—1443），字伯律，江西靖安人。明宣德五年（1430）七月，他到苏州任知府，遇到了“连月不雨，苗不得植”的大旱。这次大旱，反映出苏州河道与灌溉系统之间的问题十分严重。宣德七年四月，苏州连降暴雨，淹没农田75万余亩。况钟上奏：“苏、松、嘉、湖四府地方，内有太湖、庞山湖、阳城湖、沙湖、尚湖、昆承湖六处地方，广阔约量三千余里。设遇天雨连绵，湖水泛涨，淹没田地。”直指太湖流域泄水不畅的严重问题。在江宁巡抚周忱的支持下，况钟开展了大量的调查研究，发现一些地方的圩田面积过大，圩堤毁坏非常严重，河床日深，傍河田块的地势变高，使得水车灌溉效率低下，一旦遇到大旱，粮食作物将颗粒无收。于是，况钟提出，拆除大圩的堤岸，将它改成小圩，以500亩为标准，在圩旁开凿或疏浚小泾、小河，坚筑夹岸，使得田块的泾河与外面的河道相通，并组织疏浚

沧浪亭五百名贤祠况钟像

了与吴淞江下游各支流相通的河道。这样，无论发生旱灾、水灾，都能实现较好的抗旱排涝，使得苏州地区的水利情况迅速得到改善。

海瑞（1514—1587），字汝贤，海南琼山人。明隆庆三年（1569），海瑞升任应天巡抚。他上任之后的第一件大事就是治水。当时，水灾频繁发生，百姓流离失所，饿殍遍地，深受其害。海瑞实地考察，寻找水灾原因，发现问题的症结在于水利设施荒废得厉害，疏浚吴淞江河道、治理江南水患，显得刻不容缓。于是，海瑞组织民力，疏浚了吴淞江下游淤地14000多丈，从黄渡到宋家桥长80里的水面由原30丈增开15丈，拓宽了河道。隆庆四年，又组织疏浚了白茆塘5000余丈，开挖了与吴淞江相关的昆山夏驾口，吴江长桥段，吴县宝带桥段、胥口以及其他与吴淞江相连的河段，保证吴淞江及其两侧泄水通畅。之后，即使苏州等江南地区遭遇大水，也没有出现大面积受灾的情况，海瑞由此从“海青天”成了江南百姓心目中的“海龙王”。

沧浪亭五百名贤祠海瑞像

五、归有光与《三吴水利录》

归有光（1507—1571），字熙甫，号震川，又号项脊生，世称“震川先生”。明朝中后期，苏州一带堤防废坏，水旱灾害不断，归有光对

沧浪亭五百名贤祠归有光像

前人的学说加以评点并汇集成册，有《三吴水利录》四卷，其中第四卷有其自作的《水利论》和《水利论后》论著九篇。他列举了单锷、郏侨、徐确、任仁发等人治水的行动或观点，认为大禹治水“山陵当路者毁之，隳断天地之性”，极力主张治理吴淞江，把吴淞江作为排泄太湖洪水的主要途径，恢复吴淞江为太湖洪水的出海水道。“三江既通，则太湖东之形势顺矣。”后人对他的观点和著作评价甚高：“有光居安亭，正在松江之上，故所论形势脉络，最为明晰。其所云宜从其湮塞而治之，不可别求其他道者，亦确中要害。言苏松水利者，是书固未尝不可备考核也。”

六、耿橘与圩区治理

耿橘，明万历三十二年（1604）任常熟知县，先后疏浚了横浦、横沥河、李墓塘、盐铁塘、福山塘、奚浦、三丈浦等，著有《常熟水利全书》，被徐光启称赞为“水利荒政，俱为卓绝”。他注重调查研究，强调规划的重要性：“惟看地形，四边有河，即随河做岸，连搭成围。大者合数十圩，数千百亩，共筑一围。小者即一圩数十亩，自筑一围亦可。”耿橘最重要的观点是因地制宜、联圩并圩，主张“圩内分级控制”，即数十小圩联并为一个大圩，圩堤可较高厚，圩内纵横开渠，便于灌排和行船，圩内河口建闸，沟通内外水道；圩中心最低洼处开辟作容蓄区，更便于灌溉和排水，从而形成了集引、蓄、灌、排于一体的综合性的水利系统，创建了新型圩区治理模式。他倡导的“开河法”“筑岸法”对浚河筑圩技术作了详尽的介绍，受到后人的推崇。

七、张国维与《吴中水利全书》

张国维，明崇祯八年（1635）任巡抚都御史，与巡抚王一鹗同修吴江塘路，崇祯九年又上书请求开浚吴江长桥两侧的泄水通道，以免水患。曾“建苏州九里石塘及平望内外塘、长洲至和等塘，修松江捍海堤，浚镇江及江阴漕渠，并有成绩”。他深入调查了解后发现，“惟吴泽国，民以田为命，田以水为命，水不利则为害”。崇祯十二年，张国维编撰《吴中水利全书》28卷，“是书先列东南七府水利总图，凡五十二幅，次标水源、水脉、水名等目。又辑诏敕、章奏，下逮论议、序记、歌谣，所记虽止明代事，然指陈详切，颇为有用之言”，是我国古代最重要的东南水利著作。张国维治水功绩高，深受苏州人民的敬仰，人们自发在虎丘山下的山塘街上为他建造了生祠祭祀，至今还在。沧浪亭内五百名贤祠中保留着张国维的石刻像，上赞：抚绥十郡，大度渊涵，疏通水利，泽被东南。

沧浪亭五百名贤祠张国维像

沧浪亭五百名贤祠林则徐像

八、林则徐苏州治水

大家对林则徐（1785—1850）虎门销烟耳熟能详，实际上他在苏州治水也立下了丰功伟绩。清道光四年（1824），林则徐任江苏布政使，道光十二年又任江苏巡抚，在任期间对太湖水利十分重视，先后主持疏浚了浏河、白茆、七浦等通江河道。疏浚河道后，林则徐在河道各个近海处修建水闸、建设坝道，以便于控制水位。浏河疏浚项目经林则徐验收，“河身倍见深通，堤岸一律平整，闸座俱臻坚固，涵洞最便蓄宣，均无草率偷减情弊”。当年竣工之后适逢七月二十三、四、五日连续三天暴雨，苏、松一带大雨倾盆，太湖水位陡涨，将涵洞全部开启泄水，两日之内，“消水二尺有余，而秋汛大潮，仍无倒灌”，水利效果非常明显。现在苏州公园仍有林公则徐纪念碑。

九、李超琼修筑李公堤

今天的金鸡湖李公堤，是远近闻名的商业街区和旅游风景区，全长1400米，系清光绪年间元和县令李超琼所建。光绪十五年（1889），李超琼调任元和县知县，正遇秋雨成灾，庄稼被毁。他多次到乡间勘灾，并连续向上申请蠲免额外漕粮。勘灾过程中，李超琼了解到金鸡湖由于湖面开阔，湖中心又无岛屿阻拦，一遇风吹，必波涛汹涌，经常发生翻船事故。经过周密考虑，光绪十六年夏，他决定采用以工代赈，同时发动民间捐资的做法，在金鸡湖上筑一条长堤，这样既可改善交通条件，又可让广大灾民通过做工获得收入。金鸡湖周围是水网地区，筑堤取土是个难题。当时葑门、相门、娄门和齐门外都堆有大量太平天国战争留下的砖瓦屑，李超琼动员了160多条船只，组织当地百姓将这些砖瓦屑运到金鸡湖中，堆筑成堤。堤成之后，又在堤上种植杨柳树数千株，以巩固堤防。光绪十八年六月，金鸡湖长堤建成，李超琼亲往验收。从此，湖中大小船只依堤航行，不再受风浪威胁。早已毁于战火的斜塘市镇，也因长堤的建成而恢复生机。百姓把金鸡湖长堤称为“李公堤”。除修筑李公堤外，李超琼还组织开浚章练塘镇（今属上海市青浦区）外各港计3153丈，周庄、陈墓（今均属昆山市，陈墓已改名为“锦溪”）等镇市河也一律疏浚。

第二节　河道治理

一、苏州治水以河为主

河道治理，历来是苏州水利的第一位任务，也是治水的重中之重。3000多年前，吴泰伯开凿了泰伯渎，又称“泰伯河”，这是太湖流域最古老的人工运河之一。据考证，泰伯渎全长24千米，从现在无锡市区南门外京杭大运河开始，向东南流经坊前、梅村、荡口等镇，注入漕湖（蠡湖），是连接苏、锡两地间的重要水道，也是两地“农田灌溉之通渠”。到了周朝，掀起了河道开挖的高潮。周敬王六年（前514），吴王阖闾沟通了苏州城与无锡以及长江的水道，开挖疏通了“吴古故道”。周敬王二十五年，吴王夫差准备北上，征发民夫开凿了河道，自苏州境经望亭、无锡至奔牛镇，达孟河，入长江，全长170余里。周元王元年（前475），越大夫范蠡为伐吴，在苏州境内开漕河，后人称之为“蠡渎”“蠡河”，也称“常昭漕河”。

汉唐盛世，河道疏挖进入新的历史时期。汉高祖十二年（前195），吴王刘濞根据运输盐铁的需要，命役夫循沿海古冈身内侧开凿成河，名“盐铁塘”。唐代太和年间，对盐铁塘进一步治理，全长约100千米，成为沟通常熟、太仓等地的重要水利运输渠道，最终泄水入吴淞江。盐铁塘以东是太湖冲积平原的古沙嘴区，俗称“冈身”，以西是阳澄低洼圩区，它起着高低分治的作用。到郏侨时，“沿江北岸三十余浦，唯盐铁一塘，可直泻水，北入扬子江”。元代泰定三年（1326）五月，都水监佥事李居仁疏太仓城中盐铁塘；十一月，浚盐铁塘，南北并疏导。至正元年（1341），工部尚书图噜浚太仓州盐铁塘。

元和塘是苏州历史上的一条著名河道。唐元和二年（807），浙西观察使韩皋命苏州刺史李素、长洲县令李暵、常熟县主簿李仲方开通了南自苏州齐门、北达常熟城的常熟塘，塘长90里，因修浚于元和年间，所以又名“元和塘”。据郏亶记载，常熟塘东有横泾21条，西有横泾12条，有的河道是东西贯通的。当时，选择比较宽广的河道“深开其塘，高修其岸”，从而“良田渐多，白水渐狭，风涛渐小”。北宋政和六年（1116），户曹赵霖提出元和塘受到风浪侵袭非常严重，塘堤大部分受到破坏，往来舟楫常有倾覆之险，要求“修作至和、常熟二塘之岸，以限绝东西往来之水”。宣和元年（1119），赵霖兴修水利，修筑常熟塘岸界岸。南宋嘉定七年（1214），常熟知县惠涛筑起了元和石塘。明万历三十七年（1609），常熟知县杨涟在元和塘上垒石筑堤，自县南门外起，至长洲县界止，延袤36里，工程浩大，因而元和塘又被称为“杨公塘”。清乾隆二年（1737），巡抚邵基奏请重修元和石塘，委派通判王延熙监督，从苏州府城齐门起到常熟县交界止，长50里；从常熟县自南门外长生桥起至吴塔界牌止，长36里。中华人民共和国成立后，多次拓浚了苏州齐门外至陆墓段及陆墓市河段等狭窄河段。沿线留下了许多人文古迹和传说，范蠡、陆贽、文徵明都有遗迹，常熟虞山镇南门坛码头遗迹成为元和塘水路交通繁忙的历史印迹。

随着河势的变化，河道治理逐渐向通江河道转变，以白茆、七浦塘为重点。吴越开平六年到天福七年（913—942），陆续疏浚常熟海虞二十四浦，并在港口设闸，按时启闭，以备旱潦。北宋天禧二年（1018），江淮发运副使张纶、督知苏州孙冕疏昆山、常熟等五湖及福山茜泾诸港浦，导太湖水入海。景祐二年（1035），范仲淹督浚白茆、福山、黄泗、浒浦、奚浦及茜泾、下张、七鸦，疏导诸邑之水。南宋隆兴二年（1164），两浙运判陈弥作开七浦塘。元至正二十四年（1364），张士诚命左丞吕珍督浚白茆塘。当时白茆塘为芦苇所塞，涓流不通，张士诚起兵，民夫十万，以芝塘为行府，时驻节于山泾口，命吕珍督浚，堑其地为港，长亘90里。明弘治四年（1491）、五年、七年，苏州府连发大水，提督水利工部侍郎徐贯、巡抚都御史何鉴管理浙西水利事务，大力疏浚白茆港，同时疏浚白茆上游的白鱼洪、鲇鱼口等支流，疏浚与白茆相通的尤泾及盐铁塘，还疏浚了七浦塘。对于白茆港的疏浚，姚希孟《代当事条奏地方利弊疏》强调：

> 历稽故牒，国初至今，疏浚白茆者，永乐则尚书夏元吉一次，天顺则侍郎李敏一次，弘治则侍郎徐贯一次，嘉靖则尚书李充嗣一次，隆庆则都御史海瑞一次，万历则巡江御史林应训一次。而其余小浚，大约数十年一次，未有废坏之久如迩年者。

《七鸦浦记》曰：

> 东吴泄水之大道，三江之外，苏有三十六浦，松有八汇，常有运河十四渎。然自海塘作于东南，而东江以塞，松江以微水乃北折并于娄江，而溢于七鸦、白茅二浦，故今之七鸦、白茅在三十六浦为最巨而要。

白茅，就是白茆。而今，七浦塘已经发生了改变，水环境面貌变得更好，2017年获评“江苏最美水地标”，2022年又被评为全国第二届“最美家乡河”，是江苏省内唯一获得这一美誉的河道。

古娄江是古代太湖三大排水通道之一。唐代张守节在《史记正义》中写道：“一江东北下三百余里入海，名曰‘东江’，亦曰‘娄江’。”娄，或许与春秋时期的“娄邑”、秦汉时期的“娄县”之名有关。北宋至和二年（1055），昆山主簿邱与权提出治理昆山塘的五大好处：“一曰便通舟，二曰辟田畴，三曰复租赋，四曰止盗贼，五曰禁奸商。”在他的主持下，开挖了一条深5尺、广60尺的河道，建造桥梁52座，种植榆树、柳树57800株。这项工程是在水中取土完成的，实现了河、堤、路、桥综合配套，绿化、水运、泄洪、交通统筹兼顾，是苏州历史上一项非常著名的水利工程。沈括在《梦溪笔谈》中对至和塘的施工技术作了比较详细的记载。嘉祐六年（1061），吴中发生水灾，两浙转运使李复圭、昆山知县韩正彦大修至和塘，又开松江之白鹤汇，改曲为直，如盘龙之法，太湖下游的排水出路得以顺畅，皆得民利。南宋郑霖在《重修至和塘记》中写道：“从新洋江出吴淞江、斜塘，以至葑门，必自明水港、鳗鲤、阳城湖，取蠡湖港以达娄门。”明代弘治年间改称“娄江”。一般来说，西起苏州娄门环城河、东至昆山与太仓市交界处的草芦村称“娄江”，与下游的浏河相接。南宋建炎年间，西沙刘姓族人将太仓以东40余里的娄江下游开成巨港，引河水直接入海，因此称其为“刘家河”。

吴淞江治理一直是苏州河道治理的重点。北宋崇宁二年（1103）初，提举常平徐确组织开浚吴淞江。宣和元年（1119），赵霖役夫兴工，前后修过一江、一港、四浦、五十八渎。明天顺二年（1458），巡抚都御史崔恭要求苏州知府姚堂、松江通判洪景德等主持疏浚吴淞江。这次疏浚江段自苏州昆山夏驾口起，经上海白鹤江、嘉定卞家渡至庄家泾出旧江，共长13701丈，江底宽约4丈。这是夏原吉治水50年后最大规模的一次治理吴淞江。天顺四年，崔恭再次疏浚吴淞江沿岸的大盈浦，同时对夏驾口到嘉定庄家泾一线的旧道进行拓浚，更加有利于吴淞江泄水。后又疏浚了吴淞江沿岸的赵屯浦、新泾塘、杨林浦等，改善吴淞江水道环境。清代继续以吴淞江为主进行河道治理，同时加强白茆等沿江河道的治理。其中道光七年（1827），巡抚陶澍充分认识到“吴淞江为江浙水利第一枢纽”，组织元和、吴江等十县民工分段浚治吴淞江下游段，裁弯取直，浚治吴淞江长达10800余丈。

中华人民共和国成立后，望虞河水利工程和太浦河水利工程无疑是苏州水利史上引人瞩目的大工程，顺利实现了“引江济太”的战略构想。

望虞河因经过苏州吴县望亭和常熟虞山而得名，是太湖主要泄水河道之一。1958年11月，苏州专区成立望虞河水利工程指挥部，11月中旬，望虞河一期工程开工，以常熟、无锡两地民工为主，也有昆山民工参加，最高出勤人数达到每日12万人。望虞河水利工程全长60.2千米，是苏州地区大型水利工程之一。工程历时5个月，到1959年4月竣工，完成土方1417万立方米，国家当时投资600余万元。是年6月1日举行了放水典礼和庆祝大会。

链接知识 望虞河水利工程中的群众创造力

如此浩大的工程在如此短的时间内完成，有组织地激发广大群众的创造精神，是工程胜利竣工的重要保证。据望虞河水利工程指挥部办公室主任程瑜瑞回忆，当时施工速度与工程要求之间的矛盾突出，在指挥部的号召下，群众性的创造发明活动在工地上蓬勃开展，能工巧匠应时而生，"四平车""绞关化""穿山甲松土器"等各种取土运土新工具遍地开花，工程现场还以插红旗、黄旗、黑旗代表进度的快慢，以此激发群众的主观能动性。"双手劈开千层土，誓把长江通太湖"，这是当时工地上全面宣传的一句口号，有力鼓舞全体水利工人撸起袖子加油干，全力以赴早完工。

望虞河水利工程开挖现场

60多年来，望虞河在防汛排涝和水利灌溉中发挥了很大的作用，至今还在造福两岸人民。1993年，望虞河立交水下工程通水，从而形成望虞河从大运河下面穿过的格局。

太浦河是太湖流域最大的人工河道之一，西起苏州市吴江区，东至上海市青浦区，因沟通太湖和黄浦江，故被命名为“太浦河”。全长57.6千米，河宽约200米，1958年开工，2006年竣工验收，历时48年。开挖太浦河有特定的历史背景。据《太湖志》记载，1931年，太湖流域耕田受灾面积约600万亩；1954年，80%圩区破圩，受灾耕田约800万亩。太湖流域亟需一条泄洪的大河。1958年11月27日，太浦河一期工程破土动工，动员吴江、震泽、江阴、吴县、青浦、松江、金山七县12万民工施工。1960年又组织7.8万民工参加施工，5月竣工放水。2年累计完成土方2065万立方米，国家投资2284万元。1978年11月，太浦河西段（新运河至太湖边）续办工程开工，全长13.6千米，共组织13万民工参加拓浚，年底实现放水通航。1991年7月，太湖流域遭遇特大洪涝灾害。9月，国务院召开治

太浦河枢纽

理淮河、太湖会议，决定用5年时间基本完成太湖治理十大骨干工程。1992年11月，太浦河江苏段全线拓浚，工程包括时家港至苏沪交界40.8千米河道的疏浚、两岸堤防及穿湖筑堤、干河护砌以及配套建筑物等项目。1998年11月，完成太浦河全线拓浚，工程概算总投资1.02亿元。2006年4月，太浦河全线拓浚工程通过竣工验收。经过数十年的治理，如今的太浦河已经成为长三角地区的重要河道，它见证了中华人民共和国水利事业的蓬勃发展，也承载了江南人民对美好生活的向往与追求。

二、古人治水的系统思维

苏州治水，最早反映在草鞋山遗址出土的炭化稻谷上，说明水稻的种植已经有6500年的历史了。水稻种植离不开对水的“排”与“灌”的技术处理，从而对沟渠的功能发挥了水利技术的支撑作用。它有水口、水塘、水沟、水坑、水井，形成了比较完备的灌溉系统，标志着原始灌溉工程的形成。

东汉时期《越绝书》记载：春秋时期，“吴西野鹿陂者，吴王田也。今分为耦渎、胥卑虚，去县二十里”。所谓“耦渎”，即从河渎中间穿过，将渎一分为二，与“塘”之含义大体相通。苏州娄门外有“鸡陂墟”、城北有吴王田“大疁”，“墟”是四面高、中间低的田块，而“陂”是阻水堤岸形成的陂田。因此“疁田”就是四面高、中间低且通沟灌溉的田块，治水与治田需要统筹考虑。

西晋左思在《吴都赋》中写道：“或涌川而开渎，或吞江而纳汉”，“百川派别，归海而会。控清引浊，混涛并濑”，“其四野则畛畷无数，膏腴兼倍，国税再熟之稻，乡贡八蚕之绵”。能够做到“控清引浊”，说明水闸建设达到了相当高的水平，为今后治理高田引水灌溉和低田排涝系统提供了非常重要的条件。

梁大同六年（540），常熟“高乡濒江有二十四浦通潮汐，资灌溉，而旱无忧；低乡田皆筑圩，足以御水，而涝亦不为患，以故岁常熟，而县以名焉”。常熟低乡立塘筑圩挡水，高乡开浦通江灌溉，高低皆有所得，旱涝得以保收，保障了农业生产的丰收。

北宋时期，苏州水利学家郏亶进一步提出了塘浦圩田格局，称“或五里、七里而为一纵浦，又七里或十里而为一横塘，因塘浦之土以为堤岸，使塘浦阔深，而堤岸高厚。塘浦阔深，则水通流而不能为田之害也。堤岸高厚，则田自固而水可拥，而必趋于江也”。以南北向开通的支流为纵浦，以连接纵浦的东西向河流为横塘，纵浦横塘井然有序，排泄灌溉自成格局。苏州塘浦圩田主要有横塘、纵浦、圩岸、农田四部分构成，辅之以堰闸控制和沟渠灌溉等工程配套。塘和浦都是水的概念，横为塘，纵为浦。圩即围，内以围田，外以围水。圩田四周有圩岸，形成圩圩相接的棋盘式圩田系统。

苏州与太湖周边其他地区不同，它是太湖泄洪排涝的关键出水之处，水从低地向高地仰流，进入吴淞江低地区以后才由高处流出入海。这种奇特的出水方式，浅水缓流的塘浦体系，为圩田开发提供了最佳水环境，从而形成自然水利生态。塘、浦、泾、渎，既有排水作用，又有灌溉功能，形成“五里一纵浦，七里一横塘”的河网化、圩田化格局。水涨成滩，水退为田。在濒临塘浦的圩田四周，筑造坚固的堤防，堤的高低宽窄根据圩级大小、地势和周围水情而定。堤外御水，以护堤脚。圩周有堰闸，以便旱时开启，引堤外塘浦之水灌田；涝时关闭，防御外水内侵，顺流而下泄分流。它由初级形式的分散零星的筑堤围田，逐步发展到高级形式的有规格的成片塘浦圩田。塘浦圩田的特点是将治水与治田有机结合起来，开挖塘浦，以利宣泄，里筑圩田，以利种植，是低洼地区围圩布局的科学形式。

历史上，苏州最早正式形成塘浦圩田的是吴淞江、至和塘、元和塘沿线一带，相当于以现在的阳澄淀泖区为中心，东北至长江，西南到太湖的范围之内，该地区产生圩田的原因与其他地方不一样。“昆山之东，接于海之冈垄，东西仅百里，南北仅二百里。其地东高而西下，向所谓东导于海，而水反西流者是也。常熟之北，接于江之涨沙，南北七八十里，东西仅二百里。其地皆北高而南下，向所谓欲北导于江，而水反南下者是也。是二处皆谓之高田，而昆山冈身之西，抵于常州之境，仅一百五十里，常熟之南，抵于湖、秀之境，仅二百里。其

吴淞江

地低下，皆谓之水田。”“昆山之东，地名太仓，俗号冈身。冈身之东有塘，南彻松江，北通常熟，谓之横沥。又有小塘，或二里三里，贯横沥而东西流者，多谓之门。或所谓钱门、张冈门、沙堰门、吴冈、顾庙冈、下冈、李冈门及斗门之类是也。”这些堰门、斗门，可启可闭，既可以储水高田，又可以遏制东片之水西侵低田。既为纵浦以通于江，又为横塘以分其势，使水行于外、田成于内，形成了内以围田、外以围水的圩田形制。钱泳在《履园丛话・水学》中提出：“江南之水，纡回百折，趋纳有准，其患在塞。虽仰天贶，而人职其功。”“江南病水，太湖之溢。以治河之法治江，恐未必有济，以治河之费治江，则事半而功倍矣。”苏州的地理位置决定了它的特殊性，在于如何处理“蓄”和“泄”之间的关系。“蓄以备旱，泄以防潦，旱则资蓄以灌溉，水则资泄以疏通。”它们都影响到低田与高田是否会受到洪水和涝水的影响。“要之治水即所以治田，治田即所以治水……高田之民自治高田，低田之民自治低田，高田则开浚池塘以蓄水，低田则挑筑堤防以避水。池塘既深，堤防既成，而水利兴矣。”

太湖下游的治水以吴淞江为中心。由于太湖东部蝶形盆地的独特地势，吴淞江出水有一个渐流的过程。在渐流中滋润了这一块独特的江南水乡，有利于水稻等农业作物的种植，使这里成为中国最为富庶的鱼米之乡。随着人口的增多，种植面积不断扩大，在吴淞江两片的圩区内日益需要改变治水格局，把圩堤抬高，尽量减少洪涝对圩田的侵害，从而使得圩区内的水排到圩田外。这样，把塘浦与湖泊地带的涝水排入吴淞江，吴淞江成为堤外的泄水区或者储蓄河水区，但一旦发生大水，“数十百圩一时皆破”。所以，吴淞江便成为太湖下游的治水核心区。元初，对吴淞江的治理效果并不明显。元末，周文英在《论三吴水利》中提出："今弃吴淞东南涂涨之地，姑置勿论，而专意于江之东北刘家港，即古娄江，三江之一也。地深港阔，此三吴东北泄水之尾闾。斯所谓顺天之时，随地之宜也。"就是说，应该顺着吴淞江水势进行疏导，放弃吴淞江东南海口段滩涂地，专意于吴淞江东北刘家港，即古娄江。这是"掣淞入浏"观点的起始。

治水的历史告诉我们，治水必须坚持系统性思维、科学性方法。水的流动性特点，决定了在治水的过程中需要正确处理好上下游、左右岸之间的关系。我们必须正确处理好人与自然、人与水的关系，实现人水和谐相处。

三、从圩长制到河长制

北宋时出现了圩长。圩长的责任之一就是"浚治港浦"，治理河道。这种圩长制，把圩区治理与河道整治的职责落到了圩长身上。南宋诗人杨万里的《圩丁词十解》写道："年年圩长集圩丁，不要招呼自要行。万杵一鸣千畚土，大呼高唱总齐声。"圩长组织圩丁疏河与筑堤，场面非常热闹。

元代时，各围田仍有甲头，"各家出力浚河，取泥做岸，岸上种桑柳，多得两济"。遇到洪涝时，需要等到河水退去，由州府命令田围甲头，"不拘时候，随即告报众户，浚河做岸，务要围围相接，除去钉塞坝断去处，使水脉流通，岸上仍种桑柳"。甲头负责组织农民疏浚河道，取河泥加固堤岸，种植桑柳，保护堤岸。

江南水乡多河道。到了明朝弘治年间，河道淤塞严重，开始大量设置塘长，同时出现粮长。为了落实塘长任务，将塘长责任明确写在有关文书上，后人在明嘉靖四年（1525）蔡乾《申饬水利须知案验》

中可以看到，它要记明塘长的户籍、年龄、相貌，再记明“该管大河几处，某河自某处起，至某处止，共长若干丈尺。水源上从何来，下从何往。灌溉田若干，桥梁闸若干座，有无通潮，有无茭芦，有无树木”。

明嘉靖年间，工部郎中朱衮在《水利兴革事宜条约》中提出：“开河工程……每塘长一名，总领若干夫，该开若干丈，每夫分定几尺，用竹板标插夫名。每塘长几名，委一属官或义耆分投监督，各立旗号，以齐作息。”凡是开河工程，由一名塘长率领若干民工，开挖或者疏浚河道若干丈，把民工的名字标明在竹板上，插在工地。由官府派人监督，各自立着旗号，这样有利于检查作息。

后来，塘长的管辖权不再规定在一个区域范围内的河道和圩田，而是缩小到支河，在支河上设置了塘长，主要任务是带领民工挖河，譬如在横沥、千步泾这些历史上著名的支河上出现了横沥长、千泾长。明嘉靖年间，吴江县仍有大量的塘长与圩甲，县里有水利县丞1名，塘长有93名，自然圩圩长即圩甲有1158名。明朝末年，塘长成为虚设。

中华人民共和国成立后，河道管理隶属水利部门。2016年，我国全面推行河长制。苏州市全面深化河（湖）长制改革工作，统筹做好水系、湖泊交界事务管理，建立起市、县级市（区）、镇（街道）、村（社区）四级河（湖）长体系，实现河（湖）长全覆盖。全市34条（座）重要河湖落实市、县（区）两级双河长，每名市级河长安排一名河道主官协助河长工作。市级第一总河长由市委书记担任，市长任总河长，市委副书记、常务副市长、分管水利副市长担任副总河长。各县级市（区）总河长由本级党委主要领导担任，构建相应的河长组织体系。同时，坚持“一河一策”“一湖一策”，推动各级河长及时认河、巡河、治河、护河，加强水污染防治和水环境治理，加强水域岸线保护和执法监管，加强水资源保护和生态修复，严格湖泊水域空间与资源管控，使“有事找河长”“有事找湖长”成为治水新思维。

第三节　水源保护

一、地表水与地下水

苏州的水密布在交错的河湖之中，它有江南水乡的小桥流水，有源源不断的运河之水，有碧波浩渺的太湖之水，也有奔腾不息的长江之水。它或流动，或停滞，或温柔，或咆哮，或沉思，或输送，或深藏，表现的形式或与季节相关，或与气候相连，或与人工相符。有的是本地自产，有的是客水经过，有的是放纵自流，有的是管道输送，有的是储蓄等待。

根据2022年统计，全市地产水资源总量为21.20亿立方米，其中，地表水资源量为17.23亿立方米，地下水资源量为9.23亿立方米，重复计算量为5.26亿立方米。2022年，苏州市客水入境水量为216.3亿立方米，出境水量为217.2亿立方米。从2015年到2022年水资源及用水变化趋势看，全市水资源丰、枯变化明显：2016年降水量最大，达到1663.9毫米；2015年、2020年次之，均属丰水年；2018年、2021年降水量较大，属偏丰年；2017年、2019年与多年平均降水量比较接近；2022年降水量较小，仅为996.9毫米，属偏枯年。

据2018年《苏州市水功能区监测年报》，苏州市地表水水功能区共有253个，其中，省属水功能区202个（包括国务院批复的太湖流域水功能区3个），市属水功能区51个。在202个省属水功能区中，省重点水功能区有94个,包含国家考核水功能区74个。

地下水资源量即降水和地表水入渗对地下水的补给量。2022年全市浅层地下水资源量为9.23亿立方米,其中,降水入渗补给量5.59亿立方米,渠灌入渗补给量3.64亿立方米。2022年末平均潜水位比上年度末上升了0.13米,蓄水量比上年度增加了0.13亿立方米。

二、水源地取水口及其演变

苏州水源地及取水口情况

区域名称	河湖名称	水源地名称	水厂名称
苏州市区	太湖	太湖金墅港水源地	白洋湾水厂、相城水厂
		太湖镇湖水源地	高新区第二水厂
		太湖渔洋山水源地	胥江水厂
		太湖浦庄水源地	吴中水厂、吴中新水厂、星港街水厂
		太湖庙港水源地	吴江一水厂
		太湖北亭子港水源地	吴江二水厂
	阳澄湖	阳澄湖苏州工业园区水源地	阳澄湖水厂
张家港市	长江	长江新海坝水源地	张家港市第二、第三、第四水厂
常熟市	尚湖	常熟尚湖水源地	常熟市第二水厂
	长江	长江常熟水源地	常熟市第三水厂、滨江水厂
昆山市	傀儡湖	傀儡湖水源地	昆山市泾河水厂、第三水厂、第四水厂
太仓市	长江	长江太仓浏河水源地	太仓市第二、第三水厂

历史上,苏州的饮用水大多是直接从河里取水,或者使用井水。

苏州第一家自来水厂是设在百花洲的胥江水厂,建于1951年,最初取水口设在胥江下游的胥江接官厅边，这是苏州最早的城市自来水饮用水水源地。胥江水源源于太湖。1980年3月，因水源受到严重污染而被迫停止取水。

1959年在城内北园启动建造苏州第二座自来水厂——北园水厂，于1962年正式建成供水。它先取用阳澄湖来的外城河水，后延伸管道，将取水口设在离水厂25千米的原吴县陆墓乡阳澄湖支流阳澄河上。到了1980年，由于水源受到破坏，继续向北延伸7.9千米，将取水口设在阳澄湖湾里。

1975年4月至1977年7月，苏州兴建了第三座水厂，即横山脚下的横山水厂。源水增压站设在木渎临近太湖的胥江。1979年在横山水厂南800米处的胥江上建造了备用泵房，作为备用取水口。为了防止胥江倒流，1985年将取水口延伸到离胥江5.6千米的杨坡村附近。同时开辟新的取水口，计划兴建第四座水厂，即白洋湾水厂。1987年4月白洋湾水厂工程开工建设，取水口设在太湖金墅港口。

太湖是我国第三大淡水湖。太湖是流域洪水调蓄中心、水资源配置中心和重要的饮用水水源地。

苏州市在太湖有吴江区庙港、北亭子港，吴中区寺前、渔洋山、上山和高新区金墅港6个水源地，为姑苏区、吴江区、吴中区、高新区、工业园区10座水厂提供水源，日供水能力325万吨。

按照“统一标准、分级实施、限期完成、统一验收”要求，以湖泊为水源地的取水头部一级保护区全面实施围栏保护工程，蓝藻暴发时，在网外侧增挂滤布拦截蓝藻。水源地保护区实现了水陆全封闭管理，严控外源对水源地的影响。

按照“水量保证、水质达标、管理规范、运行可靠、监控到位、信息共享、应急保障”的要求，太湖6个集中式饮用水水源地全部完成达标建设，水源地水质常年稳定在Ⅱ、Ⅲ类标准，水源地达标率达到100%。

每年3—10月，气象、生态环境、水务部门对太湖苏州水域实施全天候监测，实现数据实时共享，形成卫星遥感、无人机监控、人工巡测的“空、天、地”立体预警体系。水务、生态环境等部门每年组织对水源地和应急物资的储备基数等进行监督检查，定期开展蓝藻暴发应急演练。

苏州出台了《关于建立生态补偿机制的意见》，明确生态补偿标准要求，补偿经费用于水源地村生态环境治理，实现了水源地保护与周边区域的绿色发展、和谐发展。

金墅港水源地

到2017年，苏州纳入江苏省集中式饮用水水源地核准名录的有15个：苏州市太湖贡湖金墅港水源地、太湖渔洋山水源地、太湖寺前水源地、太湖白塔湾水源地、太湖镇湖（上山）水源地、工业园区阳澄湖水源地、常熟市长江浒浦水源地、尚湖水源地、张家港市长江新海坝水源地、一干河新港桥应急水源地、昆山市傀儡湖水源地、吴江区太湖庙港水源地、太湖北亭子港水源地、太仓长江浪港水源地、长江浏河口水源地。

为了应对突发性水污染事件，苏州加快应急水源地建设。利用引江济太的有利条件，建设了西塘河应急水源工程。张家港市建设一干河应急水源地，有效蓄水241万多立方米。常熟市结合福山水道南岸边滩整治，实施总库容561万立方米的应急水库建设。太仓市在长江白茆口至新太海汽渡2000米岸线和浏河三井村至上海界6500米岸线列入水源及生态保护岸线，规划建设总库容为1500万立方米的避咸蓄淡储备水库。此外还有吴江二水厂应急备用水库、昆山市长江引水应急水源地和工业园区阳澄湖水厂水源地等。

昆山市自来水水源地设在傀儡湖，位于昆山市西部、阳澄湖东侧，全湖面积6.73平方千米，蓄水量约2200万立方米。在此基础上，昆山市开辟了长江第二饮用水水源地，建立了“江湖并举、双源供水”的新格局，形成了长江和傀儡湖水源相互连接、联合调度、互为补充、优化配置、统筹运用的城市供水体系。

同时，为了防止自来水突发性缺水事件，在苏州全市建立了区与区、市与区之间互连互通的自来水管网系统。

链接知识 渔洋山水源地生态修复

苏州市太湖渔洋山水源地近岸生态修复项目于2021年12月完工，共完成渔洋山水源地离岸50—150米范围内约11万平方米生态修复，利用水草构建"水下森林"。生态修复工程主要通过布设拦鱼网、橡胶围隔、生态围隔、生态拦网及导流围隔，栽植各类水生植物，投放白鲢、环棱螺、三角蚌等措施，构建了生态削浪拦藻、水下森林、生态调控三大系统，改善并提高了水源涵养和水环境质量，进一步保护水源地生态环境，保障饮水安全。

太湖渔洋山水源地近岸生态修复项目

三、引水入城

苏州古城区历史上的水源是本地产水、大运河来水和太湖水。水资源不足，就需要引水入城。早在1957—1965年期间，便在平门、相门、新开河、柳支河东口与外城河相连的地方建立了引水入城水道。1984年在当时阊门内城河尚义桥北、北园房管局仓库等处凿开城墙，引外城河水入城内河道。先后对阊门、盘门、葑门、娄门、齐门等城门处的出入口进行整治，引城外河水入城。

与苏州城内河道相通的主要有京杭大运河、西塘河、元和塘和娄江等。利用这些河道上的水闸、泵站等防洪设施进行换水，也是较好的引水工程。最早的河道换水方案可以追溯到1973年，当时苏州市排水规划小组拟订了《关于采用换水措施来改善苏州市内城河道环境卫生的意见》。1976年开始着手在葑门水关内建造第一座换水泵站。从1977年到1985年，先后在学士街莲花桥西新开河、阊门外聚龙桥堍、齐门水关、盘门、娄门、北园和尚义桥北建造了换水泵站或防汛、换水两用泵站。

在1985年实施航道改道前，大运河来水经山塘河、上塘河进入苏州城区环城河，大部分大运河来水仍然向南流到横塘三角地带，然后与胥江的太湖来水汇合后经苏州城区的泰让桥口进入环城河，再经过盘门向东，最后在觅渡桥处出城区向南流去。1985年航道改道后，大运河来水大部分绕过苏州古城直接往南流去，从而使得苏州古城水流、水系、水情发生了根本性的变化。大运河还将胥江古河道切断，使得太湖清水难以再直接注入苏州古城。这样，原来经过山塘河、上塘河、胥江的进城水量大幅减少。进出苏州城内河道的水情都发生了变化，流速减缓，加上城区河道受到工业污染、生活污水的影响，河道水质恶化明显加剧。在这种情况下，苏州城区水环境治理被提上了议事日程。1991年先行研究了小引水方案。最终在1995年形成的小引水方案的目标是解决内城河水，水质目标以地面水V类为标准，达到一般景观用水要求：古城区引水工程，从太湖金墅港抽引太湖水，以每秒4立方米的速度引清水进城；对建成区65千米的河道全面疏浚，整修驳岸，拓宽束水段等。

1992年启动研究大引水方案。这个方案的目标是解决环城河水质问题，使环城河进水流量达到大运河改道前的水平，消除黑臭，达到旅游景观用水要求。大引水工程直到2002年才正式实施，即西塘河引水工程。这一工程的水源是望虞河，沿线经过琳桥港—西塘河—十字洋河，在钱万里桥处进入环城河，拓宽整治河道17.87千米，沿线新建47座建筑物进行控制，其中在河口琳桥港建造引水闸1座、裴家圩泵站枢纽1座，引排结合。这项工程完成后，对改善环城河水质发挥了十分重要的作用。

2012年，市委、市政府提出要通过3年集中治理，全面提升河道

西塘河引水工程裴家圩枢纽

娄门堰

管理水平，使古城区水质、水景观明显改善，呈现“水清水好水美，河净岸洁景秀”的水城风貌。在完成干河清淤和控源截污的基础上，实施了苏州古城区河网自流活水工程。自流活水工程的总体思路是：因势利导、江湖共济、双源引水、三点配水、活水自流、惠及周边。充分利用苏州自然地理优势、水资源优势和现有水利工程优势，建设控导工程，联合调度城区外围水系、城区水系、古城水系，实现全面活水、持续活水和自流活水。在西塘河引水工程的基础上，再连通阳澄湖，经过外塘河枢纽引入糖坊湾处入环城河，实现双源供水。为了满足古城区南北水位差，合理控制内城河与外城河分流比，实现按需配水，保证环城河日常通航需要，在西环城河五龙桥附近新建闸门堰1座，在东环城河娄门桥北新建娄门堰1座，在东环城河葑门桥附近新建长岛潜坝，通过建设溢流堰，把源水有效分配到古城内的百余条河道。工程于2013年5月初开工，5月20日利用临时施工围堰调试活水方案，9月29日，核心工程——阊门堰、娄门堰建成通水。2014年自流活水工程建成运行后，城内河道水质逐年好转。

为了进一步提高区域水资源调控能力，保障区域供水安全，促进区域河网水体有序流动，2013年10月正式启动了七浦塘工程，其任务之一就是充分利用水利工程，调长江水进入阳澄湖，增强阳澄湖及周边河网水体的水动力条件，在保障饮用水水源地供水安全的前提下，通过外塘河向苏州城区河网供水，改善城区河网水质。七浦塘工程西起阳澄湖，东至长江，途经相城区、昆山市、常熟市、太仓市，全长43.89千米，对全线河道进行拓浚整治，沿线两岸口门新建、改建闸站控制，有的实行封堵，分别在太仓入江口和七浦塘与张

胥江引水工程一期工程布局图

家港航道交会处建造了江边枢纽和阳澄湖枢纽，具有防洪、排涝、引水等多项功能。该项工程于2015年完成并被评为年度苏州十大民心工程，对改善城区水环境发挥了十分重要的作用。

七浦塘工程完成后，为了保障阳澄湖西湖水质，提高西湖水环境容量，2018年3月启动了阳澄湖中、西湖连通工程。工程于2019年竣工，有效提高了七浦塘引水入阳澄湖的受益范围，为改善阳澄湖西湖水动力条件，满足周边生态、生活、生产用水需要发挥了日益重要的作用。

为了确保城区自流活水工程双源供水更加安全可靠，立足城区水质提升进入“扩面、提效”的现实需要，利用胥江千年水道的优势，于2020年10月开始了胥江引水工程建设。胥江引水工程由越城河闸站工程及引水隧洞工程组成，引水泵站设计总流量每秒20立方米，目前工程正在抓紧施工，计划于2024年10月建成通水。

第四节　污水治理

明朝中后期，随着资本主义萌芽在苏州的出现，手工业繁荣和城市人口的增加，自然也加重了城市水环境的负担。彼时，苏州已成为全国纺织业的中心，印染行业日益发达，正可谓“城东半城，万户机声”，染坊沿七里山塘密布，集中在阊门至虎丘一带，染坊污水造成沿线区域的环境污染。清乾隆二年（1737），苏州府颁布禁令，立下“苏州府永禁虎丘开设染坊河道碑”。

碑文大体显示，染坊流出的污水十分严重，虎丘周围，昔日之清流，变成满是“青红黑紫”且散发臭气的污水沟。污染造成饮水问题，茶棚不能喝茶，同时造成禾苗受损，花园胜景遭到破坏，名山景观黯然失色，人们深受其害。严重的环境污染，引发了民众抗议，官府调查核实后，即立此碑，称“染作器物，迁移他处开张”，“如敢故违，定行提究”。由此，改变了虎丘染坊污染水质的状况。石碑镶嵌在虎丘山门口右侧墙壁上，保存至今。这是我国迄今发现最早的地方水质保护法规，比英国1833年颁布的《水质污染控制法》和美国1899年颁布的《河川港湾法》分别早了96年和162年。

应该说，从古至今，历朝历代都很重视河道清淤，从“苏州府永禁虎丘开设染坊河道碑”开始，不断有相关的法律条文出现。如清咸丰三年（1853）苏州府在乌鹊桥立碑，严禁向河中倒垃圾；同治十年（1871）成立了苏城水利局，用机器挖泥。

为了收集解决包括厕所在内的城市污水，苏州出现了基本的城市排水系统。苏州最早的城镇排水系统依靠的是修建的明沟暗渠，连同雨水一起就近排入河道。至中华人民共和国成立时，市区有149.3千米长的砖砌排水暗沟。20世纪50年代开始，在部分已经拓宽的干道埋设混凝土瓦筒管下水道。1979年起，规划实行雨水、污水分流，建造污水处理设施。

知识链接

苏州壅业公所

苏州作为明清以来经济文化高度发达和最早出现资本主义萌芽的城市之一，在城市治理与公共环境卫生等方面也走在前列。壅业，又称“粪段业”，是在城镇中收集粪肥，经营获利的一种行业。至迟在清乾隆年间，苏州壅业就实现了服务网格化，城内由若干私人划片分时分段收集粪便。大的粪段主一般设有粪行，备有粪车、粪船，雇工挨户收集，最后卖给四乡农民用作肥料。粪段经营权可以买卖转让和世代继承，所谓“祖遗粪段，世代相传”。随着时间推移，壅业的组织化程度也不断增强。至民国二年（1913），粪段主集合同业呈准苏州警察厅组建公所——苏州壅业公所，这也是全国独有的一个同业公会。成立之初，壅业公所订章程十条，规定实行理事制、业务范围、经费筹备和收支，明确各粪段界址、整顿雇佣挑夫、规定倒粪时间、改良坑厕等。中华人民共和国成立后，逐步实施行业改造，壅业公所解散，建立市清洁肥料管理所，并修建公共厕所，城市环卫管理进入新阶段。

随着城镇不断建造住宅小区，尤其是1978年后一批规模较大的居民新村建成，尽管户内配套有卫生设施，但产生的生活污水还是通过雨污合流管网向河道排放，水污染日益严重，破坏了水环境。1985年苏州建成了第一座城市污水处理厂——城西污水处理厂，以后又陆续建成城南、城东污水处理厂，1999年和2000年又开工建设福星、娄江污水处理厂，分别在2002年和2004年投入使用，配套的污水管网逐步完善，解决了生活污水直排问题。20世纪90年代后，苏州高新区、工业园区、吴中区、相城区和所辖各县级市城区及部分乡镇也先后建起污水处理厂。

随着污水处理厂布局规划的统一调整，城南污水处理厂、城西污水处理厂如今已停止运行。2020年对城东、福星、娄江污水处理厂同时实施了提质增效工程，经处理后尾水达到《城镇污水处理厂污染排放标准》中的一级A标准及《太湖地区城镇污水处理厂及重点工业行业主要水污染排放限值》中的有关标准后排入外城河。它们收集了相门泵站等34座中途提升泵站的污水转输量。

如果说自来水管网是城市的静脉，那么，污水管网就是城市的动脉。为了与城市污水处理厂相配套，1980年，苏州城区道路敷设了

苏州市福星污水处理厂

第一根污水干管——干将路（相门桥至顾家桥）污水管，然后逐年敷设延伸。随着福星、娄江两座污水处理厂的建设，污水管网敷设被提到了更加重要的位置。从2002年到2020年共敷设进厂管、污水干管123千米。

从2002年到2007年，在苏州城区的西环路、南环路、东环路沿线区域、各街坊住宅内全面开展支管到户工程，从而使污水处理量由2002年的2114万立方米增加到2007年的7884万立方米，增长了2.7倍。2011年1月20日，市政府发出了加快推进城区居民家庭“改厕”工程的实施意见，决定通过“项目带动”“危旧房改造”“个案解决”3种方式，在做好城区污水管网敷设工作的基础上，彻底解决古城区居民的马桶问题。经过3年的改造，市区敷设污水管道10481米，完成居民家庭改厕23568户，从而解决了“拎着马桶过现代化生活”的窘境。

到2017年底，全市共建成城镇生活污水处理厂93座，处理能力达到每天374万立方米，率先全面执行一级A排放标准。结合尾水提标，开展污水处理厂尾水生态净化方案设计，充分利用污水处理厂现有条件和周围地块，加快开展污水处理厂尾水生态净化系统建设，建设再生水供水系统，拓宽尾水使用渠道，让尾水作为河道补水、景观用

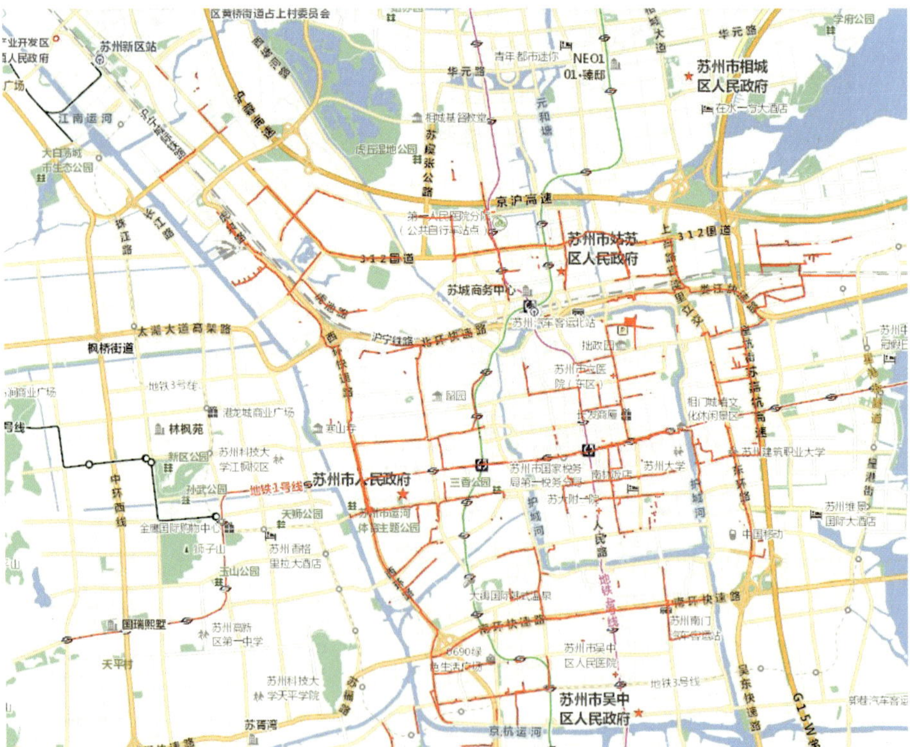

苏州城区污水管网示意图

水、公共杂用、工业回用、工业冷却等水源。

苏州充分利用高压走廊、高速走廊和经过生态改造的支河、断头浜等，因地制宜推进污水处理厂尾水生态湿地建设，在全市范围内建成了一批集水质净化、生态修复、景观休闲于一体的高品质生态湿地系统。通过生态湿地的缓冲与净化，水体色度和透明度等感官指标得到有效改善，污水处理厂尾水变废为宝，品质得到进一步提升，实现了从工程水向生态水的转变。尾水资源的利用缓解了区域水资源供需矛盾；改善了水生态环境质量，提升了人居环境品质；减污降碳协同增效，促进实现碳达峰、碳中和。至2022年底，全市共建成29个城镇污水处理厂尾水湿地，合计规模每日140.15万吨。

第五节　水工长物

一、苏州的堤防

苏州最早的堤防应该是在河道一侧修建的堤岸，属于单堤，后来把河道进行渠化处理，在堤与堤之间形成了塘浦河道，譬如历史上有名的至和塘、元和塘和吴江塘路，尤其是吴江塘路，把塘与路巧妙地结合起来，路堤结合。明代史鉴对吴江筑堤的方法进行了简单叙述：“其法常于春初编集民夫，每圩先筑样墩一为式，高广各若干尺，然后筑堤如之。”筑堤先要放样，形成一种式样后再按照图样进行修筑，既便于核算，又方便了施工。

唐代白居易在《泊松江》诗中写道：“震泽平芜岸，松江落叶波。”吴淞江的堤岸上种植了许多树木，落下的叶子像泛起的波浪一样。堤岸也罢，堤防也罢，种植绿化树木都是非常普遍的现象，它丰富了人们对生活色彩的向往，盘根错节的绿化也有利于堤岸的稳固，从而保障了堤防的安全。

元代王祯曾经说过：

> 筑土作围，以绕田也，盖江淮之间，地多薮泽，或濒水，不时淹没，妨于耕种。其有力之家，度视地形，筑土作堤，环而不断，内容顷亩千百，皆为稼地。

因为筑了堤，常常受淹的滩地便变为可以耕种的农田。因此，明代林应训说：

> 极低乡或近湖荡处难于取土者，就便分别，令民于岸内傍圩之田，起土增筑，岸外再筑子岸一节。高止一半，如阶级之状，岸上遍插水杨，圩外杂植茭芦，以防风浪冲击。

从长远出发进行加固，种植的仍然是江南一带非常普遍的杨柳、茭芦之类，使得堤防在风浪的冲刷下仍然非常稳固。

《吴江水考》对堤岸作了解释：

> 岸高六尺，以平水为定，高下增减。基阔八尺，面阔四尺，谓之羊坡岸。其内有丈许，深者于大岸稍低处植以桑苎，谓之抵水；环圩植以茭芦，谓之护岸；其遇边湖边荡甃以石块，谓之挡浪；又于圩外一二丈许，列栅作埂，植茭树杨，谓之外护。

对堤防的性质、功能分别进行了解读，从而使得人们对这条堤岸的内外有别有了新的认识。

为了抵御洪水泛滥、降低洪灾损失，扩大人类生产生活空间、保障经济社会发展，在沿江、沿河、沿湖等水面和分洪道、行洪区、蓄滞洪区、围垦区及渠道等的边缘以土石等堆筑的挡水高岸，称为“堤”，或“堤防”。这里的“防”，也是堤的意思。堤防是最古老和最广泛采用的防洪工程措施。

根据河道和湖泊不同的防洪需要，产生了不同的防洪标准与堤防分级。通常以频率法计算的某一重现期的设计洪水位作为防洪标准，或以某一实际洪水作为防洪标准。

苏州境内的防洪大堤主要有长江堤防、太湖堤防、淀山湖堤防等。

苏州历史上筑堤技术比较著名的就是沈括在《梦溪笔谈》里记载的至和塘堤。现在比较著名的还有白公堤、李公堤、董公堤等。

白公堤。白居易，字乐天，号香山居士。唐宝历元年(825)，白居易赴苏州任刺史，任职时间只有17个月左右，却在苏州留下了从阊门到虎丘的七里长堤，后人称之为“白公堤”，即现在的山塘街。或许阊门是他经常光顾的地方，因而有《登阊门闲望》。登上阊门城楼可以望见云际的虎丘，也可以看到月光下的娃宫。但他终究放不下“怪石千僧寺，灵池一剑沉”的虎丘，凭吊一番“难留连，易销歇，塞北花，江南雪”的真娘墓。他组织民力开凿了一条从阊门出发，到达虎丘山下的河道，然后用挖出的土方顺着河道两岸筑起了堤岸，这条堤岸发展成为现在著名的“水陆并行、河街相邻”的山塘街。苏州人民没有忘记白居易的功绩，将这条长堤称为“白公堤”。白居易也留下了《武丘寺路》诗：“自开山寺路，水陆往来频。银勒牵骄马，花船载丽人。芰荷生欲遍，桃李种仍新。好住湖堤上，长留一道春。”明代王稺登在《重修白公堤》中写道：“由唐宋讫今，生齿繁而受廛者众。半塘之东，闾阎栉比，其西即云霞水竹，畎亩陂池，塔影钟声与茅屋炊烟相映带，宛然碧水丹丘矣。”

李公堤。清光绪十五年(1889)，元和知县李超琼不但疏通了葑门外的官塘，还修筑了金鸡湖长堤。当时金鸡湖水势浩瀚，袤延广阔，波澜险恶，一旦驾舟经过，就提心吊胆，生怕有不测之事发生。李超琼对此生起怜悯之心，就以土石为材料，建筑了一条圩堤。当时堤岸分为两段，西堤自黄石桥东口到花柳村，长360丈；东堤自花柳村到斜塘西口，长319丈。圩堤筑好后，就种植数千株杨柳，“护以茭芦，守以渔沪，荫以桃李”，以稳固堤防，防止风浪，从而形成了“水波不兴，途无所危，而行旅皆便”的局面。俞樾从斜塘过金鸡湖，看到这条已经修筑完工的长堤，就在建好的亭子上写下了“李公堤”的匾额，时人因此称此堤为“李公堤”。而今，李公堤已经成为金鸡湖南侧的一条餐饮街、景观线、“网红”地。

董公堤。董子策，字元正，直隶合肥人，明朝嘉靖年间进士。嘉靖二十二年（1543）任浒墅榷关主事，“捐资营筑”，修筑了从浒墅至枫桥的堤防，有20里长。万历二十四年（1596），浒墅榷关主事董汉儒“厘剔弊蠹，逾年而税之，溢于额者三千金”——比原来多收的税金，如何处理？如果按照习惯做法，就是为董汉儒做一身官服，但董汉儒认为这样做是对他名声的污辱，于是，就用这“三千金”重筑了从浒墅至枫桥之间的堤岸。“堤为三千六百有奇，如砥如墉，既崇既固，工努于某月某日，讫于某月某日，凡三阅月而告成”，“皆甃石成之”，“前后二董，因名‘董公堤’”。万历四十四年，主事张铨重修董公堤。清顺治八年（1651），巡按御史秦世祯修葺董公堤。康熙十二年（1673），苏松常道韩佐周捐修董公堤，“以丁艰去，工未竟”。嘉庆年间，苏州知府任兆炯重修董公堤。嘉庆二十年（1815），知县赵日煦重修。道光四年（1824），知县俞德渊重修。明朝申时行《浒墅关修堤记》、董其昌《浒墅关重修董公堤记》都记载了董汉儒重修董公堤的事迹。凌寿祺有《董公堤诗》，其中写道：“同姓人俱传直隶，异时功合在长堤。六桥花柳穿明镜，七里楼台映碧溪。”

万公堤。在吴江东太湖。万青选，字兰谷，生于北京宛平城，清同治十一年至十三年（1872—1874），署理苏南吴江县知县。光绪元年（1875），任震泽县知县，任职半年后调任南京江浦知县。他看到吴江塘路年久失修，官府又缺少资金而无力维护修缮，就于同治十三年将自己的俸禄及部分家产捐献出来，修筑了三里桥至八坼大浦桥的塘路，共3110丈长，相当于10多千米，属于运河九里石塘重要的一段，被称为“万公堤”。现为东太湖边与东太湖大桥相对的东太湖大堤，它的主干道是彩虹路，全长约1350米，被称为“时光森林”，是东太湖旅游的好去处、“网红”打卡地。

二、苏州水利枢纽

水利枢纽是修建在同一河段或地点，共同完成以防治水灾、开发利用水资源为目标的不同类型的水工建筑物的综合体。水利枢纽是水利工程体系中最重要的组成部分，一般由挡水建筑物、泄水建筑物、进水建筑物、水电站厂房以及用于通航、过鱼、过漂浮物等专门性的水工建筑物组成。苏州的水利枢纽一般由泵站、节制闸、船（套）闸等组成。

苏州最早记载水闸的文献是《越绝书》：“吴古故祠江汉（一作海）于棠浦东。江南为方墙，以利朝夕水。”研究者认为，其中的“方墙”就是“板墙”，即现在的“板闸”。“朝夕”，有人认为就是“潮汐”。

春秋吴国时，苏州的地理位置更靠近大海，大海有起伏的潮水。即使到了唐朝，陆龟蒙住在松江边上仍然能看到潮水在他家门外的沟浦上来回激荡。因此，明代王圻在《东吴水利考》中这样写道：

> 沿江近海通潮江浦，汉唐以来悉设官置闸，潮来则闭以澄江潮，退则启闸以泄水，故江无淤淀之患，潮无泛滥之忧。

苏州古城设置闸门，形成水陆城门，既可以御敌，又可以挡水。闸门由城头上的绞关石及缆索控制启闭。木门口设有人力开启闭合的圆木栅门。城门上建造了两层木构城楼，位置正好对准下面的水陆闸门，因此被称为“闸楼”。水陆城门都有两道城门和闸槽，每道城门设一道闸门、一道木门。目前，水陆城门中保留得比较完整的是盘门。

唐代白居易有“七堰八门六十坊”之诗。朱长文在《吴郡图经续记》中有“七堰者，皆在州门外”。堰，挡水的低坝，实际上应该是水闸之类的建筑物。

钱泳在《履园丛话・水学》中写道：

> 闸者，押也，视水之盈缩所以押之以节宣也。潮来则闭闸以澄江，潮去则开闸以泄水。其潮汐不及之水，又筑堤岸而穿为斗门，蓄泄启闭法亦如之，安有不便乎。

闸，把太湖下游的吴淞江与通江达海的河道水系紧紧地联系了起来。“旱则开闸引江水之利，潦则闭闸拒江水之害。旱潦不及，为农美利。”

水闸，成为江南水利不可缺少的一个重要配件，也是一个文化元素。“一江一浦，皆有堰闸。所以贼水不入，久无患害。”

元代任仁发说过：“江南水利，最为易晓，虽三尺之童皆知其然，但浚河港必深阔，筑圩岸必高厚，置闸窦必多广。”置闸与浚河、筑岸成为江南水利的3个重要手段，别无他法。

苏州圩田与圩区有关。每一个圩区，都有若干个圩口闸。江有源曾经说过：“其潮汐不及之水，圩田四周亦设有门闸，因旱涝而时启闭焉。

港之小者不通舟楫，则筑为坝堰，而穿为斗门，蓄泄启闭，法亦如之。”

宋代赵霖到常熟沿江三十六浦去巡查水利，看到只有4条江浦置了水闸，当时安庆、福山两地的水闸还在，另外的水闸已经废弃了，只留下了闸基。

范仲淹、叶清臣在开挖茜泾等塘浦时都建造了水闸，目的无非是“所以外防潮之涨沙也”。范仲淹在治理吴淞江时，提出：

新导之河，必设诸闸，常时扃之，御其来潮，沙不能塞也。每春理其闸外，工减数倍矣。

在吴淞江置闸，一言以蔽之，就是为了挡住涨沙。即使到了春天江水减退之时，也要清理一下闸室里的淤沙，保证江水的通畅。

北宋政和四年（1114），在吴淞江上的青龙江段建造了48座闸，“闸板尺有一寸”，闸材以木石为主，但是，制造水闸的费用是河道疏浚的7倍。可见，这种闸的规模不小，关键原因还是，这些水闸都是一块一块木板拼接起来的。后来，任仁发在吴淞江多次清淤，建造了许多水闸，也是以木石材料为主。

长江沿线苏州境内建造的闸，主要作用是挡潮。五代吴越时期疏浚白茆塘时就在港口建造了挡潮闸。明朝夏原吉疏浚浏河、白茆时也设置了挡潮闸。清朝同治四年（1865）在浏河建造了天妃闸。同治十三年，修理了太仓七浦闸。现在长江沿线保存得比较好的老闸是白茆闸，建于1936年，历经战时炮火损坏，也历经多次修复重建。

水闸是修建在河道、渠系或湖泊岸边的“门”型低水头水工建筑物，具有调节水位、控制流量的作用。关闭闸门可以拦洪、挡潮或抬高上游水位，以满足上游取水、通航和改善生态等需要；开启闸门，可以泄洪、排涝、冲沙，或根据下游用水的需要调节流量。

胥口水利枢纽

苏州的水闸有进水闸、节制闸、排水闸等。常见的是节制闸，具有引水、排涝功能，可以调节水位、控制流量，以满足灌溉、供水和航运的需要，沿江的闸还具有挡潮功能。

古代多以木闸门和钢木混合结构闸门为主，现当代常用的钢筋混凝土闸门和钢丝网水泥闸门已基本被钢闸门取代，农田水利的各种小型涵闸以铸铁闸门为多。

水闸闸门有直升门、升卧门、横拉门、转动门（一字门、人字门）、翻板式闸门等。

苏州农村圩口闸随着科学技术的进步而日益发生变化。最早采用的是横移式圩口闸。水闸平面一字形布置，闸墩一侧设置门库，将闸门（一般为混凝土预制闸门，部分为钢闸门）用螺杆悬挂在闸墙顶部的工字钢或混凝土梁钢轨上设置的移动小车上，开关门时采用人工或者电动绞盘拖拉入库，结构简单、操作方便、闸身尺寸小、土建成本低，闸墩和门库可采用浆砌块石砌筑，施工方便。由于门体笨重，在上下游有水位差的情况下启闭困难，逐步被改造甚至淘汰。

直升式圩口闸，水闸平面对称布置，闸墩设门槽，向上延伸两侧设排架，排架顶设置启闭机工作桥，将闸门（一般为钢闸门，部分为预制混凝土闸门）用钢丝绳悬挂在工作桥启闭机下，闸门在门槽做上下垂直运动，开关门时采用电动卷扬机或者人工手拉葫芦上下启闭，结构简单、操作方便、闸身尺寸小、土建成本较低。20世纪70年代后，直升式圩口闸大量推广使用，逐步替代横移式圩口闸。

目前，使用最为广泛的是升卧式圩口闸。闸门沿弧线轨道运动，在关闭状态时闸门直立挡水，全开时闸门平卧于闸墩顶部。可降低闸门工作桥的高度，减少门叶受风面积和提高抗震性能，大大降低启闭

升卧式圩口闸

机的安装高度，从而提高了水工建筑物的抗震能力。

胥口水利枢纽工程位于胥江入太湖的交汇口，占地863.32亩，距古城苏州约20千米，是国家治理太湖的重要水利设施和环太湖大堤的重要组成部分。工程设计防洪标准为50年一遇，主要包括单孔节制闸、一线船闸、复线船闸。节制闸、一线船闸工程于1993年底开工建设，1997年6月投入运行，为升卧式平面钢闸门；复线船闸于2005年12月开工，2008年4月投运，为升卧式平面钢闸门。工程集防洪、挡污、通航、景观等功能于一体，是太湖洪水经胥江通往苏州古城区和阳澄淀泖地区的主要控制口门，也是苏西线航道的重要节点工程。当太湖水位高时，可关闸阻挡洪水；当区域局部暴雨形成内涝时，可开启闸门向太湖排涝；当太湖低水位，胥江污水倒流时，可关闸控制污水进入太湖，保护饮用水源地水质。工程年设计通航能力为1800万吨。胥口水利枢纽工程设施优良，人文景观丰富，水土保持质量高，作为胥·浦·塘水利风景区的核心组成部分，通过2018年度国家级水利风景区复核审定。

知识链接　望亭水利枢纽

望亭水利枢纽位于苏州市相城区望亭镇以西，是望虞河穿越京杭运河的交叉建筑物，距离望虞河太湖入口2.2千米，是太湖流域防洪和供水的主要控制工程之一，对太湖流域防洪、排涝、引水和航运发挥着重要作用，也是太湖流域水利工程的典范。2024年7月，望亭水利枢纽入选苏州市民政局公示的《苏州市第三批地名文化遗产保护名录》。工程于1992年10月开工建设，1998年10月通过竣工验收。2010年11月至2012年3月，对闸门系统及上部结构进行了更新改造。

望亭水利枢纽

望亭水利枢纽作为二级水工建筑物，采用“上槽下洞”立交布置方式，上部为钢筋混凝土矩形河槽，下部为钢筋混凝倒虹吸式涵洞，共9孔。上下河道立体交叉，望虞河在大运河下通过，两条河各行其道，犹如立交桥一般，构成了一幅壮观的景象。太湖水位高时，会将太湖水通过望虞河排入长江，避免洪涝灾害；太湖水位低时，则开闸引水，引江济太。

望亭水利枢纽自投入运行以来，在抵御1999年、2016年流域特大洪水以及2002年起实施的引江济太水资源调度工作中都发挥了重要作用。船只往来，南货北物流通，望亭水利枢纽屹立于两水交接处，静静守护着一方安泰。30多年来，它成为京杭大运河上一个重要的枢纽防线，调节旱涝、引水通航，守护着河流两岸的人民。

一滴水的旅行

按照不同的水质标准和防护要求，分级划分饮用水水源保护区，一般划分为一级保护区和二级保护区，必要时可以增设准保护区。如太湖水源地以太湖取水口为中心，半径500米内为一级保护区，半径500—1500米为二级保护区，半径1500—5000米为准保护区。

为了保障水质良好，水源地采取围栏保护、生态清淤和综合治理等一系列措施，有效实现水源地水质安全。

原水从水源地运到原水泵站时有自动监测仪进行监测，及时了解水质情况，并且建立水源水质异常应急处置预案和应急处理流程等水源地保护措施，加高锰酸钾氧化、杀菌，或活性炭吸附。

原水从原水管道运到自来水厂后经过投净水药剂、沉淀、过滤、消毒、检验等严密工序，其中要经过100多项指标的检测，均符合国家《生活饮用水卫生标准》才能成为合格的饮用水。自来水厂生产的合格的出厂水的浊度（颗粒物含量）低于标准10倍，就达到完全可以喝的水质标准了。

检验合格的出厂饮用水通过加压输送到供水管网，由供水管网再输送到千家万户和各个用水单位。

千家万户和各个用水单位使用后成为废水或者生活污水排入下水管道，即污水管道，排入污水管道的排水设施应该按照规定设置。之前，苏州的排水管道实行雨水、污水管道合用，一方面造成污水处理厂处理负担加重，处理质量不尽人意，另一方面也有可能使污水通过雨水管道直接排入河道，造成河道水质被污染。因此，苏州开始实施雨水、污水分流的排水管理体制。雨污分流，雨水和污水各用一条管道输送。雨水通过雨水管网直接排入河道，污水则通过污水管网收集后，经过提升泵站送到污水处理厂进行处理，避免了污水直接排入河道造成水质被污染的问题，也减轻了污水处理厂夹带处理雨水的负担，保证了污水处理厂的处理效率。

那么哪些属于正确的排水行为呢？譬如每个家庭都要洗衣服，洗衣废水应该排入市政污水管道，不应该排入雨水管道或者

水的社会循环

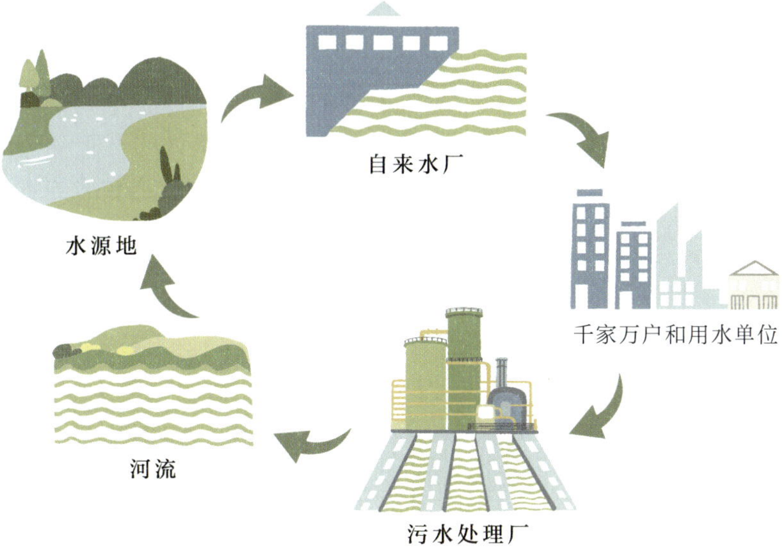

水的社会循环

直接排入河道。餐饮业产生的污水应该经隔油池预处理后排入市政污水管道，不得乱排乱放。美容美发和浴室里排放的污水应该经毛发聚集或者处理后才能排入市政污水管道。汽车美容和汽修业排放的污水需经隔油沉砂池处理后排入市政管道。医疗卫生机构应该根据自身的特点建立相应的污水处理设施，污水处理达标后排放。工业生产企业必须建设污水处理设施，污水处理达标后排入市政管道。

经过市政管道的污水被输送到污水处理厂后进行污水处理，工业污水与生活污水大约各占一半。先经过粗细格栅、沉砂池及沉淀池，将水中大的杂物、沙粒、纤维类杂物等过滤、沉淀；随后，污水进入生物反应池，利用微生物去除污水中的污染物，再将微生物和处理后的污水实施分离；最后，对分离出的污水作消毒处理，形成标准为“一级A”的尾水。

在污水处理时产生的有毒有害气体，通过密闭管道输送到臭气处理装置。

这样经过污水处理厂处理后的污水经检验合格后由出厂口排入附近的河流之中。

一滴水，由原水变成污水，再回到河流和湖泊中，看上去非常简单，却是一个漫长的过程。有的还需要进行二次供水的改造，大寒天气还要做好保暖防冻工作，防止水管爆裂。所以说，节约用水尤为重要。

第八篇

舟楫交通

月落乌啼霜满天，
江枫渔火对愁眠。
姑苏城外寒山寺，
夜半钟声到客船。

［唐］张继《枫桥夜泊》

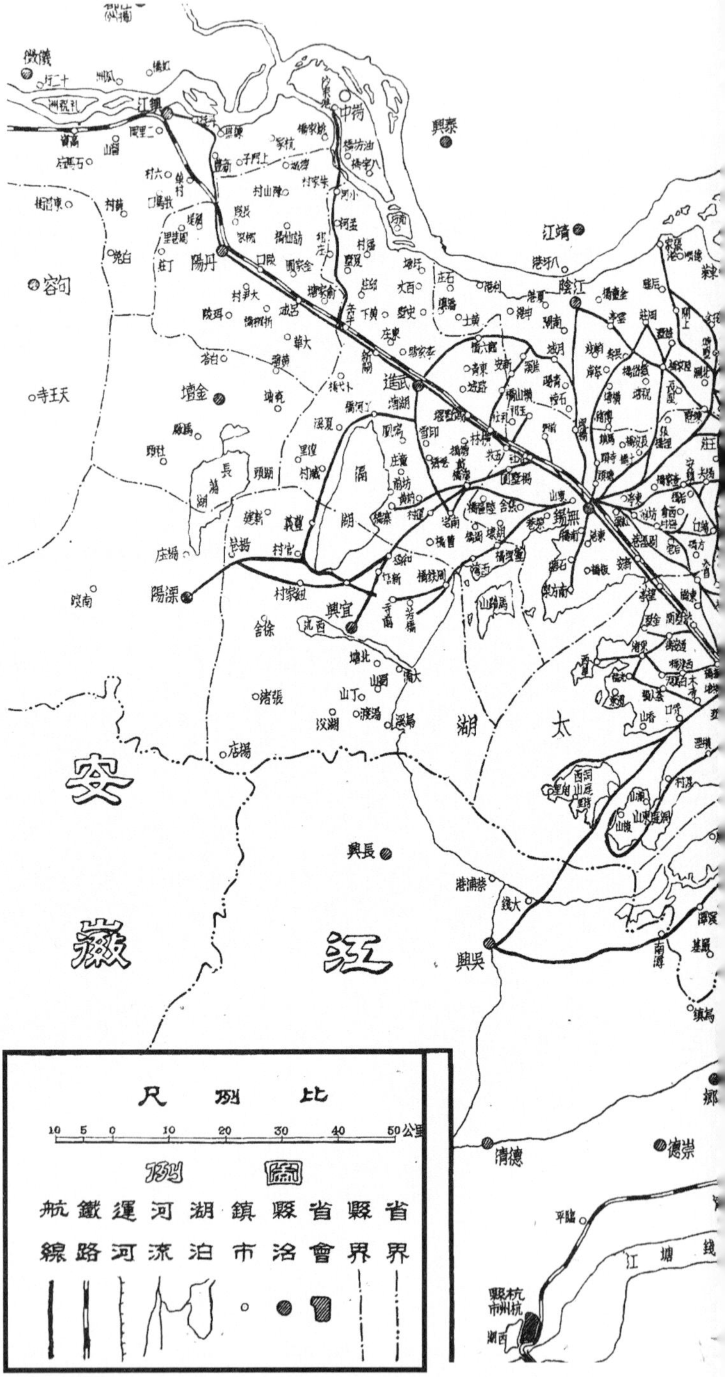

20世纪40年代苏南地区内河轮船航线分布图

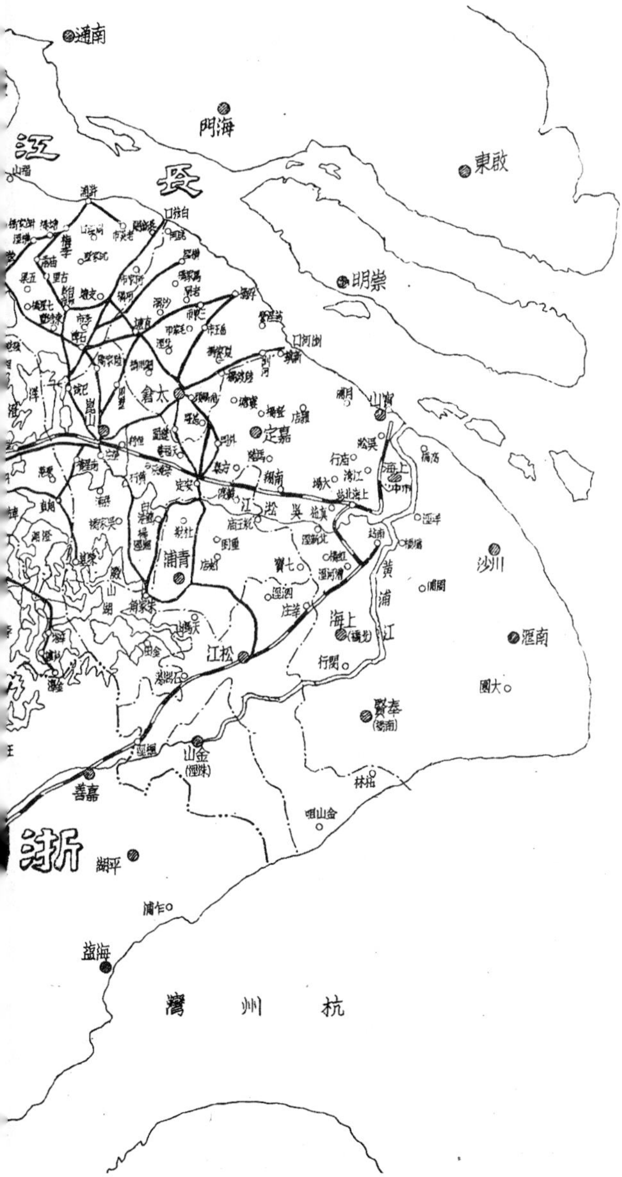
南通
海門
啟東
崇明
太倉
嘉定
上海
青浦
松江
金山
嘉善
川沙
南滙
奉賢
黃浦江
平湖
海鹽
杭州灣
浙

舟楫交通，水脉相连，国运所托。在历史的长河里，江河湖海随吴风雅颂载千秋史册，舟楫交通连九州大地济万世太平。

第一节 红栏三百九十桥

苏州本为泽国，自古桥梁密布。弓影剪水，江南水乡由斯生姿；虹腰迎人，吴地人物因其利涉。相比他处，苏州古桥精雕多题，不拘一格，融入间阎生活，生出雅俗文化。

宋《平江图》碑上标注有古桥300余座，此皆仅限于古城一带而言。虽经历代填河改造，古桥有所减少，然据统计，今苏州大市内尚存古桥约1200座。

一、历代古桥

说起古桥，苏州各市区中，现存古桥数量以吴江区最多，吴江以七都为最，吴中以角直为最，姑苏古城区以东北隅为最。盖七都塘浦密布，塘路尚存，素有“三十六溇，七十二港”之说；角直素称“桥乡”，古桥已联合列入苏州市文物保护单位；而古城区东北隅为平江历史街区所在，河街并行的双棋盘格局传承千年。

（一）古桥形制

桥者，越沟壑之途也。从形成上，略可分为天然桥、半天然桥、仿天然桥、人工桥。

天然桥，又名“天生桥”，为自然形成之桥，如虎丘区大石山中的仙桥。相比于此，还有近乎可视为天然形成之桥，即半天然桥，如常熟虞山桃源涧上，有一不规则的巨石横跨，一侧刻有“桃源涧万寿桥”。此类桥梁全真浑成，为后世造园者所钟。苏州一些园林中，也仿其制，或以不加雕琢的石料凌于池沼之上，如网师园的黄石桥。或率以湖石搭就桥形，并变化出各种殊致的姿态，如怡园的湖石桥，虽不通人，然鱼逾而过，静中乃萌生气，雅处复带活泼。又如太平天国忠王府的湖石桥，可通人，不立栏杆，以求城市山林之旨。再如慕园的湖石桥，亦可通人，但以湖石搭起栏杆，兼顾安全，却与周遭无违，可称“虽由人作，宛自天开”之杰作。

除天然连贯的石桥，苏州还存在一种汀步桥，似也保留了古时“鼋鼍为梁”的意趣，如天香小筑百兽园、常熟赵园内的汀步桥即此。而昆山市千灯的沅渡泾桥，更是直接以此命名，盖“沅渡泾桥”者，即“鼋渡泾桥”之转写耳。

苏州人工桥梁建设之历史可追溯至吴江梅堰的龙南遗址，考古发现此处有约5200年前的木构河埠，其中有木板搁于木桩之上，可视为吴地古桥之滥觞。

而自春秋起，苏州即有古桥见诸史乘，如今日姑苏区尚存其名的吊桥、里水关桥、乌鹊桥、水关桥等，虽已非当年之物，然亦可证苏州城市之鼎革渊源。嗣后，几乎代有古桥留名沿用至今，如始建于南朝梁时期的天后宫桥，始建于隋唐时期的度城桥等。

现存人工古桥中，以武康石桥出现最早（宋元为主），次为青石桥（元明为主）、花岗石桥（明清至今），而水泥桥至晚在清末已经出现。目前，真正能结合石料、史籍记载综合确定的苏州现存最早的人工古桥，当为吴江同里的思本桥。史载为南宋宝祐年间诗人叶茵所建，桥

链接知识 有记录的最早古桥

除桥体完整的思本桥外，苏州大市范围内已知年款最早的古桥相关实物为昆山景德寺前香花桥的券额拓片，上有北宋至和元年（1054）题记。现存最早的古桥碑刻为太仓博物馆藏南宋绍定年间的《改造惠安桥记碑》。此外，人工古桥影像中最早的年款来自北宋庆历五年（1045）的钱都衙桥，该桥原位于苏州市区，但桥石已不知下落，今仅存旧照。

身多为武康石砌置，且后续未有大规模改造的痕迹与记载，故断为宋构。其余一些尚存的古桥，虽有建造年代早于此者，然后期明确记载有过重建（而非重修），甚至桥形、孔数皆发生变化，也就不能称“最早”了。

此外，以武康石为主要桥体材料构筑的石桥，还有吴江七都东庙桥、虎丘区众缘桥等。

从结构上看，早期桥梁以梁桥为主，甚至梁石略带弧度，形成了似拱非拱的效果，如吴江八都香花桥。后期出现的多孔梁桥，形制多样。概言之，可分为以排柱支撑者、以墩柱支撑者、以复杂的石架支撑者。

拱桥按照拱券做法，大致可分为纵联砌置、分节砌置（元明为主）、并列砌置（仅发现虎丘陈公楼桥一处）、混合砌置（明代）、纵联分节并列砌置（明中期以后）5种。后期，有时甚至会用带槽口的有绞拱、加嵌腰铁（俗称“定胜糕”）、重叠砌两道拱等做法来倍增其效。著名的宝带桥，不仅使用了两道拱券，且综合使用了柔性墩和刚性墩结合的工艺。清同治二年（1863），英人戈登率军在与太平军决战时，曾拆毁桥的最大一孔，以冀阻拦抗衡，致桥北部26孔全部坍塌，而南部诸孔得以幸免不倒，皆赖北起第27、28孔间的拱脚宽于它处，即可防全桥连坍的刚性墩之力也。

有的古桥，鉴于周遭环境，如既要考虑高度，便于行船，又限于两岸空场局促，遂改直坡为折坡，如陆慕太平桥，俗称“桥挑桥”。实在无法调整，则将桥体嵌入周围建筑中，如枫桥的部分台阶即插入后方的铁铃关内。反之，如场地富裕，则引桥舒展，中间甚至可以设计成歇坡，即在两斜坡中夹一平坡。如同里富观桥，北设桥台，分西、北两个桥坡，便于不同方向的行人上桥，同时，桥台歇坡的设计，客观上也便于行人舒缓登桥之劳。

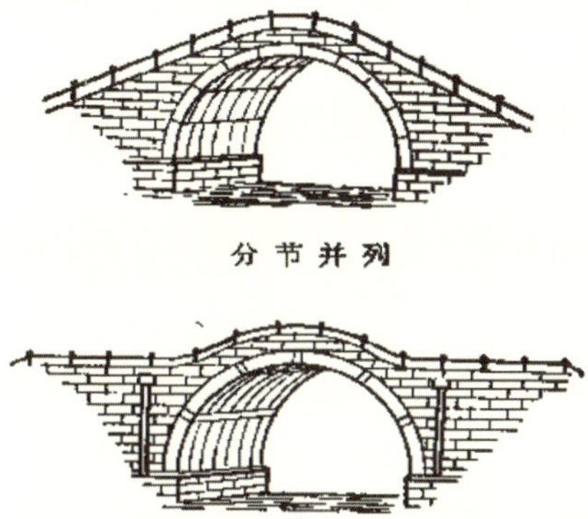

拱券做法

苏州还存在一些特殊桥形。有石廊桥，如拙政园小飞虹；木廊桥，如木渎南街廊桥；梁桥两侧带拱形泄水孔的复合桥，如吴江盛泽中和

中和桥（倪浩文摄）

桥和南星桥；两桥相接的八字桥，如清洁路南口的八字桥；“匚”形相接的三桥，如昆山花桥天福庵村的富赢桥、万寿桥、永清桥；桥前带巷门的巷桥，如太仓沙溪的庵桥；桥堍四角皆建有楼厅的楼桥，如昆山周庄的富安桥；园林中连通二楼的天桥，如吴江同里耕乐堂中墨香阁与环秀阁间的廊桥。

（二）古桥兴建

推诸建桥之动机，主要有通津（此最普遍）、便纤（如吴江桃源的九里桥）、招商（如角直进利桥）、禳灾（如吴江同里谢家桥）、赌气（如吴江同里泰来、中元两桥）、风水（如角直正阳桥）、庆典（如光福虎山桥）、私密（如原大儒巷暖桥）等种种，来源各异，间或有不经之谈，然终归体现出民间对桥梁建设的不同认知。

言及古桥之命名，又略可分为以下情形。记录人物，如吴江震泽思范桥为纪念范蠡而建。记录时间，如吴江芦墟嘉泰桥，系纪念南宋嘉泰元年（1201）始建而得名。记录方位，如葑门朝天桥，因朝向黄天荡而得名。记录事件，如平江路雪糕桥，以张孝子抟雪为糕以奉亲人而得名。记录功能，如枫桥，旧名“封桥”，传唐初在此设护粮关卡，每漕粮北运经此，即封锁河道。记录桥形，如天平山宛转桥，建于十景塘上，因其曲折多转而得名。记录桥石，如吴中区香山的鸳鸯桥，以建桥时采用了两种不同的石料而得名，鸳鸯，在苏州方言中有“两者各异”之意。记录图腾，如吴江南麻青龙桥。援引典籍，如来远桥，语自“有朋自远方来，不亦乐乎”。抒咏美好，如吴江南麻流芳桥等。有的甚至使用了双关的修辞手法，如太仓的周泾桥，桥身刻“海门第一桥”，既言此桥为入海第一座大桥，又暗含此桥在海门诸桥中排名第一（最佳）的矜夸。

此外还有古桥新名（如吴江坛丘莲云桥，桥名刻为“人民桥”）、甲桥乙名（如吴江同里的蒋家桥，此桥址原是广仁桥，蒋家桥在此桥旁靠南，现浜已填，故以现桥名之曰“蒋家桥”）、成对桥名（如山塘的青山桥、绿水桥）、二桥一名（如山塘的八字桥）、以讹名桥（如望信桥，因四乡赴考者齐聚，客船摇橹停泊桥下，旅人仰首盼望家信，故名，后讹作“望星桥”）、一桥多名（如昆山千灯香花桥，另一侧刻“永安桥”）等情形。

古时造桥，可分为择吉、破土、清基、打桩、合龙、桥成等步骤，各有讲究。

1.择吉。常延堪舆家定向，并择吉日方可开工。故在苏州古桥题刻的年款上，常出现“榖旦”“吉旦”等字样。一般认为桥不可正对宅屋，若诚不可免，则要在宅墙上嵌一方“山海镇”石以告禳，如甪直寿康桥西侧宅墙即有“八风山海镇”石。

2.破土。以猪头三牲祭拜土地，礼成后，士绅与作头师傅欢饮。有的地方会在附近的岔路口挖坑撒石灰。

3.清基。清理桥基，以将水底杂物打捞干净。有的地方甚至认为，冬日下水较夏日下水更佳。为防止入水失温，石匠不仅要身披棉被，还要在棉被上放一个被认为具有压邪功能的草绳圈。

4.打桩。有的地方认为打桩到自家方向时，该处之人便会受伤，遂扎稻草人替代肉身避祸。打桩时，要驱赶闲人，并将铜钱埋入木桩下，祈祷平安。一些高等级的古桥，桥桩亦用石桩。如吴江同里富观桥的碑上即注明“里人募捐重建，桥底改用石桩”。

5.合龙。如为拱桥，则先搭木架，用带有弧度的券石发拱，以金刚墙收束，中填碎石以助稳固。及拱券合龙，将桥心之千斤石置入，诸石受力压实，古桥遂告基本建成。合龙前，须拜“龙门忏”，并大事吹打。合龙后，石匠向四方抛糕饼，形同建房时的“抛梁”，并唱口彩。

6.桥成。旧俗认为首位上桥者可得避灾之效，故众人争先恐后行桥。石匠抬筐立在桥旁，过此者皆须投币。而往往以老者或乡绅投币最多，以契伦理。

苏州旧时各地皆有石作，然能具名于桥石者却不多见。存名者，多见于金刚墙助银碑等处，且位居人末。

（三）古桥题刻

有的桥，因题者而名，如张家港鹿苑弘济桥，题者为“江左三大家”之一的钱谦益。有的桥，因书法而名，如太仓伯埙桥，亭壁北侧立有朱文雄撰文、吴敬恒篆额、谭泽闿书丹的《新建西门伯埙桥碑》，因其书法卓荦，民国时，该拓片被单独作为字帖刊行。有的桥碑，记录了一些独特的信息。如横泾镇泽桥，金刚墙嵌青石碑，叙民国五年（1916）仲秋金家角“四美堂”徐鸿勋、徐鸿儒、徐鸿基悼德贤、惠贤二女溺亡而修桥事。吴江盛泽福海桥，独立丰碑，中有“自嘉兴火车通行之后，轮船路线交通亦为便利”等语，堪为近代乡野交通发展之的语。

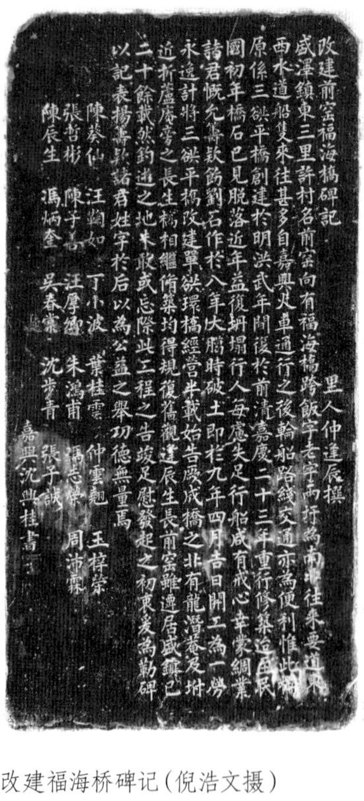
改建前窑福海橋碑記　里人仲達辰撰
盛澤鎮東三里許村名前窑向有福海橋跨飯字老字兩圩為南北往來要道東
西水道船隻來往甚多自嘉興火車通行之後輪船路綫交通亦為便利惟此橋
原係三洞平橋創建於明洪武年間後於前清嘉慶二十三年重行修築迨至民
國初年橋石已見脫落近年益復坍塌行人每慮失足行船咸有戒心幸紫綢業
諸君慨允募款飭劉石作於八年伏臘時破土即於九年四月吉日開工為一勞
永逸計將三洞平橋改建單洞環橋經營半載始告厥成橋之北有龍潛菴及樹
近祈蘆庵旁之長生橋相繼脩築均得規復舊觀達辰生長前窑雖遷居盛鎮已
二十餘載然釣遊之地未敢或忘際此工程之告竣足慰發起之初衷爰為勒碑
以記表揚募款諸君姓字於后以為公益之舉功德無量焉
陳葵仙　汪約如　丁小波　葉桂雲　仲雲勉　王梓榮
張哲彬　陳子嘉　汪厚卿　朱鴻甫　馮志棠　周沛霖
陳辰生　馮炳奎　吳春棠　沈步青　張子誠
嘉興沈與桂書

改建福海桥碑记（倪浩文摄）

旧时，桥体周边常被奉宪设为放生官河，为杜杀生及其他破坏行为，常于桥体上刻诸类禁语。如昆山玉山富春桥刻有“奉宪禁止药鱼”，吴江七都博士桥刻有“奉宪禁止捕鱼扒螺，特示告白”。

诸多题刻中，以桥联最具苏州特色。除刻于明柱外，有时也被刻于望柱。字数最少的单联四字，如昆山花桥万寿桥联“玉峰西峙；瓦浦东流”。字数最长的单联达十八字，为昆山千灯永福桥联“虹彩耀文明，团团生聚万家，塔影山峰左右袒；龙梁蟠巩固，滚滚源游千载，淞风淀水古今流”。

为增强表现力，在联语中，往往嵌入某字，达到特殊的效果。如昆山锦溪普庆桥联“两岸烟飞通海市；一溪浪涌接澄湖”，内嵌数字。横泾溆东桥联“西望洞庭通震泽；东连墓郡镇莲溪”，内嵌方位。吴江庙港利济桥联“白蘋浦畔沿村路；绿树荫中卧石梁”，内嵌色彩。临湖福庆桥联“村沃醴泉，户比千家临古渡；桥题福庆，塘开九曲祝安澜”，内嵌桥名。吴江同里太平桥联“永济太平南北路；落成嘉庆廿三年”，内嵌时间。吴江七都张公桥联“赤脚张三，威名震湖上；劫富济贫，恩泽布四方”，内嵌人物。吴江桃源云龙桥联“清风明月垂张钓；红树青山泛范舟”，内嵌典故。

有的古桥，通过各种联格，巧妙地将桥名嵌入桥联中。如吴江震泽梅家桥，使用鹤顶格（首字）嵌桥名，“梅桥高卧，以还水达两浙；家村美盛，而后恩逮四方”。吴江坛丘莲云桥，使用燕颔格（第二字）嵌桥名，“白莲池边龙鱼俱跃；碧云深处霞鹜齐飞”。吴江桃源青龙桥，使用鹿颈格（第三字）嵌桥名，“杖指青垂湖地远；舟行龙护震堤长”。吴江七都北回桥，使用凫颈格（第六字）嵌桥名，“地近湖滨，南北于今成孔道；河从苕水，萦回自昔成安澜”。吴江七都北张桥，使用雁足格（末字）嵌桥名，“山光遥接涛归北；虹势凌虚路大张”。

在修辞手法上，联语亦别出心裁。如吴江盛泽双龙桥联“势若垂

盛泽双龙桥联(倪浩文摄)

虹,练横蠡泽;光同皓月,珠涌龙泉”,语带比喻。吴江莘塔里仁桥联“春见一江芳草色;秋闻万户桔槔声”,语带夸张。吴江黎里万隆桥联“越角吴根弓横跨;左索右带水交流”,语带反复。吴江盛泽登云桥联“从此登云题柱,谁为司马?沔彼流水凌虚,影照垂虹”,语带设问。吴江盛泽里仁桥联“攘往熙来,何患临流无楫;脂车秣马,奚烦过畔问津?”,语带反问。胥门外通渭桥联“凡物利时行自利;此心平处路皆平”,语带映衬。迎枫桥联“葑水相迎财若水;信桥并望力成桥”,语带拟人。昆山淀山湖善渡桥联“津接吴淞笼晓日;虹凝薛淀数归帆”,语带通感。

苏州古桥的桥名、桥联几乎皆为楷书,未见草书。楷书中以唐人书风为多,如吴江松陵永宁桥“地位中央严锁钥;波光上下架虹霓”一联即为典型的颜体。

偶有隶书,如吴江同里普安桥联“古塔摇红迎旭彩;罗星晕碧锁溪光”。篆书,如相城含秀桥联“鼓棹南来,港名柴米;扬帆东去,河号洋澄”。隶篆,如吴江盛泽升明桥联“雁齿衔堤,近练白漾流五聚；龙腰亘渡，遥通沧海宴三环”。

有的桥联，词寓哲理，引人深思，如昆山张浦聚福桥联“今人为继前人志；异日当思今日心”。有的桥联，内含特殊的史料价值，如吴江盛泽白龙桥联“风送万机声，莫道众擎犹易举；晴翻千尺浪，好从饮水更思源”，其中“风送万机声”是盛泽纺织业生产规模的真实写照。又如吴江铜罗云龙桥联“存吴王河山古迹；肇总理政策鸿基”，其中“总理政策”一语极有时代气息。

有的桥联，暗含心机，留与后人。如郭巷大浮桥，传民国初期建桥时，因附近堤坝曾被风浪冲垮，负责承包的马氏为此掂梢折本，但碍于主家钱氏之势力，只能无奈继续施工。马氏虽口不能怨，却私将经过写作桥联，刻于望柱上。为防主家发现，还用砂浆等覆盖于字上。经过岁月洗礼，砂浆褪去，今尚可见“亏本千二惜乎劳而无功；一载心血流由独墅河中”的桥联。

垂虹桥（东段）

有的桥联，复缀以前后款，题刻年代、书者。如昆山高新区的句隆庆桥，前后款俱备，且在落款“邑人荫甫邱樾撰”后，还钤有印章。

古桥的祝语，多出现于拱券等处助银明细之后。此外有的甚至还在桥名中间夹嵌祯言，如昆山巴城中巷桥，不仅助银款识后出现“吉祥”“如意”“康宁”等祝语，桥名之左刻“多子”“多禄”等字样，且桥名三字之间，亦分别刻书“风调雨顺”“国泰民安”。

除上述较成系统的题刻外，另有一些罕见的题刻。如金庭永安桥，桥中央外侧刻“后保古渡”四字；昆山张浦仁寿桥，栏板刻“淞南凝秀”字样；昆山张浦南浦桥，桥中央外侧设六角字框，内刻“中流砥柱”四字。

（四）古桥装饰

除文字题刻外，古桥桥体或周边还有一些装饰性的雕刻。

最常见的是在桥名两侧雕刻卷草纹等。早期的一些古桥，侧面还会雕刻一些婴戏缠枝牡丹纹等，如车坊香花桥。此外，古桥其他构件亦不乏雕琢等工艺。

如在突出于桥面两侧的长系石上雕刻如意云头、兽首、牡丹纹等。比较具有代表性的有吴江七都的洪恩桥，其所雕吸水兽，面目立体，技法高超。亦有将此视为蚣蝮者。传其为龙之九子之一，行八，由龙与鳄鱼所生，性喜玩水，因刻于桥。

又如在位于桥中央处的千斤石或拱券顶部的龙门石上雕刻轮回纹、双龙戏珠、鱼跃龙门等。个中代表有吴江芦墟登云桥，在轮回纹外的四角加雕“佛八宝”中的“四宝”。横泾永寿桥，雕刻“米”字星。吴江黎里道南桥，雕刻五蝠（福）捧寿。昆山锦溪具庆桥，雕刻太极图。吴江盛泽白龙桥，雕刻笔（必）锭（定）如意、瓶（平）笙（升）三戟（级）等复杂的吉祥图案。

大觉寺桥（许文博摄）

再如在栏板、望柱、砷石等处着意镂刻。原有双塔附近的百狮子桥，桥身栏板等处遍雕狮子，1965年被拆，部分雕狮的武康石桥栏移建于寿星桥北侧，加之此桥自身石栏雕有梅花鹿等，使此桥栏板之精冠绝苏州。苏州一些古桥中央，会将栏板雕成石凳，便于行人歇息，如相城北桥石家桥。而吴门桥，甚至将所有栏杆内向皆雕作石凳式，亦为希觏。除了实腹栏板，亦有雕成宝瓶者。近代始，一些梁桥栏杆开始使用铁艺装饰，如葑门红板桥，栏杆铸有“延年益寿”四字。

苏州现存古桥中，雕刻至精者，首推车坊大觉寺桥，其以武康石为主，梁雕二龙戏珠、夜叉腾云、宝珠、蝙蝠、玄鸟、天马等，饰以海浪纹、云纹，长系石雕背倚须弥山的力士，或托钵或捧坛，带宝瓶栏杆，望柱头雕覆莲，为元代古桥之杰作。

(五) 古桥的附属建筑

苏州古桥周边，常有附属之庙、亭、经幢等建筑（小者亦可称为

“构件”），与桥形成整体。

桥堍之庙，所祀者不一，如吴江平望望春桥堍所祀者为李明王，平望东林桥堍所祀者为刘猛将。有的桥，径以庙而冠名，如虎丘附近的西山庙桥。桥与庙，常形成特殊之组合。如甪直寿昌桥，桥堍东、西各有一庙，被呼为“庙挑桥”。苏州市区上塘街的普安桥，桥上建有关帝庙，桥因此被呼为“桥挑庙”，此桥也被认为是苏州最宽的古桥之一。

亭者，停也，为便利旅人歇脚乃建。桥与亭之位置有多种组合，或两侧为亭，如吴江铜罗的栖凤留仙桥，现存两堍的桥亭，但桥已不存。或一侧为亭，如吴江盛泽大有亭，今桥毁亭存。亭内现存三联，内容既关涉农村耕作，又不乏劝人实干之语，读来亲切近人。又如吴江桃源九里桥，桥、亭俱在，近年重修。或亭建于桥上，如昆山千灯陶家桥，今亭毁桥存。吴江同里泰来桥，今桥、亭俱在，亭身为木结构，近年重修。或推测有亭，如平江路寿安桥，据桥上残留的槽孔，推测原曾有亭棚。

经幢，常独立矗于桥堍，民间有以此超度溺水者之说，形制以七宝如来经幢为主。如木渎吉利桥、吴江桃源青龙桥、常熟辛庄旺倪桥堍者。此外亦有变形为石人者，常雕刻为持剑将军之形象，如吴江平望集福桥堍者。而吴江桃源永宁塘桥堍，立有青石五人造像石碑一通，则当属其变体之加强版。

（六）作为景观的苏州古桥

苏州古桥不仅具有高度的实用价值，在历史中，也以各种形式的景观而存在。

1.画作中的桥：个中最知名者，莫若陈逸飞笔下昆山周庄的双桥。1985年石油大王哈默将其所绘之油画《故乡的回忆：双桥》赠给邓小平，周庄因此蜚声中外。而历史上，苏州的不少桥梁都曾入画，如明人钱榖所绘之宝带桥，清人徐扬所绘之万年桥等。桃花坞木刻年画中，除了独立的《万年桥图》《普济桥图》等，专有《走桥图》，以民谣结合图画的形式，展示苏州桥梁文化。由画作生发，苏州的宝带桥1962年还被国家邮政总局制作成邮票，通行天下。

桃花坞木刻年画《万年桥图》

2.书法中的桥：最著名者首推“宋四家”之一米芾的《蜀素帖》，个中收其所作《吴江垂虹亭作》诗，笔法跳荡精致，结体变化多端，笔势沉着痛快，被后人誉为“中华第一美帖”“中华十大传世名帖之一”“天下第八行书”等。历代临米字者，多以之为门径，传播极广。

3.照片中的桥：苏州的一些著名古桥，今虽不存，但赖以明信片等旧影形式，存照至今，如光福虎山桥、郭巷尹山桥等。

4.影视中的桥：如吴江震泽的禹迹桥，曾是电影《林家铺子》《一盘没有下完的棋》的取景地。光福的李家桥，曾是电影《梅花巾》的取景地。吴江七都的双塔桥，曾是电影《杜十娘》的取景地。吴江黎里的梯云桥，曾是电影《摇啊摇，摇到外婆桥》的取景地。宝带桥，曾是《马路骑士》等电影、《情丝万缕》等电视剧的取景地。盘门水关桥，曾是电视剧《西游记》的取景地。

5.古书中的桥：苏州关于古桥的诗文，上千累万。其中脍炙人口者除《枫桥夜泊》外，还有白居易赞苏之名句："绿浪东西南北水，红栏三百九十桥。"再如吴江平望安德桥，有颜真卿、杨万里等名家为之赋诗。

除零星散作外，民国范广宪《吴门坊巷待輶吟》、当代潘君明《苏州桥咏》等都曾系统地为苏州古桥写下韵语。

除诗文外，苏州一些古桥还被写入小说、戏曲、传奇。如吴江南麻延陵桥，见诸冯梦龙《警世通言》。常熟梅李涌金桥，被写入传奇《一捧雪》。

6.方言中的桥：苏州方言中的桥，作为一种特殊的语言景观，有时会突破桥名本身，而带有更多寓意。如"的搁桥"（亦作"叽咯桥"），实则本为一类梁桥之统称。此类桥中铺桥板，故意不平，步之而发出"的搁"声，故名。可防止人畜黑夜双向过桥，因视线不清而对撞落水。后据此代指不易应付者。

俗语中，又有"咸咸哉哉相（鲞）家桥""懊恼黄石桥（旧时观荷经此多雨）""仙人脚印洪墓桥（梁石凹坑传为仙人留下足印）"等谚，其背后皆有故事。

此外，部分苏州的桥名，读音又与众不同。如梵门桥之"梵"，读若"颜"；醋坊桥之"醋"，读若"车"。古桥虽灭，而古音尚存，亦不失为景观焉。

7.民俗中的桥：最热门者首推吴江同里之走三桥。三桥指紧邻的长庆桥、吉利桥、太平桥。同里宿昔即有此俗，凡镇上居民结婚、老人生日、婴儿弥月，均要走此三桥（婴儿由母怀抱）。里人认为同里三桥是消灾弭难、吉祥嘉祉之象征。

此外，农历八月十八，石湖行春桥有赏月之俗，传是日可见每一桥孔内皆有月亮倒影，历代不乏记载。

8.丛景中的桥：苏州古桥，常以其独特的代表性，入选各类丛景。如震泽八景中的“虹桥晚眺”（虹桥），黎里八景中的“禊湖秋月”（秋禊桥），唯亭八景中的“石桥夜月”（驷马泾桥）等。

（七）数说苏州古桥

苏州现存古桥相关数字（包含“之最”），除前文所言年代、桥联等项外，还有很多有趣之处。

1.桥孔

现存古桥最多者为宝带桥，53孔。历史上最多者为吴江松陵垂虹桥，历代孔数变化不一，最多时的元大德八年（1304）有99孔。10孔桥有昆山锦溪十眼桥，此外，常熟赵园内有曲桥，中有歇足处，前后为双5孔桥。9孔桥有行春桥。8孔者无。7孔者有结草庵桥。6孔者有南七星桥。5孔者有吴江桃源大善桥等10处。4孔者无。3孔者夥。双孔者有艺圃浴鸥桥等5处。单孔桥夥。

2.桥长与桥高

梁桥因数据缺乏，未见统计。

拱桥最长者为宝带桥。最短者为网师园引静桥。

据矢高计算，苏州最高之古桥为吴江松陵的三里桥（12.5米），以下依次为新万年桥（尚存明柱、望柱等残构，姑算为古桥）、常熟张桥钓渚渡桥，吴门桥和昆山千灯陶家桥以9.85米并列第四，第六为吴江平望安德桥。

3.桥名

苏州现存古桥，同名最多者为太平桥，共35座；其余依次为香花桥19座，兴隆桥16座，永安桥15座，新桥12座，万安桥10座，永兴桥9座，青龙桥、西桥各8座。

常熟的退媳妇桥，一名“莲墩浜桥”，雅作“退戌戌桥”“透戌戌桥”“联登桥”，复又名“广嗣桥”，一桥六名，堪称苏州一桥多名之冠。

知识链接 **垂虹桥与水则碑**

苏州诸多古桥中，允推吴江松陵垂虹桥为最。历史上其桥长、孔数皆为江南古桥之最，且其建桥之史、桥堍之碑、相关诗文画作靡不具有独到之处。

垂虹桥，俗称“长桥”。宋庆历八年（1048），知县李问和县尉王庭坚募资修建县学，后因诏令郡县不得新建学校，故转而以所收之资新建木桥，这便是因巧合而建造的利往桥，亦即后来的垂虹桥。当时桥中有垂虹阁，两堍有汇泽亭、底定亭。熙宁三年（1070），于桥南建鲈乡亭。明洪武元年（1368），造垂虹亭。嘉靖五年（1526），又于桥南建吴江亭。桥体从木桥到武康石桥、青石桥等，不断更新，代有重修，桥孔数亦有85孔、99孔、62孔、72孔、44孔等变化。1967年5月2日，倒塌12孔。1995年，于

〔明〕文嘉《垂虹亭图》

此建垂虹遗址公园，与周边新建华严塔、计成纪念馆等组成垂虹景区。现可见17孔，为全国文物保护单位。

历史上，大量名人为之留翰。钱公辅、袁桷、梅伦、钱溥、冯桂芬、丁祖荫、金祖泽等有记，文嘉、胡振、沈周、唐寅等有图，米芾等有帖，题咏者更是不计其数，著名者有王安石、苏轼等，个中又以宋人姜夔曾为之吟哦的绝句最为脍炙人口，诗曰："自作新词韵最娇，小红低唱我吹箫。曲终过尽松陵路，回首烟波十四桥。"

桥之垂虹亭北的水边有过两方水则碑。古代不仅防洪、通航需要测记水位，灌溉、供水也需要了解水位的变化以控制水量。为此，发明出刻有标尺用以测量水位之石碑，即水则碑。该碑如实地反映出太湖与江南运河的水位，特别是洪灾情况。作为太湖地区最早的水文石刻，垂虹桥水则碑被誉为我国历史上有记载的、最早直接为农业生产服务的"水文站"。惜乎1967年垂虹桥部分坍塌后，两方石碑就此下落不明。现在苏州市碑刻博物馆保存的一块水则碑，是清光绪二年（1876）仿照吴江横道水则碑刻制，原立于胥门外接官亭（面向胥江），并非吴江水则碑原物。

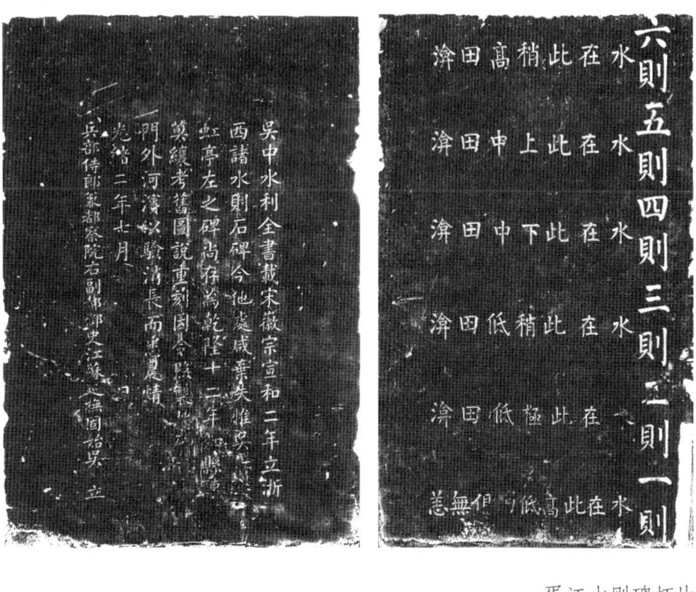

胥江水则碑拓片

上文已述，水乡角直被称为“桥乡”，如果想要在一天时间内游览角直古桥，依据所在位置，可串联成如下线路：镇区27座半桥（其中永宁桥老桥仅剩原址一侧之桥墩，故算为半座），依次为华阳桥、正阳桥、通裕桥、凤阳桥、交会桥、东美桥、太平桥、广济桥、凤凰桥、中美桥、金安桥、环璧桥、寿仁桥、大通桥、环玉桥、众安桥、万安桥、三元桥、进利桥、金鼎桥、永宁桥、兴隆桥、南昌桥、永福桥、福民桥、寿康桥、依仁桥、寿昌桥，镇外车坊大姚村2座，即大觉寺桥、香花桥。

此线路桥梁包含带有宋元以来各种风格的各类古桥，造型多变，雕刻精细，也可在某种程度上圆了一日看尽“苏州古桥”的梦想。

二、现代水上交通桥梁

苏州的现代水上交通桥梁在交通体系中扮演着至关重要的角色，不仅承载着城市的交通发展需求，也承载着城市的历史和文化，充分展现了城市的发展活力和潜力。在这些现代桥梁的建设中，设计上引入新理念，结构中使用新材料，施工中采用新技术、新工艺，使桥梁向跨径更大、造价更低、强度更高、造型更美的方向发展。

（一）沪苏通长江公铁大桥

沪苏通长江公铁大桥于2014年3月开工建设，2020年7月1日建成通车，全长11072米，是世界上首座4线铁路+6车道公路、主跨超千米的公铁两用斜拉桥。沪苏通大桥的设计建造技术实现了5个“世界首创”：一是实现千米级公铁两用斜拉桥设计建造技术世界首创，二是实现2000兆帕级强度斜拉索制造技术世界首创，三是实现1800吨钢梁架设成套装备技术世界首创，四是实现1.5万吨巨型沉井精准定位施工技术世界首创，五是实现基于实船—实桥原位撞击试验的桥墩

沪苏通长江公铁大桥

防撞技术世界首创。沪苏通铁路是国家“八纵八横”高铁网沿海通道，对推动长江三角洲区域一体化发展具有重要意义。

（二）苏通长江公路大桥

苏通长江公路大桥连接苏州和南通两市，于2008年建成通车，是当时中国建桥史上工程规模最大、综合建设条件最复杂的特大型桥梁工程，为历史上苏州首座跨越长江通往苏中、苏北及北方的长江公路大桥。该桥全长34.2千米。苏通长江公路大桥的建成创造了4项世界之最。最大主跨（斜拉桥）：跨径1088米，是当时世界跨径最大斜拉桥。最深基础：主墩基础由131根长约120米、直径2.5米至2.8米的群桩组成，承台长114米、宽48米，面积有一个足球场大，是在40米水深以下厚达300米的软土地基上建起来的，是当时世界上规模最大、入土最深的群桩基础。最高桥塔：采用高300.4米的混凝土塔，为当时世界最高桥塔。最长拉索：拉索长达577米，为当时世界上最长的斜拉索。

太湖大桥

(三) 太湖大桥

太湖大桥全长4308米，桥面宽12米，181孔，由各具特色的3座特大桥组成：一号桥最长，1768米；二号桥最高，中心孔高22.5米；三号桥最精致，贴水而浮。桥体简捷明快，轻巧新颖，富有时代感，桥岛绵绵10余里，直抵太湖湖心。与太湖山水相得益彰，如一条飞舞的银链，飘落在太湖群岛之间，蜿蜒起伏。这项浩大的工程，是当时吴县自筹资金1亿多元，经过近千名建设大军奋战2年完成的。

(四) 昆山震川桥

震川桥全长507米，其中主桥全长230米。从设计方案来看，震川桥造型优美，其设计理念是以“昆山三宝”之一的并蒂莲为意象，象征青阳港区产业升级和人居环境齐头并进，犹如并蒂花开。从工程建设来看，震川桥的技术难度不小。主桥为非对称钢拱塔斜拉桥，引桥为现浇连续预应力混凝土箱梁。主梁为钢箱梁，采用墩塔梁固结体系。塔柱采用蝶翼形钢拱塔，分大、小索塔，拱塔内外轮廓采用椭圆形，分别向岸侧倾斜25度，塔斜向高度分别为101.676米和78.676米，为苏州市内河最高桥梁，且首次采用竖向转体施工工艺，可借鉴的施工经验较少。

三、主要交通船闸

船闸是通过闸门调整水位，克服闸坝壅水引起的水流，保持内河水位稳定，确保船舶安全航行的航道设施。苏州市交通部门管辖的船闸现有3座，即张家港船闸、虞山船闸和杨林船闸。

（一）张家港船闸

张家港船闸坐落在申张线入江口门处，是申张线航道的重要组成部分，也是江苏省通往上海的重要水上进出口通道之一。张家港一号船闸建成于1970年，设计年通过量为500万吨。张家港二号船闸于2012年12月建成通航，为III级通航建筑物，包括上、下游引航道，靠

张家港船闸

船建筑物，远方调度站等，船闸区全长2.95千米，上、下游引航道全长2800米。船闸位于入江口门，其下游引航道受长江潮汐涨落的影响，与上游内河水位差是动态变化的，在不同季节，船闸上、下游将出现零水位差情况，并随潮位变化过程逐渐增减，在该过程中，可利用上、下游平水时段将上、下闸门同时开启，船舶直接通行，船舶通过能力可达正常开闭闸门灌水运转的10倍以上。

（二）虞山船闸

虞山船闸是申张线上的一座双线船闸。船闸建于1958年，设计年通过量为500万吨。一线船闸年代久远，为满足申张线航道运输需求，于一线船闸南侧建设虞山二线船闸。目前虞山一线及二线船闸均按照V级通航标准设计，最大设计通航船舶等级为300吨级，单个船闸设计年通过量为2058万吨，合计年通过量为4116万吨。船闸引航道采用对称布置，两闸共用引航道，有利于该船闸在开闸期间具有良

虞山船闸

好的水流条件。引航道航宽达100米，上、下游均设反向曲线与原航道衔接，下游引航道长800米，曲线弯曲半径为385米、弯道中心角为14度；上游引航道直线段长为500米，曲线弯曲半径为900米、弯道中心角为9度。

（三）杨林船闸

杨林船闸位于太仓市浮桥镇仪桥村，是苏州内河航道通江达海的关键枢纽，也是太仓港区疏港航道的咽喉。该工程按三级船闸标准建设，建设里程4.788千米，是长江江苏段入海口第一座口门船闸，也是太仓港疏港航道上的主要通航建筑物。杨林船闸上游设计最高通航水位1.68米，设计最低通航水位0.68米；下游设计最高通航水位4.34米，设计最低通航水位-0.95米；设计船型为1000吨级，年单向设计船舶通过量为6173万吨。截至2022年底，累计开闸近4万次，放行单机船20.84万艘，船舶通过量达1.83亿吨。杨林船闸不仅发挥了水运

杨林船闸

功能，极大提高了太仓港区的集疏运效率，同时承担了区域防洪排涝、调节水环境的重要职能。

第二节 古港古渡古码头

苏州，自古便是繁华的贸易起点，长江沿线、大运河两岸，古港、古渡、古码头的遗址至今依稀可辨。昔日商船往来如织，满载着丝绸和瓷器，驶向远方。清晨，薄雾缭绕，渔舟唱晚；黄昏，夕阳斜照，烟波浩渺。这里见证了财富的汇聚与流转，也承载了文化交流的重任。岁月流转，古港、古渡、古码头当时的繁华或许已不再，但历史的印记仍清晰可见，讲述着一段段古老动人的故事和商业传奇。

列入第三批地名文化遗产保护名录的涉水地名

在2024年7月公布的苏州市第三批地名文化遗产保护名录里，都是与苏州的水文化息息相关的涉水地名。

一、港口（5个）

张家港市（3个）：黄泗浦港、十一圩港、张家港港

昆山市（1个）：古莲池

太仓市（1个）：刘家港

二、古渡口（34个）

虎丘区（6个）：蚕校渡口、横塘渡、龙华渡口、三里亭渡口、十里亭渡口、星火村渡口

吴中区（4个）：蔡家浜摆渡口、葛家渡、石桥义渡、余山义渡

吴江区（7个）：瓜泾港渡口、红梨渡、九里桥渡口、罗星洲渡口、玛瑙庵渡口、南塘渡、胥滩古渡

苏州工业园区（3个）：陆市浦渡、七图里渡口、新湖渡口

张家港市（1个）：双山渡口

昆山市（11个）：聚龙桥义渡、祁巷渡、石浦渡、四江口渡、陶公义渡、奣子渡、肖墅渡、徐公渡、野马渡、岳庙义渡、周巷渡

太仓市（2个）：娄江古渡、陆渡

三、古码头（18个）

吴中区（9个）：摆渡口义渡、岱松码头、陆巷码头、明月湾古码头、三山码头、石码头、堂里古码头、万盛米行河埠头、御码头

姑苏区（3个）：丹阳码头、盛泽码头、万人码头

吴江区（1个）：师俭堂码头

张家港市（3个）：谷渎港、思贤港、周家码头

昆山市（1个）：官踏渡

太仓市（1个）：南码头

四、水利枢纽（13个）

相城区（1个）：望亭水利枢纽

姑苏区（2个）：胥江、苏州大运河灭渡桥水位站旧址

吴江区（1个）：瓜泾口水利枢纽

昆山市（8个）：大瓦浦、鸡鸣塘、锦溪古内河水道、七浦塘、吴淞江、武神潭、夏驾河、杨林塘

跨姑苏区、苏州工业园区、昆山市（1个）：至和塘

五、闸坝（27个）

姑苏区（7个）：白公堤、道前街河（第三横河）古驳岸、东麒麟巷葛百户巷河驳岸、葑门塘古驳岸、胡厢使河驳岸、盘门水门、平江河驳岸

吴江区（1个）：太浦河节制闸

苏州工业园区（2个）：李公堤、沙湖堤

常熟市（7个）：白茆闸、福山闸、浒浦闸、金泾闸、望虞闸、徐六泾闸、海洋泾闸

张家港市（3个）：朝东圩港闸、段山北夹海坝（老海坝）、太字圩港闸

昆山市（1个）：斜堰闸

太仓市（6个）：老闸、新镇闸坝、冈身、海塘、浏河新闸、天妃闸

知识链接 战国时的九大港口

据记载，我国在战国时期已经出现9个重要港口，分别为碣石（河北乐亭县南，是燕国通海的门户）、转附（山东半岛背面兰皋半岛，自春秋以来即为海上港口）、琅邪（今山东半岛南石）、吴（今苏州）、会稽（今绍兴）、句章（今宁波）、东瓯（今温州）、冶（今福州）、番禺（今广州）等九港。

一、古港

通江达海的独特地理位置给予苏州优越的航运条件，苏州成为长江沿线重要的港口城市，是海上丝绸之路的重要起锚地和集散地之一，也是长江流域中华文化对外交流不可或缺的部分。古代港口的萌生主要依靠优越的地理环境和深厚的文化底蕴。吴王阖闾营建都城后，“城厚而崇，池广以深，水陆八门，舟车并便”，成为当时著名的水城。而苏州在春秋战国时期，就是9个重要港口之一。隋朝修通南北大运河，为社会经济发展创造了有利条件，也促进了苏州港口的发展。除了黄泗浦和刘家港，福山港也有着十分重要的地位。

福山港位于常熟市北部，因流经福山而得名，曾是军事、渔业要港，多次修浚以维护其通航能力。西山、铜官山、殿山、福山等沿江低矮山丘围成风平浪静的港湾，适宜船只停泊补给，福山港成为长江南岸古港口之一，是连接内外的交通要塞，也是西汉吴王刘濞沿长江冈身开凿的运输水道盐铁塘的起点。在20世纪中叶之前，福山、涛山等山丘濒临长江，处在长江下游江面最宽阔地带。涛山脚下惊涛拍岸，每逢初三、十八大汛期，站在覆釜山（殿山）观潮亭上，都能看到来势汹涌的潮头。每年八月十八（福山人称“潮头生日”），各地前来观潮者人拥如潮，许多文人骚客也都慕名而来。汉代时福山港为鱼、盐集散港口，见证了当时商贸的繁荣，曾有“江鱼之市”之称，东汉时已置司盐都尉。每年福山港南来北往的船舶成百上千，既有南北洋捕捞的海船，也有长江捕捞的网船，还有贩卖南北杂货的运输船，商客云集，商业兴盛。20世纪中叶开始，因长江泥沙涨积，福山港口滩涂淤涨，潮汛已不复当年，福山港渔业也慢慢衰落。

二、古渡口

渡口，是指道路越过河流以船渡方式衔接两岸交通的地点。古代渡口往往位于江河、湖泊、海洋等水域与陆地之间的交通要道，是古代水路交通的枢纽。

渡口作为交通要道，具有极高的战略地位和经济价值，统治者往往将修筑渡口、加强对渡口的管理作为维护国家统一、保障国家安全的重要手段。总的来看，渡口主要有经济功能，是商品流通的重要节

吴江松陵的叶明渡口

点，承担着货物运输、贸易往来的功能。渡口的繁荣与衰落，往往反映了当地经济的发展状况。古代著名渡口的繁荣，如四川成都的锦江渡、湖南的岳阳湖渡等，都是由于其地理位置优越、商品丰富而成为经济中心。古代渡口是各种文化交流的载体，连接着不同的地域、民族、宗教文化。在渡口，各种文化、观念、技术等交流、碰撞、融合，形成了独特的渡口文化。如古代的丝绸之路、茶马古道等，都是通过渡口进行文化交流的通道。古代渡口还具有重要的军事功能。在战争时期，渡口作为交通线、供给线的重要节点，在保障物资供应、兵员调动等方面具有关键作用。

无论是在文学作品、宗教教义还是艺术作品中，渡口一直是一个重要的题材。如清代沈复在《浮生六记·闺房记乐》中写道："是日早凉，携一仆先至胥江渡口，登舟而待。"

在苏州乃至江南多水的地区，有一种渡口，被称为"义渡"。义渡历史悠久，顾名思义，是由官方或民间捐资兴建，供行人免费或低价渡江、渡河的渡口。这种渡口的存在，不仅方便了人们的出行，也促进了地区间的经济文化交流。如吴中区的石桥义渡、昆山市的陶公义渡等。

随着科技的发展和现代交通网络的发达，渡口的重要性逐渐降低，但在一些地区，渡口仍然是重要的物流和交通枢纽。在苏州，重要的古渡依然具有很高的文化价值。

横塘渡。位于苏州市西南，是大运河沿线的一个重要节点。据《大清一统志》记载，横塘在吴县西南十里，经贯南北之大塘，南极蠡塘，北抵枫桥，分流东出，故名"横塘"。这一地区自古以来就是交通要道，水路发达，为苏州的经济发展和文化交流提供了便利条件。横塘渡不仅因其地理位置而著名，更因文学作品中的描绘而声名远扬。明代诗人袁宏道的《横塘渡》便是其中的代表作。这首诗通过描写一对青年男女在横塘渡的邂逅，展现了江南水乡风情和人物细腻的情感。袁宏道以其独特的笔触，将横塘渡的诗意与人文情怀完美地融合在一起。

知识链接　〔明〕袁宏道《横塘渡》

横塘渡，临水步。
郎西来，妾东去。
妾非倡家人，红楼大姓妇。
吹花误唾郎，感郎千金顾。
妾家住虹桥，朱门十字路。
认取辛夷花，莫过杨梅树。

蔡家浜摆渡口。因位于蔡家浜村而得名。蔡家浜，又名“蔡浜”。蔡家浜摆渡口所在的郭巷几十平方千米的境域被无数湖、荡、港、浜分割，四周又被京杭大运河、吴淞江、镬底潭、独墅湖、大龙口港等包围，在这个封闭的水网地带，曾设过22个摆渡口。其中蔡家浜摆渡口，又名“红旗渡口”，原址在宝带桥南蔡家浜口观音堂边，清代中期设渡，为连接大运河东、西的官渡。其年代久远，在当时称得上是郭巷对外的第一渡口。20世纪50年代起，该渡口一直由县、乡（镇）交管部门监管，1996年9月东环路通车前夕撤销。

《郭巷镇志》对蔡家浜摆渡口有所记载。作为渡口，蔡家浜摆渡口解决了当时人们的交通出行问题。当时，蔡家浜摆渡口周边以水域养殖最为出名，渡口方便了水产的进出。作为郭巷当时对外的第一渡口，它还为前来旅游的游客提供了很大的交通便利。其在当地及周边都具有一定的认可度。

蔡家浜摆渡口作为郭巷当时重要的水上交通设施，同时依托郭巷周边重要的水域资源，为促进当地经济贸易的发展起到了重要的作用，具有一定珍稀性。蔡家浜摆渡口作为历史文化资源，存在了

300多年，足见其续用意义极强。

红梨渡。在吴江盛泽镇区西北的桥北荡畔。“红梨”，是盛泽的别名。豆腐港之北端有红梨湖，亦名“红梨荡”，俗称“桥北荡”。红梨渡的名称来历，相传与富商沈万三有关。沈万三富可敌国，在江南很多地方都置有田产和房产。沈万三有个小妾名叫九娘，天生聪慧，她不想纠缠于同其他姬妾的矛盾之中，便让沈万三在盛泽现在的桥北荡附近造了一处别墅。为了给爱妾增添欣赏的景致，沈万三让人在湖边广植红梨，此地的渡口因此得名“红梨渡”。

明中叶后，盛泽日渐繁阜，红梨湖北岸的村民频繁出入镇区，全靠湖上的渡船。在豆腐港东侧，有一条石板路向北直达红梨湖边的渡口。清康熙年间，村民俞南万曾在渡口修建凉棚，供候渡之人歇息，乡人感其义举，将渡口改称“俞家渡”。渡口周边村落则称为“俞家屋”。红梨渡直到20世纪50年代仍在。清初诗词大家朱彝尊寓居盛泽时，认为盛泽旧时的八景已与当下不合，于是更定为盛湖十景，“红梨晚渡”为十景之一。民国时沈云有“红梨渡口问红梨，芳草萋萋路欲迷”的诗句，诗人柳亚子亦有“潇潇暮雨过吴门，一水红梨旧梦痕”等吟诵。在老镇区的中和桥上，一副“金波跌宕红梨渡；玉带长垂绿晓庄”的桥联至今犹存。

陶公义渡。是位于周庄的一个历史悠久的渡口，建立于明崇祯四年（1631），距今已有近400年的历史。据清代《周庄镇志》记载，陶公义渡由居住在周庄的陶唐谏所建。陶唐谏为了便利往来的老百姓，在两岸建码头、置渡船，并请人驾船，为所有人免费摆渡。陶唐谏不仅建立了渡口，还拿出一块田送给驾船者，以确保其一家人衣食有靠，从而无后顾之忧，能够一心一意地为摆渡出力。陶公义渡的建立和维持，不仅方便了周庄及周边地区的居民出行，还成为当地慈善事业的一个典范。它展示了个人在社会公益中的积极作用和深远影响。

三、古码头

在以舟船为主要交通工具的时代，码头在苏州有着重要的地位，它是船只停泊、人员流通、货物交易等的重要场所，聚集了来自各方不同人群的文化交流，积淀着丰富的水文化。苏州水路客运业鼎盛时期，各乡镇均设客轮停靠上下旅客的站埠码头。

古代以水运为主，阊门附近又有5条河流汇聚，水运发达，成为商品运输集散地和旅途出发地或目的地，被喻为“天下第一码头”。苏州“三关六码头”中的六码头都在阊门一带，分别是南码头、北码头、太子码头、万人码头、丹阳码头和盛泽码头。

南码头和北码头，是以地理方位命名的，在阊门吊桥南面的称“南码头”，在吊桥北面的叫“北码头”。在明代，阊门外有皇华亭专门接待外来官员，外来官员乘船到苏州，由北码头上岸，久而久之，北码头成为官员专用码头。百姓只得在北码头之南再建一个码头，称“太子码头”。至于为何称“太子码头”，一说“太子”二字是百姓自己加上的，以示比官员的级别高；另一说是因有某皇太子曾在此登岸而得名。

万人码头原名“犯人码头”，南起南新桥堍，北至鲇鱼墩。清代，专管江苏司法刑狱的江苏按察使署设在苏州道前街，省内刑事案件中的大案要案以及被判处死刑不立即执行的罪犯，都要上解苏州过堂复审。这些犯人都在阊门外的专用码头押解登陆，这个码头就被称为“犯人码头”。后来押解犯人由水路改为陆路，码头不再有犯人上下，

万人码头旧影

兴隆桥摆渡口旧影

变成了商用码头，当地百姓为趋吉辟邪，用苏州话中与“犯”同音的“万”字替代，就将它改称“万人码头”。而丹阳码头和盛泽码头，则以客商的籍贯而命名，专为同乡客商运送货物之用。

盛泽是有名的丝绸重镇。到了清代，盛泽的丝绸生产达到了相当规模，丝绸销售的地域也很广，销往外地的绸缎大多先由水路到苏州再中转到长江沿岸各大城市和中原各地。清嘉庆年间盛泽绸业公所建立后，出资购买专门运输绸缎的庄船往返盛泽和苏州阊门之间，航程百余里，朝发夕至，庄船隔日来回一次。由于装运绸货的船只多，往来频繁，嘉道年间盛泽绸商便集资在阊门水关建造了转运丝绸产品的专用船埠——盛泽码头。

盛泽码头东接阊门内下塘，西至阊门内城河，具体位置在臬弄口临河处。盛泽绸商在此建造船埠，并立碑盖屋，设立仓库。码头上建有石拱门，上有浮雕“盛泽码头”字样。码头建成后禀呈吴县衙门领得牌照开业。盛泽码头成为庄船的专用泊位，用于起卸、贮存、中转绸缎。盛泽绸庄陆续在码头附近的西中市、东中市设立分支机构，最多的时候有20多家，扩大了盛泽丝绸产品在苏州和附近地区的销售。

清咸丰十年（1860）太平军占领苏州后，盛泽庄船运输一度受阻，码头装卸储存量日益萎缩，以至于码头地界渐被蚕食，碑亭基地被拆除造屋出租给他人。更有甚者，盛泽码头被游船占领，游船恃势逞强驱逐庄船。码头附近有一唐姓居民，夜间将码头以东的巷口上锁，不准庄船船员出入，对于出入码头的人员，唐某还从楼窗泼水寻衅滋事。以上这些严重损害了盛泽绸商的利益。

光绪十三年（1887），盛泽绸商王家鼎、王景曾、顾大圻、程宽、吴寿椿、张城寓等人联名上告吴县知县。吴县衙门审理后于同年十一月重新勒石，立“吴县永禁占泊绸庄船埠码头碑”于水关桥臭弄口，告谕附近居民、地保及船户等不准侵犯盛泽码头房产和庄船的权益：“自示之后，凡有各项船只，不准在此埠头占泊，其巷内亦不准停轿阻碍。迨巷门上锁后，更不准唤开上落，致有疏虞。沿河楼窗，不许倾盆泼水污物肇衅。如敢故违，许即指名禀县，以凭提究，决不宽贷。其各凛遵毋违。”盛泽码头从此恢复正常。清末民初，盛泽手工丝织业处于鼎盛期，盛泽码头丝绸运输繁忙兴旺。抗日战争爆发后码头运输量急剧减少，但仍持续到1949年。中华人民共和国成立后，盛泽绸庄解体，国营轮船公司开办联运业务，丝绸在盛泽轮埠可托运至内河各港，庄船停航，盛泽码头也完成了它的历史使命。现古码头已毁，仍有吊脚楼等历史遗存。

西山明月湾码头，位于吴中区金庭镇明月湾古村内，在太湖西山

明月湾古码头（刘振摄）

岛的南端，南滨太湖，背倚青山，因地形宛如一钩明月而得名。58米长的古码头斜向伸入湖中，这里曾是村民走向外部世界的主要通道。码头建成至今已有千年历史。唐代的明月湾就已变得声名卓著了，曾吸引了刘长卿、陆龟蒙、皮日休、白居易等诗人的光临，为此留下了很多跟明月湾相关的美丽诗篇。

西山明月湾码头是观夕阳的绝佳位置，视野开阔无遮挡，相传吴王夫差和西施曾在此赏月。如今是苏州拍照打卡观太湖落日的免费小众“网红”地，夕阳西下，余晖铺满码头，古朴而鲜活，在此静静等待黄昏落日的到来，满是惬意。

太湖营军用码头，即始建于清乾隆三十八年（1773）的堂里古码头，古称“琴山石堤”，位于堂里古村北侧堂里港口西北的太湖之滨，由堂里徐氏家族集资白银1600余两兴建。清代后期因剿匪、抵御太平军，曾被西山驻军机构太湖营用作驻军专用码头，故又称“太湖营军用码头”。2005年被列为苏州市控制保护建筑。码头东西走向，略呈弧形，长80米、宽3.5米、高5米，表面由150块长3.5米、宽0.6米、厚0.3米的花岗岩条石铺筑，颇具气势，仍有当地渔民在码头上晒网劳作。码头上曾有2座建于20世纪80年代的航运灯塔，现已废弃。码头西侧原有小丘，广10多亩，古称“琴山”，因下部裸露的岩石长年被湖水冲刷形成许多孔洞，波浪湖水进出，回声如阵阵悦耳的琴声，故名。边上的码头因此得名“琴山石堤”。

俞家湾船坊，俗名“浜底下船篷”，始建于清乾隆年间，原为朱氏私产。位于苏州市吴江区同里镇叶泽村俞家湾，东西走向，长19.20米，宽5.60米，水面至船坊顶部高3.67米，由12根花岗岩石柱支撑，木梁架构，蝴蝶瓦封顶，周边砌有驳岸、石河埠。船坊外形似瓦船，造型活泼，呈现出江南乡土建筑设计灵活自由的特点。据调查，江苏省“三普”新发现文物点中，江南这类用于泊船的乡土建筑现存数量极少，因此该船坊对研究水乡地区乡土建筑具有较高的实证价值。

万盛米行河埠头，是苏州市吴中区甪直镇一处具有历史文化价值的遗址。旧址位于苏州市吴中区甪直镇南市上塘街54号。河埠头作为米行的一部分，紧邻古镇区的河流，是装卸谷米的重要码头。

万盛米行约建于晚清时期，是甪直镇一家著名的老字号店铺。其原型可能是甪直镇南市的万成恒米行，由镇上沈、范两家富商合伙经营，规模宏大，是当时吴东地区首屈一指的大米行。河埠头采用花岗石材质，呈“八”字形设计，宽14.4米，进深2.55米。这种设计既坚固耐用，又便于船只停靠和货物装卸。作为米行的装卸码头，河埠头在新谷登场时尤为繁忙，舟船汇集，装载新米的敞口船横七竖八地停泊在这里，形成一幅热闹的江南水乡画面。

经过历史风雨的洗礼，万盛米行河埠头保存相对完好，成为研究江南水乡商业文化和米市历史的重要实物资料。万盛米行的河埠头是叶圣陶先生小说名篇《多收了三五斗》中的重要场景之一，小说生动描绘了农民在这里卖米的艰辛与无奈，反映了旧社会农民的悲惨命运。因此，河埠头不仅具有历史价值，还具有深刻的文化意义。

知识链接　河埠头与缆船石

河埠头，简称“河埠”，江南还有多种叫法：水码头、河码头、水桥等等。江南的村庄、市镇，到处都有河埠。就形制而言，是指在水域边沿供船只停靠的平台或阶梯。它不仅是水路交通的重要节点，连接着水路和陆路交通，还在促进地区间的经济文化交流中发挥着重要作用。河埠头还具备多种功能，如供居民洗涤、纳凉、社交等，是市井生活的重要组成部分。

河埠头的分类和形态多种多样。从使用角度来看，河埠头有公用、半公用和私家之分；从外部形态来看，则有淌水式、双落水、单落水以及悬挑式等多种样式。这些不同分类和形态的河埠头不仅满足了人们的不同需求，还体现了地域文化和建造技艺的独特魅力。

古镇黎里，河埠头不仅密集而且样式繁多，隔三五丈必有一座。全镇现有淌水河埠10座，单落水河埠82座，双落水河埠174座。黎里的老百姓称河埠头为“河桥”，根据外形，其还有种种形象的叫法。双落水河埠，多数作外“八”字形，叫“菱角河桥”；单落水河埠，叫“木鱼河桥”；小型的淌水河埠，叫“畚箕河桥”。

缆船石，又称“船缆石”“船鼻子”“船钮”，是船只停靠时用来系缆的石头。缆船石的种类繁多，造型各异。它们大多由长方形花岗石雕成，因为大多凿有对称的穿绳孔，所以又被称为“牛鼻子”。在缆船石上雕刻的纹饰也是丰富多彩的，如如意、象鼻、笔锭、犀角、双犀角、暗八仙、双桃、瓶生三戟、瓶生蜂猴、五色旗、蕉叶、葫芦、蝙蝠等。这些纹饰不仅美观大方，还有着吉祥如意的寓意，寄托了人们对美好生活的向往和追求。

临水而建的苏州水巷民居

第三节 沿江港口与内河港口

一、沿江港口

苏州港东南紧靠上海，西南是经济发达的苏锡常地区，位于南北海上大通道和长江黄金水道的交汇点，具有明显的区位优势和发展海运的优良环境。苏州港始建于1968年，为适应经济全球化和港口改革发展的需要，2002年6月，苏州市人民政府决定将辖区内沿江的国家一类口岸太仓港、常熟港、张家港港三港合一，建立统一的苏州港港口，原沿江三港更名为太仓港区、常熟港区和张家港港区。苏州港所辖长江主江岸线139.9千米，边滩稳定，岸线顺直，深水近岸，深槽宽深，终年不淤不冻。近年来，苏州港对内、对外双向开放能力显著提升，2022年集装箱航线总数达到289条，其中39条国际航线，基本覆盖21世纪海上丝绸之路主要近洋港口，172条国内贸易航线，基本覆盖全国沿海主要港口，集装箱干线港口建设步伐明显加快。

张家港港区于1968年开港，原为上海港下属战备港区，港区岸线长63.57千米，2004年港口开始实行全面夜航，对进出港国际航行船舶实行口岸检查检验和引航24小时服务，成为名副其实的“不夜港”。随着大交通格局的形成，港口陆路运输网络不断健全，也为张家港市临江经济的发展开辟了广阔的空间。毗邻港区的张家港保税区和保税物流园区发挥政策优势，积极推进区港联动，使港口功能不断拓展，港口优势进一步凸显。张家港港区现拥有码头泊位162个，到2022年完成货物吞吐量2.43亿吨，港口以木材、化工品、集装箱、铁矿石、煤炭、钢铁、粮食等为主要吞吐货物，拥有直通韩日港航线，已发展成为长江三角洲地区重要的木材转运中心和以冶金、化工为主体的沿江制造业基地。

自上而下分别为张家港港区码头、常熟港港区码头、太仓港港区码头

常熟港区于1996年开港，岸线全长37.5千米，是苏州工业园区及常熟对外贸易的重要港口。常熟港区处于沿长江工业带和沿海开发区2条主轴线的交汇处，集疏运体系发达，以沿江企业为依托，建有兴华和金泾塘2个作业区共58个泊位，其中万吨级以上泊位21个，对外开放码头泊位26个，公共码头、货主码头、商贸码头一体化发展模式初步形成，港区2022年货物吞吐量达6531万吨，已成为常熟市经济发展和临港工业开发的重要支撑，是长三角区域出口钢材、木材等货物的重要中转港和华东地区最大的纸浆集散港口。

太仓港区于1997年开港，被定位为上海国际航运中心北翼集装箱干线港、中近洋集装箱贸易港及上海港远洋集装箱运输喂给港。太仓港的历史地位在元代已确立，曾是海上漕运的起点。明代成为海上丝绸之路的发祥地，直到清末才被上海港替代。太仓港区距吴淞口仅20海里，处于上海市和浦东辐射的要冲位置，岸线平直，深水近岸，具备成片规模建设集装箱码头的条件。港区主要承担腹地内及长江干线集装箱中转运输业务及化工产品进出口，建立了完善的集装箱航线网络，已成为长江沿线港口中航线最多、密度最大、覆盖面最广的港口，沿海各大港口通过内贸干线实现了全线覆盖，外贸支线与上海港的运输实现了“公交化”运营，同时，长江集并及内河网覆盖了50个沿江、内河港口。2022年完成货物吞吐量5亿吨、集装箱吞吐量802.6万标准箱，进一步巩固了长江集装箱港、江苏对外贸易港、全国内河集装箱港三大集装箱港的龙头地位。

二、内河港口

苏州自古临水筑港，内河港口可追溯到春秋战国时期。苏州内河港口发展起自古代漕运、商运和对外贸易，有过辉煌的历史。近代随着工业生产发展，沿河建厂、建库，装卸码头及其作业区逐步形成。从中华人民共和国成立到改革开放前，苏州市内河港口货物吞吐量逐年上升，以专业码头及货主码头为主的内河码头相应获得较大发展，一直沿袭到20世纪80年代。20世纪90年代以后，内河港口的建设及营运步入调整周期，港口装卸业务增长趋缓。改革开放强力推进了苏州以沿江港口开发为主体的主枢纽建设，外向型经济成为苏州港口码头崛起的重要支点，内河港口通过改革转制，奋力挣脱传统运营模式，开始步入现代化进程。

如今，苏州内河港是全省的重要港口，规划为市区港区、张家港港区、常熟港区、太仓港区、昆山港区、吴江港区6个港区。至2022年底，苏州内河港共有码头企业526个；完成货物吞吐量1.55亿吨；完成集装箱吞吐量14.15万标准箱，同比增长35.57%。苏州内河港作业货种以矿建材料、煤炭及制品、水泥、钢铁、金属矿石、化工原料及制品为主，占分货类吞吐量的94%。

苏州内河港加快推进规模化、集约化、专业化的公共作业区和专业化码头泊位建设，加快了内河港口转型升级步伐。至2022年，苏州内河港共有泊位1203个，泊位总长66816米，综合通过能力24111万吨，泊位数与2017年持平，综合通过能力较2017年新增10363万吨，集约化、规模化发展水平显著提升。

知识链接　助航标志

"航标"是助航标志的简称，指标示航道方向、界限与碍航物的标志，包括过河标、沿岸标、导标、过渡导标、首尾导标、侧面标、左右通航标、示位标、泛滥标和桥涵标等。

苏州市的航道范围内目前设有航标总计177座，全部为发光标，设标范围覆盖三级航道到等外级航道，包括湖区、弯道、汊港、航道起讫点、长江口门、避风港等航道上的重要位置。到2023年底，按航标类型分，共有岸标（墩台设立于岸上）79座，水标（墩台设立于水中）92座，另有浮标6座。按管理辖区分，市区（姑苏区、高新区、工业园区）范围内共有航标4座，相城区7座，吴中区61座，吴江区42座，昆山市33座，太仓市4座，常熟市21座，张家港市5座。从主要航道看，苏南运河设立航标18座、苏申内港线22座，苏申外港线19座，申张线17座，苏西线20座，长湖申线10座，杨林塘6座。按功能划分，苏州市范围内航标包括侧面标、左右通航标、示位标、桥涵标等。结构形式包括柱形、杆形等，标体材质有钢质、铝质等，表面工艺一般采用贴膜或烤漆。航标是重要的水运基础设施，在保证船舶通航安全、提高航道通行效率方面发挥着重要作用。

第四节　水上交通工具

一、古船

苏州地域内河道纵横交错，在交通工具不发达的古代，人们以船为车、以楫为马，走亲访友或郊游常以船出行，家家户户几乎都备有小船，舟船不但是重要的交通工具，也是不可缺少的生产工具，更是苏州水乡文化的一大特色。以前苏州船的种类很多，有画舫、航船、戏船、快船等。苏州的繁华离不开船，其对于交通运输、商业贸易、农业生产等都具有十分重要的作用。

（一）画舫

明清时期，苏州游船十分兴旺，在众多的游船中，画舫最具特色。远在2500多年前的春秋时期，吴王夫差就曾造两层楼的画舫游览太湖。画舫又称“花船”，是游船中最豪华的，分大、中、小型。明清“山塘画舫”极具苏州特色，船身宽大舒适，一般能容纳二三十位游客，船体油漆透亮，上有红木雕刻挂落，下有红木雕刻栏杆，配上彩色玻璃，船舱两旁挂着绣花帘帏，舱中有红木桌椅，银嵌大理石面，两边还配有字画挂屏，布置得富丽堂皇。船体由船头、中舱、后舱和艄棚组成，船头上置放凳椅，供游客坐着观景。中舱有方桌椅子，游客既可喝茶闲谈，也可饮酒吟诗或打牌搓麻将。后舱设置床榻供客人休息，船的最后部分是艄棚，置有灶具，专供烹饪菜肴，向客人供应“船菜”“船点”。旧时，画舫雇资昂贵，上画舫的客人大多是达官显贵，一般是包船，有的一家人上船，有的是几个亲朋好友相聚，也有的是招待上级官员，画舫还有歌妓演奏弹唱，以助游兴。

(二) 烧香船

每年清明前后，苏州各县乡镇的善男信女常结伴赴杭州灵隐寺和天竺寺进香，尤以中老年妇女为主，她们乘坐的船便叫作“烧香船”。烧香船船头方正、底

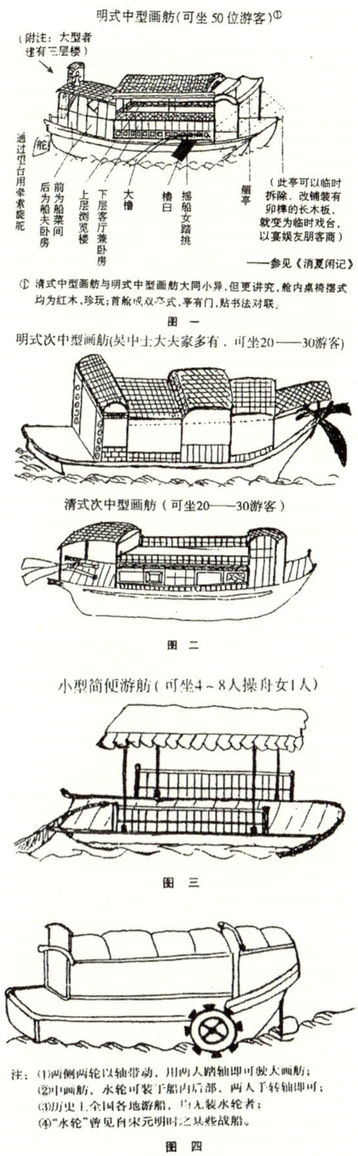

各式画舫示意图
(选自2007年版《苏州河道志》)

平性稳。为了方便香客上下，船舷两侧有活动木板，略向内倾。中舱为香客住处，舱上用木架、跳板搭棚，棚上覆篾篷。靠船旁处直铺木板，供香客乘坐休息。中间有方桌，桌上放着各种祭祀品，点燃红烛，香客们都虔诚地念着佛经。后舱设置月台，船艄有出艄，通常由两人合摇一支大琵琶橹，大船才增添边橹。因这种船较笨重，船速亦不快，清晨从苏州出发，第二天下午才到达杭州。

（三）航船

航船是载客及寄书信、带货物往来近处各城镇的船只。明清时期，各地航船云集苏城，据说清代末年装货载客的航船达百余艘之多。航船按船体形状可分为苏州、绍兴航船两种。苏州航船其船头方形微翘，船艉高于船首，船棚较坚固，能避风雨，船棚中间置设活动桅杆，顺风时航行，船艉有艄棚，棚架上覆盖芦席遮阴，船艄甲板上架一支大琵琶橹，由两名船工摇橹向前。航船有夜航船、快班船之分。夜航船穿越县境达邻县城市，航途较远，一般是苏州至湖州、杭州、上海等地。快班船是指乡村至县城的船，农民

舟船往来旧影

进城赶集早出夜归，如苏州至光福、角直、洄泾等，都有固定的河埠航线，均载货搭客和兼带邮件。航船开航时，船家有在街头闹市鸣锣催客上船的习俗。

(四) 戏船

明清时期，苏州有赛神演戏习俗。虎丘山塘河有一种专门演戏的船，船体坚实，船型舱深宽大，稳性良好，船头为戏台，舱为后台，看戏的人由一种酷似西瓜皮的荡河船接送，客人所付的船钱包含了戏票，常演折子戏为主。据《苏州戏曲志》载：苏州“高升台”是一艘有名的戏船，它能在船上搭一个方方正正的舞台，并可拆可装，非常灵活，常在江南水乡流动演出。这艘戏船系晚清吴江芦墟乡一家造船厂所造，其舞台按照芦墟泗洲寺的正殿仿造，十分气派。因船厂老板叫陆高升，故船取此名，能到此船演戏的班子都是有名的剧团。中华人民共和国成立后仍在苏浙沪一带水乡演出，至20世纪60年代逐渐消失。

(五) 快船

有一种疾飞的扁舟称为“苏州快船”，其活动范围在太湖流域一带。该船船头方平，船底平坦，全船除船头外，船舱与船艄都有防日晒雨淋的船棚和棚架。头舱设立一道活动棚架，可随意升高，人站立在甲板上不会碰头。头舱两旁有几把小巧的背椅和精致的茶儿，供人品茗赏景。头舱到中舱向下倾斜，高低相差一尺多。中舱两旁都有方窗，分为上下两排，上排可用窗钩吊起，下排可以灵活地拆卸，乘客贴窗可向外眺望。全船舱与舱之间都设有屏障，用6块金漆木板镶嵌在木槽中，可以左右拉动。有些远航的船备有被褥，供乘客在舱中过夜。船艄置艄棚，棚顶上盖上篾篷，棚下面放锅、灶及各种炊具。船尾左右置搁着木橹，两人合摇一支，一人扶橹梗，一人拉橹绷绳。快船是一种高级客船，不像航船那样死板地守着航线，可听从雇主吩咐到达所要去的地方，比较机动灵活。旧时，出嫁的女儿回娘家，老太太探望出嫁的女儿，商人外出收账，大户人家上坟祭祖，都喜欢用此船。

（六）太湖罛船

太湖渔舟船体较大，罛船在太湖中最常见。这种船以桅杆多少来称呼，最大的有七道桅杆，称“七桅船”，其次是六、五、四桅船，直至单桅船。七桅船长25米，宽5米，载重60吨。六级顺风时，七扇帆篷如一垛垛城垣，威武无比，时速可达20千米，不亚于客轮速度。两舷披水板入水，在逆风中，舟按“之”字形疾速向前。这种渔舟系南宋岳家军战船演化而成，细看仍有古战船的痕迹。船以捕银鱼、面剩鱼、白壳虾等为主，故有“太湖大船捕小鱼”之说法。

链接知识

“艅艎”号与吴齐海战

《左传·哀公十年》载：“徐承帅舟师，将自海入齐。齐人败之，吴师乃还。”这就是“吴齐大战”，也被称为“琅琊海战”或“吴齐黄海”之战，是中国历史上最早有明确记载的大规模海战，发生在公元前485年。这场海战是吴王夫差为争霸北方，联合鲁、邾、郯等诸侯国攻打齐国时发生的。当时，吴国派大夫徐承率领舟师（水军部队），经邗沟北上进攻山东半岛的齐国。不过，齐国舰队的实力也不容小觑，在吴国舟师抵达之前，就在今天青岛西海岸琅琊台附近海面拦腰截击。双方舰队在波涛翻滚的黄海展开海战，最终吴国战败。

海战中，吴国的楼船旗舰“艅艎”号尤其抢眼，它是吴王阖闾和夫差的御用“王舟”，参与了多次重要战役，包括讨伐楚国和越国的战争。这艘楼船以其巨大的体积和强大的战斗力而闻名，是吴国水军的重要象征。

“艅艎”号是一艘巨大的楼船，高耸于水面，可以装载数百人。这种规模在当时的水军中极为罕见，显示了吴国造船技术的高超水平。船体采用厚重的木板防护，具有强大的防护能力，能够抵御敌方的进攻。作为旗舰，

"艅艎"号不仅装备精良，还配备了精锐的水军士兵，是吴国水军的核心力量。尽管"艅艎"号体积庞大、战斗力强，但其设计更偏向于内河作战，速度相对缓慢，难以机动，因此在海战中表现不佳。

"艅艎"号作为中国古代楼船的典型代表，其设计和制造技术对后世产生了深远的影响。

（七）灯船

船的大小和装饰与画舫相仿，画舫是在白天开的，灯船是在夜里开的。船的四周挂满红灯，形式多样，有宫灯、珠子灯、罗帛灯、明角灯等等，每只船上有100多盏，亮如白昼，远远望去，那船上的灯光与天上的星光、月光连成一片，即所谓"水嬉吴下盛，绝丽推灯船"。灯船与画舫同为游船，在苏州的游览路线也是基本相同的。正月，去光福邓尉探梅；三月，去虎丘、寒山寺、天平山、灵岩山游春赏景；六月，去黄天荡看荷花；八月，去石湖、宝带桥看串月。

（八）书画船

"清芬拟入芝兰室，博雅如游书画船"，水城苏州，大运河旁星星点点的书画船是江南文人诗兴人生的一部分。苏州地灵人杰，文风昌盛，民间藏书丰富，古时就有书画船往来于城乡之间，送书上门，这在全国都是鲜有的现象。书画船船体不大，三至五吨，有船篷，篷下两侧置有书架，陈列各种书籍，中间设书桌和木椅，供读书人享用，船艄有大橹一支，由两名船夫轮流不歇地摇着向前，他们经常向书坊购买书籍装货出运。书画船是文人读书求知识的地方，船到河埠系好船缆后任人上船，选择书籍，酷似"水上流动书店"。除此之外，他们还经常出入官宦人家贩售书籍，被人称为"书客"，这些书客手中常有好书，有的书客是版本专家，对孤本、善本了如指掌，常为一些嗜书如命的收藏家搜访各种善本，以高价出售。到了民国年间，苏州的书画船慢慢就绝迹了。

二、现代水上交通工具

作为一座典型的江南水乡城市，苏州的现代水上交通工具同样丰富，不仅为市民和游客提供了便捷的出行方式，更让人们感受到了这座城市的独特魅力。苏州现有的登记船舶有2200艘，按船舶用途分类，主要有客船、游览船、游艇、一般干货船、油船、化学品船、工程船、拖船等；按船体材料分，主要有钢质船、玻璃钢船、木质船、铝合金船。

大型客船

古镇木质游览船

游艇

环城河旅游客船

2200艘船舶中，80%以上都是20米以下的小型船舶，以载客船舶和水面环保船为主，载客船主要集中在太湖、金鸡湖、阳澄湖和周庄、同里等旅游风景区，水面环保船主要分布在太湖、金鸡湖等湖区和城市的一些小的河道内。

知识链接　串接两个“天堂”的苏杭线班轮

“日落起锚去姑苏，宿夜桨声到钱塘。”在苏州的南门，有个轮船码头。1949年8月，开辟苏州到杭州的苏杭客船。改革开放后，旅游业日趋兴旺，苏州轮船运输有限公司的苏杭线夜班轮成为旅游热门线路。1983年，苏州与杭州航运公司签订协议，决定苏杭日班自1985年1月1日起由双方共同经营。这一时期，苏州轮船公司发售苏州至杭州夜班的卧铺客票并试行对号入座。1980年卧铺增至390客座，到1985年卧铺为1045客座。

周末的夜航班最受欢迎，京杭大运河苏州—杭州段，连接着苏州、杭州这两个历史文化名城和国际旅游城市。大运河一派江南水乡风光。夜航班途经松陵、平望、乌镇、新市等古镇，沿途有觅渡桥、宝带桥、古纤道、古驳岸古桥。所谓“一觉睏醒到杭州”。

1992年后，农村汽车客运通达率不断提高，轮船客运逐年萎缩。苏州轮船公司经营的航线绝大部分撤销，仅留苏杭线1条，后又改为水上旅游专线，2005年11月停航。曾经坐过这趟航班的人们，对它定有满满的回忆。

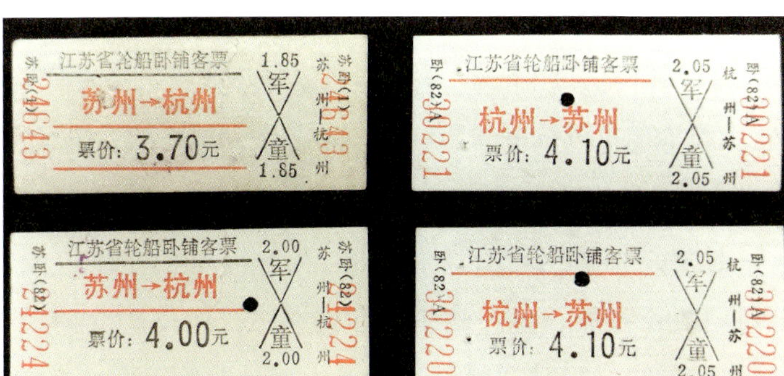

苏杭线班轮旧船票

三、造船技艺

苏州自古便具有极为发达的造船业，吴国在2000多年前就以制造战船而闻名。宋代苏州已成为全国三大造船中心之一，平江府造船场造八橹战船和四橹海鹘船，船只制造技术具有领先水平。明代苏州能制造载重几万斛、载人上千的大海船。清代时吴县西山的东村、光福的钢坑、五龙的蠡墅，都有规模宏大的造船场，雇工多达百人。苏州造船工业的工艺水平较高，设计精密，结构坚固，适应性良好，设计中运用侧弦弯曲、横梁宽大的角楼式原则，可以加宽甲板，增大船位，在当时，这种设计水平处于世界领先地位，东南亚一些国家仿效这种船型生产船只。木船是苏州交通运输的必备工具。作为中国传统木船制作技艺的杰出代表，苏州水乡木船别具一格，其各类船体形态各异，造型逼真，结构严谨，制作精美，工艺精细。

（一）七桅古船制作技艺

七桅古船历史悠久，蕴含着深厚的历史文化底蕴，有“活化石”的美称，也是太湖的标志物。因船上竖桅杆七根，挂篷帆七扇，渔民俗称“七扇子”。在历史长河中，该船充当过战船、渔船、游船等不同角色，在卫疆争霸、渔业生产、人民生活中立下了汗马功劳。相传当年岳飞抗金时就把它当作战船，后来岳飞水师将战船演变为渔船在太湖捕鱼，七桅渔船抗风抗浪，捕获的鱼多，是太湖捕捞的主力军，使太湖捕捞渔业发生了质的飞跃。

七桅古船的制作技艺延续至今，从选料备料到断料、配料、破板、分板、拼板、投船、打麻、油船等有10多道工序技艺，均手工操作。在光福镇太湖渔港村有为数不多的几个制作和修缮七桅古船的行家师傅，他们制造的七桅古船既有别于南方船的尖头翘艄，又不同于北方

苏明船厂制作的七桅船模型

船的平头短身，而是船长舱浅，蕴含着江南水乡的玲珑秀气。

(二) 苏州水乡木船制作技艺

传统木船制作技艺（古船制作技艺），是江苏省常熟市传统技艺，也是江苏省省级非物质文化遗产之一。常熟浒浦是千年古港，处于通江达海的地理位置。南宋时，浒浦港置武尉水军。随着军港的建立，浒浦港这个优质深水港的渔港、航运港的功能也逐渐显现，成为出江入海的重要枢纽，它的辐射所及尽是江南富庶之地，所以引来了许多船家迁居浒浦，为大江南北舟船文化的密切交融创造了条件，推动了当地造船业的兴旺发达，并留下了珍贵的古船制造技艺。出身于航海世家的浒浦人韦文喜，是一位在造船、修船等方面有着独特技能和才华的工艺大师，他先后成功研制出50余艘各类古船模和仿古真船，名闻全国，被誉为古代船舶的“活化石”，从而成为千年古港口木船制作技

1959年苏州市造船厂南门工坊工人合影

艺的当代传承人。苏州水乡木船的船体形态各异，造型逼真，制作精美，工艺精细。

（三）七都船橹制作技艺

船橹作为船舶的一种推进工具，置于船尾，比桨长，可以作为舵使用，是在舵桨的基础上发展演变而来的。舵桨加长后，操作方式从“划”演变为鱼尾式的“摇”，就产生了中国特有的“橹”。橹的发明是中国对世界造船技术的重大贡献之一。橹的制作看似简单，实则十分讲究，其制作包括选料、弹线、粗刨、细刨、光刨、开槽、对槽、配橹床、出橹梢、敲箍、装蟹钳与橹脐等工艺。这些工序一道也不能马虎，才能确保橹的坚固和耐用。

七都船橹制作技艺特别注重细节和精度。橹的长度根据船的大小而异，分为橹柄和橹叶两部分。在橹的制作过程中，匠人们需要精确计算每一个部分的尺寸和比例，以确保橹的整体平衡和稳定性。同时，他们还需要对木材进行精细的处理，以去除木材的瑕疵和不平整，使得橹的表面光滑流畅。七都船橹制作技艺已被列入吴江区级非物质文化遗产代表性项目名录。

（四）同里造船技艺

同里造船技艺是一项源远流长的传统手工艺，主要流行于苏州吴江同里古镇。同里造船技艺工序繁多且讲究，主要包括拼底、“扳弯势”、上板材、两头封板、做船沿、装棚屋、打磨、上油漆等22道工序，延伸工序前后合计有50多道。即使除去选料、备料等准备工作，木船打造周期也需要1个月时间。在造船过程中，每一个步骤都需要精细的操作和严谨的态度，以确保船只的质量和耐用性。同里造船技艺不仅仅是一种手工艺，更是一种文化的传承和表达，已被列入吴江区级非物质文化遗产代表性项目名录。

一个渡口的古今变迁

在苏州城的边缘，有一个被称为“大缺口”的渡口，它承载着苏州的历史变迁与人文情怀，见证了无数过往的船只与旅人。这个渡口不仅是一个交通枢纽，更是一个充满故事与传说的地方。

如今，苏州湾所在之地被称为“东太湖”，它是指太湖中由东洞庭山以及横泾、渡村等所在的陆地围出来的太湖东部的一个湖湾，这个湖湾的北端就是现在的苏州湾所在。东太湖最早并不是现在这样的湖湾，而是太湖向东延伸的湖区，发育着长江三角洲内部最大的一条大河，就是古时称为“笠泽”或“松江”的吴淞江。古时的吴淞江宽达几十里，宽广浩荡，河湖相连，曾是北岸的吴地和南岸的越地之间的天然分界，春秋战国时吴国和越国的不少战争就发生在这个区域。

这里是太湖水的主要排泄区域，也是太湖泥沙的沉积区。清代以前，太湖东部没有这么多的泥沙。东洞庭山是太湖里的一个岛屿，出门到苏州都要靠船。后来，由于泥沙的淤积，东山岛和湖外的陆地逐渐接近，中间有一个大缺口通太湖水向东太湖排泄，渡村的摆渡口连接了东山和湖外陆地之间的陆上交通。后来大缺口也被泥沙淤积了，“大缺口”成了一条河的名字，也称“大缺港”，东山与湖外陆地完成了连陆的过程。与此有关，历史上的吴江一带是太湖向东排水的区域，水面非常之宽，被称为“一片白水”。

在古代，大缺口渡口是苏州与外界联系的重要通道。无数商

大缺口遗址大缺港（朱剑刚摄）

船、官船和渔船在此穿梭往来，带来了远方的货物、信息和风情。渡口边，人来人往，热闹非凡。船夫们吆喝着号子，将船只稳稳地驶向对岸；商人们则在此交易货物，洽谈生意；旅人们则在此登船启程，前往远方。大缺口渡口成为一个汇聚四方人流、物流、信息流的重要场所。

然而，大缺口渡口水流湍急，加之地理位置特殊，这里时常发生船只倾覆、人员落水等意外事故。这些事故给过往的船只和旅人带来了极大的困扰和危险。然而，正是在这样的困境中，人们展现出了顽强的生命力和无私的奉献精神。

据传，在明朝时期，有一位名叫李忠义的船夫，他常年在大缺口渡口以摆渡为生。有一天，他遇到了一只即将倾覆的商船。在这危急时刻，李忠义毫不犹豫地跳入水中，游向商船。他凭借着过人的水性和勇敢的精神，成功地将商船上的货物和人员救上岸来。然而，他自己却因体力不支而溺水身亡。李忠义的事迹传遍了整个苏州城，人们纷纷称赞他的英勇行为。为了纪念这位英雄船夫，人们在渡口边立起了一座石碑，上面刻着“李忠义英勇救人事迹碑”，以铭记他的功绩。

如今的大缺口渡口已经不再是繁忙的交通要道，但它依然保留着古老的风貌和独特的韵味。每当夕阳西下时，渡口边总会聚集着一些老人和小孩。他们坐在石阶上，欣赏着长江与太湖交汇处的美丽景色，讲述着关于大缺口渡口的故事和传说。这些故事和传说不仅丰富了人们的文化生活，也传承了苏州的历史和文化。

大缺口渡口见证了苏州的历史变迁与人文情怀，也展现了人们顽强的生命力和无私的奉献精神。在这里，我们可以感受到苏州的古老韵味和独特魅力，也可以聆听那些关于勇气、善良和奉献的故事。这些故事将永远流传在苏州大地上，成为这座城市永恒的记忆。

第九篇

水生万物

水上去，浪里来，披星戴月把网撒，
大鱼、小鱼都上网，明朝上街换米粮。

《渔歌》（选自1989年版《吴县水产志》）

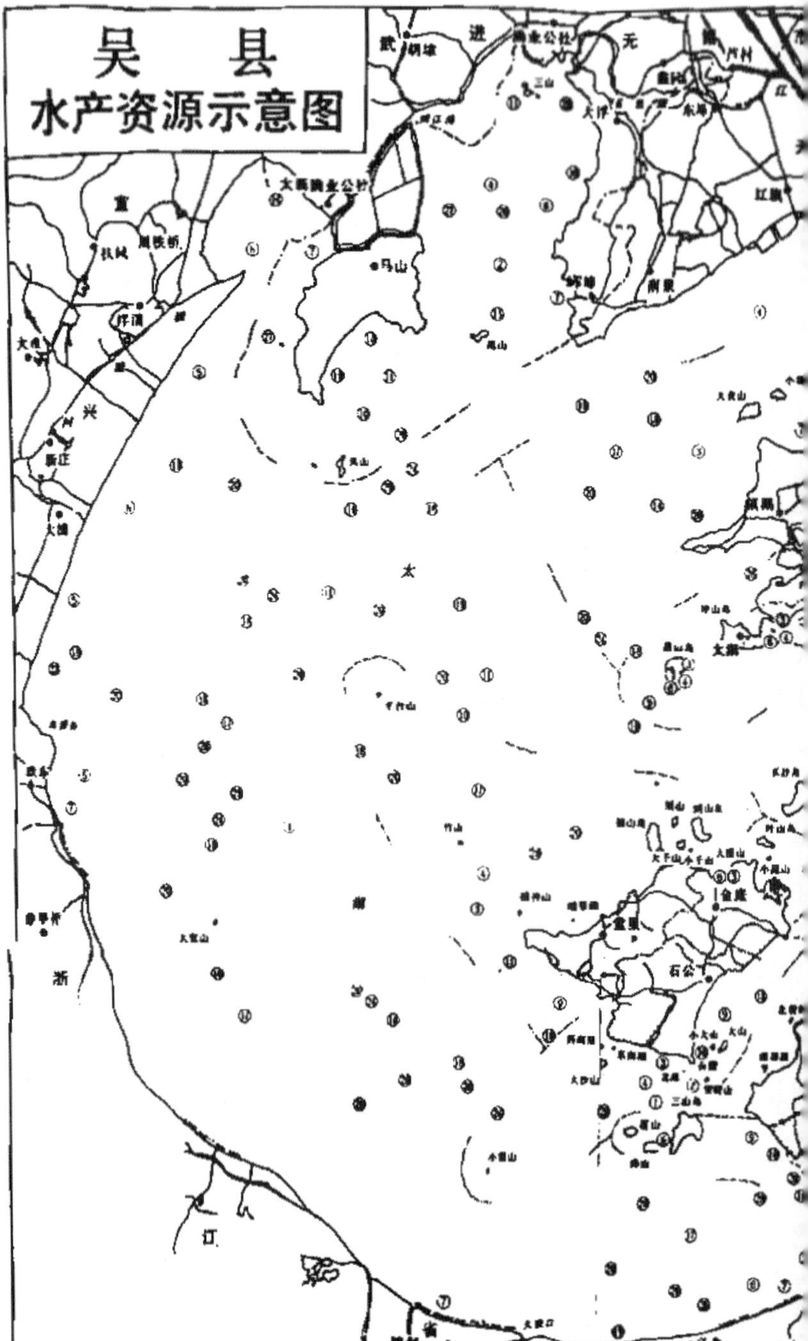

20世纪80年代吴县水产资源示意图（选自1989年版《吴县水利志》）

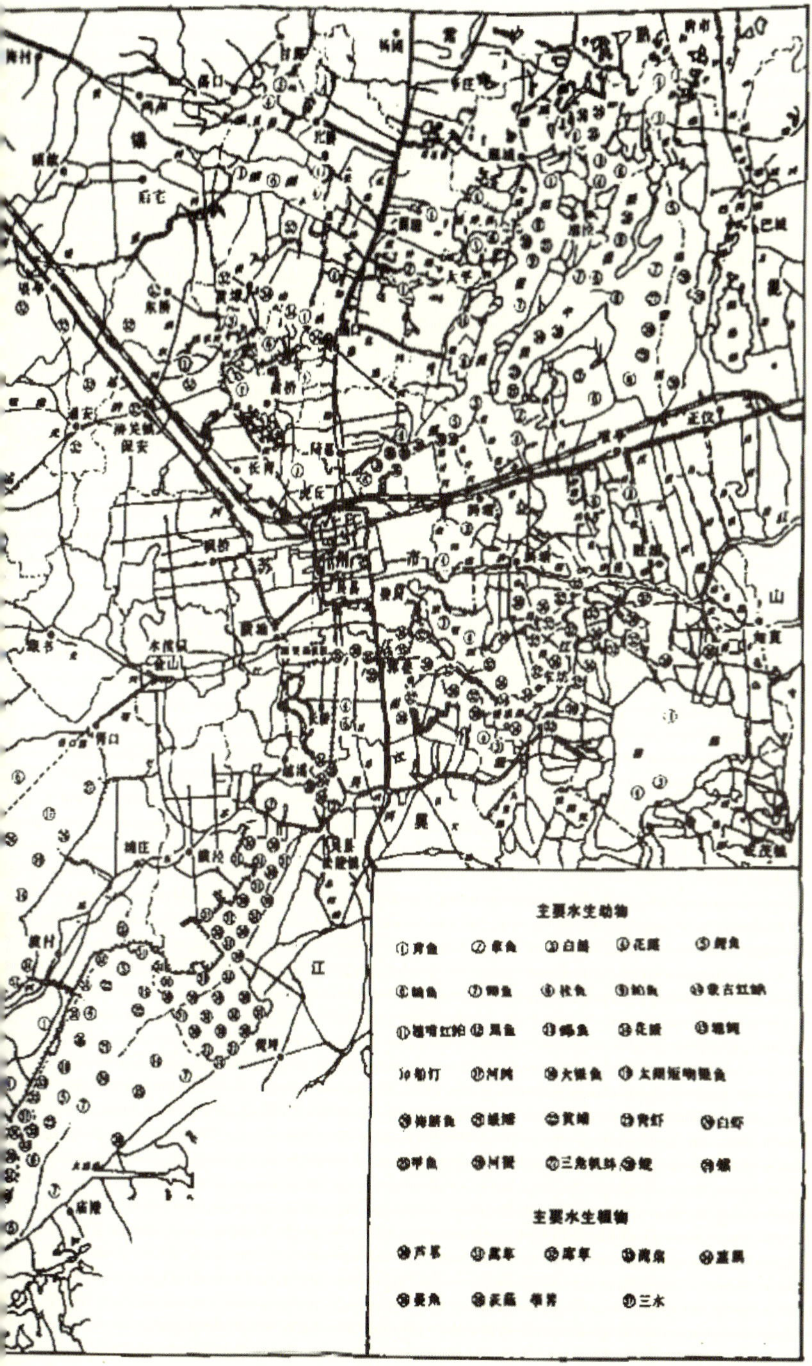

正仪
主要水生动物
白鲢
花鲢
青虾
白虾
甲鱼
河蟹
三角帆蚌
主要水生植物
芦苇
菱角

"民以食为天"。苏州具有悠久的农业历史,是我国最早栽培水稻的地区之一,也是全国著名的水稻高产区,同时还种植麦子、油菜、花生以及多种瓜果蔬菜。苏州的淡水鱼产量居全国首位,塘田盛产莲藕、芡实、茭白、菱角等,沿太湖的丘陵山地产出枇杷、板栗、杨梅、碧螺春等,都享誉盛名。

第一节　香帔稻畦成

清代大学者阮元有一首诗,叫《吴兴杂诗》:"交流四水抱城斜,散作千溪遍万家。深处种菱浅种稻,不深不浅种荷花。"大意是,4条河流交错环抱城池,流向与城墙偏斜,分出许多溪水。居民利用自然条件,在水深的地方种菱角,水浅的地方种植水稻,在不深不浅的水域里种上荷花。这首诗描写了江南地区河流纵横交错,分支遍及千家万户,生动地反映了农民种菱、稻、荷花等多种水生植物的繁忙场面,后两句的点睛之笔真实而又富有哲理地反映了吴地农民因地制宜,根据湖泽沼地水位深浅,合理安排种植品种的科学态度,具有理趣。

在农业文明时代,苏州是全国最发达的地区之一。唐德宗时,韩愈写道:"当今赋出于天下,江南居十九。"曾任苏州刺史的白居易说:"当今国用多出江南,江南诸州,苏最为大。"唐诗人杜牧说:"三吴者,国用半在焉。"及至南宋,以苏州为中心的太湖流域成为国家经济中心。据史学专家推算,宋代的苏州、湖州两地每年生产的粮食可分给全国每户1石(1石≈60千克),故有"苏湖熟,天下足"的谚语。

自20世纪以来,考古学家一直致力于三大世界性课题的研究,即人类起源、农业起源和文明起源。从全世界范围来看，农业起源主要发生在东亚、西亚、北非和中美洲地区，分别出现了以水稻和粟、黍，小麦和大麦，高粱和珍珠粟以及玉米为代表的驯化作物，而国内外学界基本一致认为中国是目前最早的稻作和粟（黍）作农业起源地。2022年12月4日，神舟十四号载人飞船搭载着一批稻种回到地球，这批稻种是在中国空间站中经120天培育出的，这是我国太空育种的一次成功尝试，也是我国解决种源“卡脖子”问题，实现种业科技自立自强、自主可控的重要突破。

江南地区种植的主要是稻。江南地区人们有着以稻米为主食、以鱼虾果蔬为副食的饮食特点。在浙江浦江上山文化遗址中发现了10000年前的稻谷遗存，在8000年前的苏州张家港东山村遗址的土壤中，化验发现大量的水稻植物蛋白石。在距今6000多年前的唯亭草鞋山遗址中，发现了最早有灌溉系统的古稻田，数量达到44块之多，出土的炭化谷料经鉴定属于粳稻。

知识链接

炭化稻谷

炭化稻谷，通常呈无光泽炭黑色，主要由于稻谷长时间浸没在水位线以下，与空气隔绝的环境中，形成一种保护相对较完整的失水干燥稻粒，包括在压力等复杂环境下炭化，向化石的方向发展。也有经过火烧或发现后瞬间氧化的。如在良渚遗址发现的炭化稻米堆积坑，推测是由当时粮仓失火造成的。而在河姆渡考古发现的稻谷起初是金黄色颗粒，却瞬间被氧化变成黑色。

草鞋山遗址发现的炭化稻谷

吴越时期，吴地农业取得重要进展。据《越绝书》记载，吴王夫差曾一次就借贷给越国稻谷“万石”，又称“吴王夫差之时，其民殷众，禾稼登熟”，稻谷生产规模可见一斑。但古代的水稻均是一季晚稻品种，每年只能种植一次，这种现象一直延续到北宋时期还没有多大改变。但是到了南宋，北人大量南迁，致使江南人口剧增。当时已出现了“田尽而地，地尽而山”的现象，人多地少的局面已经形成。宋朝政府曾一再诏示地方官吏劝民杂种粟、麦、麻、豆等旱作物，并规定不收田赋，以资鼓励。于是便出现了耕作制度的大改革，即将原来一年一熟的单季稻耕作制，发展成一年两熟的稻麦耕作制。

据记载，唐宋时代三麦等旱作物已开始在太湖地区引种。朱长文著的《吴郡图经续记》记载有“吴中……其稼则刈麦种禾，一岁再熟稻有早晚，其品名甚繁”。由此出现了“春花熟，半年足”与“以小熟（指麦类）种大熟（指水稻）”的局面。稻麦两熟制终于在苏州地区形成。

〔明〕邝璠《便民图纂》

宋代以后，人多田少的严重矛盾，又引起了耕作制度上的第二次大变革，即将稻麦两熟制发展成双季稻连作制。

明清之际，双季稻发展到长江流域。宋应星《天工开物》说：“南方平原田多两栽两获。”清康熙五十四年（1715），御稻米的培育和推广，更进一步推动水稻连作制的发展。至清末，林则徐、李彦章等人反对“循常蹈故”，提倡选用早种早熟稻种和改单造制为双造或三造制。

中华人民共和国成立后，随着国民经济发展的需要，1956年，苏州地区又开始试种双季稻三熟制。20世纪60年代末，在苏州地区的吴县、吴江等县，大面积推广获得成功。这样，苏州地区的耕作制经过千百年来的努力，由原来的水稻一年一熟变为稻麦两熟，后来又发展为连作稻，最后形成了麦、稻、稻三熟制。这种耕作制度的发展，是在一定的历史条件下，根据社会需要而逐步形成的。

当然，苏州历史上农业发达，除了耕作制度，还与耕作工具的改进和农田水利建设息息相关。苏州的农田水利事业，史载始创于春秋后期。战国至秦汉，司马迁犹称这里“地广人稀，火耕水耨”。火耕，是指放火烧地，水耨指的是放水淹草，时稻苗长得比杂草高，草被淹死而稻苗无损。六朝相继建都南京，三吴为其主要经济基地，鼓励农业

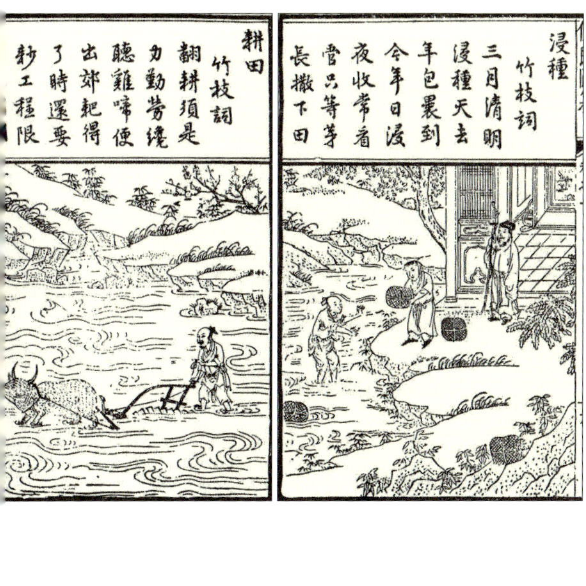

开发。当时已建置的吴、昆（今昆山）、常等县，从高乡平原到低乡洼地，开河、挖渠、筑堰、围田等农田水利工程逐渐铺开。隋唐五代，是太湖水利兴盛时期，举办了不少大中型水利骨干工程，苏州的农田水利亦相应得到较大发展。尤其是在吴淞江、元和塘两岸建造了百余万亩

链接知识 苏州地区古代的农田种类

农田以水利为基础，水利环境不同，农田的种类也会不同。苏州地区大致有圩田、葑田、滩涂田、湖田和坝田等。圩田：也叫“围田”，是江南水环境下特有的农田形态。通常是沿江、濒海或滨湖地区筑堤围垦成的农田。葑田：一说是因为湖面及河流岸边常有葑菱、茭浦、蔓青、芜菁之类的水生植物积聚，其根茎残留甚密，浮于水面，年久腐化，与泥土混杂，水涸成田。沙田：处于江滨河滩之处。所处位置不定，但是根据田块的自然地理情况，可以种植不同的农作物，可采取便利的灌溉措施，避免农田遭受水旱侵扰，保证作物的生长和收获。塘涂田：又称滩涂田、塘田、涂田。湖田：是依赖湖水的涨落在洼地筑堤挡水围造而成的田块。在湖边围筑堤岸造田，这就是湖田。坝田：靠近水源的高岗地的田块。

效益高于北方陆地的塘浦圩田，使苏州的农业生产和社会经济迅速上升到全国重要地位。江南之地得到大规模的开发，垦田面积日益增多、耕作技术不断改进，牛耕已经普遍推行，粪肥也在推广，稻米的单位面积产量增加，麦、菽等北方作物开始在江南种植。三吴之地成为著名的粮食产地，《宋书·孔季恭传》称：“一岁或稔，则数郡忘饥。”

这一时期，随着农业技术的发展，农具分工更加细致，耘田、碎土、除草、收割等都有不同的工具，如耙、铲、锹、镰等，农田耕作由此进入了精耕细作的时代。

进入宋代，经范仲淹知苏治水，王安石颁布《农田水利法》（又称《农田利害条约》），以及水论名臣昆山人郏亶倡导“治田为本”，并组织实施复圩工程等一系列理论和实践的推动，两浙路农田水利建设掀起高潮，熙宁三年至九年（1070—1076）完成的工程项目和新增灌溉面积，分别占全国总数的20%与30%。这一时期，无论是水稻的生产工具、耕作制度还是水稻的亩产量、品种等，在全国都居于领先位置。江东犁（曲辕犁）以及钢刃熟铁农具在当时广泛使用，水田耕作工具已经成套，此外还有起秧工具秧马，平整田面的䎱碡、砺，碎土除草的耙，扬净稻谷的扬扇，等等。

明清时期，在继承传统精耕细作的农业生产方式的基础上，产生了更多稻作生产的创新模式，尤其是在稻种的选育方面。明代太湖地区的水稻品种，约有196个，比宋代（65个）增加了约2倍；清代这一地区的品种更增加到380个，比明代又将近增加了1倍。优质的稻米不断增多，如乾隆《震泽县志》卷四“物产”中记载：“稻名品甚繁，不可胜述。其自古擅名者曰红莲稻，皮赤味香……今品最上而著于他郡省者曰晚白稻，粒大而圆，味甘平，出檀邱者佳，远人争来籴之，其价高于常米十之一。”

在农业专著方面，明嘉靖年间举人黄省曾（苏州吴县人）所撰《稻品》一书（又名《理生玉镜稻品》），是我国现存最早的完整系统地记录太湖地区水稻品种的专著。全书记述35个水稻品种，还有1个再生稻。其记述的内容包括水稻品种的名称、别名、异名，该品种的生育期，植株形态特征如高、矮、有芒、无芒等，生理特性如耐水、耐寒、抗倒

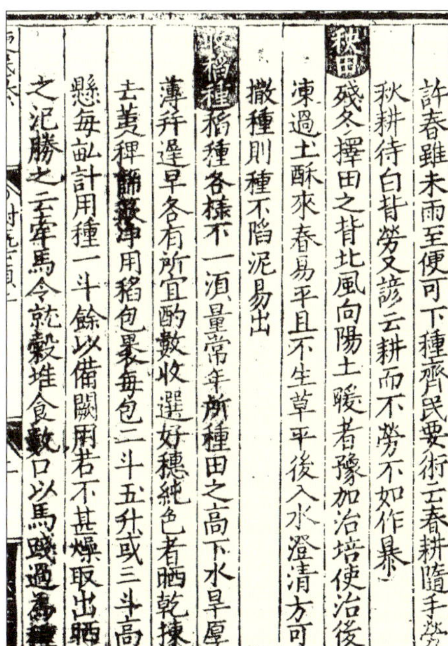
許春雖未雨至便可下種齊民要術云春耕隨手勞
秋耕待白背勞又諺云耕而不勞不如作暴
秋田 殘冬擇田之背北風向陽土暖者豫加治培使治後
凍過土酥來春易平且不生草平後入水澄清方可
撒種則種不陷泥易出
稻種 稻種各様不一須量常年所種田之高下水旱厚
薄升遲早各有所宜酌數收選好穗純色者晒乾揀
去黄稗篩簸淨用稻包裹每包二斗五升或三斗高
懸每畝計用種一斗餘以備闕用若不甚燥取出晒
之氾勝之云牢馬令乾穀堆食數口以馬踐過爲種

〔明〕黄省曾《稻品》书影

伏等，对品质特点以及该品种是粳稻、籼稻或糯稻等也有说明。

中国水稻品种在《管子》、《齐民要术》、《广志》（佚书）等古籍中已有所反映，但地区性的水稻品种志只有《禾谱》和《稻品》，前者记江西稻品，后者则把太湖地区的水稻农家品种做了系统、细致的记载。据研究，35个品种中有27个已见于宋代方志，这些品种许多至明代以后仍在流传。19世纪末20世纪初，太湖周围7个县的方志中共有32个水稻品种同《稻品》所记相同。《稻品》中所记载的三穗千、三朝齐、紫芒稻、雪里拣、师姑粳、虎皮糯、马鬃糯等7个品种，直到20世纪50年代仍是江苏省所推荐的农家优良水稻品种。这可以充分说明当时苏州地区在稻种选育方面的先进性。

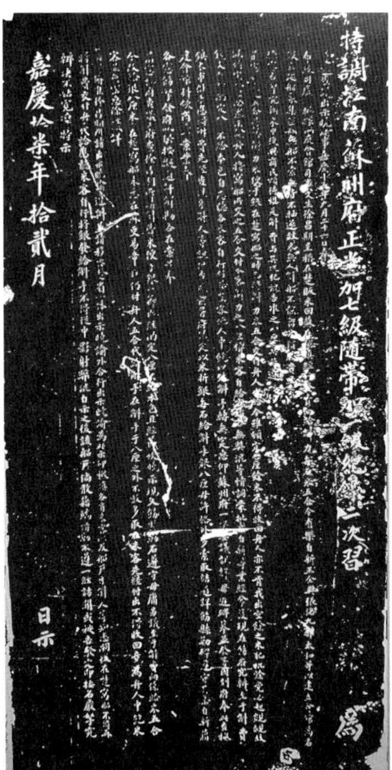

苏州府示谕枫桥米市斛费定额交纳碑

另外，隋炀帝开运河，漕粮运输是个重要的目的，故运河又称“运粮河”。唐天宝元年（742），通过大运河将400万石江南赋粮北运至长安。据1972年在河南洛阳出土铭砖上的记载，隋唐含嘉仓里有来自苏州的糙米10000多石，存仓时间是唐圣历二年（699）正月初八。北宋初期，漕粮达每年600万石，宋真宗、仁宗时最多达800万石。元时为南粮北运，还开海运从刘家港经长江入海，将全国征收粮总数的三分之一的赋粮449万石，通过海运和大运河运至大都（今北京）。明初至明末，行驶在大运河的漕船有10000多艘，每年运粮400万石左右。《明史·周忱传》说：周忱巡抚江南时，苏州一府官田租税达262万石。清初至鸦片战争前，漕运每年约400万石。

大运河是各地货物中转的主要渠道，因此，在大运河沿线形成了各类商品的专业市场，如无锡、浒墅关、枫桥、平望、新市、塘栖等。明清时期，枫桥已经是著名的商业市镇，亦是“为储积米豆贩贸之总处”。清乾隆、道光、同治年间，先后多次将枫桥列为市，将其指定为官方性全国米粮市场，承担东南各省米粮调运之责。米市之繁荣远超其他大镇。清中叶，枫桥已成为全国最大的米豆集散中心。当时枫桥有米店200多家，其米价行情影响各地，物价也成为苏南一带的标准，民间有谚语“探听枫桥价，买米不上当”。由于枫桥在漕粮采运中的特殊地位，政府还在枫桥特设“枫斛”，作为官方度量标准，可见重视之深。因枫桥市镇的兴旺，以至于大运河常常因米船壅塞，清政府专门立牌规定漕船只能停在清风亭处，不许再停市岸，并立“永禁诈索商船碑”，保护过往船只。

知识链接　**探听枫桥价，买米不上当**

古运河上的枫桥闻名天下，不仅是因为张继的名诗《枫桥夜泊》，还因为它是明清时期苏州重要的商埠码头。自从隋唐大运河开通之后，阊门外的枫桥就是江南漕运的枢纽站。大运河促进了南北物资和文化的交流，也给苏州的经济带来了繁荣。随着商品经济发展，繁盛的贸易为寒山寺带来了众多的香客和商旅人士。清朝诗人陆鼎在《寒山寺》一诗中有这样的诗句：“寺楼直与众山邻，鱼米东南此要津。”表明枫桥寒山寺一带凭借其得天独厚的地理位置，逐渐形成市镇。这一集市东连阊门，西接西津桥，以运河为中心，两岸商店作坊云集，成为米豆、丝绸、布匹、茶、竹、木等商品的集散地，吸引着南北商客，特别是米豆生意格外兴旺，成为全国最大的米豆集散中心。

著名历史学家顾颉刚在《苏州史志笔记》中写道："从前苏州市面皆在城西，自阊门至枫桥、自胥门至枣市迤西，五十方里，全是房屋。枫桥之米市最盛，全市市面，均以之为枢纽，故谚有'打听枫桥价'一语，谓价钱只须向枫桥打听也。"

枫桥集市通过专业性的米豆贸易成为江南地区米豆粮食贸易枢纽，大量米贩商船来到枫桥进行交易。枫桥米粮的每日行情，可以左右苏州大大小小米行的粮价，从而影响邻近省份的粮食市场。所以，在民间有"预知豆米钱，探听枫桥价"的俗语，相关的说法还有一句"探听枫桥价，买米不上当"。

在食俗方面，先秦时，麻、黍、稷、麦、菽被称为"五谷"，这其中还没有稻米，而到了汉代以后，人们就用稻取代了麻。至唐宋时，稻米上升到了主粮之一的地位，尤其是在南方，成了人们主食的重要来源。宋代的王应麟所作的启蒙教材《三字经》则将稻置于首位："稻粱菽，麦黍稷。此六谷，人所食。"作为五谷或者六谷之一的稻，在新石器时代，江南地区的先民们将之栽培出来。经过数千年的发展，直到现在，稻米仍然是太湖地区，甚至是江淮地区人们的主要食粮，一日三餐都以稻米为主。北方人习惯食用的馒头等面粉食品，江南地区一般不大作为主食，常作为点心上桌，如谚语所说："吃煞馒头不当饭。"

稻米的品种也很多，稻米可粗分为粳、籼、糯。粳米一年一熟，味香性软，宜饭、宜粥；籼米早晚两熟，性硬耐饥，宜饭；糯米黏性香软，宜糕点小食、酿制酒醋，也可煮饭。从这三种大致的分类中就可以看出，粥饭是江南地区人们最主要的米食方式，糯米制成的糕团则为重要的点心副食品。

另外，很多食俗也都与水稻种植有关。如吴地二月二有吃撑腰糕的节令食俗。苏州旧俗，这一天人们要油煎隔年年糕食用，叫作“撑腰糕”，据说吃了可以腰脚轻健、筋骨强壮，种田时腰不会疼。早春二月，农民们开始为稻谷生产做紧张的准备，特别是种稻，确实不容易，传说整个的生产过程加起来，在每粒米上要花六斤四两气力。繁忙的春种即将开始，而二月正是罱河泥最为繁忙的时节，罱河泥的劳动强度很大，特别是腰部最易疲劳。水田劳动的强度是非常大的，没有一个好的身体便无法适应水田劳作，不管撑腰糕是否确实有强筋壮骨的作用，至少人们通过这一民俗事象，寄托了希望有一个强健身体的心愿。清蔡云的《吴歈百绝》有诗对这一民俗事象作了形象的描述：“二月二日春正饶，撑腰相劝啖花糕。支持柴米凭身健，莫惜终年筋骨劳。”

还有四月八日，旧时吴县枫桥、木渎、胥口、横泾等地有吃乌米饭的习俗。乌米饭又称“青精饭”，由糯米加乌饭树树叶的汁煮成。制作时先将乌饭树树叶捣烂、滤汁，再把淘洗好的糯米放入汁水中浸泡，4小时后取出糯米，加适量清水煮熟，吃时加白糖。此外，吴越地区还有端午吃粽子的习俗。传说吃粽源于屈原，而在吴地，尤其是苏州地区是为了纪念伍子胥。但有一点却是可以确定的，那就是江南稻作地区吃粽子是出于生产的需要。粽子便于存放和携带，而且粽子由糯米制成，富有营养，十分耐饥，是农忙时期的理想食品。

正月半，闹元宵，
二月二吃撑腰糕，
三月三，祖师苞，
四月十四白相神仙庙，
五月端午粽子箬叶包，

六月里，大红西瓜颜色俏，
七月七，露仔鸳鸯水来乞巧，
八月半，白果栗子一道炒，
九月九吃重阳糕，
要想看会等到十月朝，
十一月里雪花飘，
十二月廿四饴糖送灶糖元宝。

这些食俗尽管名目繁多，但其通过饮食来强身健体，以适应稻作生产等繁重体力劳动需要这一点却是相同的。总之，江南稻作区特有的节令饮食是中华优秀传统文化中节俗和食俗的重要组成部分。这类节令饮食大多与稻作生产有关，有些是出于稻作生产的直接需要，有些则是稻作区广大农民心态的一种表现。

随着农业现代化的发展，国家每年都会颁布《国家农作物优良品种推广目录》，2023年的推广目录中，水稻优良品种有36个。粮食作物水稻和小麦作为苏州市的大宗农作物，目前主要分布在张家港、常熟、太仓、昆山、吴江、吴中、相城及高新区等市区。据《苏州统计年鉴》，2018年，苏州市水稻种植面积102.1万亩，小麦种植面积76.4万亩，稻麦种植面积占全市粮食作物种植面积的95.6%。2020年全市水稻以南粳46、南粳5055、南粳3908、常农粳11号、常农粳12号为主，搭配种植苏香粳100、嘉58、宁粳8号、常优4号、常优5号、常优粳6号及国庆节前收获的优质特早熟品种苏香粳3号、早香粳1号等，其中，优良食味品种种植面积持续扩大，覆盖全市水稻总种植面积的76.3%，超前完成江苏制定的千亿优质稻米产业到2022年全省优良食味水稻品种覆盖率达50%的发展目标。

第二节　水中八仙应时生

“吃过水八仙，赛过小神仙。”据传，江南一带曾经出现了一条恶蛟龙，铁拐李、何仙姑等8位上仙下凡游历的时候遇到了蛟龙作乱。八仙合力将蛟龙制服，并留下了8件法器，从此江南物产丰饶，百姓安居乐业，这水八仙便是由8件法器而变的食物。当然，这只是一个有趣的传说。

目前，我国水生蔬菜共分为13个种类，分别是茭白、莲藕、荸荠、茨菰、水芹、芡实、莼菜、菱、芋、豆瓣菜、蕹菜、蒲菜和芦蒿。苏州水泽遍布，气候温暖，水生作物丰富，不唯菰（茭白）、莼，民谚曰：“春季荸荠夏时藕，秋末茨菇冬芹菜。三到十月茭白鲜，水生四季有蔬菜。”横山荷花塘的藕，南荡的芡实。梅湾的吕公菱，葑门外黄天荡的荸荠、莲

水八仙（毛翰音绘）

藕等自古闻名遐迩。苏州人把莼菜、茭白、莲藕、菱角、芡实、水芹、茨菰、荸荠等8种水中隽品合称为“水八仙”，亦称“水八鲜”。

苏州“水八仙”的称谓起于20世纪70年代末，大多以新鲜产品上市，用于冬春和夏季填补蔬菜市场的缺口，又有丰富的营养价值和滋补作用。1979年冬，苏州市旱生蔬菜遭遇了严重冻害，郊区政府组织干部和科技人员来到娄葑乡，组织水生蔬菜上市。当时，水生蔬菜种植村均有自己种植的优势作物和品种，真可谓“八仙过海，各显神通”。因此，有人提出将水中八鲜称作“水八仙”，这个建议得到了大家一致认可，这就是苏州“水八仙”称谓的最早来源。“水八仙”这一称谓既形象吉利又顺口，很快广为传播。

随着生产的发展，苏州地区不断引进、开发水生蔬菜种类，豆瓣菜、蕹菜生产已初具规模，芋和芦蒿已在旱生蔬菜产区种植，云南建水草芽（蒲菜）也有引进，因此，苏州“水八仙”实际上也代表了广义的苏州水生蔬菜。此外，苏州地区还有一些野生水生蔬菜如茭儿菜、水芦笋、四叶菜等，在一些农家乐饭店可以品尝到。

一、茭白

又名“蒿芭”“高瓜”“菰笋”“茭瓜”等。分为双季茭白和单季茭白（或分为一熟茭和两熟茭），双季茭白（两熟茭）产量较高，品质也好。古人称茭白为“菰”。在唐代以前，茭白被当作粮食作物栽培，它的种子叫“菰米”或“雕胡”，是“六谷”之一。后来人们发现，有些菰因感染上黑粉菌而不抽穗，且植株毫无病象，茎部不断膨大，逐渐形成纺锤形的肉质茎，这就是现在食用的茭白。这样，人们就利用黑粉菌阻止茭白开花结果，繁殖这种有病在身的畸形植株作为蔬菜。世界上把茭白作为蔬菜栽培的，只有中国和越南。

茭白在我国分布较广，以太湖流域栽培最多，苏州则是茭白的主要产区，栽培历史悠久。《晋书音义》卷下引《珠丛》："菰草丛生，其根盘结，名曰葑。"由此可见，在苏州是先有了大片菰草的种植，才有了苏州"葑门"的命名。苏州茭白南宋即有之，而在明清时期已广为栽培。清朝，苏州茭白生产发展迅速，如清《元和县志》曰："茭白，即菰也，出葑门外杨枝荡，今南园水田亦有之。"延至近代，苏州东山、横塘、娄葑仍是茭白的主要产区。

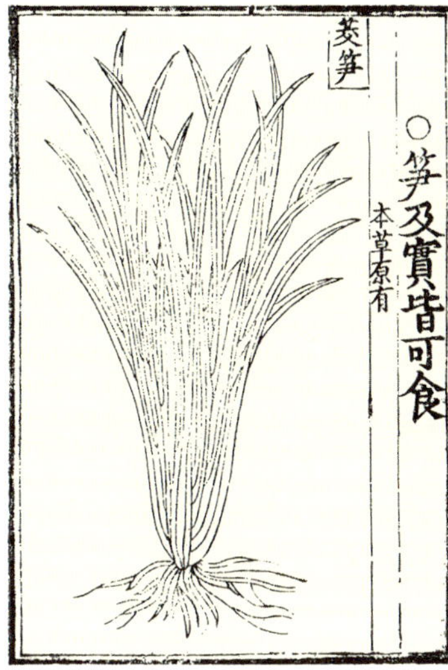

〔明〕朱橚《救荒本草·茭笋》

此外，明《横溪录》中所指的"吕公茭"生于农历四月，不同于"秋茭"，这是苏州两熟茭的最早记载。现在，苏州茭农仍称夏茭为"四月茭"。进入21世纪，市郊娄葑、车坊、斜塘和胜浦等乡镇的水生蔬菜面积逐步减少，甚至完全消失。苏州水生蔬菜产地逐渐向甪直和吴江同里、屯村以及更加偏远的乡镇转移，种植面积和栽培品种也逐渐减少，在国内享有盛名、号称"苏州不断茭、杭州不断笋"的苏州茭白也未能幸免。为此，苏州市蔬菜研究所在引进国内各省市茭白新品种的同时，在吴江区同里镇生元水八仙蔬菜专业合作社开展了辐射育种及反季节栽培试验。2015年，先后育成了辐照新品系。

古代医学上说，茭白味甘性寒，入肝、脾、手、足太阴经。《本草拾遗》记载："去烦热，止渴，除目黄，利大小便，止热痢，解酒毒。"从现代营养学来讲，茭白有着丰富的碳水化合物、蛋白质、维生素及矿物质。嫩茭白所含的微量元素，更容易被人体吸收。因此，茭白也就被做成了一道道江南特有的家常菜。

二、莲藕

“出淤泥而不染”的莲藕，像婴儿的手臂，白白嫩嫩分外讨喜，还有着格外鲜嫩脆爽的口感。李时珍曾说：“藕，四时可食，令人心欢，可谓灵根矣！”在江南水乡，每到夏末秋初之季，远远地就能看到身着布衣的江南妇女，挑着一担担的藕，或者见到船夫唱着悠长的吴歌，摇着小舟，将藕送上水岸。

莲藕为睡莲科莲属多年生宿根性草本水生蔬菜，又称“荷”，别名“芙蕖”“芙蓉”“水华”“水芙蓉”等。荷花是被子植物中起源最早的植物之一，有“活化石”之称。在公元前11世纪的西周时期，荷花已从野外的湖畔沼泽走进了农耕民族的田间池塘。《周书》载：“薮泽已竭，既莲掘藕。”秦汉时期，人们已对荷花了解甚详，对荷花植株的各个部分做出了具体的命名，汉初的《尔雅》记载：“荷，芙蕖。其茎茄，其叶蕸，其本蔤，其华菡萏，其实莲，其根藕，其中菂，菂中薏。”

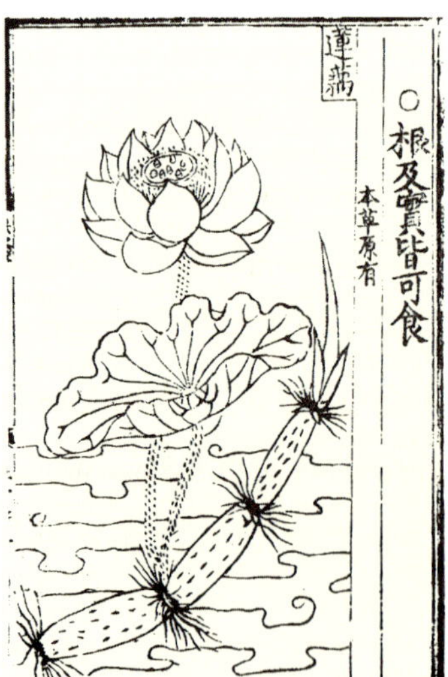

〔明〕朱橚《救荒本草·莲藕》

1972年，浙江省余姚县河姆渡文化遗址中发现了荷花花粉化石

（距今7000余年）。同年，在河南省郑州市仰韶文化遗址中也出土了两粒炭化莲子（距今5000余年）。此外，20世纪初，在辽宁省普兰店西北发现距地表1—2米深的泥炭层中藏有大量古莲子，经中外科学家研究，确认其为单瓣野生莲。由此可见，中国应是莲藕的原产地之一。

苏州的莲藕栽培历史悠久。2500多年前，吴王夫差曾在木渎灵岩山上馆娃宫建玩花池，种植荷花供西施赏玩。至唐朝，苏州藕已经名冠全国。《吴郡志》中记载："唐苏州进藕最上者，名伤荷藕。"《苏州府志》："藕出吴县黄山南荡者最佳，花白者松脆且甘。"

明《吴邑志》："荷花荡，亦曰'黄山南荡'，广数百亩，此处夏间盛植荷莲，凡菱藕多出此。"明《石湖志》亦有记载："此荷花荡藕花白者最佳，松脆而甘，且无渣，他产莫及。至行春桥则有买者，唐时充贡。"从这里可知自唐以来，苏州已有藕莲栽培，主要产地应为黄山南荡，即现在的梅湾、茭白荡村一带。

苏州莲藕的另一个产地当属葑门外杨枝荡。《元和县志》记载："藕出葑门外杨枝荡者佳。""荷有红、白、黄、碧、锦边、并头、西番、罗汉、观音诸种，葑门外最甚。"据分析，当时葑门外的莲藕应以观赏为主，而食用藕者则为有花的中熟、晚熟品种。直至20世纪90年代，苏州市郊娄葑乡的莲藕品种"花藕""慢荷"仍闻名全国。

苏州莲藕的第三个主栽区当属太湖洞庭东山，据《洞庭东山物产考》统计，在清光绪三十四年（1908），东山单荷叶、莲蓬、藕粉3项，就收入35200元（银元），占当年东山物产总收入的6%，可见东山莲藕不仅面积大，而且经济效益高。时至今日，太湖红花藕不但可观赏，而且莲蓬和藕均可食用，是不可多得的藕、莲花兼用品种。

叶圣陶曾在《藕与莼菜》中说道："同朋友喝酒，嚼着薄片的雪藕，忽然怀念起故乡来了。”在苏州，藕最常见的吃法当属“焐熟藕”。清明前后，取荷塘里的隔年老藕，去根去节，两头切下一薄片，用糯米灌实，再把薄片通过牙签盖牢。将藕放入锅内，加上食碱，再盖上些荷叶，用大火烧至褐色酥熟。冷却后，撒上桂花，蘸白糖食用。软糯的糯米加上清脆的藕，浓浓的桂花香，满满都是幸福感。

三、荸荠

又名“马蹄”“水栗”“乌芋”“菩荠”等，属单子叶莎草科，为多年生宿根性草本植物。人们所食用的是这种植物的地下球茎，俗称“荸荠”。因它形如马蹄，所以又称“马蹄”；其外表似栗而生于泥中，故而又有“地栗”之名。荸荠喜温暖、水湿环境，不耐霜冻干旱。分布在长江以南各地。

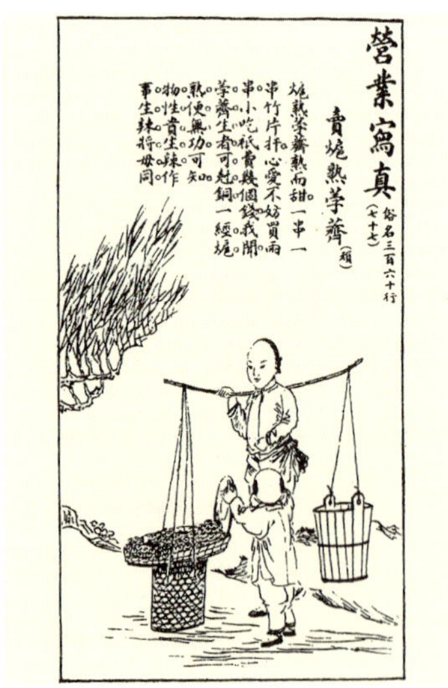

〔清〕宣统《图画日报·营业写真·卖焐熟荸荠》

我国关于荸荠的最早记载，可以追溯至2000年前。旧时，荸荠有四大产地，桂林、南昌、黄梅、苏州。现在安徽庐江县白湖镇与广西桂林市荔浦县青山镇并称“马蹄之乡”。苏州荸荠人工栽培起于何年代，已无法查明。但据地方志记载，应在明朝之前。《吴门表隐》载：“荸荠出葑门外陈湾村，色黑；出华林色红，味皆甘嫩。”陈湾、华林均在葑门外，表明明中期，苏州不但已盛产荸荠，而且已形成了不同品种。

清朝时，苏州的角直、东山等地都有种植。荸荠在秋冬季节上市，生吃，甘甜爽脆，胜似梨子；熟吃，爽滑可口，可谓佳肴。苏州本地的风俗，除夕晚上的年夜饭里，会放上几个荸荠与米同煮，盛饭时把荸荠挖出，称为“掘元宝”。

四、茨菰

又称“慈姑”“慈菇”“燕尾草”“白地栗”等，果实可食用，味涩。明代李时珍《本草纲目》载：“慈姑，一根岁生十二子，如慈姑之乳诸子，故以名之。”茨菰喜温暖湿润气候，生长期不耐霜冻，冬季地上部枯死，以球茎在土中越冬。原产中国东南地区。南方各省均有栽培，以广东、广西、云南、江苏和浙江等较多。

在苏州的地方志，如《苏州府志》《吴县志》和《甫里志》的物产中均提到了茨菰。据《洞庭东山物产考》记载，茨菰“冬月种水田中，二月出软苗，三月分栽于肥水田内，排行如种秧法”，并指出“慈姑有紫花、白花二种，黄蕊不实”。说明当时太湖流域种植茨菰已积累了不少经验。经过前人常年栽培，江苏苏州、宝应和浙江杭州等水网地区都已形成了茨菰生产区和不少优良品种，如苏州“黄茨菰”、宝应“侉老乌茨菰”和嘉兴“沈荡茨菰”等。苏州茨菰的传统催芽育苗技术在国内也很著名。

种茨菰的时间在春天。茨菰的叶子出水很高，有长长的莛，并列对生，如箭镞一般。评话艺人单田芳先生的评书里，每每谈及侠士的打扮时，会讲到“头戴六棱抽口软壮巾，顶梁门倒插三尖慈姑叶，鬓插英雄球迎风乱颤，胸前勒着十字袢，大带杀腰”，十分形象有趣。

苏州娄葑一带种植茨菰历史悠久，原分布在群力、葑红、葑塘、团结、金库、金湖等村镇，斜塘、车坊水网地区也有种植，其培植的优秀品种称作“苏州黄”。

茨菰性微寒，味苦，具有清热解毒、强心润肺之功效。在江南，如果有人不小心患了咳嗽，家里人就会将茨菰用沸水煮熟，蘸少许盐食用。上了年纪的长辈常常要求把茨菰的柄吃了，说是那部分最化痰。茨菰味苦，孩子们多不喜欢吃，但做成油余茨菰片却百吃不厌。油余茨菰片苦中带甜，入口香脆，曾是苏浙人家过年时必备的小食，号称“苏式薯片”，以前在国营商店都能买到，称重而售，如今在山塘街、葑门横街、街区菜场等处仍能觅得这一当地美味。

五、水芹

是芹菜的一种，别名“水英”“细本山芹菜”“牛草”“楚葵”等，是伞形科芹亚科水芹菜属的多年水生宿根草本植物。芹亚科植物种类繁多，在中国作为蔬菜食用的主要有本芹、西芹两大类，功能相近，而本芹大致可分为水芹（白芹）、旱芹（青芹）两种。

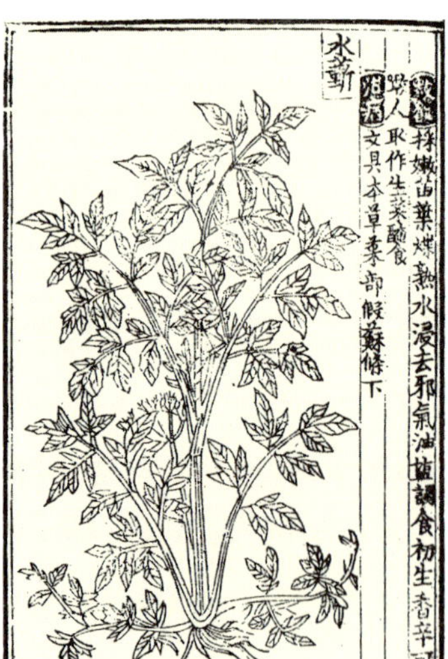

〔明〕朱橚《救荒本草·水芹》

水芹原产中国、印度和印度尼西亚，适应性较广，多在水田、溪沟和低洼潮湿地生长。在中国长江以南各省均有栽培，尤以江苏、浙江、安徽、江西、湖南等地栽培较多。

中国食用芹菜的历史很早，成书

于春秋时期的《诗经》中即有记载。关于水芹的人工栽培，在苏州的方志中的记录却很少。《吴县志》中有“龄至石湖觅之，得芹以进，遂愈”的描写，指的是一个叫文龄的人，因父仲英病中思食芹菜而一直寻找，直到找到了石湖才找到，这从侧面反映出当时水芹种植较少。中华人民共和国成立后，苏州的水芹种植有了较大的发展，“苏州圆叶芹”即是广大菜农经过长年栽培选育出的早熟优质品种，在国内享有美名。

苏州的水芹十月上市，可以一直采摘到来年的五月，脆嫩清香的水芹是苏州人餐桌上常见的水鲜菜肴。水芹宜荤宜素，吃法多样。苏州人多喜加豆制品素炒，如香干水芹，豆香与菜鲜相得益彰；或者干脆把水芹用开水氽烫一下，加酱油、麻油凉拌，鲜嫩香脆。

六、芡实

又名“鸡头米”“鸡嘴莲”等，是睡莲科芡属一年生大型草本水生蔬菜。芡实原产东亚，性喜温暖，不耐霜冻和干旱，分布于中国南北各地湖泊、池塘圩沟及低洼潮湿地。

芡实在我国的种植历史悠久，1973—1974年在浙江河姆渡文化遗址中出土的植物种子里即有类似芡实的种子，距今已6000—7000年。1978—1979年，又在江苏海安青墩新石器时代遗址出土了芡实的种子，距今5000余年，可见我国是芡实的原产地之一。

芡实在我国史籍中亦早有记载，如《周礼》中把芡、莲统称为“膏物”，《庄子》中称“鸡壅”，《管子》中称“卵菱”。还有“雁头”“鸿头”“水硫黄”之称。苏州芡实历史上主要分布在市郊横塘及吴县东山、车坊、甪里（今甪直）和吴江，但各地品种不同，质量不一。明正德《姑苏志》记载：“芡实，叶似荷而大，俗名‘鸡头’，状类鸡首也。

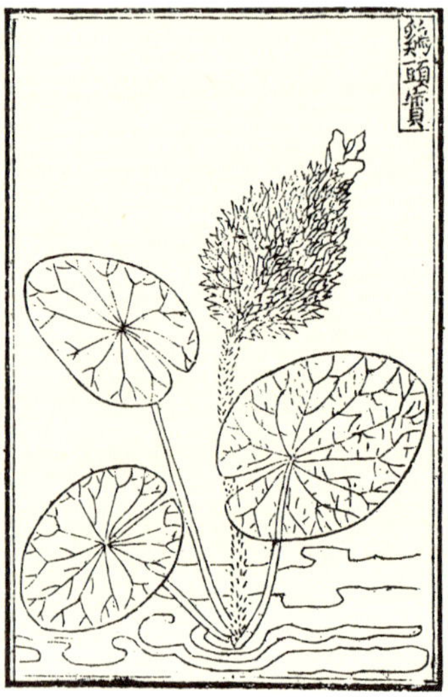

〔明〕朱橚《救荒本草·鸡头实》

出吴江者壳薄色绿味腴，出长洲车坊者色黄，有粳糯之分。”清《元和县志》记载：“芡，叶似荷而大，俗称‘鸡豆’，出江田何家荡车坊及葑门外杨枝荡，大而糯者为上，粳者为下。”可见早在500年前，苏州已经有了绿壳粳性的野生芡实和黄壳糯性的栽培芡实之分。此外，明朝《吴邑志》中还有“芡生黄山南荡，谓之‘鸡头’，盖取其状似鸟首，味甘，食之补益，可以疗饥”的记载，自此“南荡鸡头”之名一直沿用至今。

芡实有南芡、北芡之分。苏州是南芡的主要产地，市郊的荡口、黄埭、渭塘一带所产的“南塘鸡头米”享誉中外。其清甜甘糯为洪泽湖地区所产北芡所不及。清代沈朝初《忆江南》词赞曰：“苏州好，葑水种鸡头。莹润每凝珠十斛，柔香偏爱乳盈瓯。细剥小庭幽。”

芡实性暖，可以入药，有益肾固精、补脾消渴等功效。芡实之美在于清鲜。苏州人喜欢用新鲜的芡实加冰糖煮成芡实汤，是消暑的隽品。芡实亦可磨粉煮粥或制作芡实糕。2017年，“吴中鸡头米”已正式申报国家农产品地理标志，并获批准。

作家汪曾祺在《生活，是很好玩的》里说：“鸡头米老了，夏天就快过去了。”在苏州，每年的夏末秋初，鸡头米快上市的时候，就可以看到阿婆们坐在屋檐下、新村门口，三五成群有说有笑，手里却不曾偷闲，手指上戴着一个铜的或者铁的指甲，将一粒粒莹白细润的鸡头米从栗色的壳子里剥出来，顺势放入青花瓷碗里。每到鸡头米采摘季节，农民们都要在半夜起床，收拾工具，头戴矿灯赶赴水田。农民们踩着泥水，深一脚浅一脚，在硕大的叶片之间艰难摸索，探到果实后，用竹刀划破叶面，将果实从缺口处拉出，又在根部快速划上两刀，割下放入竹篮。

苏州地产的鸡头米分为手剥鸡头米和机剥鸡头米。每到中秋前，鸡头米上市，手剥鸡头米价格每斤在百元上下。虽然有点贵，但如果想要吃好吃的鸡头米，还是建议购买手剥鸡头米，因为这个才是正宗的苏州味道。

七、莼菜

又名“马蹄菜”“湖菜”等，是多年生水生宿根草本。性喜温暖，适宜于清水池生长。夏季抽生花茎，开暗红色小花。主要分布于东亚、南亚、非洲、大洋洲和北美洲，中国亦是原产地之一。

早在《诗经·鲁颂·水》中即有记载：“思乐泮水，薄采其茆。”茆即莼菜。我国莼菜的主要产区在江苏、浙江和湖北、重庆等地，生长于池塘、湖沼之中。“太湖莼菜”和“西湖莼菜”早已驰名中外，在古籍中均有记载。晋代张翰的“莼鲈之思”使得太湖莼菜名声大噪。

莼菜嫩叶可供食用，莼菜本身没有味道，胜在口感的圆融、鲜美滑嫩，为珍贵蔬菜之一。莼菜含有丰富的胶质蛋白、碳水化合物、脂肪、多种维生素和矿物质，常食莼菜具有药食两用的保健作用。4月下旬至10月下旬采摘带有卷叶的嫩梢。李渔在《闲情偶寄》中赞莼菜之美：“陆之蕈，水之莼，皆清虚妙物。二物为羹，和以蟹之黄，鱼之肋，名曰‘四美羹’。”

八、菱

古名“芰”，别名“水栗”“沙角”。菱科菱属，一年生浮水水生草本植物。5—10月开花，7—11月结果。中国各地均有栽培。生于湖湾、池塘、河湾。日本、朝鲜、印度、巴基斯坦也有分布。《周礼·天官冢宰》即有“菱芡栗脯”的记载，将菱视为珍贵的果品。我国菱的历史可追溯到距今2万—3万年前。1981年在浙江宁海岳井公社岳井大队进行地质水文探测时，从78米深的地下发掘出了炭化的四角菱。20世纪50年代，又在浙江余姚河姆渡、嘉兴马家浜，江苏吴县草鞋山、海安青墩等地出土了菱的果实，除河姆渡出土的是两角菱，其余均为圆角菱，距今均为4000—7000年间，可见中国亦是菱的原产地之一。

苏州河湖港汊众多，十分有利于菱的生长，栽培历史也十分悠久。早在唐朝《酉阳杂俎》中便有“两角曰菱，今苏州折腰菱多两脚”的记载。《太湖备考》记载：“菱出西山消夏湾，东山白浮头，武山朱家港，王氏武陵记云：两角曰“菱”，四角、三角曰“芰”，今太湖所产多四角。”而东山东北湾的太湖湖面，相传春秋时吴王曾在该湖中种菱而得名“菱湖”。

〔清〕宣统《图画日报·营业写真·卖水红菱》

明清时期，苏州已广泛栽培菱，品种繁多，有无角、两角和四角之分，颜色有红青、白绿、白之分，还有大小之分。时至今日，馄饨菱、小白菱、沙角菱仍有栽培，其名仍被沿用。苏州因菱资源丰富和优良品种众多而在国内享有盛名。

20世纪80年代，苏州市蔬菜研究所调查了苏南地区菱的品种及分布，其中苏州地区的主要品种是水红菱，主要分布在市郊横塘乡石湖和娄乡金鸡湖、独墅湖、阳澄湖以及吴县唯亭、胜浦一带。其中石湖水红菱闻名中外，每年中秋，苏州人游石湖，水红菱是最受欢迎的土特产。其色艳红，四角，水嫩，宜生食，是馈赠亲友的佳品，亦是全国各地引种的首选品种。

苏州还有一种老乌菱，又称“扒菱”“两角”，有大小之分，主要分布在原市郊、吴县、吴江一带。太湖三山岛有种性较纯的大老乌菱。老乌菱晚熟，老熟后煮食，味佳，也是苏州名菱之一。大青菱，又名“无锡菱”“懒婆菱”，四角，分布较广，浒墅关和吴江栽培较多，其个大，果壳较薄而果肉质糯、味美。馄饨菱，又称“元宝菱”“大白菱”，四角，但其角长短不一，顶角长1厘米，稍向下弯，腰角长0.5厘米，尖细。果长形，中心两边突出，形似馄饨，果皮白绿色，果肉水分少，熟食粉质，味佳。

据《本草纲目》记载，菱角性味甘平，能解暑气消积食，止渴润燥。菱含丰富的蛋白质以及微量元素，食用对身体有很大的好处。

知识链接　**农业文化遗产名录**

农业文化遗产是指人类与其所处环境长期协同发展中创造并传承的独特农业生产系统。2023年9月，农业农村部公布第七批中国重要农业文化遗产名单，全国共有50项传统农业系统入选名单，江苏省有2个项目入选，均落户苏州，分别为江苏吴江基塘农业系统、江苏吴中传统水生蔬菜栽培系统。至此，目前苏州拥有中国重要农业文化遗产4项、省级重要农业文化遗产8项、市级重要农业文化遗产14项。

●中国重要农业文化遗产

江苏吴中碧螺春茶果复合系统（2019）

江苏吴江蚕桑文化系统（2021）

江苏吴江基塘农业系统（2023）

江苏吴中传统水生蔬菜栽培系统（2023）

●省级重要农业文化遗产

苏州阳澄湖大闸蟹复合系统（2021）

苏州角直水八仙种植系统（2021）

苏州市吴江区环长漾桑基鱼塘农业系统（2022）

苏州市吴中区环太湖流域林畜复合系统（2022）

苏州常熟鸭血糯稻作文化系统（2022）

苏州市塘浦圩田传统农业系统（相城区阳澄湖镇、常熟市古里镇、吴江区七都镇）（2023）

苏州市常熟虞山松树蕈生态与文化系统（2023）

苏州市昆山湖荡圩田农业系统（2023）

第三节　渔家处处舟为业

苏州境内湖、泊、荡、漾星罗棋布，江、河、沟、塘阡陌纵横，水产资源十分丰富，素有“水乡泽国”“鱼米之乡”之称。草鞋山遗址出土的鱼头形陶土网坠表明，苏州渔业有7000多年的历史。

吴语中，“吴”与“鱼”同音。在吴文化的发展进程中，吴地先民顺应环境而生，形成了“断发文身，饭稻羹鱼”的文化传统。苏州境内仅有内陆水域，水域、渔业资源丰富，是江苏省淡水水域资源最多的地区，绝大部分水域可用于水产品养殖和增殖。渔业历史悠长，渔业资源丰美，四时有鲜鱼，季季有美味，这也是东方水城、鱼米之乡给生活在这一方水土上的人民的馈赠。

一、渔业文明发展

史前文明时期，水生动植物是人们赖以为生的一种主要自然资源。传说中燧神和伏羲生活的时代，在多水的地方，人们“以佃以渔”，水中捕捞。在渔樵耕牧的社会发展过程中，渔猎先于农耕，捕鱼业早于养鱼业。

自古以来，渔业生产作为苏州农村的传统重要副业，随着社会的进步发展，历经了由捕捞转养殖、由粗养变精养、由低效转高效、由传统转生态的更新演变。迄今为止，考古界在太湖地区发现的最早文化遗址，是太湖三山岛距今1万年左右的旧石器时代晚期的文化遗址。在三山文化遗址中，除发现有多种陆生动物的骨骼，还同时有不少水生动物的遗存，反映出其时确实也过着“以佃以渔”的生活。在其后的所有新石器文化遗址中，也都反映出渔业并不因原始农业的发展而有所衰退，相反倒是愈来愈进步，在史前就显示出了其饭稻羹鱼的特点。如吴江梅堰新石器时代遗址中，就呈现出某种“靠水吃水”的特点，这一遗址的日常器物中，鱼形图案十分常见，同时，鱼骨、螺蛳和蚌壳的堆积也较丰富。这说明渔业不只是原始农业的一种重要补充，而且鱼、虾、螺、蛤是这一地区的基本食物。另外，苏州很多老地名也都与鱼有关，如嘉鱼坊（今嘉余坊）、乘鱼桥、鱼行桥等。

最初的渔业，只捕不养。一般认为，起先，人们只是在岸边、沟滩等浅水处脚踩手捉或围堰截水地捕渔。这阶段基本上不借助什么工具，是徒手捕捞。新石器时代中期，苏州的先民从徒手捕鱼进入用网捕鱼阶段。春秋时期，吴地的渔业已有一定的发展，甚至还有人工养鱼的场所，在越来溪之西有“鱼城……吴王游姑苏，筑此城以养鱼”。明卢襄在《石湖志略·古迹》中也记载了越来溪：“溪有南北，南溪之西，田间基厚而土细，高可二丈，广倍之，吴王游姑苏，筑以养鱼，今谓之‘鱼城基’。”

另外，从鲜食到制鲞，则是吴地先民关于鲜鱼保存的一种进步。所谓“鲞”，就是剖开后晾干的鱼。关于制鲞的起源问题，宋代王应麟《困学纪闻》卷四中称：“陆广微《吴地记》云：‘阖闾思海鱼，而难于生致。治生鱼，盐渍而日干之，故名为鲞。’”时至今日，苏州夏日依然有一道佐粥的美食，叫“虾子鲞鱼”。

同时，还出现了关于渔业经验介绍的相关著作。春秋末期越国大夫范蠡的《养鱼经》是目前我国现存最早的一部养鱼著作。当然，据推论，此书不一定是范蠡亲笔所著，可能是后世根据他的言行加工而成的。《养鱼经》现存400余字，以问对形式记载了鱼池构造、亲鱼规格、雌雄鱼搭配比例、适宜放养的时间以及密养、轮捕、留种增殖等养鱼方法，与后世方法多相类似，是中国养鱼史上值得重视的珍贵文献。

东晋和南朝时，中原地区战乱频仍，随着人口向南迁徙，太湖地区的渔业有了长足的发展。晋代郭璞在描述长江中下游繁华情景的《江赋》中写道：“舳舻相属，万里连樯，溯洄沿流，或渔或商。”到南朝时，江南生产更进一步发展，一跃变成了“鱼、盐、杞、梓之利，充仞八方；丝、绵、布、帛之饶，覆衣天下”的富饶之区。此时，出现了当时较为先进的捕鱼工具——簖。

隋唐时期，太湖渔具种类纷繁。据唐代陆龟蒙《渔具诗》记载，吴地使用的捕捞渔具、渔法有罟罩、筌、箪、叉、射等10多种。相传陆龟蒙、皮日休各作《渔具诗》15首，系统记载吴地的渔具、渔法。《渔具诗》也是全国最早的渔具分类文献。到了隋唐时期，许多珍贵的品种已经成为进贡之物。宋范成大在《吴郡志》中记载：“吴人以芒种日谓之入梅，梅后十五日谓之入时。白鱼于是盛出，谓之时里白。”肉质细嫩、鱼身狭长侧扁的白鱼，就是太湖的名贵鱼类之一。

到了南宋时期，太湖捕捞出现重六七十吨的大型风帆渔船。明清时，吴地渔业呈现出“渔者十有三四”“渔家处处舟为业”“既富而携带重资贸易他省，航海懋迁”的景象。渔具种类繁多，网具类有刺网、拖网、建网、插网、敷网，钓具类有竿钓、延绳钓以及各种杂渔具等，并有虾拖作业和鸬鹚捕鱼。太湖渔民在湖中打鱼有3种网。最下层水域的网名为“铁脚鱼”，中层水域为大丝网，上层水域则为浮网。3种渔网的围捕，可谓“截鱼无遗”。

明代，苏州的渔业生产规模颇为可观，渔业经济在区域经济结构中占有较为重要的地位，沈周有诗云：“吴江本泽国，渔户小成村。枫叶红秋屋，芦花白夜门。都无三姓住，漫可十家存。熟酒呼儿女，分鱼喧弟昆。不忧风雨横，惟惮水衡烦。鸥趁撑舟尾，蟹行穿屋根。怡然乐

鱼鹰和网船

生聚，业外复何言。”描写了美丽、恬淡的渔村风光。

明清时期，养鱼户注重鱼种放养的合理配比，重视科学管理。清代郑元庆《湖录》载：“盖一池中，畜青鱼、草鱼，则鲢二分，鲫鳊一分，未有不长者。”“鲩鱼即草鱼，乡人多畜之池中，与青鱼俱称“池鱼”。青鱼饲之以螺蛳，草鱼饲之以草，鲢独爱肥，间饲之以粪。”

民国时期，苏州的养鱼业初具规模。吴江县的长坂乡、长泰乡，吴县的东山、黄桥、蠡口、黄埭，苏州市郊的虎丘、长青等成为集中的养鱼产区。《中国实业志》载：“吴县养鱼素称发达。养殖面积总计二千余亩，养鱼户三百三十三户，以洞庭东山、横泾、湘城、南北桥、黄埭等处为最盛。洞庭东山面积一百九十二方里……可为全苏之冠。”

中华人民共和国成立后，苏州的渔业资源有了长足的发展。20世纪末，全市渔业养殖品种基本形成以四大家鱼、河蟹、鳜鱼、加州鲈鱼、中华鳖、青虾、南美白对虾、罗氏沼虾、淡水珍珠、观赏鱼等为主的格局，大水面养殖逐步形成“太湖三白”（白鱼、白虾、银鱼）、太湖大闸蟹、阳澄湖大闸蟹等特色品种，有“天下第一蟹”之称的阳澄湖大闸蟹声名享誉中外。2000年，全市水产品总产量31.8万吨，其中特种水产品养殖产量5.5万吨。进入21世纪，苏州渔业步入了一个新的高速发展阶段。

吴地渔谚记载：“正月梅花塘鳢肉头细，二月桃花鳜鱼长得肥，三月菜花甲鱼补身体，四月汪丝氽莼鲜无比，五月莳里白鱼更加肥，六月夏鲤鲜胜鸡，七月鳗鲡正当时，八月桂花鲃鱼要吃肺，九月吃蟹赏菊打牙祭，十月芙蓉青鱼要吃尾，十一月大头鲢鱼头更肥，十二月寒鲫赛人参。”

二、水产资源

(一) 鱼类

苏州水产品种类纷繁，名特优产品甚多。据调查，近海捕捞生产中常见的有70多种，主要经济鱼类有带鱼、大黄鱼、小黄鱼、鳓鱼、马鲛、鲳鱼、鳗鱼等30多种。淡水鱼类有100多种，主要有青鱼、草鱼、鲢鱼、鳙鱼、鲤鲫、鳊鱼、鲌鱼、鲚鱼（刀鲚、凤鲚）、银鱼、河鳗、鳜鱼、黄鳝等。此外，还有丰富的虾、蟹、贝类和水生植物资源，如太湖的白虾、白鱼、银鱼、梅鲚鱼、珍珠以及阳澄湖大闸蟹；洄游性鱼类有河鲀、鲥鱼、刀鱼等。

据1981年太湖地区鱼类资源现状调查，苏州有各种鱼类107种，分属14目25科73属。2002年9月至2004年9月，江苏省太湖渔业管理委员会对太湖进行补充调查采集，并于2005年编著出版《太湖鱼类志》，书中记述太湖鱼类有107种。按种属分类有：鲤形目65种，占鱼类总数的60.7%（其中鲤科鱼类有60种，占总数的56.1%）；鲈形目鱼类16种，占15%；鲇形目10种，占9.3%；胡瓜鱼目4种，占3.7%；鲱形目和鲻形目各2种，分别占1.9%；鲟形目、鳗形目、颌针鱼目、鳉形目、合鳃目、鲉形目、鲽形目和鲀形目各1种，分别占0.9%。

按水域属性分类有：淡水鱼类89种，占鱼类总数的83.2%；海水或海淡水洄游性种类18种，占鱼类总数的16.8%，其中有河口型和陆封型，但它们均属海水鱼范畴。

从生态方面分析，有3种类型：定居型鱼类，如鲤鱼、鲫鱼、银鱼等；江湖洄游性鱼类，如青鱼、草鱼、鲢鱼、鳙鱼、胭脂鱼、鳊鱼等；海淡水洄游性鱼类，如中华鲟、鳗鲡、鲻鱼、刀鲚、河鲀等。主要经济鱼类有青鱼、草鱼、鲢鱼、鳙鱼、鲤鱼、鲫鱼、鳊鱼、梅鲚鱼等，还有不少名特优珍稀品种，如太湖银鱼、太湖白鱼、鳜鱼等。

青、草、鲢、鳙鱼 合称“四大家鱼”，半洄游性鱼类，是全市淡水捕捞养殖中的主要经济鱼类。自然环境下，每年5月，成熟亲鱼溯长江而上到宜昌、九江江段产卵，幼苗顺流而下，进入湖泊、河流等水域中生长育肥，是秋冬季节主要渔获对象。

青鱼以螺、蚬为主要饵料，属底层鱼类。青鱼体大肥壮，生长迅速，肉味鲜美，居“四大家鱼”之首。历史上，太湖青、草鱼个体大，群体多，40千克左右的大鱼屡见不鲜，是冬季捕捞的主要对象。20世纪80年代初，吴县黄桥乡河东、河西两村（原名“北庄基”）成为全省青鱼养殖高产单位之一，著名的庄基青鱼就产于此地。苏州人爱吃鱼，尤其爱吃爆鱼，不论是年夜饭还是家庭聚会，餐桌上都少不了一道爆鱼。苏式爆鱼，又被称作“熏鱼”，是苏州人非常喜爱的特色鱼制品。在讲究食材的苏州人眼中，熏鱼的原材料一定要是青鱼，才没有土腥味。制作过程中，将炸到焦脆的鱼块趁热泡入酱汁中，吸满了汁水的爆鱼，皮是脆的，肉是鲜的，甜咸交织，外脆里嫩，淡淡的咸香，微微的酸甜，这不仅是一道美食，更承载了苏州人对团圆、幸福生活的向往。

草鱼，又名“混子”，是养殖鱼的主要品种之一。以食草为主，属中下层鱼类。东山濒临太湖，水质清纯，水草丰盛，是养殖草鱼的理想地区。草鱼是江苏省重点保护鱼类。

鲢鱼即白鲢鱼，鳙鱼即花鲢，鳙鱼有“胖头鱼”之俗称，都是重要的经济鱼类，生长在水域的上、中层，主要滤食浮游生物，生长快，疾病少，易饲养，是优良的饲养品种，亦是太湖、阳澄湖等人工放流的主要鱼种，具有回捕率高、经济效益好的优点。鳙鱼和鲢鱼价廉物美，深受广大消费者欢迎。尤其是鳙鱼头，食时更肥美，被视为珍馐佳肴，有“青鱼尾巴鳙鱼头”之谚。鲢鱼、鳙鱼都是江苏省重点保护鱼类。

松鼠鳜鱼

鳜鱼　又称“桂鱼”“桂花鱼”“季花鱼”。体短背高，巨目细鳞，有黑色斑纹，翅上有刺，是淡水中的凶猛鱼类，主食其他鱼类和虾等。鳜鱼肉质细嫩，刺少味美，营养丰富，被列为名贵鱼类，是驰名的席上佳肴。唐代诗人张志和《渔父》中有“西塞山前白鹭飞，桃花流水鳜鱼肥”的诗句，流传千古。鳜鱼普遍受到江南一带消费者的青睐。松鼠鳜鱼则是苏帮菜系传统名菜。清蒸鳜鱼以肉嫩味鲜、触箸纷解而备受食客喜爱。苏州人做清蒸鳜鱼，往往选用八两至一斤的鳜鱼。

塘鳢鱼　又名“沙鳢”“蒲鱼”。底层鱼类，喜隐居于岩石缝隙或泥沙、杂草等隐蔽处。塘鳢鱼主要产区在东太湖横泾、浦庄、渡村和东山一带，那里沿湖浅滩水草丛生，是塘鳢鱼产卵繁殖和栖息的理想场所。20世纪70年代，由于沿湖社队围湖造田，破坏了鱼类产卵和栖息的场所，塘鳢鱼一度几乎绝迹。80年代初，采取一系列有效措施，塘鳢鱼的产量有所回升，年产25吨左右。塘鳢鱼油菜开花时捕捉，肉嫩味美，鲜美可口，营养丰富，是江南水乡独特的上等名菜佳肴。用其头部两颊腮的肉制成的“豆瓣汤”，名满江南。塘鳢鱼炖蛋则被称为“江南春日第一鲜味”。

(二) 虾蟹类

苏州有虾8种、蟹3种。虾主要有秀丽长臂虾(俗称“白虾”)、中华小长臂虾、日本沼虾(俗称“青虾”)、细螯沼虾、粗糙沼虾、细足米虾、锯齿米虾、钩虾等。

经济淡水虾类有3类,其中白虾、青虾为主要品种。吴中盛产白

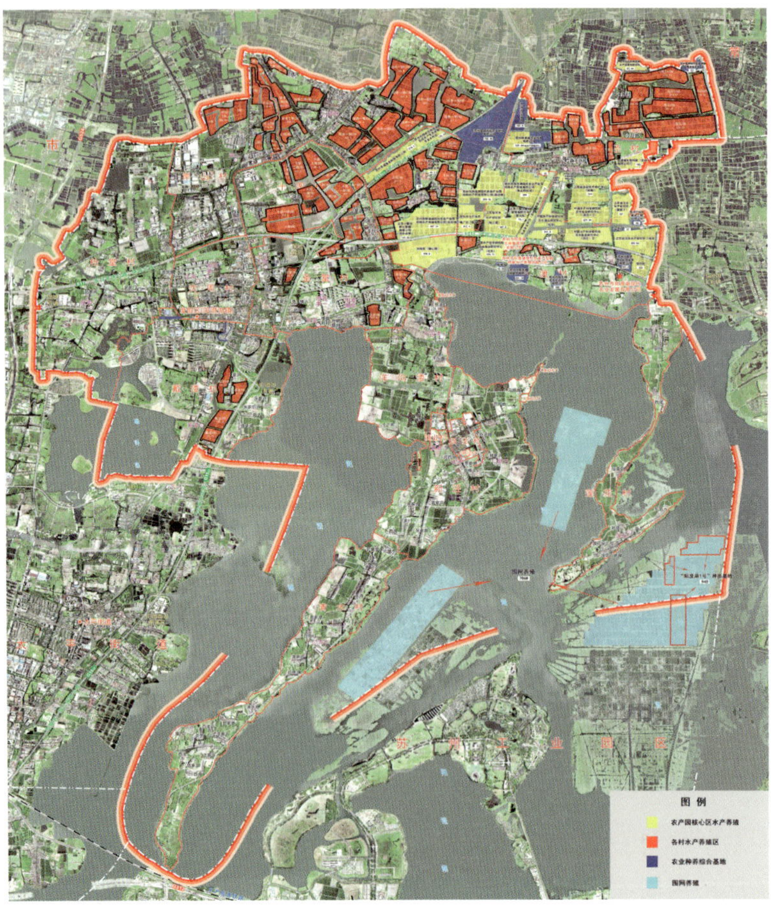

相城区阳澄湖镇水产养殖分布示意图

虾和青虾，其中白虾是太湖的优势种群。青虾分布面广，湖、河、港、沟均有，是主要捕捞品种。“糠虾”是以米虾为主的小型虾的统称，清乾隆《吴县志》有“凡有数种，米虾、糠虾以精粗名也，青虾、白虾以色名，梅虾以梅雨时有也，今乡土蚕春天出小白虾，俗名‘蚕白虾’”的记载。

经济淡水蟹类有中华绒螯蟹、凹背尖额蟹和锯齿溪蟹（统称“蟛蜞”）。经济价值高的是中华绒螯蟹，全市水域均有分布。其他两种沿长江三县（市）分布较多，经济价值、产量均较低。中华绒螯蟹俗称“河蟹”“毛蟹”。每年秋季性成熟后降河洄游到长江口与浅海咸淡水交汇区繁殖。次年4—6月，蟹苗溯江而上，在淡水中生长。河蟹资源分布很广，凡是通海的河、江、湖荡都有出产，肉味鲜美，营养丰富，是水产珍品，素有“蟹肉上宴百味淡”之说。

地处阳澄湖北岸的阳澄湖镇，大闸蟹的养殖主要分为围网养殖和池塘养殖两部分，围网亩产量为100—150斤，池塘亩产量为120—200斤。阳澄湖大闸蟹除了产量还有一个指标也很重要，那就是规格（也就是大小），平均规格为每只3—4两。2021年，苏州阳澄湖大闸蟹复合系统申报获批第一批江苏省省级重要农业文化遗产。

大闸蟹产区众多，主要集中在长江流域，其中以阳澄湖地区的湖蟹和塘蟹最为知名。阳澄湖在宋代之前曾是陆地，现在的湖荡在宋代才形成，宋人称为“阳城湖”（最早的名称），后来逐渐形成了湖岛上的一个村落。阳澄湖至今仍以最长的养殖历史、最多的养殖水面、最高的蟹产量、最大的市场成交量等“十一个最”稳居清水大闸蟹头把交椅。

苏州历史上以阳澄湖蟹和太湖蟹最为著名。清乾隆《太湖备考》

与蟹有关的俗语、歇后语

生吃螃蟹活吃虾。

长将冷眼观螃蟹，看它横行到几时。

飞机上吊螃蟹——悬空八只脚。

螃蟹过河——七手八脚。

生吞螃蟹——爬肚肠（吴方言，爬肚肠就是瞎折腾的意思）；肚里横；牵肠挂肚。

叫花子吃死蟹——只只鲜。

捉死蟹，指简单机械，不知变通。

死蟹一只，指毫无办法。

掰蟹脚，指局外人也要分享利益。

牛吃蟹，指外行，不精细。

软脚蟹，指胆小懦弱。

独脚蟹，指缺少帮手。

20世纪70年代的阳澄湖蟹农

载："出太湖者，大而色黄、壳坚，胜于他产，冬日益肥美。谓之十月雄。"清道光《元和唯亭志》载："蟹，诸湖俱有出，阳湖者最大，壳青、脚红，名金爪蟹，重斤许，味最腴。"清同治《同治府志》有"今则出阳澄湖商洋潭者为上，菁藏俟元宵鬻之。俗名看灯蟹"的记载。阳澄湖清水大蟹在国内外享有盛名，青背白肚，金爪黄毛，素有"蟹中之王"的美誉。江南向有"吃了大闸蟹，百菜无滋味"之说。近代民主革命家、思想家、国学大师章太炎的夫人汤国梨寄居苏州时，留下了一句脍炙人口的名言："不是阳澄湖蟹好，人生何必住苏州。"文豪苏东坡食蟹后，留下了"不到庐山辜负目，不食螃蟹辜负腹"之感叹。秋尽江南蟹正肥，这时螃蟹肉紧黄多，民间俗称"九雌十雄"，煮后有"雄者如脂白于玉，圆脐剖出黄金脂"的赞誉。

阳澄湖大闸蟹分为湖蟹和塘蟹。湖蟹，在二级饮用水水质环境下生长，受当地政府和行业协会严格监管，近野生环境养殖，肉质清甜鲜美，蟹黄蟹膏的品质很高。塘蟹，是在阳澄湖地区设塘，引用湖水或周边水源进行养殖，因养殖密度更高而价格实惠，肉质、口感、味道略逊于湖蟹。

阳澄湖大闸蟹的特征：青背、白肚、金爪、黄毛

知识链接　第一个吃螃蟹的人

谁是吃蟹第一人？鲁迅称第一个吃螃蟹的人是勇士。鲁迅生于浙江绍兴，那里秋天盛产螃蟹。鲁迅喜欢吃蟹，每逢秋季产蟹时节，食蟹饮酒是他的标配。鲁迅日记中就有“夜食蟹饮酒，大醉”的记录。在鲁迅辑录古籍的手稿中，有两卷宋人傅肱的《蟹谱》。他在杂文《论雷峰塔的倒掉》以及其他文章中多有对螃蟹的论述。“许多历史的教训，都是用极大的牺牲换来的。譬如吃东西罢，某种是毒物不能吃，我们好像全惯了，很

平常了。不过，这一定是以前有多少人吃死了，才知道的。所以我想，第一次吃螃蟹的人是很可佩服的，不是勇士谁敢去吃它呢？螃蟹有人吃，蜘蛛一定也有人吃过，不过不好吃，所以后人不吃了。像这种人我们当极端感谢的。”（选自《今春的两种感想》）

关于吃蟹第一人，有很多种说法。一种是大禹治水时的督工巴解。相传大禹治水时代，阳澄湖边有一种“夹人虫”，每到夜晚爬上岸偷吃稻谷，并用钳子夹伤人。大禹来到江南治水，派壮士巴解督工，但“夹人虫”经常妨碍工程进展。巴解想出一个办法：在湖边挖沟，傍晚时分，“夹人虫”爬上来进入沟里，便将事先准备好的开水浇进去，不一会儿，“夹人虫”就被烫死了。微风吹来，巴解闻到一股从未闻过的香味，于是好奇地把蟹壳揭开，香味扑鼻而来，巴解壮着胆子咬了一口，发现味道竟然如此鲜美。故事很快便在阳澄湖区域传开了，人们再也不怕“夹人虫”，而是将其作为餐桌上的美食。

当然，还有文献记载，“庖人共祭祀之好羞”（《周礼·天官·庖人》）。郑玄注云：“好羞谓四时所为膳食，若荆州之鱼，青州之蟹胥。”又据《古今图书集成·博物汇编禽虫典》蟹部汇考《释名·释饮食》：“蟹胥，取蟹藏之，使骨肉解之，胥胥然也。”蟹胥就是蟹酱。早在商、周时期，就能制作蟹酱美肴。是不是还有一个比巴解更早的吃蟹人呢？大家感兴趣的话可以深入研究一下。

每年的9月中下旬是阳澄湖大闸蟹开捕的时节。2023年，纳入农产品地理标志地域范围内的池塘养殖面积7.09万亩、围网养殖面积1.56万亩，得益于适宜的天气、企业农户的悉心养殖以及技术人员的努力，总产量在1.1万吨左右。

阳澄湖大闸蟹的吃法也可谓是五花八门，可以做成蟹黄面、蟹粉小笼包、醉蟹等，其中最经典的就是清蒸了。挑选个大、肢体全、活力强的阳澄湖大闸蟹，放在清水里洗净，用绳或草把大闸蟹的2个夹子和8条腿扎紧成团状，入锅隔水蒸熟。出锅时，蟹壳呈橘红色，翻开蟹

阳澄湖开捕

盖，蟹黄如金，蟹白似玉，这种吃法能最大限度地保持大闸蟹的原汁原味，突出大闸蟹的色、香、味。

三、渔业生态两相宜

古代苏州，尤其是环太湖地区农业结构较为合理，且经济持续发展，这与古代该地区的农业生态系统的相对平衡息息相关，其中，养鱼业成为农业生态良性循环的重要组成部分，更是环太湖地区农业的一大特色。

（一）湖田稻熟鲫鱼肥

稻田养鱼在我国有悠久的历史。传说曹操编撰的《四时食制》已说到四川郫县稻田养黄鳞赤尾鱼的事。太湖地区目前能看到的史料，是明代成化《湖州府志》载:“鲫鱼出田间最肥,冬月味尤美。”这也是目前已知最早的稻田养鱼的记载,算来也500多年的历史了。之后,清乾隆《苏州府志》等文献也都有过类似记载。康熙《吴江县志》“物产·鲫鱼”条下,亦注明“出水田者佳”。乾隆《震泽县志》称:“岁既获,水田多遗穗,又产鱼虾。在昔绍兴人多来养鸭,收其卵以为利。”这也可说是稻田养鱼外又一种新的形式。由上可见,明清以后,太湖地区稻田养鱼已不再是个别的例子了。“湖田稻熟鲫鱼肥”,讲的就是这一带农户田中亦稻亦鱼双丰收的情景。

(二) 渔牧粮园综合经营

养鱼、牧畜和种粮、园艺的有机结合和综合经营,为解决饲料、肥料,提高经济效益,开辟了新的途径。如常熟县谭氏兄弟,“居湖乡,田多洼芜”,他们便凿其最洼者为池,“池以百计,皆畜鱼”,池上筑厩,饲以畜禽,“鱼食豕下皆易肥也”。余地则围以高塍,塍上植梅桃诸果,圩泽则种茹、茈、菱、芡。可畦者,以艺四时诸蔬,皆以千计。这样的经济收入,较之单一农耕增长了3倍,因而谭氏成了富翁。又如太仓富户龚孺人,他颇善经营,陆饲牲畜以百计,水养鱼鳖以石计,园田植果、瓜、芥、蔬以千顷计,因而“子母之利归焉”。另外,徐光启也作羊圈于塘岸,“草粪则每早扫于塘中以饲草鱼”,等等。上述以收牧促鱼、养鱼利农,种养两旺、一举多得的经验和做法,可算是渔业史上富有意义的创举。

(三) 桑基鱼塘的建立

桑基鱼塘,是我国长三角、珠三角地区常见的农业生产模式,是为充分利用土地而创造的一种“塘基种桑、桑叶喂蚕、蚕沙养鱼、鱼粪肥塘、塘泥壅桑”的高效人工生态系统,种桑养蚕的收益比种粮食高很多，而且保护生态环境。桑基鱼塘是世界传统循环生态农业的典范，堪称中国农耕社会最为高级的农业形态。

《太湖备考续编》中称："惠安堂，翁节妇捐鱼池五亩，……桑地鱼池二十六亩。"这是鱼池与桑地结合的"桑地鱼池"的首次提出，其具体时间，大致是在清咸丰年间或稍后。这一时期，太湖地区随着商品经济的发展，蚕桑业已得到振兴，渔业生产力亦相应有了较大的提高。本来鱼池宜设在洼地，桑园适合设在高基，这两者大相径庭，是难以结合的，然而，农民在实践中有意识地把挖鱼池的泥土培成高基，就将二者巧妙统一起来了，这样就形成了"土人不独田禾为重，而以鱼蚕为业"的局面。《震泽县志》记载，苏州长桥爱晚亭一带，在康熙初年，低者

吴江桑基鱼塘

开浚鱼池，高者插莳禾稻，四岸增筑，植以烟、靛、桑林。勾勒出一幅桑基鱼塘的画面，展示了当时综合经营发展的情况。

起初，桑基鱼塘是一项防涝工程——因地处南太湖，又是一片洼地，每当雨季，大量山洪水涌入，由于当时区域内河道不甚畅通，经常发生洪涝灾害。千百年来，在合理利用开发这片洼地的过程中，人们通过修筑“纵浦横塘”水利排灌工程，将地势低下、常年积水的洼地挖深变成鱼塘，挖出的塘泥则用于堆放在水塘的四周作为塘基，逐步演变成桑基鱼塘生态模式。这不仅有效控制了雨季洼地经常发生的洪涝灾害，而且形成了一种多层次复合生态循环农业系统。

在桑基鱼塘系统中，种桑、养蚕、养鱼三者是相互联系、相互推动，复杂的、多样化的循环性生产。“桑茂、蚕壮、鱼肥大，塘肥、基好、蚕茧多”，充分说明了桑基鱼塘循环性生产的关系。

历经数千年的嬗变，桑基鱼塘以活态形式记载并展现了江南地区种桑养蚕、缫丝织绸、淡水养鱼的发展历史，为现在和未来提供了可资研究与借鉴的“活化石”。当地也因此诞生了“扫蚕花地”、蚕歌、蚕花戏、扎蚕花、千金剪纸、“渔家乐”等具有相当文化价值的民间艺术。

苏州的蚕桑文化有着悠久的历史渊源和浓厚的文化底蕴，在漫长的蚕桑生产过程中，形成了独具蚕桑文化的生产习俗。我国自商周以来，就有为使蚕业兴旺的祭祀活动，苏州也传承了这一习俗。苏州始建于宋代的轩辕宫也被称为“机圣庙”，春秋朔望祭祀与丝绸相关的诸神，这里后来还成为丝织行会最初的议事场所。吴江盛泽有建于清代的蚕皇殿。苏州婚俗中的彩礼，其中就有苏州特产绸缎、刺绣等。蚕花甚至还作为吉祥物被用到了婚嫁迎亲等场合，像竖蚕花竹、坐蚕花床等。蚕花并不是真的花，而是用彩纸或茧子、绸帛等做成的花朵，女子将其作为头饰，期望蚕桑生产能够丰收。在古代，元宵节的彩灯也常常用丝绢制作。

苏州吴江盛泽、震泽是著名的绸市、丝市。明嘉靖年间，盛泽丝绸业日渐繁荣且形成绸市，遂称“盛泽市”；清乾隆年间，此镇“居民百倍于昔，绫绸之聚亦且十倍，四方大贾辇金至者无虚日。每日中为市，舟楫塞港，街道肩摩，盖其繁阜喧盛，实为邑中诸镇之第一”。盛泽与苏州、杭州、湖州并称为我国四大绸市。进入新时代，盛泽拥有恒力、盛虹等国内知名世界500强大型纺织企业集团，先后被评为国家级丝绸星火密集区、全国乡镇企业示范区、中国丝绸名镇、中国纺织名镇。现在，盛泽还留存着一座清道光七年（1827）的先蚕祠，是目前仅存的祭祀蚕桑文化的祠庙。先蚕祠，又名“蚕花殿”或“蚕王殿”，即盛泽

震泽的丝业

丝业公所，俗称“蚕花殿”或“蚕皇殿”。三座拱门正中竖匾为祠名，两侧上方分别书写“织云”和“绣锦”，是当年盛泽丝绸业繁荣的写照。

震泽，是苏州地区著名的丝市，在明代就有不小的规模，到清乾隆年间已经“栋宇鳞次，百货俱集。以贸易为事者，往来无虚日”。近代，生丝贸易的发达使震泽日益繁荣，成为我国著名丝市之一。民国初年，吴江、震泽两县合并之后，仅次于盛泽，仍为吴江县内第二大镇，镇上丝行、丝经行、茧行、桑叶行林立。“茧丝上市之际，毂击肩摩，尤非他市所能及。”20世纪20年代，日本人到震泽一带实地调查时所见：“南浔到震泽之间，只有十二华里，船只往来繁忙，是两省交界之处。两镇都有繁华的街道，特别是江苏的震泽镇，有着很多富豪居家，辑里丝发庄的房屋。”于1929年2月开业、4月27日开工的震丰缫丝厂，则是吴江县第一家机器缫丝厂。新时代，震泽先后被评为中国亚麻蚕丝被家纺名镇、中国蚕丝被之乡。

第四节 涉水百业

苏州是水做的城市，自建城以来，因水而兴。太湖、长江、大运河和纵横交错的城内河道以及湖泊，四通八达的城市水路网络，造就了苏州在明清鼎盛时期成为名副其实的“百业之城”和“百作之城”。除了园林建设、渔业和水运业等，苏州与水有关的行业还有很多，涉水百业，各具特色，是一个时代或者几个时代苏州城市的烙印。

一、水灶业

水灶，又叫“老火灶”，俗称“老虎灶”。在《苏城水灶业规》中，有这样一段文字："板炉茶馆及七星炉等不在我业范围，如欲改作水灶，俗名老火灶。"水灶业在苏州是一个古老的行业。初称"水炉业"，它在苏州的形成时间已无从查考。清道光十一年（1831），苏州西北街石皮弄仁德堂建立了水炉公所，可见在此之前，水炉业已成规模。苏州阊门外新民桥石灰中弄也曾有一个水炉公所，建立时间不详，但要晚得多。石皮弄水炉公所内原存有道光二十五年苏州府和长洲、吴县、元和3个县的示禁保护水炉公所碑，宣统三年（1911）八月的重修水炉公所碑和民国十七年（1928）水炉公所劝募修建观音大殿碑。从碑文看，早年从事水灶业的，几乎是清一色的江苏溧水人，水炉公所如同这个行业的同乡组织。道光时，水炉公所司事有王有源、俞士胜、陈秉孝、钱廷荣、邵全寿、刘纪煜等人。在宣统三年的重修水炉公所碑上，刻字清晰或模糊的募捐者约有125人，由此可基本推算出当年苏州全城开业的老火灶数。到民国十九年十二月，苏州水灶业同业公会在石皮弄水炉公所建立，会员有165户。从水炉公所到水灶业同业公会，历史恰恰走过100年。

竹制水筹

当年的《苏城水灶业规》中，除了明确苏州水灶业采用卖筹供水、全城统一收费，还有诸如凡新设水灶必须与旧有水灶相距30丈，限制业外人员从业等条文。而从留存的水灶公会章程、公告、申批文件及老照片中，可以看出当年水灶营运遍布苏州城市的各个角落。资料显示，苏州水灶业在民国三十六年（1947）有会员253户，中华人民共和国成立后有所增加，如1950年为280户，1951年为304户，1955年最高，达320户。1956年归口改造，实行合作小组，以后几年里，水灶网点基本保持在250户左右。1966年后，从业人员大都下放农村，仅保留少量网点。改革开放后，老火灶逐步恢复。1979年，有网点86户。1980年，老火灶改由个体经营。

老火灶是一种很简陋的砖灶。它与民家的灶不同，不是从灶后往灶膛里加柴烧火。它的灶台面上是火口，围着火口一圈的是几只小汤罐。靠里是大镬子（铁锅，吴语叫法），镬子的木盖是分成两半的，加水时只需开半个盖。最靠里的是更大的镬子，铁镬子上还围箍了一圈木桶，以储存更多的水。

大镬子靠灶膛通往烟道的余热加温，里面只是温水。温水加入小汤罐，很快就可烧开，省时省柴。老火灶取砻糠烧火，在火口支个喇叭状的大铁漏斗，砻糠就直接由火口进了灶膛。砻糠催火，几畚箕下去，立时水就开了。砻糠很轻，常见砻糠船停在河边，挑砻糠的伙计担着巨大的竹箩，过跳板，上驳岸。但是砻糠也很占地方，一般水灶店都要隔出空屋堆放。很多时候，砻糠可以一直堆到屋顶。没有砻糠时，也烧煤，水就烧得慢，店主要不时地用铁钎从火口伸入炉膛内拨通。

店里除了灶，就是几口大水缸。早先没通自来水的年代，这缸是必备的，水灶老板雇人挑水，缸里贮满水，用明矾净后再用。有了自来水，这缸是预备的，停水的日子里，老火灶也不会停卖开水。烧老火灶，凌晨开店，半夜关门，不仅时间长，还费劳力，很辛苦。而且它们很少有招牌，只有记号：店主姓张，就叫"张记"；姓王，就称"王记"。

20世纪80年代前后，老火灶的形式略有变化，小汤罐换成了大水罐，还安了水龙头。水勺不用了，水龙头一拧，不一会儿水瓶就满了。进入90年代，苏州的老火灶开始逐渐淘汰，如今在城区已不见它的踪影。但是，很多老苏州，对那个年代提着热水瓶去老火灶泡水的记忆依然鲜活。因为在那个物资匮乏的年代，在再冷再恶劣的天气里，老火灶那里永远有开水，永远热腾腾的。

二、茶馆业

在苏州，水灶和茶馆业有其渊源。据史料记载，茶寮是茶馆的雏形，始于南北朝。茶铺是茶馆的初级形式，唐开元年间已有大量茶铺开设。历史上的茶馆有"茶坊""茶肆""茶室""茶居"等多种称谓，明清时期，苏州茶馆还称"茶社""茶篷"，随后改称"茶楼"，又往往冠以"源""园""苑"等字眼以示风雅。

如同"吴中通衢僻壤，茗肆分开"所说的那样，在旧时，苏州茶馆业兴旺发达，店铺遍布大街小巷。苏州人素来讲究沏茶品茗的传统习俗，加上喜闲爱食、擅过舒适慢生活的特性，去茶馆喝茶历来是苏州市民社会生活中的一景，从明清直至民国时期，茶馆茶楼遍布于古城的大街小巷。

陆文夫在他的文章《门前的茶馆》中记了山塘街上的一家小茶馆：

> 小茶馆是个大世界，各种小贩都来兜生意，卖香烟、瓜子、花生的终日不断，卖大饼、油条、麻团的人是来供应早点。然后

是各种小吃担都要在茶馆的门口停一歇，有卖油炸臭豆腐干的，卖鸡鸭血粉丝汤的，卖糖粥的，卖小馄饨的……间或还有卖唱的，一个姑娘搀着一个戴墨镜的瞎子，走到茶馆的中央，瞎子坐着，姑娘站着，姑娘尖着嗓子唱，瞎子拉着二胡伴奏。许多电影和电视片里至今还有此种镜头，总是表现那姑娘生得如何美丽，那小曲儿唱得如何动听等等之类。其实，我所见到卖唱姑娘长得都不美，面黄肌瘦，发育不全，歌声也不悦耳，只是唤起人们的恻隐之心，给几个铜板而已。茶馆店不仅是个卖茶的地方，孵在那里不动身的人也不仅是为了喝茶的。这里是个信息中心，交际场所，从天下大事到个人隐秘，老茶客们没有不知道的，尽管那些消息有时是空穴来风，有的是七折八扣。这里还是个交易市场，许多买卖人就在茶馆里谈生意。这里也是个聚会的场所，许多人都相约几时几刻在茶馆店里碰头。最奇怪的还有一种所谓的吃“讲茶”，把某些民事纠纷拿到茶馆店里评理。双方摆开阵势，各自陈述理由，让茶客们评论，最后由一位较有权势的人裁判。此种裁判具有很大的社会约束力，失败者即使再上诉法庭，转败为胜，社会舆论也不承认，说他是买通了衙门。

以前苏州人喝茶，不仅仅是品茗娱乐，很多时候是在茶馆中边喝边谈生意。于是，旧时，在苏州，各种人利用茶馆洽谈生意，有一定时间、有固定座位的行业茶会便出现了，如米市茶会、油市茶会、丝业茶会、蚕茧业茶会等。茶馆也因此成为苏州人社交、休闲、议事的重要场所。俗谚说苏州人“早晨皮包水（茶），晚上水包皮（洗澡）”，可以想见茶馆之多。

据王稼句《吴门饮馔志》记载，自道光至清末，苏州城内外的茶馆书场有30多家，如观前街的云露阁、宫巷的桂芳阁、阊门外的湖田堂引凤园、临顿路的清河轩、道前街的雅仙居、兰花街的清风明月楼、吴县城隍庙的福泉、太监弄的老义和（后改称“吴苑深处”）、皮市街的潍畅、临顿路萧家巷口的金谷、宫巷的聚来厅、中市街的中和楼（后改称“春和楼”）、凤凰街的老蕙园、葑门外横街的椿沁园、胥门外的凤池、山塘街的大观园、濂溪坊的怡鸿馆等。其中最有影响力的是老义和、潍畅、聚来厅、金谷四家，被称为“四庭柱”，都是名家响档演出的一流茶馆，场内可容听客两三百人。各邑有名的茶馆书场，常熟有湖园、仪凤、长兴、雅叙楼、雅集轩，昆山有畅乐园、老同春，太仓有鹿鸣楼、鸣园，吴江有祥园等。

民国年间，苏州茶馆业出现繁荣局面。自20世纪20年代至30年代，苏州城区的茶馆书场有太监弄的吴苑深处，玄妙观内的三万昌、雅聚园（后改称“品芳”）、雅月、吟芳，观前街的汪瑞裕、云露阁、文乐园、彩云楼，北局兰花街的清风明月楼，察院场的赛金谷，皮市街的潍畅、齐苑、同春苑，临顿路的金谷、顺兴园、九如、中央楼、仝羽春、群贤居、方园、壶中天、望月楼，濂溪坊的怡鸿馆、沁园、顺园，宫巷的聚来厅、桂芳阁、如意阁，养育巷的胥苑深处、渭园，道前街的凤翔春、一乐天、雅仙居，府前街的凤鸣园，西贯桥的双凤苑，禅兴寺桥的庸昌，护龙街的彩云楼、啸云处、齐苑、北新园、桂馨，饮马桥的锦帆榭，古市巷口的怀古，中市街的德仙楼、中和楼，汤家巷的茂苑，泰伯庙前的凤苑，神仙庙前蒋厅的会园，干将坊宫巷口的同仁楼，南仓桥的引凤台，砖桥的春和，葑门外的椿沁园，娄门外的鸿园、升平楼，盘门外的春风得意楼、四海楼，阊门外的福安、长安、龙园、怡苑、玉楼春、汇泉楼、啸

知识链接 吴苑深处

吴苑深处，是旧时苏州茶馆业中名气最响、规模最大的茶馆，坐落在太监弄。这家茶馆创始于民国元年（1912）。大门朝北正对观前街，后门通珍珠弄，地处观前闹市中心，交通便捷，规模甚大，很受茶客欢迎。

吴苑深处茶馆旧影

吴苑深处茶馆内有前楼、方厅、四面厅、爱竹居、话雨楼等主要厅室。楼下有5个堂口，楼上有5间大堂口，楼后有小堂口及书场，每一个堂口都各具特色。进入大门后的堂口被称为“船头”，来此吃茶的苏州人甚多。方厅东南角一个洞门里，有三开间上下两个堂口。楼下称“爱竹居”，这里的吃茶者，大多是在苏州的省议员及地方长官，也有一些地方上有名望的地主士绅在那里消遣。楼上堂口称“话雨楼”，苏城一些出名的纨绔子弟常来这里消磨时光。吴苑深处楼上位置最佳的四面厅，内设红木茶几茶座，装修典雅舒适，张一麐等社会名流常来这里。可以说苏州地界上的各界知名人士、工商业者、艺术大家等都爱聚集于吴苑深处吃茶，以至于去吴苑深处吃茶成为当时苏州人生活中一件时尚的事情。

吴苑深处售卖各种风味小吃。吃食中最著名的有异味轩的五香排骨、五香小肉。门口饼馒店售卖甜、咸两种口味的蟹壳黄、生煎馒头、油酥饼等。另外还有现做现卖的斗糕、苏式汤包、鸡鸭血汤、三角包、豆腐花、泡泡馄饨、火腿粽子、白糖桂花莲心粥、粢饭团、三鲜大馄饨、时令薄荷扁豆糕、白糖玫瑰袋袋粽、八宝饭等，小吃美食多达几十种。

云天、民众茶园、大观楼、中央楼、鸿春、易安，另有一家集贤楼，不知其所在。

茶馆的堂倌，都有一手招徕顾客的特殊功夫，走进茶馆的客人，多半会因为他们的招呼而欣然就座喝起茶来。这些堂倌等客人坐定，便手提壶嘴特别加长、把柄绕着白藤的黄铜水吊（俗称“吊子”），忙碌地在茶客中穿梭，向陶瓷小茶壶中添加开水。堂倌拎着长嘴吊子前来续水时，左手拿起茶壶，用一只手指勾起茶盖，右手将吊子嘴凑近壶口，待水柱出来，将吊子一拉，一道水柱从高处倾倒入壶，待壶中的茶水浅满恰到好处时，吊子陡然落下壶口时打住，壶外边无滴水漏出，这种技艺叫作“凤凰三点头”。

除了著名的茶楼，如吴苑深处、三万昌、九如茶室、小仓别墅等，苏州人还喜欢在公园里喝茶，最让大家记忆深刻的是至今还在营业的苏州大公园的茶室。另外，苏州人更喜欢在园林里喝茶，但凡叫得上名号的园林里，都有一处建筑是供大家喝茶的。所谓“半壁山房待明月，一盏清茗酬知音”，苏州人在园林里“孵茶馆”（苏州方言，孵，就是蹲在某地的意思）。春天可以到虎丘云岩茶室品虎丘白云茶，看曲水流觞；夏天可以到艺圃的延光阁喝清茶赏荷；秋天，在耦园双照楼，闻香三秋桂子，看丹桂青竹；冬天，去狮子林暗香疏影楼捧一杯热茶，踏雪看梅。除此以外，留园冠云楼、网师园露华馆、沧浪亭藕花水榭都是品茗佳处，也把苏州人喝茶时浓浓的仪式感体现得淋漓尽致。

三、混堂业

混堂，是现在所说浴室的前身。初皆以堂名，后改为池、泉、浴室等。浴堂，又有雅称叫“香水行”，想来应该是源自屈原《九歌·东皇太乙》中所说的“浴兰汤兮沐芳”，即古代香汤沐浴的习俗。唐宋端午节时，人们要用兰汤沐浴。

北宋时，开封工商业发达，庶民辐辏，民间公共浴室兴起。宋室南渡，建都临安，人口激增，浴室随之增多。当时浴室可能只是盆汤，而非浴池。元时，分国人为四等：第一等蒙古人，第二等色目人（蒙、汉之外的民族），第三等汉人（留居北方的汉族），第四等南人（南宋治下的汉族）。色目人率先在江南建造混堂。而江南发达的商品经济，又促进了混堂的发展，在江南的城乡，混堂林立。李诩《戒庵漫笔》记有：“嘉靖九年三月间，邑西门外青山勿陷，中空如两三间房大，皆砖发圈者，若混堂样。底亦铺砖，有麻布花纹。”

明代江南混堂，首推苏、杭、宁、扬等发达地区的。苏州混堂之多，前文已述，有“七塔八幢九馒头（指混堂的穹形幔顶）”。“馒头”即指

〔清〕徐扬《姑苏繁华图》中的香水浴堂

苏州的浴室。钱思元《吴门补乘·物产补》中说：

> 混堂天下有之，苏州分三等。一则砌石为池，穹幕以砖，顶如团瓢，后为巨釜，令与池通辘轳引水，穴壁而贮焉，一人专执爨，池水相吞，遂成沸汤，凡负贩者、屠沽者、疡者、疕者，纳一钱于主人，皆得入澡焉，是名“馒头顶混堂”。一则白石甃池，覆池以屋，虽号清泉，终同裸国，君子不入也。一曰京式盆汤，则版夹为室，室置澡盆，两旁鳞比，下穿地弄，墙外举火，而火通于街，纳钱七文，则人占一室，虽霜晨冰夕，暖如春融，衣冠之子赴焉。始于三茅姑巷四宜轩，既而都亭桥有二乐轩。

明清时期，苏州的澡堂业已十分普及。

四、制冰业

苏州先民收藏、使用天然冰块的历史，最早可追溯至春秋时期。《越绝书·记吴地》载，吴都阊门、巫门外有吴王阖闾冰室，并云：“冰室者，所以备膳羞也。”这种半开挖在地下的冰室，夯土为墙，覆草为顶，密封性能好，可以长期保存冰块。到了清代，苏州出现了制作冰块的田地和存放冰块的仓库，分别称作“冰田”“冰窖”。《元和县志》也记录：“每遇严寒，戽水于荡田，冰既坚，取贮于窖。盛夏需以护鱼鲜，并以涤暑。”

明清时，冰窖多集中在葑门外，因这里有苏州最大的海鲜市场，辐射江南地区。黄鱼渔汛在小满与夏至之间，苏州有吃“五黄”的习俗，其中必备黄鱼。苏州渔船依靠冰窖以冰鲜占据市场优势，“头水”黄鱼捕获后，立即将“冰鲜”运到葑门“海鲜市”，然后“伐冰”出海赶“二水”，“三水”则再次“伐冰”，近千船次“伐冰”用冰量之大可想而知。

清人描述："海舶鱼鲜户户称，街头处处卖新冰。"

冰厂则产生于清末，它是具有一定规模，专门从事制冰、藏冰和出售冰块的企业。清光绪三十三年（1907），在三香村地域内（现在的劳动路北端）建起了苏州第一座天然冰厂，取名为"天河冰厂"。天河冰厂的老板林祜发是浙江人，冰厂是他与苏州菜馆业的义昌福、仁和馆、新太和、老正兴、大庆楼、味雅、卫生粥店以及部分肉店鱼行、野味店、熟食店、冷饮店等合资开设的。这些饮食店既是股东，又是客户，与冰厂互相依存，双赢互利。天河冰厂有10座冰库，多数分布在胥门郊外。此外，苏州还有一座公兴冰厂，创于民国九年（1920）左右，由程梦辛独资经营，有冰库4座。民国二十九年时，天然冰块每担50千克，售价是2元左右。在此后的20年里，天河冰厂和公兴冰厂附近又先后建起了2座冰厂，此地块成为苏州制冰工业基地。今天苏州还有一条冰厂街，位于广济路北端西侧、清塘路以北，就是因为此地曾经设有冰厂而得名。

知识链接 〔清〕尤倬《冰窨歌》

我闻古之凌阴备祭祀，今何为者惟谋利。君不见葑溪门外二十四，年年特为海鲜置。潭深如井屋高山，潴水四方环冰田。孟冬寒至水生骨，一片玻璃照澄月。窨户重裘气扬扬，指挥打冰众如狂。穷人爱钱不惜命，赤脚踏冰寒割胫。槌舂撞击声殷空，势欲敲碎冯夷宫。乒乓倏惊倒崖谷，琮琤旋疑响琼玉。千筐万筥纷周遭，须臾堆作冰山高。堆成冰山心始快，来岁鲜多十倍卖。海鲜不发可奈何，街头六月凉冰多。（录自顾禄《清嘉录》）

一只原生阳澄湖大闸蟹的生命历程

大闸蟹味道鲜美，因而成为文人墨客赞誉的对象，勾勒着心中对美食的热爱。李白曾在《月下独酌之四》中写道："蟹螯即金液，糟丘是蓬莱。"辛弃疾《和赵晋臣送糟蟹》写道："郭索能令酒禁开。"这里用螃蟹的叫声"郭索"指代螃蟹，表明螃蟹是大家喜爱的下酒菜。

很多时候，大家会用"第一个吃螃蟹的人"来比喻第一个做某件事的人，形容敢于尝试、勇于进取。从人们吃阳澄湖蟹开始，阳澄湖蟹的口碑评价就极佳。在讲究精致生活的唐宋时期，阳澄湖蟹是不可多得的珍馐极品，还被作为上好的贡品送入京城。清代李渔在《闲情偶寄》一书中自称蟹为其命，一生嗜之。在民国时期，北京四大名医之一的施今墨，曾将各个地区的蟹划分成6等12级，其中第一等第一级便是阳澄湖大闸蟹。

大闸蟹的生长过程分为受精卵、溞状幼体、大眼幼体（蟹苗）、仔蟹（豆蟹）、幼蟹（扣蟹）、黄蟹、绿蟹（成蟹）和亲蟹8个阶段。而从发育生物学角度，可分为胚胎发育、幼体发育、成体发育、性腺发育和交配产卵这5个阶段。每个阶段蜕皮或蜕壳一次，称为一期。纵观大闸蟹的一生，大约要经历18次蜕壳，其中，幼体阶段蜕皮5次，幼蟹阶段约蜕壳13次。

溞状幼体阶段，雌蟹抱卵后，进入胚胎发育期。大约在4月，胚胎发育完全以后破膜而出脱离母体即为溞状幼体。溞状幼体模样类似水蚤，因此得名。

溞状幼体的生长过程又可分为5期，整个溞状幼体发育过程持续20天左右。

大眼幼体阶段，大致在4月末，第五期溞状幼体蜕皮后就会变成大眼幼体，其大小4—5毫米，呈半透明状，形状类似蜘蛛，还有一条小尾巴，在水中如小蝌蚪一般。这时的大眼幼体已经具备了很强的游动和攀爬能力，在自然条件下，既可以在潮汐的推动下随波逐流，又可以逆流游动，从半咸水域向淡水域迁移。大眼幼体是从只能在咸水中生活的溞状幼体向适宜于在淡水中生活的幼蟹过渡的重要阶段，所以它的生活习性也表现出一定的过渡性，一般群集于江河湖泊的浅水区域。

幼蟹阶段，大约在5月，大眼幼体经过最后一次蜕皮即变成第一期幼蟹。这时，原来似透明的大眼幼体变成了椭圆形，小尾巴消失了，一对黑色的眼睛嵌在半透明的蟹体上格外显眼，4对小爪细细长长的，甚是可爱。整个幼蟹阶段会一直持续到次年的9—10月，随着幼蟹的渐渐长大，它的名称也随之变化，如豆蟹、扣蟹等，直至大闸蟹成熟。在这个过程中，蟹还要经历数次蜕壳。

春风起，放苗忙。为了保证大闸蟹的品质和产量，蟹农们精心挑选蟹苗。通过规格、体重、体色、活力等层层筛选，留下活力最好、四肢健全、蟹壳颜色偏青的优质蟹苗。蟹苗刚投放时，由于不熟悉环境，躁动不安，容易逃逸，需巡网检查。在养殖后期，由于生殖成熟需要进行洄游交配生育的影响，螃蟹会奋力向外攀爬，此时更需及时修补，加固围网。大闸蟹养殖要求水体水质活、嫩、爽，养殖池塘不能进行大量换水，特别在大闸蟹生长的旺季，通常以调节水质为主。大闸蟹喜欢在夜间活动，白

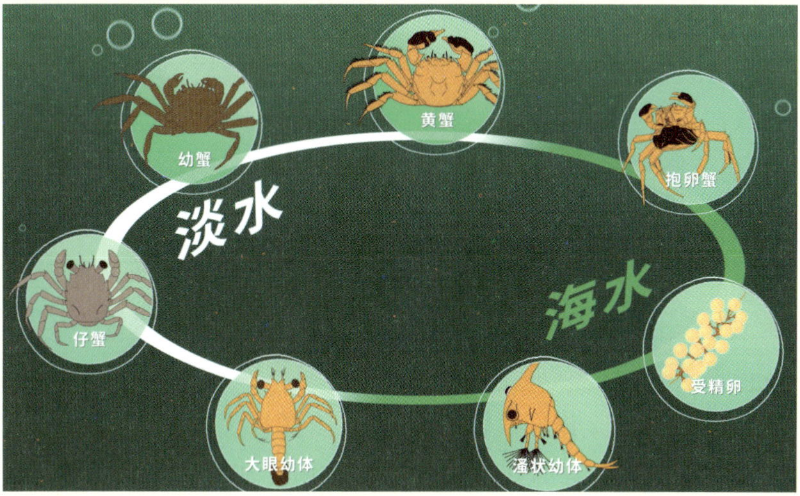

大闸蟹生长过程

天进食较少，所以投喂时间应该控制在晚上的8点左右，还有每天早上的5—6点。对于蟹农们来说，投放蟹苗也意味着一年忙碌的开始。放了蟹苗之后，蟹农每天都要奔波在水面照料，投喂玉米、螺蛳、小鱼等食物，在季节、天气等各种自然变数中，实时把控大闸蟹品质。

到了9—10月，便是大闸蟹成熟的季节了，每年9月下旬，阳澄湖大闸蟹开捕。这时的大闸蟹已经个大体壮、膏脂丰腴。苏州人基本不会提前吃螃蟹，蟹季起于寒露，止于立冬。吃螃蟹还特别强调“九雌十雄”，也就是说在农历九月宜吃雌蟹，因为黄多，农历十月宜吃雄蟹，因为膏多，之后螃蟹回到水里过冬繁殖，基本就不吃了。

在江南，在苏州，吃蟹也是很讲究的。有专门的食蟹工具，叫“蟹八件”。自古以来，食蟹似乎是一件大有讲究的雅事。早在明代，能工巧匠即创制出一整套精巧的食蟹工具。据明代美食指南《考吃》记载，明代初创的食蟹工具有锤、镦、钳、铲、匙、叉、刮、针8种，现代来看就是腰圆锤、小方桌、镊子、长柄斧、调羹、长柄叉、刮片、针。民间传说，有食蟹高手能把吃完后的蟹壳还原成整蟹。20世纪八九十年代，老苏州家里还能看到用蟹螯做成的蝴蝶贴于墙面。

蟹是甲壳动物，每次长大都要将原来的壳蜕去，再长出新壳。刚蜕壳的“软壳蟹”甲壳很软，非常脆弱，很容易受到同类和其他敌害的攻击，所以一般隐藏在浅水区的草丛中，直至新壳长硬才去觅食。幼蟹经过2次蜕壳以后就有明显的穴居倾向。当不具备穴居条件时，蟹有时会隐藏于石砾和水草之中，或潜伏于湖底的泥土之中，过着隐居的生活，故有“横行居士”之称。这样看来，阳澄湖大闸蟹的生长过程就像是经历了无数次磨难一样，所以一只大闸蟹能够存活下来，也是很不简单的。

第十篇

水韵悠长

香径小船通，菱歌绕故宫。
鱼沉秋水静，鸟宿暮山空。
荷叶桥边雨，芦花海上风。
归心无处托，高枕画屏中。

［唐］许浑《忆长洲》

〔明〕洪武《苏州府志·宋平江府境图》

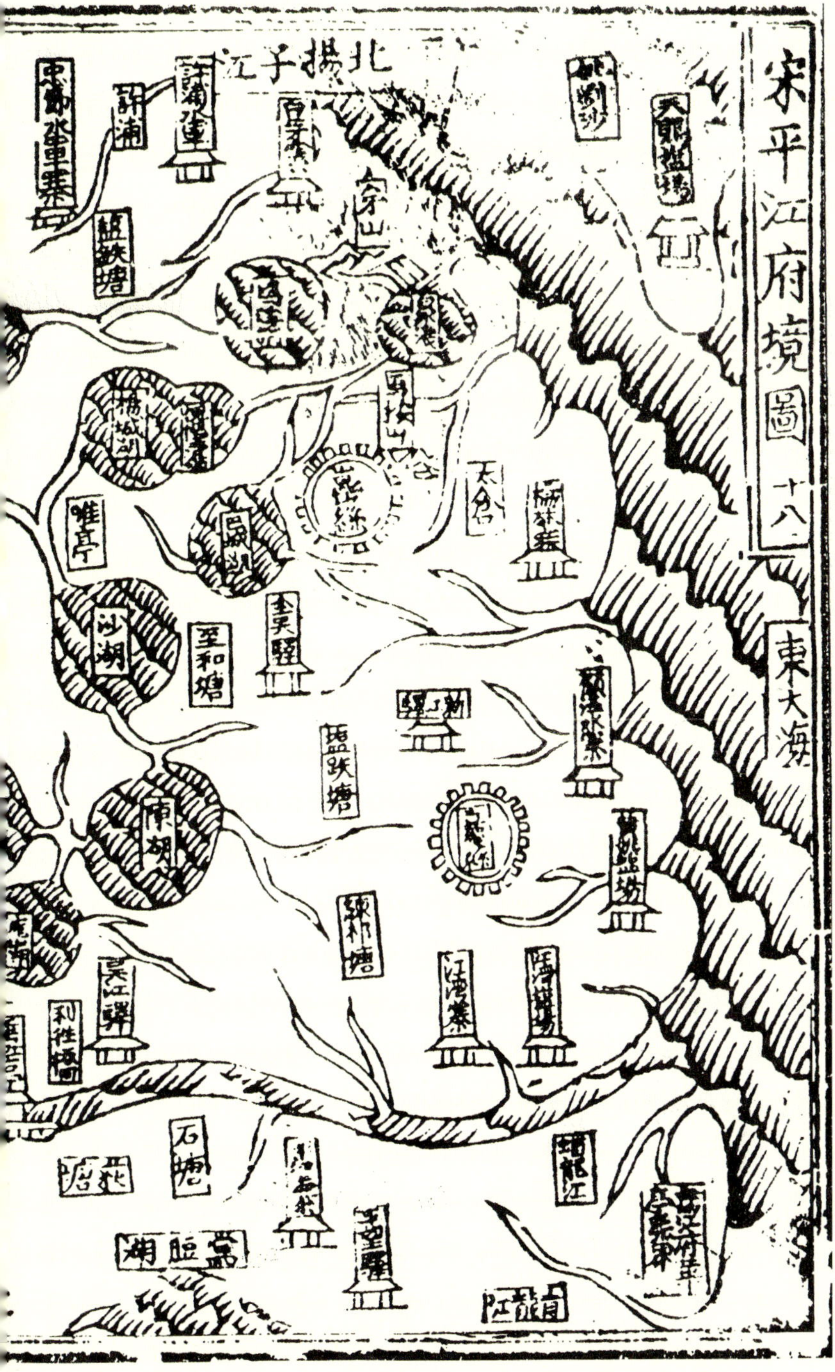
宋平江府境圖
十八
東大海
北揚子江
許浦
鹽鐵塘
沙湖
至和塘
陳湖
石塘
太倉
利往橋

水在苏州，不仅孕育出千年稻作文明和长江、太湖的鱼肥蟹美，应时而生的“水中八仙”，更滋养出蜚声中外的苏州文学、戏曲等艺术，苏工、苏作、苏味、苏艺一度引领世界潮流，“苏人以为雅者，则四方随而雅之，俗者，则随而俗之”。苏州的水，以它特有的善利万物的方式，哺育吾乡吾民。水生万物，是物质文明和精神文明之协调发展；水利万物，是一方民众之安居乐业与共富共融。

第一节　寻迹千年风雅在

水，是苏州的灵魂，也是苏州最鲜明的文化符号。江南，因水而名；苏州城镇，依水而兴；苏州乡村，伴水而灵。经过久远的水的浸润，苏州地区居民形成了勤劳、精细、灵活、包容、内敛的性格特征。苏州农民，种植精耕细作，养殖精养细管；苏州古典园林，精雕细琢，取法自然，咫尺之内再造乾坤；苏州民间手工艺，可称天下一绝，门类众多，妙手辈出，苏绣、苏雕、苏扇、苏灯，苏工、苏作誉满四海，“民间艺人不分男女，各有绝活”；苏州人对“吃”也有讲究，“有时有食”，“不时不食”，春、夏、秋、冬各有各的食谱；苏州的民风民俗也带有浓郁的水乡韵味，无不透出清、秀、雅、柔的底色。

一、水文化遗产俯拾皆是

水文化遗产是水与人们社会生活的各个方面发生联系的过程中，人们以水为载体，在各种水事活动中创造并遗留、流传下来的具有历史、文化、艺术、科学价值的财富。

江苏治水历史悠久，拥有大批形式多样、内容丰富的水文化遗产——大运河成功加冕世界文化遗产桂冠，还有不少被列为国家、省、市、县级文物保护单位。这些古老的治水工程、历史典籍穿越历史，跨越时空，成为现代水利人宝贵的文化财富和水文化的传承载体。据初步统计，苏州水文化遗产共有2680处（个），其中工程建筑类1807处、文献资料类411个、非遗类462个。

工程建筑类文化遗产分为工程类建筑、管理类建筑、祭祀类建筑、纪事类建筑、纪念类建筑。工程类建筑主要涉及河道、闸站、圩堰、堤防、坝、湖泊（水库、荡、塘）、重要取水口、渡口、纤道、井泉、水文站、桥梁、码头、灌区、渠道、驳岸及其他等；管理类建筑主要涉及宫殿府邸、衙署官邸、水利管理机构及其他；祭祀类建筑主要涉及坛庙寺观、塔幢楼阙、镇水崇拜及其他；纪事类建筑主要有碑碣、水文刻石及其他；纪念类建筑主要有名人故居、祠堂墓园、重大涉水事件纪念物及其他。文献资料类分为纸质类、器物类、影音类。纸质类主要涉及志书、档案、水利专著（图说）及其他；器物类主要涉及出土器物、重大事件纪念物及其他；影音类主要涉及影音记录及其他。非物质文化遗产类分为治（涉）水记忆类、技艺类、表演风俗类。治（涉）水记忆类涉及治水名贤、口头传统和表述及其他；技艺类涉及治水技艺、手工艺技能及其他；表演风俗类涉及表演艺术、社会风俗、礼仪、节庆及其他。

在这些遗产中，无论是有形的或不可移动的物体或景观，还是无形的及不可触摸的各种存在，都凝结了人们治水实践以及与水相关的社会生活和思想文化。从这些遗存的时间跨度来看，从春秋战国一直到明清时期都有分布，当然还是以明清为主。水文化遗产作为文化遗产的重要组成部分，具有历史文化价值、科学艺术价值和社会经济价值等。

历史价值是水文化遗产的基本价值。水文化遗产是历史遗留下来的，体现了各个历史阶段水利状态及社会发展水平，以及与水相关的生产生活方式、风俗习惯等多种信息，是重视历史、研究历史、借鉴历史的第一手材料。作为一种不可再生的水利遗产，其智慧与魅力体现在建筑材料、施工工艺、管理制度等方面，是中华民族智慧与创新能力的实证。因为治水和用水，河道、桥梁、水井和水门等在历史上发挥了重要作用；而与治水有关的文献资料以及治水思想和技术，蕴含了长期治水实践的经验总结和理论思考，具有了解、研究苏州治水的重要历史价值。

水文化遗产具有重要的文化价值。吴歌、舟桥、水乡风俗以及美食等，这些都是在长期的治水实践以及与水相关的生活、生产环境中形成的，这是江南水乡区别于其他地域的文化特殊性、多样性。既有具有苏州特色的节日习俗，如“走三桥”“石湖串月”等，还有丰富的时令饮食，如二月蚬肉、菜花鲈鱼、鲃鱼、河豚、撑腰糕，三月白云茶、碧螺春、春笋、鳜鱼、菜花甲鱼、腌金花菜、青团子、焐熟藕，四月鲥鱼等。

知识链接 **船菜的制作技艺**

《吴门画舫录》云：“吴中食单之美，船中居胜。”明清时，苏州船菜、船宴发展到高峰，船上设宴成为苏地士绅间的风尚，而商贾尤喜在山塘河游船上谈生意，使得船宴越来越丰盛，游船也越造越精致。《姑苏繁华图》记载，灵岩山麓客野炊唱和，石湖之畔渔家相聚，山塘河上游人船宴闹热。这足以反映苏州船宴在清代兴盛的状况。

另外，还有以水乡糯、甜、精美为特征的各类糕点小吃，如玄妙观小吃、叶受和苏式糕点、桂香村大方糕、采芝斋苏式糖果、黄天源苏式糕团、稻香村苏式月饼、正仪文魁斋青团、生禄斋苏式月饼和乾生元枣泥麻饼等，这些饮食的形成与水生环境是息息相关的。

水文化遗产同样还有着十分重要的生态景观价值。生态价值是一种自然价值，也就是环境价值，是人们的家园及生活基地，其本质不同于资源价值或经济价值。但就生态系统而言，基于人类社会活动来看，生态价值可以包含自然价值、功能价值、经济价值、文化价值等内容。无论是从环境价值出发，还是从生态系统所包含的价值来看，水文化遗产都具有十分重要的生态及景观价值。如作为水城，苏州“一江、百湖、万河”的水网体系是水城苏州的水文化大景观。再如大运河生态带景观、长江沿岸生态景观、古城“三横三竖一环”的河道水系等，包括古城内园林中自成体系的水环境等，这些都是极具生态景观价值的。可以说，水城苏州让人们“诗意地栖居在大地上”。

千百年来苏州人民丰富多样的涉水生活形态，使得用“水遗产”的眼光打量这些历史的遗留和馈赠时，今人有了越来越多全新的认知和发现。如平望驿与急递铺在过去人员往来和信息传递中起到了何种作用，桃花坞木版年画中何以有那么多水元素，等等，不一而足；也使得“让文化活起来”的时代愿景在中华文明现代化进程中成为可能，如相城区太平的传统木船技艺得以传承并创新，浒墅关千年关席可以破茧重生，等等。

陈妃水冢之谜

“谁见金凫水底坟，空怀香玉闭佳人。君王情爱随流水，赢得寒溪尚姓陈。”这是文徵明的《陈妃水冢》诗。诗中的“君王”指宋孝宗（一说宋高宗），“佳人”指其妃子陈妃，“陈”指苏州昆山古镇锦溪（原名“陈

陈妃水冢（倪浩文摄）

墓”）。文徵明的诗，不但表达了自己凭吊古人之内心感受，还巧妙地点明了古镇得名的缘由。站在锦溪莲池禅院内，一眼就可见到五保湖中有一个立于水中的独圩墩，那就是陈妃水冢。

关于水冢，有一个神秘的说法：无论水涨水落，那个独圩墩始终高出水面一定距离，没被大水淹没过。于是民间就有许多传说，有的说水冢的底部蹲着一只神龟，有的说湖底有一个通着海的大洞……

陈妃是何人？民间也有不同的说法。清雍正《陈墓镇志》说陈妃是宋高宗赵构之妃，而清乾隆《陈墓镇志》则认为陈妃是宋孝宗赵昚之妃。

据“雍正志”记载，陈妃死后，棺木并未直接下葬，而是在20年之后才下葬的。而“乾隆志”对这一说法并未认同。但一般认为陈妃是孝宗之妃，因为说高宗来过锦溪，似乎缺少历史依据。

史料记载，陈妃是因路途劳累，“病殁”锦溪。民间则流传着许多别的说法。有的说陈妃是随孝宗（当时还是太子）来镇抗金，在一次战斗中中箭身亡；有的说陈妃是随孝宗南渡时，在途中被金兵俘虏后押至锦溪，她为保名节投五保湖自尽；有的说陈妃是在锦溪吃了螃蟹，受寒而亡的。

现在的莲池禅院据说是因陈妃而建。相传陈妃死后，宋孝宗下旨在五保湖畔建了禅院，设寺僧诵经，为之超度。据说现在禅院内能看到的一棵龙柏和一棵古松，均是孝宗亲手种下的。人们在兴建禅院的同时，还在其东侧修筑了莲池，种上了白莲，以寄托对陈妃的哀思。

如今，陈妃水冢静卧在镇南五保湖中，四周长满芦草。令人惊奇的是，不管水位多高，陈妃水冢总是露在湖面上，令大家对此遐想联翩。现在陈妃水冢是锦溪古镇八大景之一。

二、古井古泉

据记载，清代苏州古城区即有2万余口古井，20世纪50年代初时古城区剩0.9万口。据统计，苏州大市范围内现存古井至少在1.5万口。此外还有大批移至他处的井圈等。

苏州目前考古中发现的古井以角直澄湖遗址中最为密集，湖底古井不仅数量累百，且还出土有陶揽圈等。现存古井中，井壁多以碎石或青瓦铺砌，后者还有过滤井水之用。部分古井，虽井圈后配，时代较晚，然开凿时间远早于井圈材质所反映之年代，如张家港南沙的六朝古井等已被列为市级文物保护单位，今新配宋代流行的武康石井圈。亦有虽为后开之井，而附会前朝之事者，如东山柳毅井。今井圈移至启园内，原在古橘社牌坊旁，1987年移此保护，系青石八角井，后立碑，上刻“正德五年四月六日”“少傅王鏊题”。传柳毅从此井中进入龙宫为龙女传书。此

知识链接 柳毅井的传说

柳毅井在东山席家湖启园畔，旁为橘林，距太湖不足200米。相传神话故事《柳毅传书》中的柳毅就是从此井进入龙宫的，井以此得名。井至今已有千余年历史，南宋《吴郡志》即已记载此井。井圈为武康石凿成，苔痕斑驳，古趣盎然。井似不深，可俯身探掬，而旱涝无盈枯，风雨亦不浊。井水香甜津润，异于它井，历史上为东山名泉之一。明代东山大学士王鏊于正德九年（1514）手书“柳毅井”三字石碑，至今尚完好。

东山柳毅井（倪浩文摄）

颜家巷浮雕井(倪浩文摄)

井大风挠之不浊,大旱不耗。

较早之井,如花山翠岩寺之怡泉,传为东晋支道林所凿。自隋以降,苏州代有名井存世。隋行军总管越国公杨素平定江南后,以苏州城"非设险之地",次年在石湖以东另建新城,于开皇十一年(591)将苏州和吴县的治所迁移至此。民国时李根源访古,见井于治平寺,以为即斯时所辟者,题"越公井"等字于井圈上。近年考古又在其近发现超大井一眼,推为真正之越公井。

1984年考古,发现并确认在瑞光寺址有唐井,并在井旁出土唐代铜币一罐。

宋代古井中以太仓博物馆藏元丰五年(1082)的太仓官亭前井圈、苏州博物馆西馆藏绍定三年(1230)复泉等井圈最古。苏州现存古井圈有题刻,亦自宋始。朱家园内尚存一大井,传为佞臣朱勔所用。

元代古井,著名者有郑思肖藏函古井。宋代遗民郑思肖自宋亡后便离家出走,从此浪迹于吴中名山禅院,写下大量抒发爱国情操之诗文,编成《心史》一书,晚年将之藏于承天寺眢井中。明崇祯十一年(1638),苏州大旱,承天寺僧人达始疏浚枯井,挖出铁函,函内为石灰,灰内为锡盒,盒内手书书稿完好如新,由生漆封存,署"大宋孤臣郑思肖百拜封",故此书又被称为《铁函心史》或《井中心史》。近代学者梁启超曾穷日夜之力读后感叹,"每尽一篇辄热血腾跃一度"。

明代题刻者渐多，如东山陆巷有乡约义井，井旁立有明正德三年（1508）碑。此外，明代兵部尚书吴山于嘉靖十一年（1532）凿井，时任知县张明道题名“怀德井”，系一石三穴，“品”字形青石井栏，现存吴江松陵。后世三眼井，亦有以“品月”名之者。

迨至有清，公井、义井数量增多。清末起，公井特别是大型公井开始涌现，以自治局、市民公社、电气厂、沈惺叔个人等为主体开凿了一批古井。有的古井体量庞大，如天库前源源井等，皆四栏大井；有的还有井亭配套，如太仓的直塘井亭等。

链接知识　苏州仓街的留韵义井

旧时苏州人家只要有条件的都凿井，而影响更大的当属分布于大街小巷的公井和义井。与私家井相比，公井和义井的规制要大一些，常常是用巨大的花岗岩石板封口，上面并排安置两个石井栏，苏州人形象地称之为“双吊桶”。苏州姑苏区仓街就有这样的“双井”，如留韵义井。

留韵义井位于仓街136号门口附近。井圈上刻有“留韵”“义井”“沈惺叔建”“民国二十三年”等字样，这些雕刻不仅记录了井的历史，也体现

留韵义井

了建造者的身份和时代背景。

留韵义井由沈辉（字惺叔）出资建造。沈辉是苏州本地人，以经营典当行起家，后开设保大钱庄，并担任多个社会职务，热心公益。民国二十三年（1934），沈辉老来得子，且是双胞胎，他认为这是多年行善积下的福报，于是发愿行善，在苏州城内的专诸巷、金石街、禾家弄、洪元弄、十间头、小日晖弄等处打了18口井。因为得了双胞胎儿子，这些井基本是双眼井，除了专诸巷一口是单眼。

留韵义井的建造体现了沈惺叔等苏州人致力于捐资修桥、筑路、挖井、助学等慈善公益的情怀。这些义井不仅解决了当时居民的饮水问题，也成为苏州历史文化的重要组成部分。井圈上的雕刻不仅是沈惺叔个人善举的见证，也是民国时期苏州社会风貌和历史变迁的缩影。通过这些雕刻，我们可以窥见当时苏州商人的文化素养和社会责任感。

现存古井中，井圈以青石、花岗石为多，亦有武康石或水泥砌筑者。井形多为六角形、八角形、圆形，偶有平井、方形、瓜棱形等，异形者又有虎丘陈公楼桥上的双井（实为井眼）、棋杆弄内束腰的盂口井等。有的古井雕刻精美，如颜家巷花岗石井，六面雕有如意祥云、花开富贵、双狮舞绣球等图案。有的古井虽无题刻，但绳痕极深，非千百年人力而不能为。苏州民间夏日旧有井中沉瓜冰镇等俗，有的老宅大厅内亦设一井，如角直萧宅，用其调节室内气温也。

知识链接 **瓶隐庐渫井**

渫井，位于常熟虞山谢家浜。清末翁同龢开缺回籍后隐居于此，自题曰"瓶隐庐"，寓守口如瓶及隐于瓶中之意。庐外有翁同龢当年开凿的便于附近村民取水的义井，名曰"渫井"，取不污之意。一说亦备将来若为朝廷所不容，翁氏拟自沉于此井内。后其甥引《易经》"井渫不食，为我心恻"之语，认为取名"渫井"会有讪谤朝廷之嫌，翁氏遂命人连夜将此井圈沉入尚湖。

〔明〕唐寅《黄茅小景图》

苏州人常呼井为泉，而真正山野之泉，则尤为文士所钟。如光福西碛之夹石泉，泉洌景胜，向为唐寅丹青遣兴处，其作《黄茅小景图》卷，曾为过云楼所收藏，现存上海博物馆。

名贤复爱傍泉隐居，著名者有清代名医徐灵胎筑庐处的画眉泉，是处风景绝佳，有“不信在人间”之称。虎丘铁华岩之泉，被刘伯刍等人推为“天下第三泉”。唐宝历年间张又新所著《煎茶水记》等书皆有记载。

寒山，清乾隆帝南巡，七次莅此，写有大量咏泉之诗，今尚能于摩崖石刻间扪读七八，如：“支硎一带连寒山，山下出泉为寒泉。淙淙幽幽赴溪壑，跳珠溅玉多来源。土人区分称各别，岂能一一征名诠？”此地又有洗心泉、云根泉等，皆与山阿通灵，野趣纵生。苏州同名洗心泉者，还有狮子山等多处。此外，寒山之千尺雪、贮月瓢等，亦为风雅一时之山林水景。

花山、天池山，本为一体，山间有地雷泉、钵盂泉、绀泉、缘泉等，或因声而名，或因形得字，或因色见异，或因情生景。

阳山文殊泉，灵岩山佛海泉、灵源泉，穹窿山法雨泉等皆以释教典故名之，而穹窿山百丈泉旧时为重要水源，山人曾为之争夺，今上真观内尚存古碑细言其情。

除林壑之间，洞府内亦有古泉，若常熟联珠洞内之廉泉、北竺坞苍玉洞内之万石钵盂泉等。诸般泉中，以天平山白云泉最为著名，有“吴中第一水”之称。白居易诗“天平山上白云泉，云自无心水自闲。何必奔冲山下去，更添波浪向人间”，脍炙人口。

太湖东、西两山，亦多古泉，明人潘之恒专有《太湖泉志》纪之。今尚存伏虎泉、莘香泉、鹿饮泉、紫隐泉、一箬泉、惠泉、砥泉、麝景泉等，而尤以西山之暮涛泉最奇，为苏州罕见之间歇泉也，今已干涸，泉池尚存。

天下第三泉（倪浩文摄）

万石钵盂泉（倪浩文摄）

白云泉（倪浩文摄）

常熟兴福寺无漏泉(倪浩文摄)

现存古泉最多者,首推常熟虞山,尚存无漏泉等泉30余处,无名者、有名而失考者更不知凡几。而以泉造福最广者,莫若光福七宝泉,今于泉畔建厂,已规模化生产饮用水。

此外,苏州园林号曰“城市山林”,亦多仿山林之态,拟天然之泉,如网师园之涵碧泉等。

第二节　水上竞技与游艺

苏州早期先民,在四周大水的环境下,养成了“断发文身,饭稻羹鱼”的文化特性。与如今江南文化中“崇文精致”的精神品格不同的是，早期苏州先民一直有“尚武斗争”的意志，这种意志在如今保留下来的水上竞技与游艺活动中还可窥见。

一、湖甸龙舟会

湖甸龙舟会是苏州市第三批省级非遗代表作名录项目。湖甸位于常熟市尚湖与虞山交界处。这里港汊众多，湖塘密布，村民大多傍水而居。湖甸龙舟会就是每年春、秋两次村民祭祀当地水神李王的一项民俗活动。

李王，原名李禄，南宋嘉定间人，生前曾为当地百姓做过许多好事。死后，则“惠天下之民，佐水衡，卫海漕，时雨旸，消灾疠”，“民以雨旸祸福之事叩之，必应”，被当地群众奉为水神。每年春、秋两次，人们用龙舟会的特殊形式为他祭祀，祈求太平岁月。到清末民初，盛况依旧。

龙舟会每年农历三月二十和八月初三举行。参加的龙船有老爷船、划船和鎗船三种。老爷船有龙头和龙尾，中舱有棚，有船楼，极其宽敞。划船又窄又长，头尾也饰龙头、龙尾。鎗船是武术高手表演武艺的敞口船。每次活动都在午后开始。每个村（队）的龙船队会集一起，以抓阄方式产生本次活动的龙头船。龙头船产生后，一切活动听命于它。午饭后，将李王神像抬出李王庙（致道观），请上老爷船。此时，原来在水中央的各条龙船便奋力划向岸边。条条龙船如离弦之箭，眼看就要撞上驳岸时，各条龙船两边的桨手会齐刷刷地把木桨插入水中，齐力往后一扳，龙船齐刷刷地昂首立定于水岸之间，这就叫作“祭龙”。祭龙后，每条龙船领一支“金花”，并绕老爷船三圈，即所谓“盘老爷船”。

各条龙船（划船）在龙头船带领下，沿水路游弋。龙船经过的村都要在岸边烧香祈福，沿途村民向龙船赠烟酒吃食以示犒劳。龙船完成行程后，要把李王神像请回李王庙。

湖甸龙舟会代代相传，成为水乡人家一年之中重要的民俗活动。围绕龙舟会还衍生出一系列的民间习俗：参加龙舟会的人活动结束后要聚在一起喝“社酒”；每条龙船都要取名号，比哪个船名取得好；要把远近亲戚都请来，坐上主人家的船只去看龙船会。湖甸龙舟会本是一项祭祀活动，由于观众云集，激发了桨手们的表现欲，便逐渐有了竞渡的意味。

湖甸龙舟会由李王而起，符合“嘉惠于民，而民以礼遇之”的儒家思想，一整套祭祀流程又有明显的道教文化特征。但它却植根于湖甸民间，具有群众筹备、群众参与、群众欣赏，寄托群众的期望，娱乐群众，激励、鼓舞群众的特点。湖甸龙舟会一年两度，这与常熟一带的稻作生产相关。龙舟会正处于春季农田大忙和秋收秋种大忙前夕，无疑成了农田大忙季节前活络筋骨的“热身运动”，起到了发布大忙动员令的作用。

二、摇快船

摇快船，是一种古老的民间竞技活动，是苏州市第三批市级非遗代表作名录项目。摇快船属于传统体育、游艺与杂技类。据文献记载，芦墟摇快船，明代已有。清乾嘉年间郭频伽更有《分湖欸乃歌》云“窑港西漾锣鼓闹，纷纷注目碧波中”，并自注曰：“谓摇快船也。”摇快船主要流行于芦墟镇及与芦墟交界的上海青浦、浙江嘉善等农村。

芦墟摇快船与猛将会密切相关。吴江芦墟镇草里村的刘王庙每年年初都要举行猛将会，出会时一项别具水乡特色的重要活动就是摇快船。每年农历正月初五，以刘王庙前旗杆升旗发信号，各村快船立即汇集于庙边三白荡。初五入芦墟，初六去莘塔。成千人的出会队伍须用十几只快船接渡，争先恐后抢头船。猛将老爷神轿送到窑港后，又要把队伍再次渡到北栅港。队伍上岸后，快船解缆动橹，在分湖内开始比赛，争抢头旗。参加者除本地的，还有来自浙江、上海的善男信女。

每年农历七月初举行三庙庙会时，也有摇快船竞技表演。摇快船还被用于庆丰收、过节日。农村还用快船迎新娘，规模虽小，比赛照样。

摇快船用的是花快船。花快船长约8.5米，宽约2.2米。甲板后为头棚、舱棚、梢棚、后桥，均有彩色绸缎披挂装潢。梢棚内设大小橹各1支、篙子2根、桨1支；舱内有锣鼓队。每艘快船配有赛手22人左右，还有候补6人和敲锣打鼓者8人。摇船求快，赛手跟着号子、和着节奏奋力摇橹，以抢到头船为荣。除此之外，还有踏白船、夷婆船、彩灯船等。

昆山周庄的摇快船始于清初，经过数百年的沿袭，已成为民间良辰佳节、喜庆丰收、婚嫁迎亲时的大型娱乐活动。农民自备船只、服装、道具、锣鼓，自娱自乐，具有浓郁的水乡风情。比赛前，先由手巧艺高的工匠在船上搭起花棚。头棚上悬彩灯，插彩旗；舱棚上挂流苏，舱中坐锣鼓队；艄棚给橹手遮阳。每船备头篙、大橹、小橹各1支，置于船体左右两侧。大橹旁搁跳板于舷外，伸出水面。每船配有15或16名身强力壮的橹手，身穿紧身衫衣，脚蹬绣花布草鞋。

每逢节汛，周庄南湖或急水江等地锣鼓喧天，人声鼎沸。来自周庄附近农村的数十条花快船云集水面。岸上人头攒动，摩肩接踵。摇快船历史悠久，与当地民间信仰、民间习俗紧密相关，融入了杂技与竞技诸多要素，反映了水乡民众的生活情趣和心理诉求，具有一定的历史文化价值。

三、东山猛将会

东山猛将会是苏州市第六批市级非物质文化遗产代表性项目名录民俗类项目，流行于苏州市东山镇。东山是伸入太湖的一座半岛，四季分明，气候宜人，资源丰富，素有"花果山、鱼米乡"之誉。东山的猛将信仰历史悠久，据《太湖备考》记载："灵佑庙，宋建炎四年建，祀真武刘猛将。"

猛将在江南人心目中是驱蝗英雄和地方保护神，他具有保境安民、保家卫国的神格。太湖周围水域的渔民也信仰猛将。为了感谢他，这里每年都会自发举行猛将会活动。清嘉庆朝始，猛将还被纳入了国家祀典。民间传说猛将神外婆家就在东山，猛将幼遭继母虐待，东山猛将神像额系红布，是跌仆破额所致。东山人对猛将非常信奉，不仅村村有猛将堂，甚至连家庭亦有供奉，全镇大小猛将神像有数百之众。

猛将会有正月间和六月二十四两次。出猛将会时，各村抬着本村的小猛将塑像排成仪仗：前为冲锋帅旗，接着是"护国佑民""风调雨顺"等锦幡，后面锣伞相间，伞后由四人抬着猛将神像，神后为纛旗，队伍威严，声势浩大。

"赛神"开始后，各村青壮小伙精神抖擞，声势浩荡，吸引乡民观看，以博得喝彩为荣。"出会"中各村还会亮出祖上传下的招数，如

“抢会”“晃会”“冲湖嘴”“漫山转”等。“抢会”是各村抬着小猛将集中在山上，比赛开始，先由一旗手举着大纛冲下山去，然后各村抬着小猛将争先恐后奔下山去。第一个到山下，便得头名。“晃会”是各村抬着小猛将左摇右摆，做各种姿势，谁晃的时间最长，晃得最好看，便得头名。“冲湖嘴”和“漫山转”也是抬了猛将在太湖里和山道上竞赛，先到终点为胜。民间传说，得头名的村，便可得猛将保佑而风调雨顺、五谷丰登。

东山猛将会具有自发性特点，每逢会期，全镇自然村，村村都要出猛将。群众都自发出人、出力、出钱，积极参与。东山猛将会又有自娱性的特点，人们在祭祀猛将的同时，有表演，又有竞赛，热闹非凡，获得精神的愉悦。

四、江南船拳

江南船拳是苏州市第五批市级非物质文化遗产代表性项目名录传统体育、游艺与杂技类项目。江南船拳，是流行在我国太湖流域、江南水乡的一种拳种文化。江南，一般包括苏南、浙北和上海在内的长江三角洲地区，其中以太湖为中心的吴文化地区是江南的主体和核心。所谓船拳，顾名思义就是站在船上打的拳。船身的不稳定和船体的面积限制等，对拳术演练者而言，不仅加大了练习难度，而且提出了更高的身体和心理素质要求。所以，江南船拳十分注重腿部、臀部和腰部的运动，步法极重马步，以求操拳时稳健，经得起风浪颠簸。腿部是发力的重点，故十分重视转腰、甩腰、下腰的动作。因为进退自如，船拳十分重视马步转弓步、弓步转马步的动作，以体现进则带攻、攻则带闪的特点。

吴中区越溪境内的石湖地区是江南船拳主要活动地之一。每逢立夏、端午、中秋佳节，船拳好手均会不约而同地登船献技。特别是农历八月十八，在苏州城外的石湖，船拳活动尤为兴盛。据说那一天湖面轻舟快橹，往来如飞，标旗飘扬，鼓乐齐鸣，方圆百里的乡人均驾着各自经过装饰的大小船只，集中在石湖的行春桥下。两岸人流熙攘，观者如堵，爆竹喧天。店铺看客纷纷向河中拳船抛赠早已备好的糕点、粽子之类的食物，犒赏拳师。演练结束，哪条船得的点心最多，标志着船拳表演最出色。

越溪拳船一般由双橹快船装饰而成，披红戴绿。船舱两侧的威武架上，刀枪剑戟一应俱全。每艘快船前，排着数名青年引吭高歌。有的拳船在舱内置有弦乐手，边行进边以悦耳的江南丝竹调为拳师们助兴。越溪船拳的表演形式主要有两种：一种是进行徒手的拳术，爬桅杆和翻跟斗杂技；一种是持器械的武功和杂耍，器械除了各种兵器，还有极具水乡特色的鱼叉、竹篙、船桨等。

春秋战国时期，越溪属吴国。《左传》曾有记载，东周鲁昭公十七年（前525）冬，“吴伐楚。……大败吴师，获其乘舟艅艎。……楚师乱，吴人大败之，取艅艎以归”。这里的“艅艎”便是当时吴国强大的水军所拥有的战船，水兵习武主要就在战船上。据此推算，越溪船拳至今已有两千多年的历史。

作为武术文化的越溪船拳，最早是人们用来保家卫国、自卫健身的，但在后来的发展中，它更多地成为民间民俗文化中一项重要的观赏项目，这也许就是越溪船拳能在苏州水乡广为流传且绵延不绝的原因所在。

另外，在相城区的北桥镇，也有北桥船拳。北桥位于苏州市北部，是个水网交叉、古老的水乡小镇。北桥船拳，源自越大夫范蠡漕湖操练水师。唐以后，大量异地武术家迁徙来苏，带来了各种武学文化，促使北桥船拳在传承中蜕变、完善。吴地文人又把老百姓敬仰的历代英雄人物编成歌词加入武术表演中，形成了边打拳边唱歌这样一种别具特色的北桥开口船头拳。

北桥拳歌内容丰富，唱腔洪亮，原有100多套，现已挖掘整理出《杨家将短打拳》《三国群英拳》《八仙过海拳》等56套。大部分常用兵器也都配有拳歌，历代哪个英雄使用过该兵器，开口拳歌就唱哪个英雄的事迹。开口船头拳具有“练于水斗，便于用舟，利于健身，益于吓敌”的特征，还有攻守兼备、内外兼修、水战效法、颂古效今的独特风格和刚劲遒健、神形合一、步稳势烈、躲闪灵活的特点。进攻时出招敏捷，收招迅速，开唱音高，落调随招；防御时以手为主，似开似闭，以

越溪船拳传人吴文祖在枫桥景区张继号画舫表演江南船拳

身为轴，原地转动，以唱跟动，落调轻松。

除上述以外，还有千灯跳板茶，曾盛行于昆山南部千灯镇大团村及其周边张浦、石浦和大市等乡镇。周市镇也发现跳板茶的存在，表演方式略微不同。据调查，邻近的太仓、常熟也有跳板茶的表演。从前，江南有一种专给婚庆人家帮忙的行当叫“茶担”，服务内容包括供应茶水、烫酒、布置喜堂和出租礼服、花轿、酒具、茶具等，还有献茶的表演。这种表演，就是跳板茶。昆山的跳板茶初现于清朝末期，1949年前仍十分盛行，至今已有100多年的历史。

千灯周边农村比较富裕，每有人家结婚，大多会邀请茶担，跳板茶成了昆山南部水乡婚礼中的习俗，成了婚礼过程中的仪式之一：由一名男子（后来也有女子表演的）托起装有茶杯的茶盘，通过转、举、托、扭等一系列高难度动作，向宾客献茶，表示敬意。完婚后新娘要“三朝回门”，新阿舅要到男方家迎接，男方家要以最隆重的仪式接待，此时茶担入堂献茶，也要举行跳板茶的仪式。同样，当新郎陪新娘回门到娘家时，女方家也要给新郎回敬。这个仪式需有专门人员，旧时表演一次至少要收五斗米。各个茶担为争生意，不断吸收戏曲、杂技技巧，表演水平不断提高，增强了观赏性和娱乐性。

连厢，苏州市第五批市级非遗代表作名录项目，属传统舞蹈类。它是甪直盛行的娱乐健身活动。连厢也流传于太仓城厢、浏河以及苏州工业园区胜浦街道等地。其历史可上溯至宋代的莲花落。莲花本是吉祥花，“落”则意味着衰败。它本是北方乞丐行乞时演唱的民间曲艺。传入苏州以后，融进了江南水乡的柔美细腻风韵，与北方的粗狂豪爽风格已有所不同。经过长期演变，逐渐跟人们的生产、生活相结合，变成了节日庆典、庙会活动或自娱自乐的文艺活动。连厢在苏州地区的传播至少有数百年的历史，尤以吴东的角直、胜浦以及太仓地区流传更广泛，特色更鲜明。打连厢有文、武之别。文连厢歌舞并重，节奏轻快；武连厢活跃、自由，节奏流畅，动作粗犷。江南地区大多是文连厢。

连厢可由男女两人表演，也可多人集体表演。表演时，均手握一根连厢，和着节奏，时而击打自己的四肢、肩、腰、背、臀，时而敲打地面，时而与他人对击；且歌且舞，不断变换队形，随着舞步和音乐击打出明快的节奏。伴奏用二胡、唢呐、锣鼓等。曲调大都采用地方小调。演唱以齐唱为主，有时也采用独唱、对唱或一领众和的形式，偶有插白。还有一种纯乐曲伴奏，演员不开口，虽无歌唱，但动作上增加了转、翻、跳、跃、下腰、甩棒等，使连厢更具有舞蹈元素，更有看点。在太仓、胜浦，连厢以苏州水乡民间小调作伴奏，带有浓郁的地方特色。

荡湖船，是苏州市第六批市级非遗代表作名录项目，属传统舞蹈类。荡湖船是流传于苏州水乡沿江、沿湖一带的民间传统舞蹈，因表演时道具船只始终处于晃荡之中而得名。该舞蹈在苏州城乡均有流行。太仓浏河、城厢等地尤盛。在浏河、城厢，从事船运、捕捞者甚众，荡湖船正是船工、渔民的娱乐形式。荡湖船是在陆地上，用竹扎的船，模仿划船的动作，边行边唱的舞蹈。由一女（船娘）、一男（艄公）表演。船娘双肩背着红绸带，绸带下端各系于竹制湖船的船帮之上，两手抓住船帮以求船只在不断摇荡中的平衡，且边荡边唱，可唱可念，以念代唱。艄公可站在湖船一侧，边撑竹篙边踏舞步边唱念。亦可以划桨代替撑竹篙，还可增加一位媒婆王老太，在一旁插科打诨，以增加趣味。船娘子基本动作是荡船、戏水、上滩等。艄公的基本动作有划篙、摇船等。荡湖船无固定伴奏音乐，以锣鼓为常，也可用江南丝竹小曲伴奏。

五、当代涉水竞技与游艺设施

除了现在还保留的传统水上竞技和游艺项目，近年来，苏州市主办和承办了很多精彩的现代水上项目。如金鸡湖端午龙舟赛，是苏州工业园区重磅打造的品牌体育赛事之一，自2010年首度亮相以来，备受苏州和周边城市市民关注，成为文旅新“顶流”。2024年的赛事，苏州市民依然是主力军，金鸡湖湖面上鼓声雷动，66支队伍逐浪争渡，上演“速度与激情”。

另外，如2024中国家庭帆船赛·苏州独墅湖站也受到关注。中国家庭帆船赛是中国帆船帆板运动协会于2018年创办的，是唯一以家庭为参赛单位的全国联赛竞赛。创办至今，已走过22个城市，举办了64场比赛，超过5000个家庭参赛，参加培训及体验的超过万人，带动帆船运动成为大众周末休闲度假的新选择。

苏州环城河皮划艇桨板大赛是一项集中体现姑苏水文化特色的品牌赛事，也是国内最具影响力的皮划艇桨板赛事之一。该项赛事拥有国内独一无二的环城河赛道，运动员们沿途与水陆城门相遇，同时穿越造型各异的古今桥梁。传统与现代的交融，体育与文化的交融，是这项赛事最大的特色和吸引力。运动员在比赛竞技的同时，饱览沿途的姑苏美景，零距离感受了东方水城古今交融的独特魅力。

苏州在水上体育场馆基础设施建设方面，也取得了很好的成绩。如目前全市有游泳馆392家，滑雪馆1家，潜水场馆4家。另外，苏州还建设了环古城河健身步道。据了解，环古城河健身步道全长15.5千米，步道宽1.5—2.5米。这条环古城河健身步道依托桥梁分成11段，苏大段、二郎巷段、桂花公园段、南门段、盘门段、少年宫段、石路段、

金鸡湖端午龙舟赛

中国家庭帆船赛

阊门段、平门段、糖坊湾段、东园段。2024年，苏州市还公布了环古城河步道十景，分别是：

匠相风华：随着城墙博物馆的打造、仁恒仓街的开业，相门的游人络绎不绝，也见证了苏州人“食四时之鲜，居园林之秀，听昆曲之雅，用苏工之美”的“苏式生活典范”，成为苏州新晋打卡胜地。

觅渡揽月：觅渡桥在古城东南葑门外，莫邪路和南门路的交会处，跨京杭古运河，为单孔石拱桥，工巧精致。

人民桥畔：作为苏州第一座现代廊桥，人民桥所在的南门护城河边，绿树成荫，鸟语花香。

蛇门撷影：每当晚霞升起，登上城楼，姑苏城内的醉人夜色便可尽收眼底。

吴中锁钥：登上蟠龙桥顶，西可望吴门桥，东可望人民桥，三桥遥相呼应，堪称一绝。

水陆萦回：盘门因“刻木作蟠龙向北镇越”而得名，雄伟壮观，巍然屹立。每当夜幕来临，霓虹闪烁，星光灯影，交相辉映。

娄隅增辉：娄门建造初时有内、中、外三重城门，城门之间还留有空地并装有闸门。城楼南侧，有一座娄门桥和一座牌楼，牌楼上写有“娄隅增辉”和“烟波胜赏”。

佳偶天成：耦园坐落于仓街小新桥巷深处，隐于古城寻常巷陌之中。一处宅子设有东、西两个园子，在苏州园林中是一大特色。

一眼万年：明洪武年间，苏州知府卢熊编写的《苏州府志》中就提及苏州胥江上有座万年桥。西侧有一组苏州传统的古典建筑，是苏州市规划展示馆的所在地。

齐泰平和：登上平门古城楼，整座苏州古城尽收眼底，它见证了无数异乡人为理想千里奔赴于此，也敞开怀抱迎接漂泊在外的游子归家。

第三节　涉水节日与民俗

苏州古城始建于春秋时期，其形制为三重城，即郭城、大城、宫城。在关注城墙、水道等的同时，生活于其间的人，以及他们生活中逐渐形成的习俗也是水文化遗产的重要组成部分。如划龙船（胥江竞渡）、太湖渔民婚礼习俗、鱼馔、水乡服饰、迎涛神等，其中的很多元素传承至今，成为独具特色的水文化遗产。

据蔡利民《苏州传统礼仪节令》统计，在苏州，与水有关的节日大致如下表：

节日名称	节日时间	节日名称	节日时间
猛将生日	正月十三	胥门水仙会	五月
龙抬头	二月初二	端午节	五月初五
笃高峰	三月初三	观莲节	六月二十四
上巳节	三月初三	老郎庙演青龙戏	中元节前后
白龙生日	三月十八	中元水官生日	七月十五
湖甸龙舟会	三月二十、八月初三	稻生日	八月二十四
浒墅关竞篙船会	三月下旬	山塘看会	清明节、七月十五、十月初一
平台山祭禹	清明	莲花寺轧莲花	七月三十
蛇王生日	四月十二	积谷会	八月初三
水龙会	五月十三	石湖串月	中秋节

苏州人喜欢游玩，彼时有“苏人好游”一说。明清苏州城市生活的

繁盛，极大地丰富了中国城市生活的内容，而且对全国产生了重大影响，领一时风气。这一时期，形成了走三桥、水龙会、荷花生日等风俗。走三桥，苏州旧俗，元宵夜妇女皆结队夜行，必须经过三座桥梁，方能消除百病，故亦称"走百病"。水龙会，苏俗以夏历五月十三为水龙生日，其时于苏城小校场（现体育场）进行水龙赛会。

一、禹王祭

大禹是中华民族的早期共祖，大禹治水是中华民族智慧勇敢、生生不息的文化象征，正因如此，古人将中国称为"禹域"，将中华版图称为"禹迹图"。

关于大禹治理太湖，至今在太湖地区仍留有许多民间传说，并有众多历史地名以及遗迹与其相关。

太湖渔民将大禹视为太湖的水神、"渔王"，相传正月初八是大禹生日，俗有神诞庙会——祭峿。大禹，作为中国古代传说中的治水英雄，其治水功绩被后世广为传颂。据《尚书·禹贡》等古籍记载，大禹在治水过程中，自北而南，从黄河至江淮，最终行进到太湖地区，将兴风作浪的鳌鱼镇压于湖下，从而消除了太湖水患，为太湖地区带来了安宁与繁荣。这一壮举不仅体现了大禹的英勇与智慧，也奠定了太湖渔民对其深为敬仰的基础。

太湖渔民世代以捕鱼为生，他们深知水患对渔业生产的巨大威胁。因此，对于大禹这样一位成功治理水患的英雄，渔民们自然充满了感激与崇拜之情。他们相信，是大禹的庇佑让他们能够安居乐业、渔获丰收。为了表达这种感激与崇拜，渔民们便自发组织起来，于太湖的四峿建禹王庙，定期举行祭祀活动，以祈求大禹的保佑和庇护。

平台山禹王庙

其中尤以太湖湖心深处的平台山禹王祭祀最为隆重。

《太湖备考》载："太湖中小山之名峿者有四，其上皆有禹王庙。""一在北峿，俗称平台山庙；一在南峿，即西山消夏湾的众安州；一在西峿，甪头山南，土人称峿山；一在东峿，即三洋州。"整个活动从正月初八开始，持续半个多月。祭禹王的香会一年有四期，正月初八、清明日、七月初八、白露日，其中春秋两祭最隆重。如正月初八"上峿"，太湖渔船集中到太湖西山平台山禹王庙烧香集会，持续半月有余。平常无民居的孤岛此时异常热闹，人们祭神、演戏、经商、探亲访友，渔民中有的借此重新拼拆"对盘船"，重新选用受雇渔工，调换船家。祭祀活动虽纷繁复杂，但秩序井然。

太湖地区丰富的大禹文化，体现了太湖地区早期生民融入民族大家庭的历史。

二、端午习俗发源地

节日与民俗往往相生相伴。端午节，起源于春秋时期，属国家级非物质文化遗产。苏州端午习俗作为中国端午节的四处重要传承地之一，被列入世界非物质文化遗产名录。

端午，亦称"端五""重午""端阳""蒲节"等。汉族传统节日，流行于全国大部分地区，时在农历五月初五。关于端午的由来，有很多种说法，是南北风俗融合的产物。传统来说纪念的是爱国大诗人屈原，但是苏州的端午节却与其他地方不同。史载伍子胥尽忠于吴，后为吴王夫差所杀，抛尸江中，化为涛神。在民间传说中，伍子胥死于五月初五日，故苏浙一带有迎涛神之俗。曹魏时代邯郸淳《曹娥碑》曰："五月五日时，迎伍君逆涛而上，为水所淹。斯又东吴之俗事。在子胥，不关屈平也。"

苏州端午节纪念伍子胥，是一年一度最为盛大的，具有一整套与当地自然气候条件、日常生产生活习惯、经济文化特征相适应的民俗活动。虽然有些活动与其他地方的并无太大区别，但其细节却体现着苏州特有的水乡风情。农历五月是毒月，端午节在五月初五日，所以旧俗多与避邪防毒有关。有喝雄黄酒、包粽子、赛龙舟、挂菖蒲、戴香囊、挂钟馗像驱鬼等传统项目：家家门悬蒲剑、艾草、蒜头，厅堂内挂钟馗像。当天孩子们额上用雄黄水写"王"字，要穿五毒衣、虎头鞋、龙头鞋，以避虫毒。而五毒肚兜或坎肩最为常见，中间绣制虎形，四周绣有蛇、蜈蚣、蝎子、蜘蛛、壁虎等，"五毒打图案，寓意老虎护佑，五毒不侵"，以此消灾祛病，祈求平安。门梢床头贴五毒符，庭院洒雄黄水，妇女挂内盛雄黄或其他香料做的香袋，亦有挂用五色丝线裹成的小彩粽或用彩绒裹在铜钱上做成五色符"口绒铜钿"。还有用布帛剪成人形骑在老虎背上，或成仙佛、禽兽、八宝群花之类串成一长串，作为礼品互相馈赠，俗称"健人"。民国前胥门外，尚有龙舟竞渡的习俗。民国时期，苏州金融、工商各行庄曾有休业一天之例。现在端午吃粽子之俗犹存，健人习俗所制小工艺品，尚能在街头巷尾见其踪影。

"龙舟"一词，最早见于先秦古书《穆天子传》卷五："天子乘鸟舟、龙舟浮于大沼。”《九歌·湘君》中的“驾飞龙兮北征，邅吾道兮洞庭”“石濑兮浅浅，飞龙兮翩翩”，学者们认为“飞龙”即龙舟。《湘君》即描写湘人驭驾龙舟，将玉佩沉入江中（与抛粽子入江相仿）悼念某位历史人物之诗。《荆楚岁时记》载：“五月五日，谓之浴兰节。……是日，竞渡，竞采杂药。”此后，历代诗赋、笔记、志书等记载竞渡就数不胜数了。

苏州也是龙舟竞渡的发祥地。春秋战国时期，龙舟竞渡盛行于吴越地区。古代吴越崇拜龙，将寻常舟船刻为龙形，在河江水上竞渡祭龙神，龙舟竞渡习俗由此而来。苏州端午龙舟竞渡起始于胥江。胥江龙舟竞渡曾是苏州端午节庆的一大盛事，深受群众欢迎。所谓“龙舟”，实为装饰成龙形的木船，它“龙头”高昂，“龙尾”翘起，船舷上画有龙鳞，并涂上各种色彩。竞渡时，船上结彩张旗，勇士们奋力划船。这时，锣鼓喧天，鞭炮齐鸣，河边观者如云，万人喝彩，气氛热烈，如痴如醉。胥江两岸，常扎起许多牌楼，搭起不少凉棚，商贾阔佬们设了酒席，坐在那儿边吃边看，龙舟经过牌楼时，便嘱人燃放鞭炮，这时龙舟又会起劲地表演一番。

清朝苏州端午龙舟竞渡盛极一时，地点众多。蔡云《吴歈百绝》有诗云：“七里山塘七里船，船船笙笛夜喧天。十千那彀一船费，月未上弦直到圆。”“行春桥畔画挠停，十里秋光红寥汀。夜半潮生看串月，几人醉倚望河亭。”清同治《苏州府志》云：“夕则结伴出游，名走月，十八日士女聚于石湖，舟楫如蚁，昏时登楞伽，遥望为串月之游。”清《吴县志》载：“龙船阊、胥两门，南、北两濠及枫桥西路水滨皆有之。”在龙舟队伍前列，“丝竹管弦之辈乘大船，结灯彩，吹弹鼓唱曰清客，聚观者动以万计”。石湖为吴中盛景，每到节日石湖聚集游玩，规模宏大。《石湖志》载:“游者倾城而出,云集蚁聚,不下万人,舟舆之相接,食货之相竞,鼓吹之相闻,欢声动地以乐太平。”可见其泛舟游乐之盛况。

三、众说纷纭水仙庙

苏州水仙庙,作为苏州地区的一种独特文化现象,不仅承载着丰富的历史底蕴,还寄托了当地人民的美好愿望。

水仙庙的来历,相传跟一位神话人物——柳毅有关。据传,唐代苏州籍落第书生柳毅在洞庭东山遇见牧羊女——实为洞庭龙君之女。柳毅得知龙女受辱之事后,决定为其传书至龙宫,并成功助龙女脱困。龙女之叔钱塘龙君为表感激,欲将龙女许配给柳毅,但柳毅以义拒之。不过,龙女深爱柳毅,最终成就了一段人神之恋。苏州人因柳毅能出入海中,不惧水患,便尊其为“水仙”,并立庙祭祀。

苏州各地均建有水仙庙,或称“柳仙堂”“洞庭君祠”,如娄门、横塘、东山、香山等处均有水仙庙的踪迹,且香火极盛。沈复的《浮生六纪》中亦有关于醋库巷水仙庙的记载。每逢十月初六水仙生日,苏州的水仙庙都会举行盛大的庙会。庙会期间,庙内布置一新,各个院落悬挂玻璃宫灯,玻璃瓶插花罗列,灯光与烛光相映,营造出一种龙宫般的氛围。同时,还会有张灯结彩演剧、庆祝等活动,吸引了大量游客和信徒前来参与。

在众多的水仙庙中,唯有一座水仙庙祭祀之人与众不同,那就是胥门水仙庙。胥门水仙庙旧址在泰让桥东南,临近胥江与外城河交汇处。胥门水仙庙的历史可以追溯到南宋时期,根据历史记载,该庙在南宋绍熙年间就已建立。此后,庙宇经历了多次重建和修缮。例如,清

胥门水仙庙遗址旧影

雍正十三年（1735）进行了重建，但在咸丰十年（1860）的战乱中被毁，同治十年（1871）又得以重建。光绪十五年（1889），还修复了面北的庙门，庙宇规模宏大，包括大殿、斗姆阁等多进建筑。

关于胥门水仙庙的祭祀对象，相传为南宋官郡太守“陈闵汉”。因胥江水深流速快，沉船时有发生，陈致力治理，限于库帑拮据，屡次失败，遂投水自殉。地方绅民感德，于其投水处立庙供奉。不过，根据历史文献的考证，祭祀对象为“陈闵汉”的说法可能是流俗附会之词。

民国年间庙内设立小学，中华人民共和国成立后为胥江中心小学，1997年皇亭街改造时被拆除。

苏州水仙庙不仅是一座祭祀水仙的庙宇，更是苏州地区水文化的重要载体。它反映了苏州人民对水的敬畏和依赖，以及对美好生活的向往和追求。同时，水仙庙的庙会等活动也丰富了苏州地区的文化生活，促进了当地经济的发展。

四、天妃宫与妈祖文化

在太仓市浏河镇，有座天妃宫。其历史可以追溯到北宋宣和五年（1123），由旅居娄江口的闽海商所建。元代至正二年（1342），天妃宫移建于现址，即太仓市浏河镇新东街90号。太仓天妃宫不仅比南京天妃宫早建130年，还是钱塘江以北仅存的妈祖庙遗迹之一，是江南地区最古老、最负盛名、最具独特历史价值的妈祖宫庙。

妈祖，原名林默娘，是北宋时期福建莆田湄洲的一位普通渔家女。她生前经常有为渔民预测出海天气、义务采药治病、拯救遇险渔船等善举，深受人们敬仰。雍熙四年（987）农历九月初九，林默娘因在海上救人而献出年轻的生命。岛上渔民为了纪念她，特地在岛上建庙并奉其为海神。随着时间的推移，妈祖信仰逐渐在沿海地区传播开来，并形成了独特的妈祖文化。妈祖文化是中华民族传统文化的瑰宝之一，体现了中国海洋文化的一种特质。

太仓天妃宫的建筑布局和风格体现了古代中国建筑的精髓。其建筑群包括照壁、山门、钟楼、鼓楼、正殿、后殿及道舍等，结构严谨，布局合理。600多年前，郑和从太仓起锚下西洋时，每次都会来到天妃宫祭祀，祈求妈祖保佑他的船队一帆风顺。郑和亲植西域海棠，并于天妃宫正殿内立通番事迹碑。林则徐到太仓浏河查验海塘工程，为天妃宫题联云：“八百年寰海昭灵，溽湄屿飞升，九牧宗风荣庙祀；四万顷具区分派，喜娄江新浚，三吴水利沐神庥。”

第四节　名贤水韵寻踪

一、澹台湖夫子道南

澹台灭明（前512—？），复姓澹台，名灭明，字子羽，鲁国武城（今山东平邑南武城）人。为澹台氏始祖。春秋时期教育家，孔子弟子中七十二贤之一。西汉司马迁《史记》中，只是说到澹台灭明“南游至江，从弟子三百人”；至唐代司马贞撰《史记索隐》，已明确指出“今吴国东南有澹台湖，即其遗迹所在”。唐代陆广微《吴地记》中也有“澹台湖，在吴县东南十里。孔子弟子澹台灭明，字子羽，宅陷为湖，湖侧有坟”的相关记载。尽管历来就有澹台灭明是否到过苏州的疑问，但澹台湖确因澹台灭明而得名。至明代王鏊《姑苏志》，则将先前的历史记载做了综合评述：“澹台湖在太湖之东。《史记·弟子传》：澹台子羽南游至江。《索隐》注：吴国东南澹台湖即其故趾。《吴地记》以为子羽宅所陷。自此东过宝带桥入运河，分流入黄天荡、入陈湖、入金泾滰。”《姑苏志》中还提到，元末张士诚据吴筑城的时候，还曾在虎丘挖到过一块题有“澹台灭明之墓”的石刻。

因为有了澹台灭明与苏州城南这片水域的关联，后世人们还在临近澹台湖的尹山山顶建了澹台子祠；南宋初期的大儒尹焞曾在这里读书；明代练埙也在这里设有义塾，并改名澹台书院，斯文一脉，遂流响于此。清代黄之隽感慨于名贤的文化影响力，在《重建澹台书院碑记》中说：“贤者游历所至，其国人慕悦于数千百年，乐道其姓氏，以志其山川祠宇勿谖也，则其精爽必徘徊于此邦之人而嘉惠之。慕古、崇道、兴学、美俗咸系于此。”

二、晋张翰莼鲈之思

张翰，生卒不详，字季鹰，吴郡（今江苏苏州）人。西晋文学家。张翰年轻时才华出众，意气风发，时人将他比作阮籍，称他为“江东步兵”。当时会稽人贺循有一次途经苏州前往洛阳，船只经过阊门处，贺循在船上抚琴，悠扬的琴声吸引了路过的张翰，于是张翰上船拜访，两人一见如故，张翰就随贺循去了洛阳。在洛阳，张翰的才华得到了齐王司马冏的赏识，被任命为东曹掾。但他意欲有所作为、一展抱负的雄心很快就因西晋末“八王之乱”的时局动荡而破灭了，西晋宗室间残酷的争权夺利、相互杀伐让张翰十分厌倦，也使得他倍加思念吴地家中的娘亲，思念家乡的风物。《晋书・张翰传》说：“翰因见秋风起，乃思吴中菰菜、莼羹、鲈鱼脍。”他还写了一首诗：“秋风瑟瑟叶纷飞，吴江畔兮鲈鱼肥。千里之外心难归，思乡之情泪沾衣。”言为心声，随后张翰很快就辞官南归，回到了他朝思暮想的桑梓之地。后世遂用“莼鲈之思”来表达思乡之情，张翰的这个故事于是不胫而走。

因为张翰的这个故事太出名，张翰的家乡吴江后来也常被人们称作“鲈乡”。在吴江松陵的垂虹桥畔，过去曾有一座三高祠，张翰即为该处祭祀的三高士之一（另外两人为春秋时的范蠡和唐代的陆龟蒙）。相传张翰南归后曾在枫里桥边筑居，此处的河道就被叫作莼鲈港，在今天的吴江芦墟境内。

三、顾野王喝潮受祀

顾野王（519—581），字希冯，吴郡（今江苏苏州）人。南朝梁、陈时期的著名学者、文学家，人称“江东孔子”，官至黄门侍郎，光禄

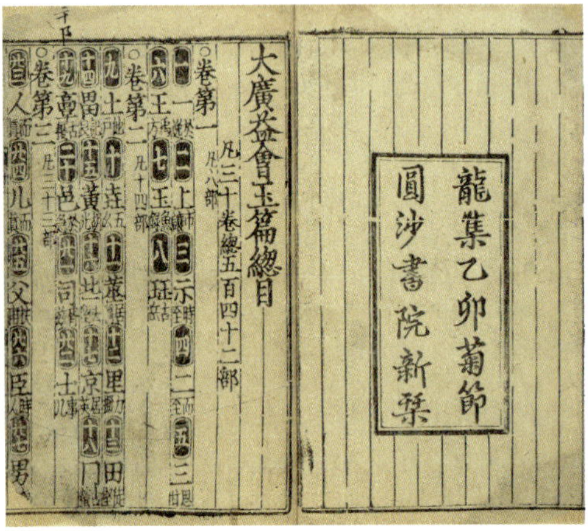

元刻本顾野王《玉篇》

卿，赠秘书监右军将军。天文地理、筮龟占候、虫篆奇字，无所不通。善属词，能书画。梁大同九年（543），顾野王搜罗和考证古今文字的字体，撰写成传统文字训诂学的重要著作《玉篇》30卷，全书共收16917字，分542部，比《说文解字》多增收6000个字。《玉篇》也是我国现存最早的一部楷书字典。

顾氏为江南大姓，并有“江南无二顾”之说，顾氏家族追终慎远，多以顾野王为远祖，在吴地有广泛的社会影响。明末清初大学者顾炎武因仰慕先祖顾野王，将自己的号称作“亭林”。至今光福虎山、吴江松陵、石湖下舟、金山亭林等地仍留有其遗迹。其中，位于上方山东侧、石湖南的顾野王墓，又被称为“落星坟”。据顾震涛《吴门表隐》所载：“落星坟，陈乡贤顾野王暨配贺夫人墓，在石湖下周村。平地起山，穴后一石如屏。旁有石如几如印，上有古松，祷可疗疾。右有铁佛，唐初得之土中。左有星石如舟，土人相诫云‘宁可赤脚奔，莫踏顾公坟’之谚。从无人入侵一草一木。聚坞之后裔世守之。”深受后世爱戴。

在吴江松陵京杭大运河畔，有一座顾公祠，祭祀的就是顾野王，当地人称呼他为“喝潮王”。相传昔时吴江地区遭遇洪水之际，顾野王曾大声喝潮，抛衣掷帽，毅然跃入洪水中，最终被洪水卷走。当地百姓为了纪念他，在他投水的地方修建顾公祠，并尊称他为“噶潮大王”。至今，吴江地区的太湖神歌里，仍传唱着取材于此的一首长篇《噶潮王神歌》，全篇歌词共9个章节，1800行。

四、唐张继枫桥夜泊

张继（约715—约779），字懿孙，湖北襄阳人。唐代诗人。安史之乱后，张继流落江南，在一个孤舟飘零的寒夜，诗人触景生情，有感而发：“月落乌啼霜满天，江枫渔火对愁眠。姑苏城外寒山寺，夜半钟声到客船。”这首诗就是被传唱千古，乃至声名远播至域外的《枫桥夜泊》。这短短的28个字，何以有这样的魅力？是一个谜。

坐落于姑苏城西古运河畔的寒山寺，从营造历程上来看，从无雄奇骏伟的高大建筑；就自然环境而言，站在寺庙门前的江村桥头环顾四野，也并无堪壮声色的名山大川。然而千百年来，这座有钟声伴着塔影的水边禅院，因了张继的这首脍炙人口的《枫桥夜泊》诗，寺由诗名，诗因寺彰，成就了一段世代流传、交口颂赞的因缘佳话，随岁月的长河迁流，沉淀为全体中国人的一种温情而独特的文化记忆。

细品《枫桥夜泊》的内蕴指归，便不难发现这一文化景观的魅力所在，并不单单是自然风景或宗教场景的形象呈现，实际上它更是体现了一种特定的心理情氛，包涵了一种普适的审美意义，构成了一个景物与情感交互作用的文化场。在中国文化景观的经典行列中，枫桥夜泊和卢沟晓月，一南一北，凝固了同样充满回味的人生场景的诗意瞬间。表面看上去，让人们流连感怀的是特定时空下的具体物象——夜晚江边的渔火孤舟、枫树钟声和拂晓时分石桥上方的冷月，但是究其内里，激发人产生强烈感应和共鸣的正是此时此地观景者的人生境

枫桥旧影

遇。在拂晓的卢沟桥上看到尚未消隐的月亮的人，是即将远行的人，离愁别绪的伤感在此间抬头见月的那一刻，蓦然涌现在心头；而夜宿于江畔客船上的是身如飘萍的羁客游子，远离熟悉的人与地，行止于未知定数的路途中，在黯然之际点燃的一盏渔火，同时点燃的还是此身的温暖，夜半寺院的清警钟声敲响的是对个体生命的慰藉，如此星辰如此夜，诚如张继诗中所展开的那个非常有画面感的综合效果场景，在这样的气氛下，夜泊就不再因暂时在陌生地停靠而显得倍加孤单；相反，这个有声有色的所在由于当时生发的一种人与自然、人与环境的高度契合而使人产生依恋和安定。蕴涵在“枫桥夜泊”这一人文意象中的，正是人作为独立个体在自己的生命旅程中的寻求归宿和不断确认，于是姑苏城外的江枫桥畔，就这样被赋予了一个基本的人生和文化主题：作为百代过客的人，如何在一世匆匆的光阴逆旅中让身心栖居？这也是一代又一代的人们被一种无从说起的文化吸引力推动着，来探寻这一胜地的根本原因。

五、张志和莺脰席舟

唐代诗人张志和（732—774），字子同，号玄真子，祖籍婺州金华。张志和自幼聪颖，16岁明经及第，先后任翰林待诏、左金吾卫录事参军、南浦县尉等职。后因有道家出世之志，携唐肃宗赐予他的侍儿渔童和婢女樵青隐居于太湖流域的东西苕溪与霅溪一带，扁舟一叶，浮三江，泛五湖，渔樵为乐。唐大历九年（774），张志和应时任湖州刺史颜真卿的邀请，前往湖州相会。其间宾主尽欢，在西塞山下相唱和为渔父词，张志和于是写下了著名诗篇《渔歌子》："西塞山前白鹭飞，桃花流水鳜鱼肥。青箬笠，绿蓑衣，斜风细雨不须归。"同年十二月，张志和又随颜真卿东游平望驿，在莺脰湖不慎落水溺亡。后人遂在湖畔钓矶旁建玄真子祠（清代因避康熙帝讳称"元真子祠"），祭祀张志和。康熙年间，又移其像于平波台东侧，成为人们游历莺脰湖时必到访的一景。

而在《广列仙传》中，张志和的人生故事则被赋予了传奇浪漫的色彩："张志和，字子同，金华人。以策干唐肃宗，为待诏翰林。后亲丧，不复仕，居江湖，自号烟波钓徒，又号玄真子。垂钓不设饵，志不在鱼也。善画，饮酒三斗不醉。守真养气，卧雪不寒，入水不濡。与陆羽、颜真卿友善。真卿为湖州刺史，日相唱和。后与真卿游平望驿，志和酒酣，铺席于水上，独坐而酌，其席来去如舟，复有云鹤随覆其上。真卿僚佐观者莫不骇异。寻于水上挥手谢真卿，以上升而去。"人们相信：在莺脰湖席舟而去的张志和，定是去往了他所向往的另一个理想世界。

六、苏舜钦情系沧浪

苏舜钦（1008—1049），字子美，祖籍梓州铜山（今四川中江）。北宋时期政治家、文学家。苏舜钦出身于簪缨世家，宋景祐元年（1034）中进士，在政治上主张事随时进的社会变革，在文学上提倡言必有物的古文运动，是北宋开一代政风、文风的先驱者之一。后因支持范仲淹推行的庆历新政，遭劾罢职，来到苏州。他花了四万钱买下了苏州城南原五代时吴越国中吴军节度使孙承祐的池馆旧地，以之为基础构筑园亭，取《楚辞》中“沧浪之水清兮，可以濯吾缨；沧浪之水浊兮，可以濯吾足”之意，名为沧浪亭，并写有《沧浪亭记》以明心迹，自号为沧浪翁，舟楫出入，诗文迭出，纵情于吴地的清风明月、远山近水。

始建于北宋年间的沧浪亭，是今天苏州城的四大园林之一，也是四大园林中建造年代最早的一座。这座园林十分独特的地方，正在于

沧浪亭旧影

作为园林主景的“沧浪之水”，并不在园内，而是在园外环绕着园林。园主人无论是站在园内沧浪亭的高处，还是坐在北向贴水的复廊处，“沧浪之水”的欣然意会，都须朝园外观得。清代住在附近的沈复、陈芸夫妇来此游园，也是这样隔着水望向对面的“近山林”（今为可园）。这样的观景体验，总让人觉得是契合当年园主人苏舜钦的胸襟气度的。

七、范成大石湖寄兴

范成大（1126—1193），平江府吴县（今江苏苏州）人，字至能，晚年因宋孝宗赐“石湖”二字而号石湖居士，南宋时期著名的政治家、文学家。绍兴二十四年（1154）中进士，乾道五年（1169）升起居舍人后曾出使金国，不辱使命。淳熙年间，官至参知政事。淳熙十年（1183），因病辞归。此后十年间，范成大在苏州石湖畔筑有别业，“依越来溪故址为亭榭”，临湖“筑农圃堂”，“植以名花，而梅花为独盛”，有“千岩观、天镜阁、玉雪坡、盟鸥亭诸迹”。他寄情山水，题咏为乐，写下

上方山、石湖、行春桥旧影

了众多生动反映苏州水乡田园生活以及民生疾苦的清丽诗篇，其中尤以取材于石湖及其周边地区农家生活的《四时田园杂兴》六十首最为脍炙人口。由于范成大的诗歌成就，他与杨万里、陆游、尤袤被后人合称为南宋“中兴四大诗人”；其诗也被广泛传诵，曾有“家剑南（指陆游）而户石湖”的说法。

链接知识 《四时田园杂兴》诗选四首

寒食花枝插满头，茜裙青袂几扁舟。
一年一度游山寺，不上灵岩即虎丘。

吉日初开种稻包，南山雷动雨连宵。
今年不欠秧田水，新涨看看拍小桥。

湖莲旧荡藕新翻，小小荷钱没涨痕。
斟酌梅天风浪紧，更从外水种芦根。

污莱一棱水周围，岁岁蜗庐没半扉。
不看茭青难护岸，小舟撑取葑田归。

八、高青丘水畔行吟

高启（1336—1374），字季迪，号槎轩，居青丘浦后又自号青丘子。长洲（今江苏苏州）人。元末明初著名文学家。高启才情高华，在当时文名很盛，与诗友王行等号“北郭十友”，又与杨基、张羽、徐贲一起被誉为“吴中四杰”，后人还将他与刘基、宋濂一起并称为“明初诗文三大家”。高启擅长撰写拟乐府，量多质高，被普遍认为是明代这一诗体写作的“单项冠军”。

高启一生，由元入明，除了有限的几次短暂远行，活动范围基本上都在当时江浙之间。在其不到40年的生涯里，很多时光都是临江而居，从元末依岳家住在青丘浦，到后来的几次迁居，高启曾长期徜徉于吴淞江、娄江之间。在他传世的高产诗作中，有大量描摹苏州城东水乡风情的篇什，不仅流连风景，还体味世情，关注民生。同时，由于在本地结交广泛，高启也几乎游遍了吴地及周边的山山水水，这也同样反映在了他的诗集里。有不少吴中名胜都是游之又游，咏之又咏。今天我们若是想要领略元明之际苏州的风土人情，高启的诗文无疑是一个很有体验感的“好向导”。

九、沈三白携妻舟游

沈复，生于1763年，卒年不详，字三白，号梅逸，苏州府长洲（今江苏苏州）人。清代散文家。作为生活在清代中期苏州市井社会的底层文人，即便在当时，也一直是名声不彰。若不是他的同窗好友、后来高中状元的石韫玉在文字中偶尔提及，人们几乎忽视了他的存在。然而随着晚清时期沈复用浅白文言写个人生活的残本《浮生六记》偶然在冷摊上被发现，之后被刊印，以至被译成英文介绍到域外，时至今日，人们已将他视为清代最好的散文家之一。其以朴实的文笔记叙自己大半生的经历，欢愉与愁苦两相对照，真切动人。尤其是写到他与妻子陈芸的婚姻生活，引发了后世读者强烈的共鸣，乃至作者笔下的陈芸被今人称为“中国传统社会最可爱的妻子”。

今天的读者之所以共情于清代这对普通的苏州夫妻，是因为作品中焕发着人性的光辉。卷一《闺房记乐》中写到，有一次，沈复要从苏州城中坐船去吴江吊唁，陈芸就主动向丈夫提出去吴江要走太湖，她也想跟着去“一宽眼界”。这个要求若是搁在今天，那就是一场再平常不过的“说走就走”的近郊游。然而在清代中期，平民家庭即便是小夫妻同行，女子外出也有诸多不便、诸多顾虑。于是小夫妻就商量好陈芸如何找借口离家，两个人又如何一前一后出门以避人口舌，沈复在哪里等妻子上船。等到两人如愿在万年桥下的胥江渡口会合、起航渐渐远离城市途经乡野驶向太湖时，当陈芸“渐见风帆沙鸟，水天一色”，她不禁感叹道：“此即所谓太湖耶？今得见天地之宽，不虚此生

范区首个示范幸福河湖，污水处理提质增效经验入选住建部案例，“联合河长制”工作经验入选《全面推行河长制湖长制典型案例汇编》。

苏州在不断治水的过程中，持续开展特色田园乡村和水利风景区建设。作为享誉全国的“鱼米之乡”，目前，苏州累计已实施7批185个特色精品乡村（含438个自然村）建设，其中127个村庄（含320个自然村）建成通过验收，被命名为“苏州市特色田园乡村（特色精品乡村）”，80个村庄被命名为“江苏省特色田园乡村”，数量居全省第一。

同时，顺应生态文明建设战略，依托资源禀赋和水利工程优势，苏州全力推进水利风景区建设。2019年，全市共建成国家水利风景区6个、省级水利风景区6个，其中，4个入围“江苏最美水地标”，6个入选《国家水利风景区地名词典》。苏州市胥・浦・塘水利风景区在全国首次引入集群概念，打造水利与生态共融的国家水利风景区。

胥・浦・塘水利风景区打造了“一核四组多节点”的空间格局。

张家港市环城河水利风景区谷渎港夜景

范围包括环城河、胥江、七浦塘、西塘河以及阳澄西湖，在此区间内构建以环城河为核心，以胥江、七浦塘、西塘河三条轴带为链接的城市河湖型国家级水利风景区。同时，整合了周边旅游资源。以胥口枢纽、西塘河枢纽、阳澄湖枢纽、江边枢纽四大水利枢纽为依托，统筹景区周边集镇、村落、公园等多个资源节点，开发旅游项目，实现水利工程生态环境效益和经济效益的有机统一。另外，根据河湖特点及资源差异，分成三大功能分区。胥口水利文化科普展示区依托现有水利工程基础设施，着重发展水文化展示、科普教育；七浦塘河湖生态观光体验区结合阳澄湖枢纽生态岛环境优势，打造七浦塘、阳澄湖沿线生态体验廊道；西塘河滨河人文休闲娱乐区利用场地滨水带状界面优势，结合水文化构建人文休闲片区，赋予休闲娱乐、运动健身功能。

截至目前，苏州共有国家级水利风景区6个、省级水利风景区10个。

苏州国家级、省级水利风景区列表

序号	等级	名称	获批时间
1	国家级	太仓市金仓湖水利风景区	2009
2		苏州太湖浦江源水利风景区	2011
3		苏州市吴中区旺山水利风景区	2013
4		张家港市环城河水利风景区	2013
5		昆山市锦溪明镜荡水利风景区	2014
6		苏州市胥·浦·塘水利风景区	2019
1	省级	张家港市凤凰水利风景区	2014
2		太仓市凤凰湖水利风景区	2014
3		昆山市巴城湖水利风景区	2015
4		江苏省望虞河常熟枢纽水利风景区	2015
5		常熟市泥仓溇水利风景区	2017
6		常熟市南湖水利风景区	2017

续表

序号	等级	名称	获批时间
7	省级	苏州市吴江区潜龙渠水利风景区	2020
8		苏州市石湖水利风景区	2020
9		苏州东沙湖水利风景区	2023
10		张家港湾水利风景区	2023

2024年5月，苏州市正式获“国际湿地城市”国家提名。“国际湿地城市”是一张内容丰富、实在的优质“生态名片”，代表一个城市对湿地生态保护的最高成就。苏州，在上海崇明，浙江杭州、温州，云南大理等全国9个提名城市中，名列前茅，是江苏此次申报的唯一城市。

湿地是指天然或人工、永久或暂时的沼泽地、泥炭地或水域地带，静止或流动的淡水、半咸水、咸水水体，包括低潮时水深不超过6米的水域。湿地在地球表面仅覆盖6%，却为地球上20%的已知物种提供了生存环境，具有不可替代的生态功能，因此享有“地球之肾”的美誉。

湿地生态系统属于水域生态系统，其生物群落由水生和陆生种类组成，物质循环、能量流动和物种迁移与演变活跃，具有较高的生态多样性、物种多样性和生物生产力。

链接知识　第十届国际湿地大会

国际湿地大会，是在国际生态学协会及湿地工作组组织下举办的国际盛会，是湿地科学与应用领域最具影响力的全球性会议，参会人员均为世界湿地方面的顶级专家学者及管理人员。每4年召开一次。国际湿地大会已成功举办12届。第十届国际湿地大会于2016年9月19日至24日在江苏常熟国际会议中心成功召开。这是该会议首次在亚洲举办。

本次大会有来自10余个国际机构、72个国家和地区的约800位代表参会，其中国外嘉宾300多人。大会设有11场特邀报告，以及涉及全球变化、生物多样性、生态系统服务、生物地球化学过程、生态系统监测、生物入侵、污水处理、湿地价值评估、湿地可持续管理等领域的71个分会场。大会期间，420位演讲人精心准备了510场汇报，围绕“湿地公园的建设和管理”“湿地在缓和全球污染过程中的作用”“湿地作为生物地球化学热点影响气候和水质”“湿地让城市更美好”“河流湖泊生态修复与湿地技术”等主题作了报告。

历时2年多时间起草与修改而成的《湿地常熟宣言》在会议期间通过，这也是国际湿地大会有史以来首次以“宣言”形式发布共识。《湿地常熟宣言》阐述了湿地的重要作用、湿地工作的全球性意义、湿地与城市的关系、湿地对于人类发展的重大意义，呼吁金融机构、私营业者、政府部门和广大人民爱护湿地、保护家园。

湿地是人类最宝贵的环境资本之一，不仅具有丰富的资源，还有巨大的环境调节功能和生态效益。其实湿地就在我们身边，它有多种类型，如珊瑚礁、滩涂、红树林、湖泊、河流、河口、沼泽、水库、池塘和水稻田等，这些都属于湿地。各类湿地在提供水资源、调节气候、涵养水源、分洪削峰、促淤造陆、降解污染物、保护生物多样性等方面发挥了重要作用，为人类提供了丰富的生产、生活资源。因此，除了“地球之肾”外，湿地还享有“生命的摇篮”“鸟类的乐园”以及“气候调节器”的美誉，与森林、海洋并称为“全球三大生态系统”。

历来，苏州拥有400多个湖泊、2万多条河流、158千米长江岸线、96千米京杭大运河苏州段，太湖绝大部分水面在苏州境内，全市湿地总面积497.96万亩，湿地率达到38.35%，内陆湖泊湿地面积占比位居全省第一、全国前茅。目前，苏州市已建成湿地公园21个，其中国家级6个、省级8个，已有15块湿地达到国际重要湿地水禽数量标准。

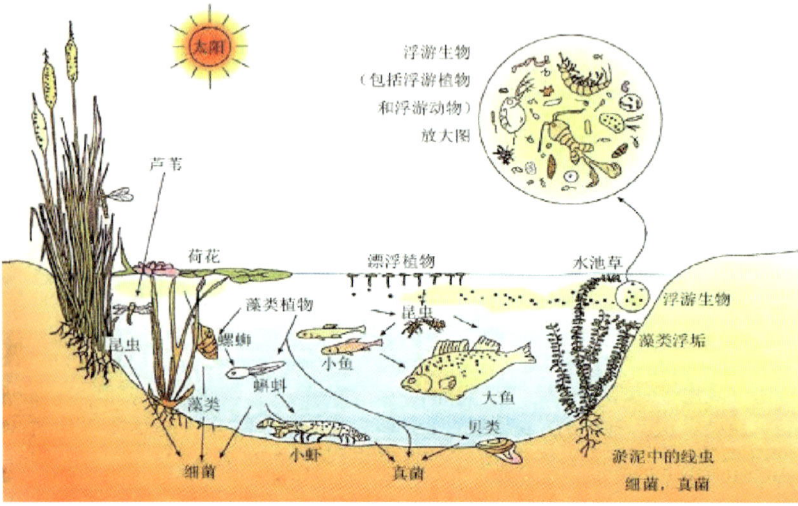

池塘生态系统

全市湿地野生鸟类种数增加了100余种，达到404种，自然湿地保护率从2010年的8%提升至72%。

鸟类处于生态系统中食物链的中上层，鸟类多样性的观测数据是国际公认的评估湿地生态状况的重要指标之一。苏州市逐年完善鸟类监测网络，在全市布设了100个监测区，每年开展高频度调查，将鸟类多样性指标纳入湿地考评体系，旨在为苏州湿地健康状况评价和保护修复提供科学的依据。

2023年度，苏州市首次发现了鹧鸪、红翅绿鸠、苍眉蝗莺、遗鸥、穗鹏和绿眉鸭6个苏州市鸟类新记录种。共记录到鸟类19目62科322种，占苏州地区鸟类种数405种的79.5%，占江苏省鸟类种数447种的72.04%。

目前，苏州已有2处湿地发现水禽数量超过20000只，达到《关于

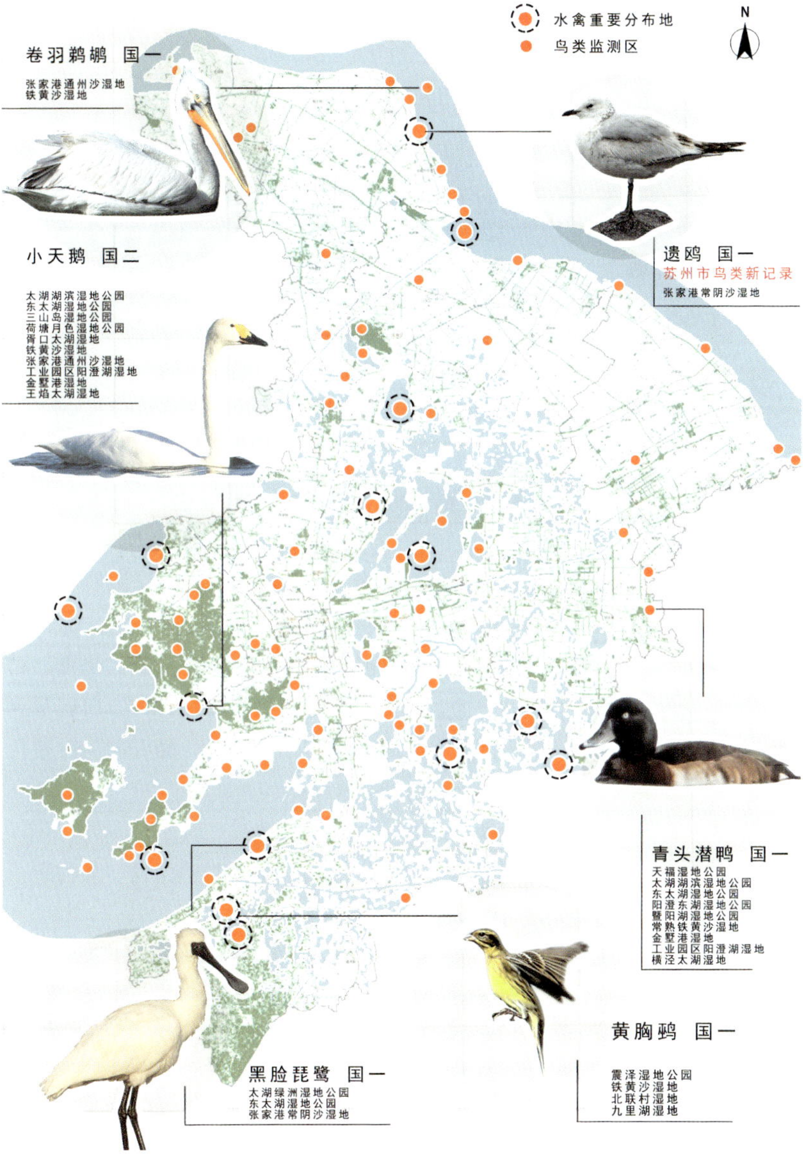

苏州湿地100个鸟类监测区

特别是作为水禽栖息地的国际重要湿地公约》(简称《拉姆塞尔公约》)的标准5(标准5:如果一块湿地规律性地支持着20000只或更多的水禽的生存,那么就应该考虑其国际重要性)。

苏州市重要湿地情况表

重要湿地	水鸟物种	最大数量(只)	标准数量(只)
吴中区太湖湖滨湿地公园	骨顶鸡、红头潜鸭、凤头潜鸭	56637	20000
吴中区东山太湖	骨顶鸡、罗纹鸭、红头潜鸭	24550	20000

2023年度苏州观测到的重点保护水鸟情况表

保护级别	物种数	物种名称
国家一级保护动物	6	青头潜鸭、东方白鹳、黑脸琵鹭、遗鸥、黑嘴鸥、卷羽鹈鹕
国家二级保护动物	18	小天鹅、鸿雁、白额雁、小白额雁、棉凫、花脸鸭、鸳鸯、白秋沙鸭、黑颈䴙䴘、白斑军舰鸟、白琵鹭、小杓鹬、水雉、翻石鹬、白腰杓鹬、阔嘴鹬、大滨鹬、半蹼鹬
世界自然保护联盟(IUCN)红色名录	23	极危(CR):青头潜鸭 濒危(EN):东方白鹳、黑脸琵鹭、大杓鹬、大滨鹬、鸿雁、蒙古沙鸻 易危(VU):小白额雁、红头潜鸭、黑嘴鸥、遗鸥、尖尾滨鹬 近危(NT):卷羽鹈鹕、罗纹鸭、白眼潜鸭、凤头麦鸡、红腹滨鹬、白腰杓鹬、黑尾塍鹬、弯嘴滨鹬、半蹼鹬、灰尾漂鹬、红颈滨鹬

资料来源:《2023苏州湿地保护年报》,苏州市园林和绿化管理局(苏州市林业局)、江苏太湖湿地生态系统国家定位观测研究站

第六节　国家级湿地公园拾萃

一、苏州太湖国家湿地公园

苏州太湖国家湿地公园，坐落在苏州市区的西部，西枕太湖，东接东渚，南连光福，与“中国刺绣之乡”镇湖毗邻，占地面积230公顷，其中湿地面积163.3公顷，湿地率达71%，2011年正式成为国家湿地公园，是集生态环境、休闲观光、科普教育为一体的湿地公园，也是集国家级湿地公园、国家AAAA级旅游景区于一身的生态旅游景区。

苏州太湖国家湿地公园水壤交错，景观丰富。有茭芦莲菱、鱼虾蜃蛤之利，更有白鹭飞天、蛙鸣鸟啾之境。作为国家级湿地公园，严格依照相关湿地保护管理办法和相关条例开展湿地资源保护工作，丰富太湖湿地植物种类，给动物提供了良好的生态环境。经初步调查，浮

苏州太湖国家湿地公园

游植物共有7门97种，维管植物共55科121种，鱼类有14目24科98种，鸟类由原先的50多种增加为目前的160种。截至2022年12月，太湖国家湿地公园已记录到国家一级保护动物黑脸琵鹭，国家二级保护动物17种，濒危野生动植物种国际贸易公约附录Ⅱ共11种，以及IUCN世界濒危物种1种。

苏州太湖国家湿地公园除普及环境保护基础知识以及动物学、生态学、植物学、湿地科学和生物多样性等基础科学知识，还经常组织科普性的主题活动，挖掘本土农耕文化与世界非物质文化遗产，开展以二十四节气为主题的专项宣教活动，让学生对中国传统文化和农耕文化有更加深入的了解和认识。被授予“江苏省生态文明教育基地”“江苏省科普教育基地”“省级文明旅游示范单位”等荣誉称号。

二、苏州太湖湖滨国家湿地公园

苏州太湖湖滨国家湿地公园，位于太湖东岸，太湖湖滨湿地位于湿地公园内，总面积488.04公顷，是以永久性淡水湖、草本沼泽为主的自然湿地生态系统，为典型的湖滨湖泊湿地。苏州太湖湖滨国家湿地公园主要由浅水型湖泊湿地、湖滨带湿地和湖岸林地组成，共分为三个功能区：保育区、恢复重建区和合理利用区。

保育区具有较高程度的原生态性，浮水、沉水植物发育繁盛，是雁鸭类等游禽的良好栖息地和主要活动区域，水质常年可维持在III类及以上；恢复重建区现状以湖泊湿地和草本沼泽为主，是湖滨水陆交替的过渡带，生物多样性高，是小天鹅等珍稀水鸟的栖息地；合理利用区内基础设施完善，是全公园植被长势最好的区域，建设有自然教育馆、动植物科普长廊等设施，成立了苏州湿地自然学校和吴中区中小学生综合实

苏州太湖湖滨国家湿地公园

践基地，是开展科普宣教、生态旅游的重要区域。苏州太湖湖滨国家湿地公园被授予“全国林草科普基地”“自然教育学校”“精品自然教育基地”等称号。

近年来，太湖湖滨湿地通过顺堤河拦截污染源、湖底清淤，恢复种植湿生、水生植物并定期收割蓝藻和漂浮物打捞等一系列太湖水体综合治理措施，水质净化效果显著，常年维持在Ⅲ类水质标准。湿地内丰富的资源和优良的水质为青头潜鸭、小天鹅等珍稀濒危物种及长江下游鱼类提供了重要的栖息地、觅食地及繁衍场所。秋冬季有上万只水鸟在此栖息，是名副其实的“鸟类天堂”，常见鸟类有白骨顶、红头潜鸭、普通鸬鹚、凤头潜鸭、红嘴鸥等。多的时候，有超50000只白骨顶栖息在太湖湖滨湿地公园。

三、苏州太湖三山岛国家湿地公园

苏州太湖三山岛国家湿地公园，位于苏州市区西南50千米处的太湖之中，呈不规则的马蹄形，湿地公园的主体空间在三山岛行政村，是永久性淡水湖自然湿地与人工湿地相结合的岛屿型湖滨复合湿地。苏州太湖三山岛国家湿地公园规划总面积625.2公顷，园区内共划分为五大功能区：生态保育区、管理服务区、宣教展示区、休闲体验区、社区共建区。

苏州太湖三山岛国家湿地公园作为全国唯一的太湖中的岛屿湿地、全国唯一以村级单位筹建的国家湿地、唯一以社区参与湿地共建的国家湿地，在净化与美化太湖水环境、调节太湖小气候、保护生物多样性等方面发挥着重要的生态功能。

近年来，苏州太湖三山岛国家湿地公园坚持“保护优先、科学修复、合理利用、持续发展”的基本原则，立足自身优势和特点，提高了

苏州太湖三山岛国家湿地公园

湿地生物多样性、完善了湿地生态功能、丰富了湿地景观，努力打造了一个集水利疏浚、湿地保护、湿地科普宣教、湿地旅游和全民参与保护太湖水资源为一体的国家级湿地。

四、天福国家湿地公园

天福国家湿地公园，位于昆山花桥经济开发区北部，地处太湖流域，吴淞江水系，总面积780公顷，湿地率达63.62%，是长三角地区高度现代化城市群中一块难得的生态保留地。始建于2007年，于2019年正式成为国家湿地公园，是江苏嵌入上海的一块生态宝地，享有极佳的地理与交通优势。

天福国家湿地公园湿地类型多样，由稻田、河流、沼泽、林地、池塘、人工湖等组成，水乡特色浓郁，沟渠蜿蜒、河网密布，20余条河道作为骨干构成水网系统，将沼泽地、滩涂、苇地、水田、林地连成一体，

天福国家湿地公园

有着完整的江南水乡特色空间。公园生态特色显著,549种植物,325种昆虫类,223种鸟类,35种鱼类,16种两栖爬行类,15种底栖类和9种哺乳类动物在此欢聚一堂。这里人文特色浓厚,历史悠久,距今已有1700多年历史,元代的聚福桥和清代的永清桥、万寿桥三桥牵水相连,拱卫着一带典型的江南民居。田园风光秀美,农业资源丰富,万顷良田丰饶,优质稻田独具特色,传承着悠久的农耕文化。

五、沙家浜国家湿地公园

沙家浜国家湿地公园,位于常熟西南风景秀丽的阳澄湖畔,规划总面积414.03公顷,湿地总面积307.91公顷,湿地率达到74.37%,是中国国家湿地公园创先联盟9家发起单位之一。

沙家浜国家湿地公园内河湖相连,水网稠密,以芦苇湿地为特色,是典型的河道漫滩和低洼地所形成的湿地,其间沼、泽、滩、湖等湿地景观丰富,涵盖了河流湿地、沼泽湿地、湖泊湿地和人工湿地四大类。拥有大片芦荡湿地,动植物资源极其丰富,截至2022年,沙家浜共记录到野生鸟类16目51科157种,比试点建设前增加了88种,其中国家Ⅱ级保护鸟类17种;共记录到植物151科449属720种,其中国家一级重点保护植物3种、国家二级重点保护植物7种;昆虫10目70科172种;两栖1目4科10种;爬行3目6科12种;哺乳5目7科13种。

红色是沙家浜的魂,绿色是沙家浜的根。沙家浜自1989年开始发展旅游业,历史文化底蕴深厚。公园以革命教育、湿地文化为主要载体,以水乡民俗文化为补充,建立观鸟屋、四季田、湿地自然学校和湿地科普馆等室内外科普场所,并借助沙家浜芦荡地区独特的革命教

沙家浜国家湿地公园

育资源、丰富的湿地生态资源和璀璨的水乡民俗文化资源等，研发出“红绿新学堂”系列环境教育课程，寓科普于旅游，引导公众树立湿地保护意识，营造全民爱护湿地的良好氛围。被授予“全国中小学生研学实践教育基地”等荣誉。

六、同里国家湿地公园

同里国家湿地公园，位于吴江区同里镇东北部，东与著名的江南水乡古镇周庄为邻，西与千年文明古镇同里相连。占地面积972.18公顷，湿地面积830.33公顷，湿地率达85.41%。2020年1月正式挂牌为国家级湿地公园，是长三角生态绿色一体化发展示范区内唯一的国家级湿地公园。

公园以天然湖泊沼泽湿地生态系统为核心，由永久性淡水湖泊、

一幅绘尽江南水乡盛世风华的传世名作

在浩如烟海的中国古代绘画中，有一幅作品以其独特的艺术魅力和深邃的历史内涵，成为展现江南水乡繁华景象的杰作。“江南好，风景旧曾谙。”打开这幅长长的画卷，透过氤氲的墨色，仿佛就走进200多年前的繁华姑苏，仿佛听见了运河畔阵阵的摇橹声响，又仿佛看见了街市上人来人往，热闹喧嚣……

清乾隆年间，有画家徐扬，字云亭，吴县(今江苏苏州)人，监生，因乾隆皇帝首次南巡时进献画册而供奉宫廷画院，后赐举人。他以散点透视技法，将当时苏州“商贾辐辏，百货骈阗”的市井风情绘成长卷，这幅画后来被称为《姑苏繁华图》（又名《盛世滋生图》）。它是继宋代《清明上河图》后的又一宏伟长卷，全长12米多，宽近半米。现为国家一级文物。

画面自灵岩山起，由木渎镇东行，过横山，渡石湖，历上方山，介狮、何两山间，经盘、胥、阊三门，穿山塘街，至虎丘山止。徐扬自西向东，由乡入城，重点描绘了一村（山前）、一镇（苏州）、一街（山塘）的景物，画笔所至，连锦数十里内的湖光山色、水乡田园、村镇城池、社会风情跃然纸上。图中人物1.2万余人，房屋建筑2140余栋，客货船400余条，店铺260余家，桥梁50余座，文化场景10余处，完整地表现了具有千年文脉的古城苏州的市井风貌，是研究数百年前“乾隆盛世”的形象资料，具有极大的历史价值。

画卷的开头，是一座气势磅

礴的城门，门楼上高悬着“姑苏”二字的牌匾，彰显了这座城市的繁华与荣耀。穿过城门，便是一条条蜿蜒曲折的街巷，两旁商铺林立，行人络绎不绝。商铺里，琳琅满目的商品令人目不暇接；街巷间，叫卖声、议价声、欢笑声此起彼伏，构成了一幅热闹非凡的市井图。

在画卷中，还能看到苏州的河道与桥梁。那些曲折蜿蜒的河道，宛如一条条绿色的丝带，将城市分割成若干区域。河面上，船只穿梭往来，或载货，或载人，忙碌而有序。而那些造型各异的桥梁，则成了连接两岸的纽带，也为画面增添了几分灵动的气息。

除了街巷和河道，画卷中还有许多园林和民居。那些精致的园林，以其独特的建筑风格和优雅的环境氛围，吸引了众多文人墨客前来游览。而那些民居，则以其独特的建筑风格和浓厚的江南韵味，成为画卷中不可或缺的一部分。这些民居或依水而建，或傍山而居，与周围的自然环境和谐相融，形成了一幅幅美丽的江南水乡画卷。

在图中，可以看到许多生动的人物形象。他们或行走于街巷之间，或驻足于商铺之前，或泛舟于河面之上。他们的服饰、神态、动作都被刻画得栩栩如生，仿佛就在眼前。这些人物形象不仅丰富了画面的内容，也让欣赏者更加深入地了解那个时代的社会风貌和人们的生活状态。

这幅图，不仅是一幅展现江南水乡繁华景象的杰作，更是一部记录历史、传承文化的重要文献。它以其独特的艺术魅力和深邃的历史内涵，绘尽了江南水乡的盛世风华，不仅展现姑苏美景，更把代表苏州文化的科举教育、戏曲丝竹、婚礼习俗、园林艺术等内容呈现于纸上，堪称是当时盛世风光、繁华苏州的实录。

苏州水文化之最

苏州是全国河港、湖荡最多的城市。苏州境内河港纵横交错，湖荡星罗棋布，共有河道2万余条，湖荡400多个，其中千亩以上的湖荡有87个。苏州全市水域占总面积的36%，是全国河港、湖荡数量最多的地区。

苏州市水文化遗产数量居江苏省之最。全市水文化遗产共摸底2680处（个），其中工程建筑类水文化遗产1807处、文献资料类水文化遗产411个、非遗类水文化遗产462个。

苏州古城是水城风貌保存最完好的中国历史文化名城。公元前514年，伍子胥奉吴王阖闾之命，"相土尝水，象天法地"，筑阖闾大城，2500余年城址未变，至今基本保持着"水陆并行、河街相邻"的双棋盘格局和"小桥流水、粉墙黛瓦、史迹名园"的水城风貌。

苏州古城是我国河道最长、水网最密的古城。据宋《平江图》，城内有"六纵十四横"骨干河道，加上支河全长约82千米。到明时，城内有"三横四直"7条骨干河道、120条小浜支河，河道总长约56千米。古城至今仍保存着"三横三直"的河道格局，河道全长34.6千米。

我国现存最早的石刻城市平面地图——宋《平江图》碑。《平江图》刻于南宋绍定二年（1229），高2.84米，宽1.46米，青石质地，是宋代平江府城经战火毁坏再修复后的实录，是中国乃至世界上最早、最为详尽的石刻城市平面图，现存于苏州碑刻博物馆。

我国现存最完整的水陆并峙的古城门——盘门。盘门位于古城西南隅，城楼坐西朝东，水陆城门并峙，总体呈曲尺状。阖闾大城初建时称蟠门，因“尝刻木作蟠龙，镇此以厌越”而名。今日盘门的总体布局和建筑结构基本上是元末遗存。

我国京杭大运河上最早形成的河段——江南运河苏锡段。周敬王二十五年（前495），吴王夫差欲北上争霸，称雄中原，倚仗其境内水道纵横、交通便利之条件，开河通运，从苏州境经望亭、无锡抵奔牛镇，达于孟河，计长170余里，这是我国最早开挖的运河段。

我国最古老的人工运河——胥溪。胥溪（苏州段今称胥江）全长约230千米，自苏州胥门起，西经横塘、木渎，出胥口、入太湖，此段全程14千米。相传是吴王阖闾伐楚，采纳伍子胥建议，凿胥溪运兵载粮。

京杭大运河上最古老的纤道——吴江九里石塘。九里石塘始筑于唐宪宗元和年间，最初为土堤，由于太湖洪水的不断侵害，屡筑屡毁。元代至正年间，全部用统一尺寸的大青石修筑，路面宽3—5米，形成了大运河有史以来最坚固、最完整的一条临水石路，被喻为“水上长城”。

京杭大运河上仅存的驿亭遗址——横塘驿亭。横塘驿亭建于京杭大运河与胥江交汇处的小岛之上，东侧与彩云桥相连，是古代供递送文书的驿使和旅客歇宿的馆舍。明清时苏州曾先后置有水陆驿站9处，以胥门外的姑苏驿规模最大，现已不存。横塘驿亭是唯一保存至今的驿亭遗址。

京杭大运河上最早开始科学观测的水文站点——觅渡桥水文站。清光绪二十六年（1900），清政府海关设觅渡桥水文观测站，观古运河水情和每日水位，为往来船只航运安全提供基本保障。

我国最早的高低分片治理河道——盐铁塘。盐铁塘西起张家港杨舍镇北，向东横贯常熟市，经太仓至嘉定，由黄渡入吴淞口，全长95千米。相传西汉吴王刘濞为运盐铁所开。盐铁塘沿地形高低界线开凿，是一项调节江湖吐纳、有利于高低分治的水利工程。

太湖地区已知最早有人类活动的地点——三山岛。1986年，考古学家在三山东泊小青峰岭下，发现一个天然的石灰石溶洞，从中发掘出土5000余件刮削器、尖状器、砍砸器、石核及使用石片。此项考古发现，证明远在距今1万年左右，太湖地区先民已开始在这里安家落户、繁衍生息。

中国内湖第一大岛——西山岛。西山，世称洞庭西山，古称包山、西洞庭、林屋山，位于太湖东南部，苏州市西南端，距苏州古城45千米。西山岛南北长11千米，东西长15千米，面积79.82平方千米，是中国内湖第一大岛。

太湖中最高的山峰——缥缈峰。西山主峰缥缈峰，海拔336.6米，为太湖诸峰之首。

太仓穿山曾被誉为“万里长江第一山”。万里长江奔腾入海经过的最后一座山就是太仓的穿山，穿山曾于江中，因江水从天然洞口穿越而得名，船穿越此洞时要落帆，亦称帆山。20世纪50年代，穿山因建设道路已不复存在。

张家港湾被誉为“江海交汇第一湾”。张家港湾位于江苏省张家港保税区金港镇，上起老沙码头，下至段山港，有着约12千米的长江岸线。长江干流超过90度的弯道共181道，张家港湾是长江入海前的最后一道湾。

太湖淡水捕捞中最大的渔船——太湖七桅渔船。太湖七桅大渔船，船长25米，宽5米，载重60吨，是太湖淡水捕捞中最大的一种渔船，六级顺风时时速可达20千米。两舷披水板各两块，即使逆风，也能“之”字形地向前行驶。

周庄是我国保存古建筑最多的水乡名镇。周庄镇位于昆山市西南隅，是一座典型的江南水乡古镇，至今已有900余年的历史。全镇近千户住宅，明清建筑占60%以上。其中最早的是明中山王徐达之弟徐梦清建于明代正统年间的张厅。

旺山村被誉为“中国最美山村”。旺山村，位于苏州市越溪街道尧峰山脚下，村域面积7平方千米，其中山林面积5380亩。2020年9月，入选江苏省乡村旅游重点村名录。2021年8月，入选第三批全国乡村旅游重点村名单。有“中国最美山村”的美誉。

中国内湖第一长桥——苏州太湖大桥。苏州太湖大桥东起太湖国家旅游度假区墅里村渔洋山，经长沙岛、叶山岛至洞庭西山渡渚村大庭山，由三座桥组成，全长4308米，桥面宽12米，181孔。工程1992年10月动工，1994年10月建成通车，结束了西山孤岛的历史。是中国内湖第一长桥。

我国大运河沿线现存最长的连拱古桥——宝带桥。宝带桥始建于唐代元和年间，全长316.8米，面宽4.1米，共有53孔连缀，设计为“宝带卧波”之长堤型，为大运河沿线现存桥身最长、桥孔最多、结构最巧的大型石拱古桥。

我国古代体量最小的石拱桥——网师园引静桥。引静桥位于网师园彩霞池东南水湾处，为苏州最短最小的石拱桥，以金山石精雕细琢加工而成，长仅2.4米，宽约1米，上下各有五级石阶，有人只需三步即可跨过，是我国体积最小的石拱桥。

苏州古城最高的石拱桥——吴门桥。吴门桥位于盘门外，南北走向，跨护城河，现为花岗石单孔拱桥，长67.4米，中宽4.83米，高达9.85米，为苏州城里最高、最大的石拱桥。

苏州最精美的石拱桥——大觉寺桥。大觉寺桥始建于北宋庆历七年（1047），重建于元至正十一年（1351），桥面采用武康紫石作为建材，沿口石两侧各饰有精美的图案，雕刻手法均以浮雕为主，间有圆雕，刀法圆浑，线条流畅。

角直是我国桥梁最多的市镇。角直镇水多桥多，在不到1平方千米的范围内，史称有72座半桥梁，现存40座半，历来有“三步两桥”之说，桥梁数量之多、密度之高，居全国各市镇之首。

虎丘第三泉被誉为“天下第三泉”。第三泉位于虎丘山千人石西侧，相传茶圣陆羽居住虎丘期间，发现此处的“观音泉”甘甜可口，便亲自挖成此井，因泉水味美甘醇，进而被誉为“天下第三泉”。如今，井水仍终年不断。

白云泉被誉为“吴中第一泉”。白云泉又名钵盂泉，位于苏州西郊的天平山，因色白如乳，醇厚甘洌，陆羽称之为“吴中第一泉”。白居易有诗咏此泉曰：“天平山上白云泉，云自无心水自闲。何必奔冲山下去，更添波浪向人间。”

我国最早的地方水质保护法规——《苏州府永禁虎丘开设染坊碑》。为解决虎丘染布业对山塘河的污染，清乾隆二年（1737）二月，苏州府颁布禁令：“勒石永禁虎丘开设染坊”，“并饬将置备染作器物，迁移他处开张”。石碑镶嵌在虎丘山门口右侧墙壁上保存至今。

我国古代最完善的圩田系统——塘浦圩田。塘浦圩田是中唐以后，在吴淞江、元和塘两岸出现过的一种四周以河港为界的圩田，史称

“塘浦圩田”。它是我国古代最完善的一种圩田系统，对苏州农业经济的发展曾起到重要作用。

我国最早的沿江钢筋混凝土节制闸——白茆闸。白茆闸位于常熟市境内白茆塘与长江交汇处，建于1936年，是我国采用近代科学技术、最早建造的钢筋混凝土结构的沿江节制闸，有“长江第一新闸”之称。

江苏省最早建成的水立交工程——望亭水利枢纽。望亭水利枢纽位于望虞河与京杭大运河相交处，距望虞河入太湖口2.2千米，是望虞河穿越京杭大运河的立体交叉建筑物，其中望亭立交工程为一座9孔、单孔截面7.0米×6.5米、过水断面面积400平方米的矩形立交地涵，在太湖流域防洪、引水、生态、航运等方面发挥着重要作用。

我国最早的钢筋混凝土结构海塘护岸——方家堰。太仓浏河口北的方家堰钢筋混凝土结构的海塘护岸，建于1923年，为我国最早引进现代技术，采用新材料、新结构的新式海塘之一。

元明两代中国最大的海运港——刘家港。刘家港是娄江的出海口，位于长江入海口南岸，在元明时代成为长江三角洲唯一的良港，彼时番商云集，外通琉球、日本，号称“六国码头”，是当时国内最大的海运港，也是郑和下西洋的始发港。

我国历史上最早的航标——指浅号船。元至大三年（1310），元政府在江口西暗沙嘴和甘草沙附近，设置了一艘固定的船只，称之为“指浅号船”，在号船船桅顶端高挂彩色旗帜作为航标，指引船只航行，大大减少江口搁浅、触礁事故发生。

苏沪线是苏州最早开航的干线之一。该线是由苏州至上海的航线，原由日清汽船会社、戴生昌、招商内河和公茂四家轮运企业经营。

后来，源通轮船局和中央轮船局也经营此线。1927年，通商恒记内河转运公司在苏州老阊门外太子码头及上海德安里弄分设苏州和上海两个公司，继续经营内河轮船转运业务。

江苏沿江第一个实现对外籍船舶开放的口岸——张家港港。 1982年11月，第五届全国人民代表大会常务委员会第二十五次会议审议批准张家港港对外国籍船舶开放。1983年5月7日，悬挂巴拿马国旗的“日本商人号”货轮，在我国引航员引导下，靠泊张家港港，这是长江口岸接待的第一艘外国籍船舶。

苏州城市第一家自来水厂——百花洲的胥江水厂。 建于1951年，最初取水口设在胥江下游的胥江接官厅边，这是苏州最早的城市自来水饮用水水源地。胥江水源源于太湖。

吴江县第一家机器缫丝厂——震丰缫丝厂。 其旧址在震泽镇頔塘河北岸。1926年，施省之等人牵头在丝业公会筹集股金，于东栅张湾桥东购田10余亩，筹备创建机械缫丝厂，初拟名“震纶丝厂”。1935年，江苏省立女子蚕业学校接手租赁，更名震泽制丝所，由费达生出任经理，当年产厂丝1200担。日军侵占震泽时，制丝所被焚毁，仅存茧库及烟囱。

我国最早利用电力灌溉的农场——庞山湖实验农场。 庞山湖实验农场创办于1931年5月，是我国最早利用电力灌溉的农场，也是我国最先进行水稻灌溉需水量试验的科研单位。

我国最早的水师和海战——吴国舟师及其海上攻齐之役。 春秋吴国的造船业非常发达，所谓“以船为车，以楫为马”。吴国舟师由大翼、中翼、小翼、突冒、楼船等组成，有统一指挥的旗舰，武器有用于水战的长钩矛、长斧等兵器，作战方法为接舷战。公元前485年，吴王夫差率军与鲁、邾、郯三国联合攻打齐国南部，同时又派“徐承帅舟师将自海入齐”，这是我国最早的海上军事行动。

苏州是我国最早推广“水龙”救火的城市。据清乾隆《苏州府志》记载：“水龙，苏州程封君肇泰，始仿西法为之，冶锡为筒屈其颈，若鹤喙……跃水数十丈，从空而下，所向火易扑灭。”仿制不久，适值城西升平里发生火灾，首次试用水龙，救火获得成功，于是当地人“竞传其制”。《中国消防简史》视此为我国使用“水龙”救火的首例。

苏州是我国最早诞生龙舟竞渡的地区。苏州旧时风俗，五月端阳节，有赛龙舟的盛会。据《吴越春秋》记载，龙舟会“起于勾践，盖悯子胥之忠而作”，始创时代要比楚地纪念屈原早200余年，且历久不衰。

苏州是我国湖荡精养鱼类最早的地区。苏州外塘养鱼的历史悠久，早在明清时代已有文字记载。如明正德《姑苏志》载：“虎丘之北长荡，其间支港四通，势甚浩旷，自遏水畜鱼，人称青苔湖，亦作青黛湖。”据考，青苔湖即今黄桥街道青苔村。

全国最早的渔具分类文献——《渔具诗》。隋唐时期，太湖渔具种类纷繁。据唐代陆龟蒙《渔具诗》记载，吴地使用捕捞渔具、渔法有罟罩、筌、箪、神、叉、射等10多种。相传陆龟蒙、皮日休各作《渔具诗》十五首，系统记载吴地的渔具、渔法。

苏州是全国人工培育淡水珍珠最早的城市。1966年，苏州市水产研究所河蚌人工育珠试验取得成功，成为我国第一个试验河蚌育珠获得成功的单位，并在1978年荣获全国科学大会奖。

我国最早有文献记载的珍贵观赏动物——绿毛乌龟。据明崇祯《常熟县志》载：“兴福寺潭中产绿毛龟，毛长数寸，罗墩塘亦有之。”这是我国有关绿毛乌龟的最早文字记载。

"水中大熊猫"桃花水母在江苏首次大量现身。桃花水母是一种原始低等的无脊椎腔肠动物，直径在0.1厘米至1厘米之间，距今已有5.5亿年，堪称全球唯一生活于淡水的水母物种，被列为世界最高级别的"极危生物"。2002年，生物学家在苏州市白马涧风景区龙池内发现这一神秘生物，这是桃花水母在江苏的首次大量现身。

我国最早记载水稻品种的专著——《稻品》。苏州吴县人黄省曾撰写的《稻品》，是我国农业史上最古老的作物品种专著。

我国最早种植的荷花珍品——昆山并蒂莲。元末诗人、江南富室顾仲瑛所筑"玉山佳处"——东亭，位于今昆山巴城镇，亭边有并蒂莲池，相传系朱元璋所赐印度天竺佛国的荷花异种，以表彰其捐资助明的事迹。

中国名菜一绝——苏州船菜。苏州船菜的起源可以上溯到春秋吴国，吴王宴乐，常在游舟之中。至唐代白居易疏浚山塘河后，游览虎丘，画舫皆置"旨酒嘉肴"。苏州船菜有日供一餐和二餐之别，有八大盆四小碗、四样粉点、四样面点和十二盆六小碗之分。至今苏州菜馆中仍有"船盆""船鸭"等菜色。

有趣的苏州涉水谚语

苏州方言以“轻清柔美”著称，是吴语的代表。苏州是东方水城，在苏州方言中，长期以来自然积淀了很多涉水的谚语，它们不仅反映了苏州水乡的独特风情，还蕴含了深刻的哲理和生活智慧。

懊憦黄石桥，后悔也来不及：黄石桥是苏州葑门外的一座桥，这谚语源于一个故事，即人们在黄石桥附近观荷时突遇大雨，淋得狼狈不堪，于是有了“后悔也来不及了”的说法。

白乘仔航船，还要嫌比杉木气：这句谚语是嘲讽那些得寸进尺、贪得无厌的人。就像乘坐免费的航船，却还嫌弃船上的杉木气味，不知满足。

白露白迷迷，秋分慢稻齐：白露不能下雨。白露前后水稻开花，如果稻田一片白茫茫，到了秋分，晚稻也结束花期了。因为白露下雨会打掉稻花，稻子不能结实就成秕谷。

白露里葛雨——到一塘(处)坏一塘(处)：是一句贬义的谚语，指专会坏事的人，影响到别的人。老农们常称：“搿个朋友像白露里葛雨。”

摆渡摆到江边，送佛送到西天：这句谚语强调了做好事要做到底，帮忙要帮到家的道理。就像摆渡时要把人送到江边，送佛时要送到西天一样，不能半途而废。

趁势踏沉船：与“落井下石”之意相近，指在别人已经处于困境时，不仅不伸出援手，反而加以打击，使其陷入更深的困境。

处暑头上浇苗雨：指的是处暑这一天有雨，是好兆头，通常这一天会有小雨。

船到桥，直瞄瞄：这句谚语原意是形容船只在行驶到桥梁附近时需要特别小心，要直瞄瞄地看好前方，以免发生碰撞。它反映了苏州地区水上交通的繁忙和人们对水上安全的重视。

船头上相骂，船艄上搭话（“上”读音“浪”）：旧时船家夫妻多宿眠于船上，这句谚语意指夫妻之间虽有争吵，但很快就会和好如初，没有隔夜仇。

窜条鱼钓白鱼：意指用小鱼（窜条鱼，即鳌鲦鱼）来钓大鱼（白鱼），体现了以小博大的精明行为。

荷叶包勿住沙角菱：用荷叶去包裹沙角菱，由于沙角菱的角特别尖锐，很快就会把荷叶戳得到处是洞，无法包裹住它。这句谚语不仅反映了苏州地区独特的水乡文化和生态环境，还蕴含了深刻的哲理和人生智慧。比如，在面对困难和挑战时，我们应该勇于面对而不是逃避；在追求梦想和目标时，我们应该坚持不懈而不是半途而废；在与人相处时，我们应该坦诚相待而不是虚情假意。

烂木头氽嘞一浜里：在苏州方言中，“氽”有浮的意思，因此“氽嘞”表示漂浮着。形象地描绘了烂木头聚集着漂浮在小河沟里的场景。这句谚语常用来比喻坏人或不良事物往往聚集在一起。

六月呒夜阵，六月有夜阵，叫化子扎米囤：农历六月里很少有夜阵（傍晚阵雨），如果经常有这样的阵雨，那么一定是好年成，连叫化子也要去做米囤了。

龙挂江，晴朗朗；龙挂湖，白糊糊：当雷电聚起，看到远处大片滚动的云层下，有类似尾巴一样的旋云，称“龙起水”，如果挂在“江”方位——长江，即北半边，那么这雨不会过来；如果挂在“湖”方位——太湖，即南半边，那么大雨就要来临了。

七浦畅则阳澄水位降：七浦塘是太湖流域阳澄淀泖区的一条重要通江河道，具有防洪排涝的功能。这句谚语说明了七浦塘的畅通对降低阳澄湖水位的重要性，体现了苏州地区水利工程的智慧和对水环境的治理。

气过仔河界：水路并行，河街相邻，是苏州水乡的风貌。旧时苏州多行舟，以河为界。这里形容气过了头。

日没胭脂红，弗是雨就是风：指的是太阳下山时，如果见到像胭脂一样红的大片云霞，那么明天不是下雨就是刮风。

若要暖，要过二月廿八：农历二月二十八日是吴地相传“老和尚过江”的日子，民间期盼这一天一定要大风大雨，不让他过来，保佑自己家的小孩子健康成长。过了这一天，天气就开始真正转暖和了。

说着风，就扯篷：扯篷是行船时升帆的意思。这句话是指很会顺杆爬的行为。

太湖里勿死，死嘞泱沟里：“泱沟”是指相对狭窄、水流缓慢的臭水沟、小水沟。这句谚语是指一个人在太湖里都能安然无恙，却偏偏在小沟小渠里遭遇不幸。与“大意失荆州”的意思相仿。

推扳：虽然这个词并非直接涉水，但它是苏州话中最常用的词之一，与舟船有着密切的关联。旧时吴地水乡行船，摇橹者以推艄与扳艄来调整船只的行驶方向，“推出去”向左，“扳进来”向右，一出一进之间就有相差比较，力度稍有偏差就不行。因此，“推扳”一词引申为差或相差的意思，也用来形容人不肯相让的态度。

夏雨隔爿田：夏天多阵雨，而且往往下在局部。

小满沟底白，麦浆草也是麦：二十四节气中小满那天，如果沟底晒干发白，那么这年麦子一定大丰收，连麦浆草（麦田里最常见的杂草）都会成“麦”了。

雨打正月半，一年弗好看：意思是如果正月半这天下雨，那么一年就多雨。而且这一天下的雨被称为“路白雨”，就是水泥大路上只要太阳一晒“白”（干），就又要下雨了。

一丈水退脱八尺：一丈有十尺，现在只剩下二尺，真是所剩无几了。这句话一般用来指因故使原存的希望和做事的热情大打折扣。

参考文献

〔汉〕赵晔著，苗麓点校：《吴越春秋》，江苏古籍出版社，1986年版。

〔汉〕袁康、吴平著，徐儒宗点校：《越绝书》，浙江古籍出版社，2013年版。

〔汉〕毛苌传，郑玄笺：《毛诗诂训传》，北京图书馆出版社，2003年版。

〔汉〕王充著，张宗祥校注：《论衡校注》，上海古籍出版社，2010年版。

〔唐〕陆广微撰，曹林娣校注：《吴地记》，江苏古籍出版社，1999年版。

〔宋〕范成大撰，陆振岳点校：《吴郡志》，江苏古籍出版社，1986年版。

〔宋〕朱长文撰，金菊林点校：《吴郡图经续记》，江苏古籍出版社，1986年版。

〔宋〕王应麟著，〔清〕阎若璩、何焯、全祖望注，栾保群、田松青校点：《困学纪闻》，上海古籍出版社，2015年版。

〔宋〕范仲淹撰：《范文正公文集》，商务印书馆，1937年版。

〔宋〕范成大著，富寿荪标校：《范石湖集》，上海古籍出版社，

2006年版。

〔宋〕苏舜钦著，傅平骧、胡问涛校注:《苏舜钦集编年校注》，巴蜀书社，1991年版。

〔宋〕苏舜钦著，沈文倬校点:《苏舜钦集》，上海古籍出版社，2011年版。

〔元〕卢镇续修:《宋元方志丛刊·重修琴川志》，中华书局，1990年版。

〔明〕林世远、王鏊等纂修:《〔正德〕姑苏志》，书目文献出版社，1988年版。

〔明〕杨循吉纂，陈其弟点校:《吴邑志　长洲县志》，广陵书社，2006年版。

〔明〕冯梦龙著:《醒世恒言》，天津古籍出版社，2004年版。

〔明〕唐寅著，周道振、张月尊辑校:《唐寅集》，上海古籍出版社，2013年版。

〔明〕文徵明著，周道振辑校:《文徵明集》(增订本)，上海古籍出版社，2014年版。

《中国地方志集成·江苏府县志辑·乾隆震泽县志》，江苏古籍出版社，1991年版。

《中国地方志集成·江苏府县志辑·乾隆吴江县志》，江苏古籍出版社，1991年版。

〔清〕叶昌炽撰:《寒山寺志》，江苏古籍出版社，1986年版。

〔清〕金友理撰，薛正兴校点:《太湖备考》，江苏古籍出版社，1998年版。

〔清〕姚承绪撰，姜小青校点:《吴趋访古录》，江苏古籍出版社，

1999年版。

〔清〕徐崧、张大纯纂辑，薛正兴校点：《百城烟水》，江苏古籍出版社，1986年版。

〔清〕孙嘉淦著：《南游记》，文艺小丛书社，1933年版。

〔清〕顾震涛撰，甘兰经等校点：《吴门表隐》，江苏古籍出版社，1999年版。

〔清〕顾禄撰，王稼句点校：《桐桥倚棹录》，中华书局，2008年版。

〔清〕顾沅辑：《吴郡文编》，上海古籍出版社，2011年版。

谭其骧主编：《清人文集地理类汇编》（第四册），浙江人民出版社，1987年版。

《中国地方志集成·江苏府县志辑·民国吴县志》，江苏古籍出版社，1991年版。

《全唐诗》（增订本），中华书局，1999年版。

《二十四史》，中华书局，2000年版。

朱偰著：《苏州的名胜古迹》，江苏人民出版社，1956年版。

卞孝萱著：《刘禹锡年谱》，中华书局，1963年版。

中国科学院南京地理研究所湖泊室编著：《江苏湖泊志》，江苏科学技术出版社，1982年版。

苏州市文学艺术界联合会、江苏省民间文学工作者协会苏州市分会编：《吴歌》，中国民间文艺出版社，1984年版。

缪启愉编著：《太湖塘浦圩田史研究》，农业出版社，1985年版。

顾颉刚著，王煦华辑：《苏州史志笔记》，江苏古籍出版社，1987年版。

郑肇经主编:《太湖水利技术史》,农业出版社,1987年版。

刘石吉著:《明清时代江南市镇研究》,中国社会科学出版社,1987年版。

洪焕椿编:《明清苏州农村经济资料》,江苏古籍出版社,1988年版。

《吴县水产志》编纂委员会编:《吴县水产志》,上海人民出版社,1989年版。

马湘泳、虞孝感等著:《太湖地区乡村地理》,科学出版社,1990年版。

中国农业科学院、南京农业大学中国农业遗产研究室太湖地区农业史研究课题组编著:《太湖地区农业史稿》,农业出版社,1990年版。

樊树志著:《明清江南市镇探微》,复旦大学出版社,1990年版。

洞庭东山志编纂委员会编:《洞庭东山志》,上海人民出版社,1991年版。

《太湖水利史稿》编写组编:《太湖水利史稿》,河海大学出版社,1993年版。

太湖风景区建设委员会办公室编著:《太湖》,浙江大学出版社,1993年版。

魏嵩山著:《太湖流域开发探源》,江西教育出版社,1993年版。

罗仑主编:《苏州地区社会经济史》(明清卷),南京大学出版社,1993年版。

吴县地方志编纂委员会编:《吴县志》,上海古籍出版社,1994年版。

吴县政协文史资料委员会编:《吴地文化一万年》,中华书局,1994年版。

段本洛、单强著:《近代江南农村》,江苏人民出版社,1994年版。

周治华主编:《苏州全国之最》,江苏科学技术出版社,1994年版。

苏州市地方志编纂委员会编:《苏州市志》,江苏人民出版社,1995年版。

范金民、罗仑著:《洞庭商帮》,中华书局,1995年版。

李文治、江太新著:《清代漕运》,中华书局,1995年版。

姜彬主编:《稻作文化与江南民俗》,上海文艺出版社,1996年版。

吴江县水利史志编纂委员会编:《吴江县水利志》,河海大学出版社,1996年版。

苏州市水利史志编纂委员会编:《苏州水利志》,上海社会科学院出版社,1997年版。

马学强著:《钻天洞庭》,福建人民出版社,1998年版。

包伟民主编:《江南市镇及其近代命运:1840—1949》,知识出版社,1998年版。

范金民著:《明清江南商业的发展》,南京大学出版社,1998年版。

宗菊如、周解清主编:《中国太湖史》,中华书局,1999年版。

吴企明选注:《苏州诗咏》,苏州大学出版社,1999年版。

秦兆基选注:《苏州文选》,苏州大学出版社,1999年版。

陆文夫编:《老苏州——水巷寻梦》,江苏美术出版社,2000年版。

朱惠勇著:《中国古船与吴越古桥》,浙江大学出版社,2000年版。

苏州市吴中区西山镇志编纂委员会编:《西山镇志》,苏州大学出版社,2001年版。

《东山镇志》编纂委员会编:《东山镇志》,东南大学出版社,2002年版。

张海英著:《明清江南商品流通与市场体系》,华东师范大学出版社，2002年版。

冯贤亮著：《明清江南地区的环境变动与社会控制》，上海人民出版社，2002年版。

李伯重著：《多视角看江南经济史（1250—1850）》，三联书店，2003年版。

马俊亚著：《混合与发展——江南地区传统社会经济的现代演变（1900—1950）》，社会科学文献出版社，2003年版。

杨桂山、王德建等编著：《太湖流域经济发展·水环境·水灾害》，科学出版社，2003年版。

马学强著：《江南望族——洞庭席氏家族人物传》，上海社会科学院出版社，2004年版。

史福民编著：《真山真水园中城·镇湖》，百家出版社，2004年版。

俞涌编著：《真山真水园中城·东渚》，百家出版社，2004年版。

《光福镇志》编纂委员会编：《光福镇志》，苏州大学出版社，2005年版。

吕锡生主编：《中国太湖纪胜》，中国广播电视出版社，2005年版。

范金民主编：《江南社会经济研究》（明清卷），中国农业出版社，2005年版。

洪璞著：《明代以来太湖南岸乡村的经济与社会变迁——以吴江县为中心》，中华书局，2005年版。

樊树志著：《江南市镇——传统的变革》，复旦大学出版社，2005年版。

吴建华著：《明清江南人口社会史研究》，群言出版社，2005年版。

王卫平著：《吴文化与江南社会研究》，群言出版社，2005年版。

朱年、陈俊才著:《太湖渔俗》,苏州大学出版社,2006年版。

沈华、朱年著:《太湖稻俗》,苏州大学出版社,2006年版。

林锡旦编著:《太湖蚕俗》,苏州大学出版社,2006年版。

朱年著:《太湖茶俗》,苏州大学出版社,2006年版。

陈江编著:《明代中后期的江南社会与社会生活》,上海社会科学院出版社,2006年版。

林峰著:《江南水乡》(第二版),上海交通大学出版社,2006年版。

孙中旺:《千秋风范·五百名贤祠人物录》,古吴轩出版社,2007年版。

陈全生主编:《环太湖经济社会发展研究报告》,中央文献出版社,2007年版。

马学强著:《江南席家——中国一个经商大族的变迁》,商务印书馆,2007年版。

李伯重著,王湘云译:《江南农业的发展(1620—1850)》,上海古籍出版社,2007年版。

小田著:《江南场景:社会史的跨学科对话》,上海人民出版社,2007年版。

秦俭、龚美玲:《江南水乡》,中国旅游出版社,2007年版。

〔日〕森田明著:《清代水利与区域社会》,山东画报出版社,2008年版。

陶文瑜著:《太湖记》,上海远东出版社,2008年版。

黄贤金等:《太湖水资源水环境研究》,科学出版社,2008年版。

路军主编:《友新六村志》,古吴轩出版社,2008年版。

冯贤亮著:《太湖平原的环境刻画与城乡变迁(1368—1912)》,

上海人民出版社,2008年版。

苏简亚主编:《苏州文化概论——吴文化在苏州的传承和发展》,江苏教育出版社,2008年版。

王国平主编:《苏州史纲》,古吴轩出版社,2009年版。

苏州市吴中区吴地历史文化研究会、苏州市吴中区政协文史委员会编:《文明寻踪:太湖地区早期文明及其演变》,古吴轩出版社,2009年版。

徐叔鹰、雷秋生、朱剑刚主编:《苏州地理》,古吴轩出版社,2010年版。

张振雄著:《苏州山水志》,广陵书社,2010年版。

汤钰林主编:《苏州文化遗产·非物质文化遗产》,文汇出版社,2010年版。

赵冈著:《鱼鳞图册研究》,黄山书社,2010年版。

吴锜著:《沧海桑田话姑苏》,古吴轩出版社,2010年版。

吴滔著:《清代江南市镇与农村关系的空间透视——以苏州地区为中心》,上海古籍出版社,2010年版。

〔日〕松浦章著,董科译:《清代内河水运史研究》,江苏人民出版社,2010年版。

《苏州交通运输志》编纂委员会编:《苏州交通运输志(1986—2005)》,广陵书社,2011年版。

吴恩培主编:《苏州城墙》,古吴轩出版社,2012年版。

苏州市农业委员会编:《苏州农业志》,苏州大学出版社,2012年版。

焦雯珺、闵庆文等编著:《太湖流域水环境变化人文驱动力研究》,中国环境科学出版社,2012年版。

沈庆年主编:《古村遗韵:苏州市控制保护古村落寻踪》,文汇出版社,2012年版。

顾金孚编著:《江南水乡文化概论》,浙江工商大学出版社,2012年版。

陈建忠、黄漪沦主编:《情归同里》,外文出版社,2012年版。

杨宗兴著:《湖山佳处足徜徉——同里》,中国林业出版社,2013年版。

黄锡之著:《洞庭相望分东西——东山》,中国林业出版社,2013年版。

王建革著:《水乡生态与江南社会(9—20世纪)》,北京大学出版社,2013年版。

张根福、冯贤亮、岳钦韬著:《太湖流域人口与生态环境的变迁及社会影响研究(1851—2005)》,复旦大学出版社,2014年版。

小田著:《江南近代民间生活——小田自选集》,苏州大学出版社,2014年版。

中国水利史典编委会编:《中国水利史典·太湖及东南卷一》,中国水利水电出版社,2015年版。

苏州太湖历史文化研究会、苏州茶文化研究会编:《太湖文化》(第二辑),古吴轩出版社,2015年版。

《中国地理百科》丛书编委会编著:《太湖》,世界图书出版广东有限公司,2015年版。

苏州市文物局著:《大运河苏州古城段遗产研究报告》,文物出版社,2016年版。

王建革著:《江南环境史研究》,科学出版社,2016年版。

徐静著:《苏州水城》,古吴轩出版社,2016年版。

吴俊范著:《水乡聚落:太湖以东家园生态史研究》,上海古籍出版社,2016年版。

陈国灿主编:《江南城镇通史》,上海人民出版社,2017年版。

徐静著:《诗读苏州》,古吴轩出版社,2017年版。

苏州太湖历史文化研究会、苏州茶文化研究会编:《太湖文化》(第三辑),古吴轩出版社,2017年版。

鲍忠洲主编:《苏州水八仙》,江苏凤凰科学技术出版社,2017年版。

水利部太湖流域管理局、《太湖志》编纂委员会编:《太湖志》,中国水利水电出版社,2018年版。

〔日〕森正夫编,丁韵、胡婧译:《江南三角洲市镇研究》,江苏人民出版社,2018年版。

王日根著:《中国会馆史》,东方出版中心,2018年版。

〔日〕佐藤仁史、吴滔、张舫澜等著:《垂虹问俗——田野中的近现代江南社会与文化》,广东人民出版社,2018年版。

吴恩培:《苏州通史·先秦卷》,苏州大学出版社,2019年版。

俞前编著:《平望史话》,江苏凤凰文艺出版社,2019年版。

何建兵、王建革、李敏等编著:《太湖流域治水历史及其方略概要》,中国水利水电出版社,2020年版。

朱剑刚著:《苏州水乡图鉴》,苏州大学出版社,2020年版。

蒋小欣主编:《城市防洪与水环境治理——以平原水网城市苏州为例》,中国水利水电出版社,2020年版。

陈璇主编:《苏州运河十景》,古吴轩出版社,2021年版。

张泽峰著:《流动的飨宴——大运河饮食笔记》(京杭大运河卷),

中国言实出版社，2022年版。

朱剑刚著：《苏州山林图鉴》，苏州大学出版社，2022年版。

胡火金主编：《苏州水文化概论》，苏州大学出版社，2022年版。

《平江路志》编纂委员会编：《平江路志》，古吴轩出版社，2023年版。

汉声编辑室编著：《中国水生植物——苏州水八仙》，广西师范大学出版社，2023年版。

江苏省文物工作队：《江苏吴县梅堰新石器时代遗址》，《考古》，1963年第6期。

黄粟嘉：《从苏州地区历史的沿革看耕作制度的改革》，《农业考古》，1986年第1期。

闵宗殿：《太湖地区历史上的优质水稻品种资源》，《古今农业》，1994年第1期。

王卫平：《明清江南地区的城市化及其局限》，《学术月刊》，1999年第12期。

张良仁：《农业和文明起源》，《考古》，2011年第5期。

沈建东：《苏南蚕桑民俗初步研究》，《档案与建设》，2015年第10期。

后 记

苏州是著名的“江南水乡”“东方水城”。这里河网密布、水系纵横，水勾勒出河街相邻、小桥流水的城市形态；这里雨量丰沛、物产富饶，宋时便流传着“苏湖熟，天下足”的谚语，是人们心向往之的鱼米之乡；这里江海扬华、文脉悠长，水涵育出兼济天下、守正创新、崇文精工、开放圆融的城市品格——可以说，水就是苏州的根与魂。为了更好地保护和挖掘苏州水文化资源，传承弘扬苏州水文化精神，中共苏州市委宣传部、苏州市水务局组织编纂《吴风水韵长——苏州水文化地图》一书，由苏州市职业大学石湖智库团队承担具体编写工作。

本书试图以古今地图为索引，以从自然地理到历史变迁、从人文景观到生态保护的全方位视角，重点介绍苏州的水系大泽、水文化遗产、治水故事、水美生活，从宏观和微观两个角度，为读者全面铺展开苏州水文化的美丽画卷。这本书，可以看作是一本深入解读苏州水文化的指南，期望在水文化研究、历史地理科普、文旅推广、生态保护等方面发挥积极作用。

本书编纂始于2023年7月。一年多来，编写团队在全市域开展了近30次实地调研与访谈活动，并就书名、大纲进行多次研讨。初稿形成后，又进行了数十次的增删修改，并多渠道广泛收集有关老地图老照片。书稿的立项启动和推进实施，得到了市委、市政府分管领导金洁、唐晓东的直接关心和支持，市委宣传部黄锡明、许文博，市水务局陈习庆、刘大成、骆金标、徐锦峰，以及古吴轩出版社陆月星等同志做了大量协调保障工作，在此一并表示感谢。同时，也要向对本书编写提供支持帮助的市自然资源和规划局、市生态环境局、市园林和绿化管理局、市交通运输局、市农业农村局、市文化广电和旅游局、市体育局、市方志办、苏州博物馆等单位以及各县级市（区）有关部门表示感谢！

苏州是千年历史文化名城，水文化资源和内涵极为丰富。编写这样一部城市水文化地图，又没有可资借鉴的框架体例，这对我们来说是一个巨大的挑战。书中的一些观点、内容和素材，都是以前人的研究积累为基础的，对本书所引用文献的作者们谨表示由衷的感谢和敬意。受时间和水平所限，书中肯定还存在许多不足，恳请方家读者批评指正。

编者

2024年7月

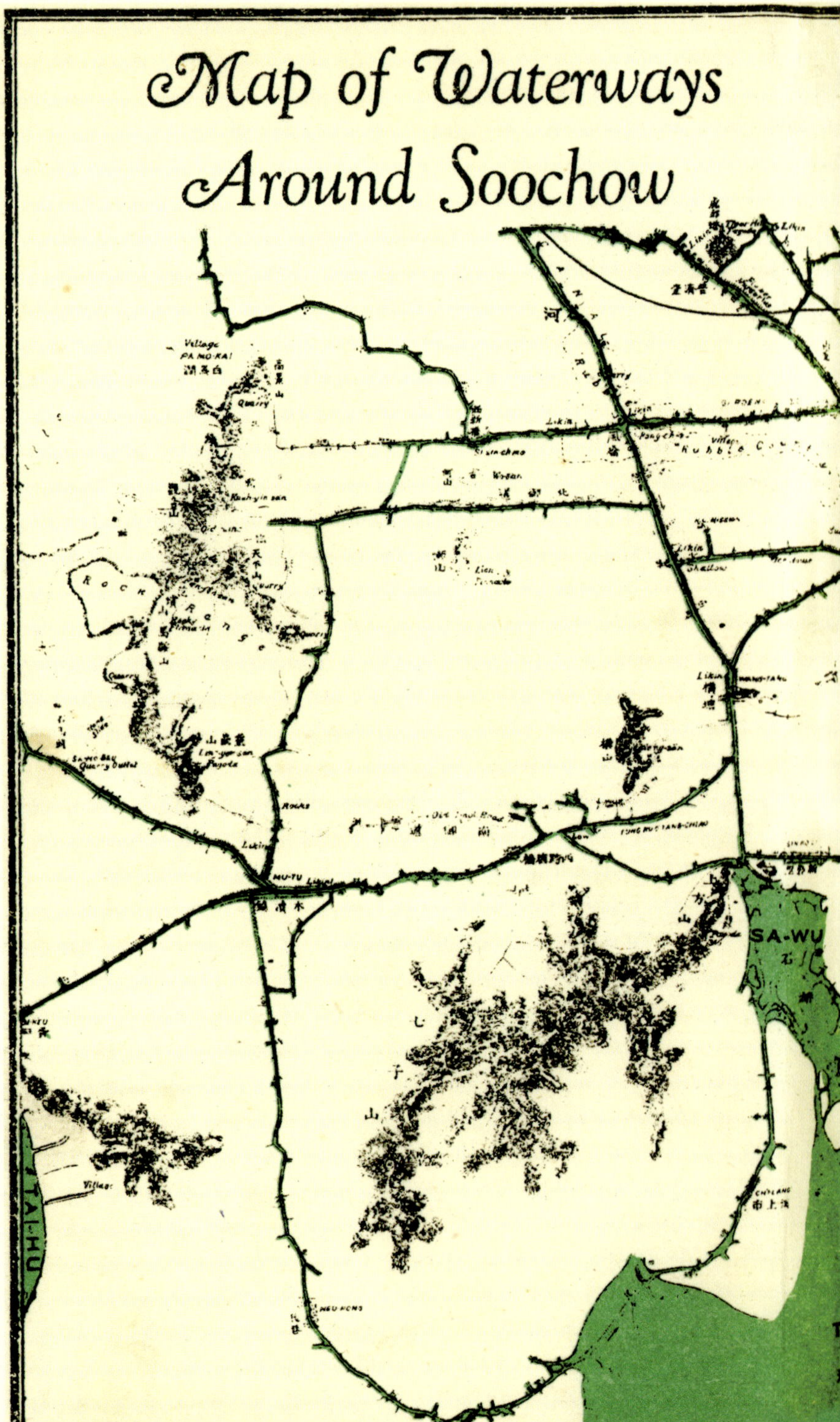

二十世纪三十年代苏州环城水道图